夏承燾致謝玉岑手札箋釋

◎沈迦 编撰

國家圖書館出版社

图书在版编目（CIP）数据

夏承焘致谢玉岑手札笺释／沈迦编撰.—北京：国家图书馆出版社，2011.1

ISBN 978-7-5013-3874-0

Ⅰ.夏… Ⅱ.沈… Ⅲ.夏承焘（1900～1986）—书信集 Ⅳ.K825.6

中国版本图书馆CIP数据核字（2010）第221429号

书　名　夏承焘致谢玉岑手札笺释

编　者　沈迦　编撰

出　版　国家图书馆出版社（100034 北京市西城区文津街7号）

发　行　(010)66139745,66175620,66126153

66174391（传真），66126156（门市部）

E-mail　cbs@nlc.gov.cn（投稿）

Website　www.nlcpress.com→投稿

经　销　新华书店

印　刷　河北三河弘翰印务有限公司

开　本　787×1092 毫米 1/16

印　张　27.5

版　次　2011年1月第1版 2011年1月第1次印刷

书　号　ISBN 978-7-5013-3874-0

定　价　580.00元

目　　录

一九三一年

一九三二年

一九三三年

一九三四年

一九三五年

序　言

钱璱之

上一世纪的八十年代初，我在常州老家整理旧物，发现在一小皮箱里，存有一束夏承焘先生给我大舅父谢玉岑的大批信札和手稿。这是经过近百年中两番浩劫（日寇侵华、“文化革命”）而幸存下来的宝贵文化资料，是很值得珍视和提供研究的。为此，我曾写了几篇介绍性的文章，如：

（1）《一代词宗　十年书简——记夏承焘先生的72封手札》（原载《镇江师专学报》1986年第四期）

（2）《夏承焘致谢玉岑谈词手札》（原载南京师大《文教资料》，分上下两部分，刊于1987年第5、6两期。）

另外，我又曾为《中华词学》和《现代作家书信集珍》（汉语大辞典出版社）分别撰写：

（3）《夏承焘先生手札十四通》

（4）《夏承焘致谢玉岑》（二通）

我还把上述介绍选编进了《谢玉岑百年纪念集》（京华出版社），但我未能做到把这些手札及原件付梓并加以注释，俾可更广地鉴赏和研究。

现在我的心愿将由沈迦先生予以实现。我虽不认识沈迦先生，但通过谢建新（玉岑大舅之孙、谢伯子画廊主持人）得知他准备把这批手札全部影印，并作简注，正式出版。我既高兴这份“出土文物”——前辈学人的精神遗产可以广泛流传与长久保存，更乐于让当代读者深入的学习与研究。我因此义不容辞地读了“简注”又不嫌辞费地作此“小引”。

我不认识夏承焘先生。我知道他是我大舅谢玉岑的毕生挚友，又与我祖父名山老人有文字之交，因此我一向爱读夏先生的诗文论著（如《天风阁诗集》、《夏承焘词集》、《瞿禅论词绝句》、《天风阁学词日记》以及《唐宋词人年谱》、《唐宋词欣赏》等），也反复研读过夏先生的这批书札，我从中获得不少对于词的创作与词学研究方面的影响，而尤其是作为词人兼学者的那种博学精思，寻书访友，不厌不倦，无怨无悔的态度，使我钦佩无尽。我近年在编写《常州词派研究》（江苏人民出版社）时便征引了不少夏先生的论点，我也很理解他对“常州词派”的评价。这里且不来谈什么“然疑”得失的话，倒是想借他的一首《词坛新境》作为我“小引”的结语：

兰畹花间百辈词，
千年流派我然疑，
吟坛拭目看新境，
九域鸡声唱晓时。

二〇〇九年三月

前　言

一

谢伯子画廊编印《谢玉岑百年纪念集》[1]，蒙赐一册。在该集中，读到钱璱之先生所撰《记夏承焘先生的七十二封手札》[2]一文。今年已逾八旬的钱璱之先生是晚清江南大儒钱名山长孙，民国诗人、书家钱小山长子。钱谢两家有姻谊，他称谢玉岑为大舅。钱璱之早年就读于中央大学外文系、南京大学中文系，受业于胡小石、唐圭璋诸先生，长于诗文，曾任常州教育学院副院长、《舣舟诗荟》主编，为常州德高望重的长者。在这篇写于一九八六年，当时为缅怀刚去世的夏承焘先生而作的文章里，钱璱之先生提到他手头还保存着夏承焘当年写给谢玉岑等人的七十二封信札。夏承焘为乡前辈，他的遗札自然引起我的关注。于是在去年夏天给谢伯子画廊负责人谢建新的一封邮件中，我向他提起此事，并希望有机会能看看这批已穿越八十年风雨的手迹。

夏承焘（1900–1986），字瞿禅，晚号瞿髯，温州人，有“一代词宗”之誉，为我国现代词学的开拓者和奠基人之一。谢觐虞（1899–1935），字玉岑，号孤鸾，江苏常州人，民国著名词人、书画家。诗词造诣精深，亦擅骈文，书法以篆隶最工，钟鼎金文作品被誉为“可胜缶翁”。其文人画则被张大千推为“海内当推玉岑第一。”[3]

早岁从钱名山游，为名山长婿。其弟谢稚柳、妹谢月眉[4]、子谢伯子均为著名画家。

近年来，学人手札备受珍视，不论是夏承焘，还是谢玉岑，今人得其片纸，珍同球璧。现有成批的信札出现，我当时虽未看到，亦可掂量出它的分量来。

谢建新是谢伯子的长子，谢玉岑的长孙，近年来为整理、挖掘钱谢两家文史资料用力颇勤。谢建新收邮件后，即去问他表叔钱璱之关于这批信札的来龙去脉。钱先生经谢建新这一提，想起二十多年前的这桩旧事，于是把这批信札找出，连同他自己在一九八七年五月整理的手札释文手稿[5]，全部送给了谢建新。谢建新捧着这批凝聚了几代人心血的资料很激动。他后来在信中告我："此事因你提起，我叔记起而赠我，还得谢你呀！"

谢建新随即将这批从未公开的手札拍成图片，并刻录成光盘，连同钱璱之注释手稿复印件，用特快专递从常州寄到上海给我。

打开电脑，一张张发黄的手札扑面而来。这批资料，虽经近八十年的风雨，今天竟然接近完整。据钱璱之先生说，"我家经过日寇侵华和'文化革命'两次浩劫，庐舍文物一概荡然，而上述《手札》则系藏于舅家的一个破箱中，意外地得以保存。"[6]真可谓苍天有眼，文化之幸！

这批手札共计七十三封，其中夏承焘致谢玉岑六十二封，致其他友人十一封（分别为致钱名山四封，致郑曼青、顾颉刚、胡小石、刘节、容庚、张孟劬、钱仲联各一封。）钱璱之先生当年整理时，仅为七十二封，现多出的一封是夏承焘一九二七年七月廿九日致钱名山的。

谢玉岑一九三五年四月二十日去世，夏承焘在四月二十八日日记中这样写道："理玉岑遗札，共百余通"。[7]根据交往双方一往一复的规律，由此可推算，夏承焘当年写给谢玉岑的书信大概也在百余通，约一倍于现可见的六十二封。不知另外一半的信件，今又在哪里？

二

近一年多来，这批手札成为我暇时读物。稍闲时，便从电脑上调出一二封逐字阅读，并试着在钱璱之先生释文稿的基础上做些补充注释。

钱璱之先生释文稿《夏承焘致谢玉岑谈词手札》有近两万字，分一、二两大部分，第一部分是参对《天风阁学词日记》，"写的时间完全可以肯定者"，[8]计释三十六封手札；第二部分"末尾所注年份均不详，而《天风阁学词日记》或则有残缺，或亦未明载，但均约在1927—1935年间"，[9]计释二十二封。这五十八封手札钱先生已将释文整理出来，并考证了其中三十六封信的写作时间。

钱先生的释文稿作于一九八七年，当时囿于资料之限，有些考证难以展开。我近年参考一九九七年出版的《夏承焘集》[10]第五册《天风阁学词日记》（二）[11]及温州图书馆古籍部所藏之《书卷养寿室日记》（第六册）[12]等资料，同时结合札中关涉的历史事件、人物生平以及书札往来应答关系，将全部手札的写作日期做了重新的考证，并修订了钱先生文中的少许几处误考。

钱先生的释文为选释，其中节略的部分，这次亦试着全部释出。

夏承焘与谢玉岑的通信，实非寻常的通讯问候，其中有不少为交流词学研究之意见与看法，为便于非专业读者阅读，我也试着做了些注释。

关于这批手札的内容及夏谢两人的深厚友谊，钱璱之先生在《记夏承焘先生的七十二封手札》已有详述，不需我赘言。谢玉岑在温州之经历及与夏承焘相识经过，亦可参见拙作《永嘉佳日——谢玉岑在温州的时光》。此两文，现均附录于本书之后。

不久前，吴晶抄录了夏承焘民国十四年的一则日记给我："十月八日，晴。晚李孟楚介十中同事谢玉琴（武进人）来晤，并承邀饮福聚园酒楼，同坐有纯白、仲骞及严琴隐，啖莼菜味甚鲜，谈笑至九时方归。""此大约是夏承焘与谢玉岑交往之始。"正在参与整理《夏承焘全集》的吴晶这样告我。

谢玉岑一九二五年三月廿六日抵温，在温州浙江第十中学执教仅一年，一九二六年春便束装回沪。他在温州，结识的最好朋友便是夏承焘。谢夏温州别后，十年间两人一直鱼雁不断。这批信札中最后的一封写于一九三五年四月十五日，五日后谢玉岑因肺病在常州去世。享年仅三十七岁。

三

这批书信写于上世纪二、三十年代，时夏承焘、谢玉岑已于文坛崭露头角，他们当时结交及往来的师友多为文坛名家。常在信中出现的人物有朱祖谋、钱名山、金松岑、张尔田等名宿耆老，同辈友人中如龙榆生、张大千、顾颉刚、容庚、胡汀鹭、任二北等，亦多为名家。现今不大被人提及的赵叔雍、曹经沅、丁宁、唐玉虬等人，也可在此批信札中找到雪泥鸿爪。透过这些信札，我们可以窥见今日还云雾缥缈的民国文坛一角。

夏承焘一九三二年一月十二日致谢玉岑的信中这样写道："彊老之丧，榆生函来详述其家室伤心史，至可悲悼！遗著皆交榆生。弟准星期四（十四日）早晨往真茹暨南大学访榆生，兄如欲看彊老遗著，届时在榆生处相会。"此中所提之彊老即为名列"晚清四大词家"之列的朱祖谋，凭此记录，再参看夏承焘一九三二年一月十一日日记[13]，可让我们从一个侧面看见一代词家不为人知的家室伤心史。

"此间马一浮字极佳，弟嫌其人有习气，不去求。杭州学人书家皆少有。郁达夫虽弟旧同事，字不成字，可不必耳。"这是一九三五年四月十五日致谢玉岑信中的内容。当时谢玉岑已卧病不起，欲广罗当代学人词翰，以当枚生之发，并托夏承焘代为访求。夏承焘为慰好友，为他写了不少推荐信，但当说到马一浮与郁达夫时，却写下了如此的个人观感。这些很直接的个人评价，亦为我们解读名人提供一个有趣的视角。

与夏承焘同称词坛宗师的龙榆生在当时主编《词学季刊》，夏、谢都是该刊的主要作者，亦是他的词友。在这批信札中，可见不少与《词刊》有关的资料。当时学人如何相互提携，如何办同人刊物，从中可窥见一斑。其中一封信札还让我们知道，名闻遐迩的《词学季刊》，当年竟穷得付不起稿酬。

四

钱璱之先生为这批信札释文时，多将与温州有关的内容做了节略处理。其实对温州地方而言，这些内容是宝贵的文史资料。

夏承焘是温州人，而谢玉岑亦曾执教于温州浙江第十中学，因而他俩共同的朋友中，温州人不少。王亦文、李孟楚、李杲明、张幼任、梅冷生、刘节等温籍学人在这批信中常被提及。一九二七年谢玉岑离开温州，转赴上海南洋中学执教。温州籍书画家张光、马孟容、马公愚、郑曼青、方介堪等人当时亦活跃于上海画坛。因此，这批手札提供了这些“同里诸子”相互交往的丰富材料。

在一九二九年十二月十九日致谢玉岑的信中，夏承焘积极地为学生陈适谋事：“兹有小浼，敝乡学生陈适卒业九中，后考入复旦大学正科，肄业半载。醰醰好学，为敝乡后来之秀。而遭家多难不能竟其学。贵校藏书极富，弟拟恳兄为觅一栖止，月入三十即足敷衍。（教务处、训导处、助理等位置皆可。）俾得稍稍博览，期有所成。吾兄爱才，当与我想提携之。（陈生写聚珍体字极工，弟不欲其埋没为抄胥书生耳。）陈生为弟得意学生，以此奉浼，幸时时为我留意，切切。”一九三〇年初，他又几次在信中向谢玉岑提起此事。这位陈适是温州乐清人，当时在严州九中读初三，师事夏承焘先生。在王亦文、夏承焘等人的提携下，陈适后来终成大器。他著有《人间杂记》、《离骚研究》、《瓯海儿歌》等书及《谈永嘉昆剧生旦的表演艺术》的论文。近年乐清有识之士已编辑出版《陈适文存》。手札中材料可为《文存》来年修订提供新的史料。

除温籍学人外，民国时曾留寓温州，并为温州地方文化做出重要贡献的林铁尊、符璋、曹民甫等人的行迹，亦常见于这批信札。特别是对符璋的记录尤为详细：

“符公宜黄人，前清服官江西及敝省有年，鼎革时适在敝乡瑞安知县任，寓敝地近廿载，年七十有五矣。犹矍铄，健谈如壮年也。（先德雪樵先生与谭复堂交好）”[14]

“符笑拈先生已于双十节作古，年七十七。日前有赴来，闻其身后甚萧条，著述未刻者尚有四五种。晚生十月三号方去一书问字，竟不及入览矣。先生如有挽章，请寄温州府城隍巷七十二号符宅。”[15]

民国温州地方文化，近年随着《温州文献丛书》的陆续出版，引起了越来越多人的关注。这批信札披露的地方文史线索，应能为温州文化的进一步发掘，提供相当有价值的补充。

五

最后，还想说明一点的是，夏承焘不仅是著名的词人、学者，而且堪称第一流的书法家。中国书法作为艺术与技术的结合体，是一种特殊的文化现象。夏承焘青少年时有过系统的书法技术训练，成年后虽专心于学问，但少时打下的扎实基本功，经过后来学问的滋养，成就了他富有个性、书风鲜明的书体风格[16]。特别是其行草书，以拙笔写天真，已臻化境。他和同时代的马一浮、谢无量、鲁迅等一样，虽无意做书家，却成为第一流书法家，堪称中国近现代学者型书家的代表人物之一。

这批手札原件是欣赏夏承焘书法艺术的绝佳范本。手札虽非潜心布局的书法作品，但正是因了当时信手拈来、点笔而成的特点，反倒显出书者的真貌与个性。此批信札中的任何一页，不论是用笔，还是章法，都可称书法佳构。

同时这批手札因自然延续七、八年，亦可为研究夏承焘书风演变过程提供第一手材料。我们希望有人能专门研究夏承焘的书法艺术，并期待他的书法作品集早日结集出版。

由于至今未有夏氏书法专集，同时又随着夏承焘名声日隆，近年在网上及各种拍卖会上，屡见冒他之名的书法作品，以赝充真。因此这批手札的公开，可能亦将为收藏爱好者辨识真伪提供助益。这定是夏承焘、谢玉岑当年没有想到的。

六

《夏承焘致谢玉岑手札笺释》以影印手札原貌为主，附以“时间”、“署款”、“用笺”、“夏记”、“钱记”、“今按”、“释文”及“注释”等辅助内容。

全书编排以通讯时间为序。

夏承焘在信末的署款大多以阳历计年月日，亦偶有以阴历纪者。笔者已在“时间”中统一将其换算为阳历。

“夏记”，为夏承焘在日记中自己对该封信札的记录。

“钱记”，为钱璱之先生在《夏承焘致谢玉岑谈词手札》一文中对该封信札的记录。笔者的工作，是在钱先生的基础上完成的。

“今按”，是笔者在笺释时的一点感想，或记录考释经历，或摘录夏谢相关文献，仅供读者参考。

“释文”，为该封信札的全文释文。原札行文无标点，不分段。为醒目起见，已由笔者断句标点，并依据内容划分为自然段。原札中夹行小注，今加圆括号排在相关正文后。原札天地头补注、追记，则视文气做了相应处理，或并入正文，或附在札后。

原札为繁体字，释文时改为简体字。为保存历史文献价值，原札中的通用、假借、异体字，概仍依旧。文中明显误字，径改，并加（ ）；少许衍文，加[ ]表示；个别辨识不清的字，则以□代，以昭审慎，并期方家指教。

“注释”，试对该封信札中的相关典故、人名、地名、书名做点补充注释的工作。

沈迦

二〇〇八年十月十四日下午于温哥华Dunbar寓斋

二〇一〇年五月三日改定于上海秋水云庐

注释：

1.《谢玉岑百年纪念集》，谢伯子画廊编，2001年。

2.《记夏承焘先生的七十二封手札》，《谢玉岑百年纪念集》，谢伯子画廊编，2001年，页80。该文曾刊于《镇江师专学报·社会科学版》1986年第4期。

3.包立民《张大千与谢玉岑》一文（原载《张大千艺术圈》，中国文联出版社，1999年。）中，提到张大千的评价："外行画海内当推玉岑第一。"所谓外行画，泛指文人画。

4.谢月眉(1906—1998），名卷若，江苏常州人。擅绘画，所作花鸟，上追宋元，下匹南田老人，秀逸清雅，兼而有之。兄玉岑，弟稚柳，侄伯子均工画。一门俊秀，为艺林推重。

5.《夏承焘致谢玉岑谈词手札》（上、下）分别刊于南京师范大学《文教资料》1987年第5、6期。

6.《记夏承焘先生的七十二封手札》，《谢玉岑百年纪念集》，谢伯子画廊编，2001年，页81。

7.《夏承焘集》，第五册，浙江古籍出版社、浙江教育出版社，1997年，页381。

8.《夏承焘致谢玉岑谈词手札》，钱璱之，南京师范大学《文教资料》，1987年第5期。

9.《夏承焘致谢玉岑谈词手札》（续），钱璱之，南京师范大学《文教资料》，1987年第6期。

10.《夏承焘集》，浙江古籍出版社、浙江教育出版社，1997年。

11.该册日记起于一九二八年七月二十日，迄于一九三七年十二月三十一日，其中一九三三年一月一日至一九三四年九月十日日记缺。该册日记基本覆盖此批手札的通讯日期。

12.温州图书馆古籍部珍藏夏承焘未刊日记五册，友方韶毅曾将它翻拍，制作了两部影印本，并赠一部予我。其中的《书卷养寿室日记》（第六册），起于一九二七年十一月二日，迄于一九二八年七月十九日。

13.夏承焘一九三二年一月十一日日记：接榆生复，示彊村先生临殁事甚悉……彊老终身憾事，即为夫妇不睦。周梦坡谓其夫人悍妒异常，病中亦不敢令见。直至死别，宿怨或消。本有一子，年三十余，以娶妇不贤，又不见爱于母，发狂疾以终（民国初）。一孙亦不育。夫人、媳妇，竟分居三处。现有一嗣子年十七、八。夫人、媳妇皆不肯承认。绝笔词“牛衣”等句指此也。彊村晚年恃鬻书、题主为活，病中尚出题主二次，感冒风寒，遂致增剧，伤已（遗产不及二万，尚须做三股份）！（《夏承焘集》，第五册，页266）

14.夏承焘致钱名山一九二七年九月十一日信。

15.夏承焘致钱名山一九二九年十一月廿三日信。

16.据夏承焘内侄、温籍书画家吴思雷记载：在书法方面，夏公从1929年就已开始学习，他先从篆及行草入手，再学大字《文殊经》，另外像《千字文》、唐孙过庭《书谱》和怀仁集王字《圣教序》等曾认真临写过。嗣后，他与先君鹭山公对于明人黄石斋（道周）、近人沈寐叟（曾植）和马一浮的书法颇感兴趣，于是就着意临写石斋的《榕坛问业》、《孝经》、逸诗手写本和《王忠文祠记》诸帖和笔致超逸的“马书”。唯日孜孜，先求形似再进为神似。书法名家余越园（绍宋）先生曾赞赏夏公所临石斋手札，并指点道：“石斋从索靖、皇象、钟繇及《十七帖》出，与索靖《月仪帖》尤近，当博观以探其源。”往后，夏公就追本溯源去学，并且博取众长使自己的书法有了更深的根柢。（《一代词宗夏承焘轶闻》，吴思雷编撰，自印本，页168）

一、夏承焘致谢玉岑

时间：一九二七年七月三日
署款：六月初五
用笺：红格八行笺，二页
夏记：暂未在日记中找到相关记录
钱记：第三十七封

今按：

此信写于一九二七年夏间，当时二十八岁的夏承焘刚辞去宁波省立四中的教职，回到故乡温州。一九二七年的中国，国民党加剧了对共产党的清剿，一时政局动荡。

此信仅署款六月初五，从夏氏的经历可推断写于一九二七年。夏氏写信，很少署阴历年款，这也是此批手札中鲜见的署阴历款的一封。一九二七年（丁卯）阴历六月初五，为当年阳历七月三日。根据夏承焘夫人吴无闻所辑的《夏承焘教授学术活动年表》，一九二七年六月末，夏才“离甬经沪返温”。由此，可进一步证明，此信写于阳历七月初。

在此信中，夏承焘向时在南洋学校执教的谢玉岑汇报自己在宁波的工作经历。此信中提到蔡雄，这位后被追认为革命烈士者，曾为谢玉岑执教温州十中时的学生。

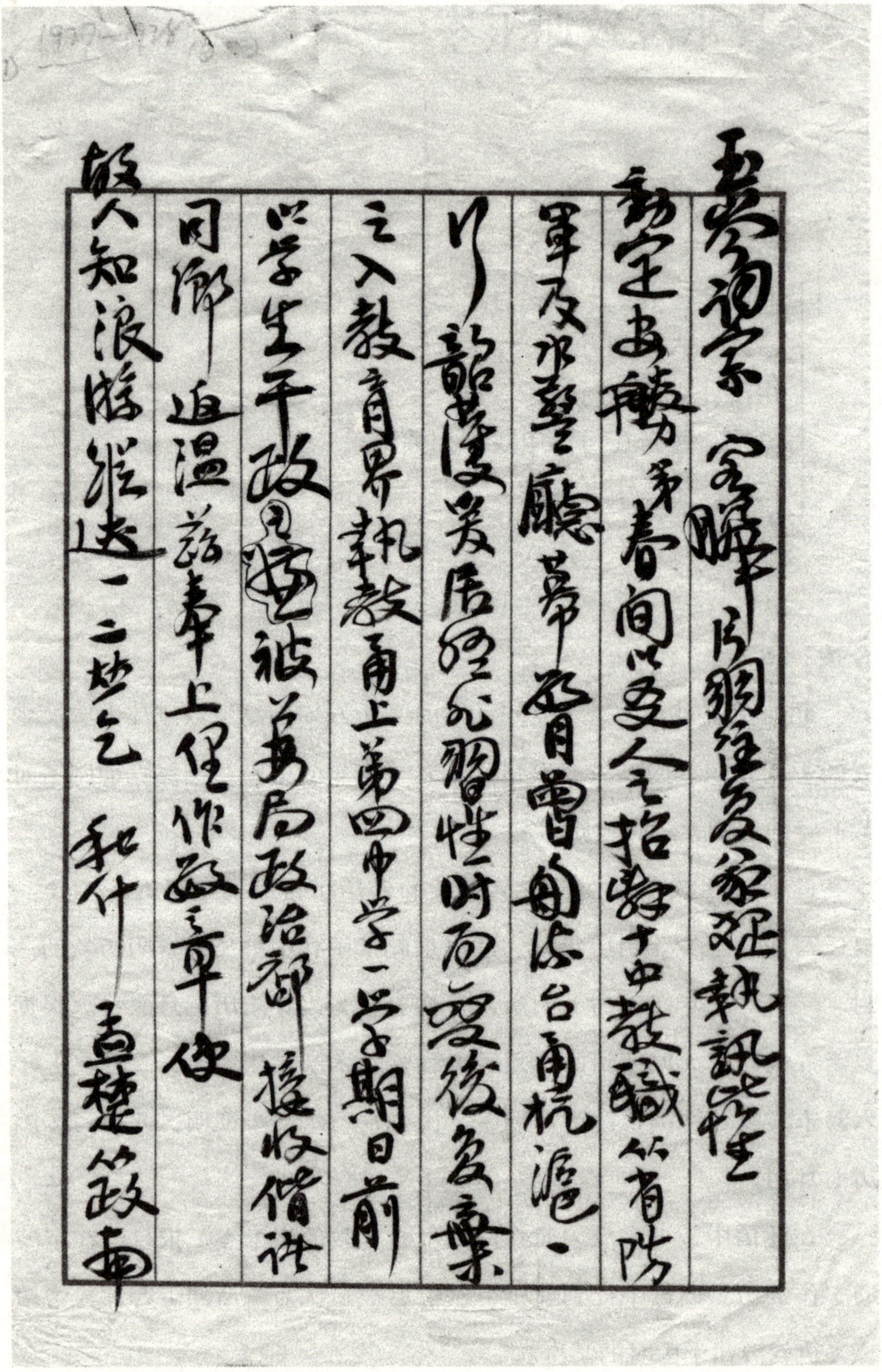

玉岑詞宗：客臘[illegible]別經歲，家庭執訊[illegible]

動定安穆。弟春間以友人之推薦，任中學教職，於省防

軍及水警廳幕中，曾兼浙台甬杭滬一

行。龍游僕居經年，習性時局變後多棄

之。入教育界執教甬上第四中學一學期，日前

以學生干政，被[illegible]局政治部接收，備往

同鄉返溫，茲奉上僅作[illegible]之章[illegible]

故人知浪游縱迹。一二[illegible]乞 和什。 [illegible]頓首

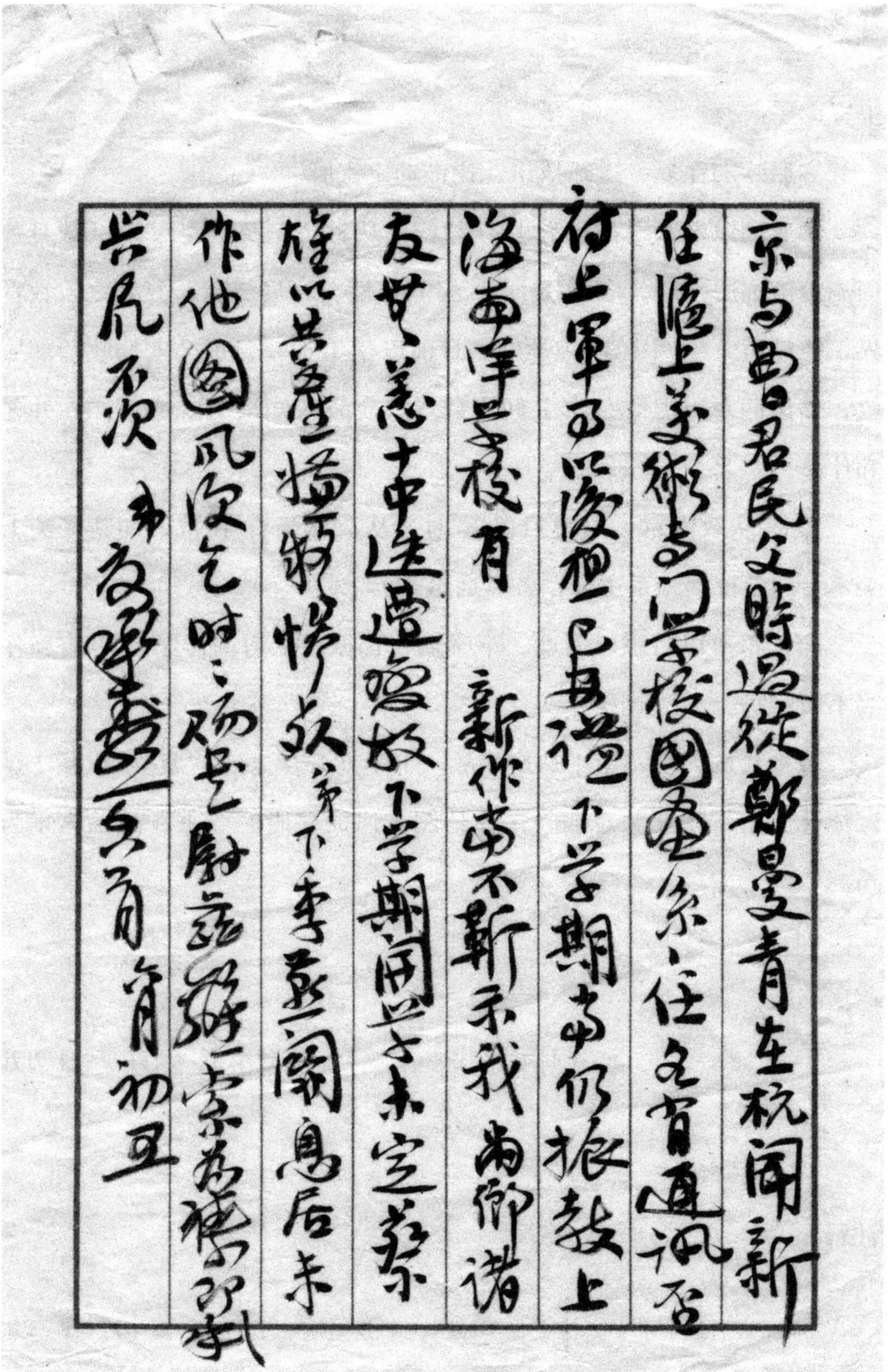

京与曹君民父晤过，从郑曼青在杭开新
任湖上美术专门学校国画系主任，名曾通讯至
沪上罢课以后拟一已接洽，下学期当仍执教上
海南洋中学校。有　新作幸不靳示我为荷。诸
友曾慕韩中途遇变故，下学期开学与否未定之蔡
孙旌以共产党煽惑惨杀。弟下季或暂闲息居，未
作他图，风波乞时时赐书见慰，感荷无已，索为补写印刻
耑此不次。弟夏承焘　五月初五

释文：

玉岑词宗：

客腊片羽往复，遂疏执讯，比惟动定安胜。

弟春间以友人之招，辞十中[1]教职，从省防军及水警厅幕[2]。数月曾周流台甬杭沪一行，韶护[3]爰居[4]，终非习性。时局变后，复弃之入教育界，执教甬上第四中学[5]一学期。日前以学生干政，被公安局政治部接收，偕诸同乡返温。兹奉上俚作数章，使故人知浪游踪迹一二，并乞和什。

孟楚[6]从政南京，与曹君民父[7]时过从。郑曼青[8]在杭，闻新任沪上美术专门学校国画系主任，各有通讯否？

府上军事以后想已安谧，下学期当仍振教上海南洋学校[9]，有新作当不靳示我。

敝乡诸友无恙，十中迭遭变故，下学期开学未定。蔡雄[10]以共产嫌疑惨死。弟下季燕关息居，未作他图。风便乞时时赐书，慰兹离索为祷。

即承

兴居不次

弟 夏承焘 顿首 六月初五

注释：

1.浙江省立第十中学，位于温州城区，即今温州中学前身。夏承焘与谢玉岑上世纪二十年代均曾执教于该校，也是在此校，两人相识并结下深厚友谊。

2.一九二七年二月至三月，夏承焘曾在国民革命军浙江省防军宁波水上警察厅工作。

3.韶护：指庙堂、宫廷之乐，或泛指雅正的古乐。韶，舜乐也；护，汤乐也。亦写作“韶濩”。

4.爰居：迁居。

5.一九二七年三月至六月，夏承焘曾在宁波省立四中执教。

6.李孟楚(1898−1963)，原名翘，字炜仪，别号错庵，曾名石，温州瑞安人。毕业于浙江省立一中，曾任天津交易所秘书、浙江省国民党执行委员会秘书等职。后任教于上海仓圣大学、厦门集美师范、浙江省立十中、河南中山大学、广州中山大学及安徽大学等。一九五六年受聘为浙江省文史馆馆员。民国时，与陈仲陶、李雁晴（乐臣）、夏瞿禅（承焘）、宋墨庵（慈抱）、李仲骞（慧园）、薛储石（钟斗）等人并称“永嘉七子”。一九二一至一九二三年在瑞安与同里周予同、金嵘轩、李笠、伍叔傥、薛祀光、林镜平等人共创“知行社”。致力于楚辞及老子研究，著有《墨学传布考》、《屈宋方言考》、《老子古注》等。

李孟楚执教广州中山大学时，曾邀请谢玉岑赴粤，因路遥，谢玉岑予以谢绝，这才有了就近的丙寅永嘉行。谢氏《永嘉杂咏》组诗中，有诗怀念故友：二月春风鼓瑟希，小西湖水与云齐。藏书楼下盟心语，南海鱼天忆李颀。

7.曹民父，名昌麟，字冷巢，江苏淮安人。南社社员。民国时曾在温州为官，与符笑拈、刘次饶、夏承焘等交契。夏承焘二十年代初期在温州时，常与曹氏唱和。如七律《曹民甫厅长邀集籀园逭暑》（详见《夏承焘教授纪念集》页219−220）等。夏亦是在曹处初识符笑拈。（详见《夏承焘集》第五册页132）

曹民父在民国初年以挽宋教仁联（不可说，不可说；如其何，如其何。）而名噪一时。

8.郑曼青（1901−1975），名岳，号莲父，别署玉井山人，中年蓄髯，复字曼髯，晚年又号夕长楼主，学不厌老儿等。温州城区人。天资聪颖过人，十余岁便有诗名，从温州名画家汪如渊（香禅）学画，复得姨母张红薇老人指授。后离乡赴杭州、燕京，与当时名家交游。二十四岁经蔡元培介绍，任教于暨南大学，承吴昌硕、朱古微等推荐，任上海美术专门学校国画系主任。又与黄宾虹等创办中国文艺学院。三十初度，摒弃一切教职，拜钱名山攻群经诸子，足不出寄园凡三年。后赴台，与于右任、陈含光等结诗社，与马寿化、陶芸楼等组七人书画会，参与发起“中华民国国画学会”，当选为理事兼国画委员会主委。

年轻时曾拜皖中名医宋幼庵为师，精岐黄之术，曾与道友倡全国中医师公会。又曾习少林拳，后得太极门大师杨澄甫，及太原张钦霖之精秘，浸淫二十年，集化为三十七式，以便传习。曾任军校太极拳教席，晚年赴美国开馆广授生徒。

以诗、书、画、医、拳五绝名世，著作甚富，悉以弘扬传统文化为旨。著述有《玉井草堂诗集》、《曼青词选》、《郑曼青画集》、《老子易知解》、《学庸新解》、《论语释旨》、《女科心法》、《骨科精微》、《郑子太极拳十三篇》等。

郑曼青为谢玉岑好友。谢氏殁后，有《哭谢大玉岑》诗：

悲吟哭谢大，濡毫双泪零。苦忆垂死日，握手已无声。
未忍坐相视，出户不能行。欲语复呜咽，令弟正相迎。（谓稚柳）
稚子满阶立，安知痛所生。生别兼死别，凄其隔世情。
归来不成寐，未知鸦已鸣。果然耗音至，旧友皆相惊。
此事吾转疑，君去能复生。招魂托双鲤，传语到九冥。
惟君不可死，为山未及成。堂上悲白发，海内哭亲朋。
魂兮胡不归，魂兮胡不灵。坐怀长逝者，天地一愁城。
生日君善病，词翰凌长卿。君今了不知，人嗟梁栋倾。
与君交十载，相爱若兄弟。肠断三春鸟，嘤鸣谁复能!

9.一九二六年夏，因上海南洋中学校长王培孙邀请，谢玉岑离温赴沪，执教该校。

10.蔡雄是谢玉岑在温州省立十中执教时的学生。一九二七年“四·一二”事变后，蔡雄遇难。谢玉岑曾作《永嘉杂咏》一首：黉舍常传月下歌，清游前梦堕银河。绛纱弟子才如海，槛风吡鸾可奈何！诗后特别注道“蔡生死后，苏生犹系杭狱”。苏生即苏渊雷，也是他当时的学生。苏渊雷后成为文史学家、华师大教授。苏渊雷教授曾著文，回忆谢师及此段往事，详见《钵水斋外集》。

二、夏承焘致谢玉岑

时间：一九二七年七月廿九日
署款：七月朔
用笺：红格八行笺，五页
夏记：暂未在日记中找到相关记录
钱记：第三十八封

今按：

此信应写于一九二七年。信末落款“七月朔”，应为一九二七年阴历七月初一，即一九二七年七月廿九日。

此信提到国学大师钱名山。夏承焘是经谢玉岑介绍得识钱名山先生的，并于一九二七年七月初次通函。

此信最后一页为符璋之诗。夏承焘于一九二五年夏初识符先生，此诗据《夏承焘教授学术活动年表》：“一九二五年九月，作《初归自关中笑拈丈过访不值柬此谢之》”，应作于一九二五年秋间。

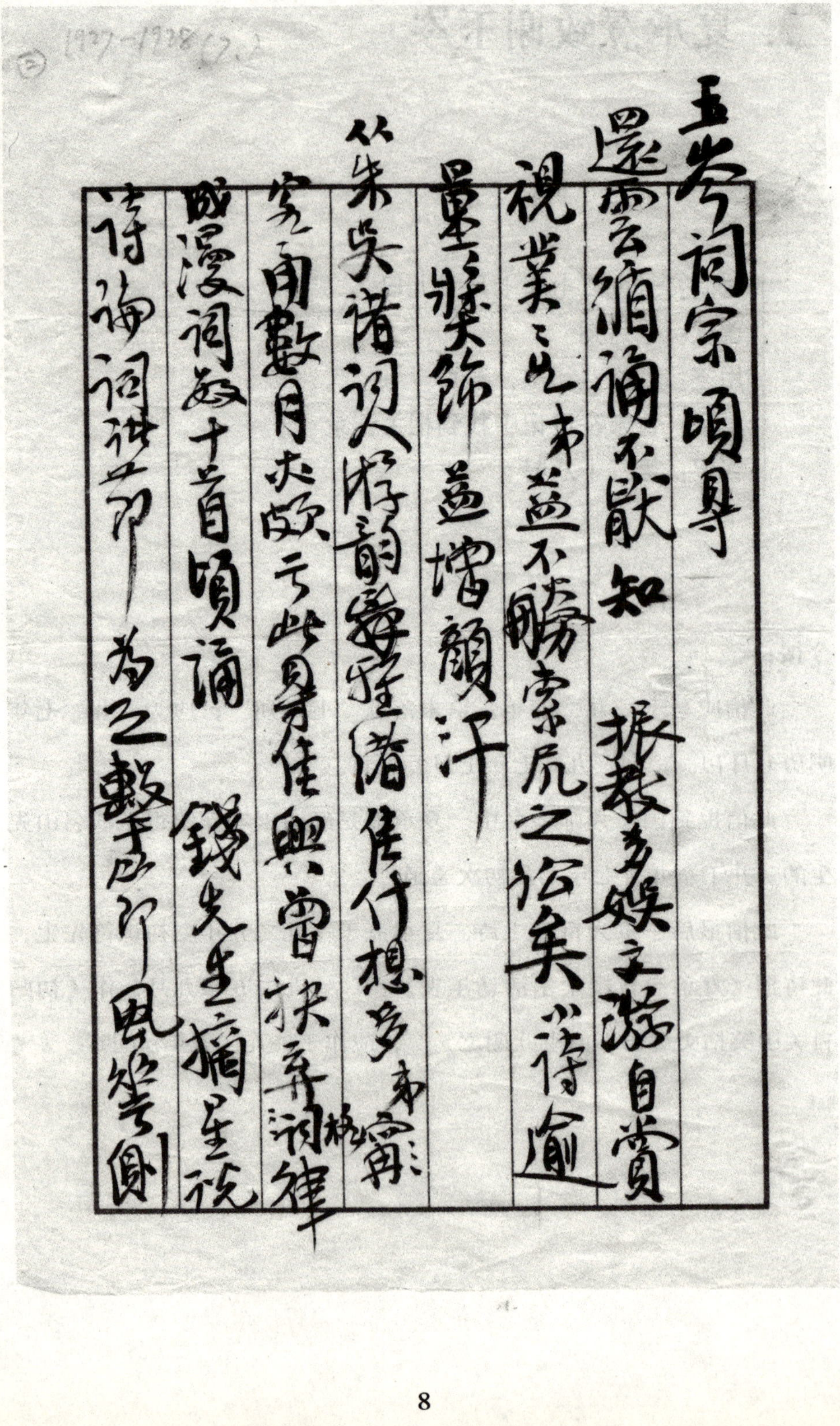
1927—1928(?)

玉岑词宗顷奉
还云循诵不厌知振裘多暇文游自赏
视业之光本益不胜索居之[illegible]矣以待[illegible]
墨之饰益增颜汗
从朱吴诸词人[illegible]韵[illegible]诸佳什想多[illegible]
[illegible]自数月来欲[illegible]此身佳与曾[illegible]弃[illegible]词律
成漫词数十首顷诵钱先生摘其[illegible]
诗论词[illegible]为之数年[illegible]

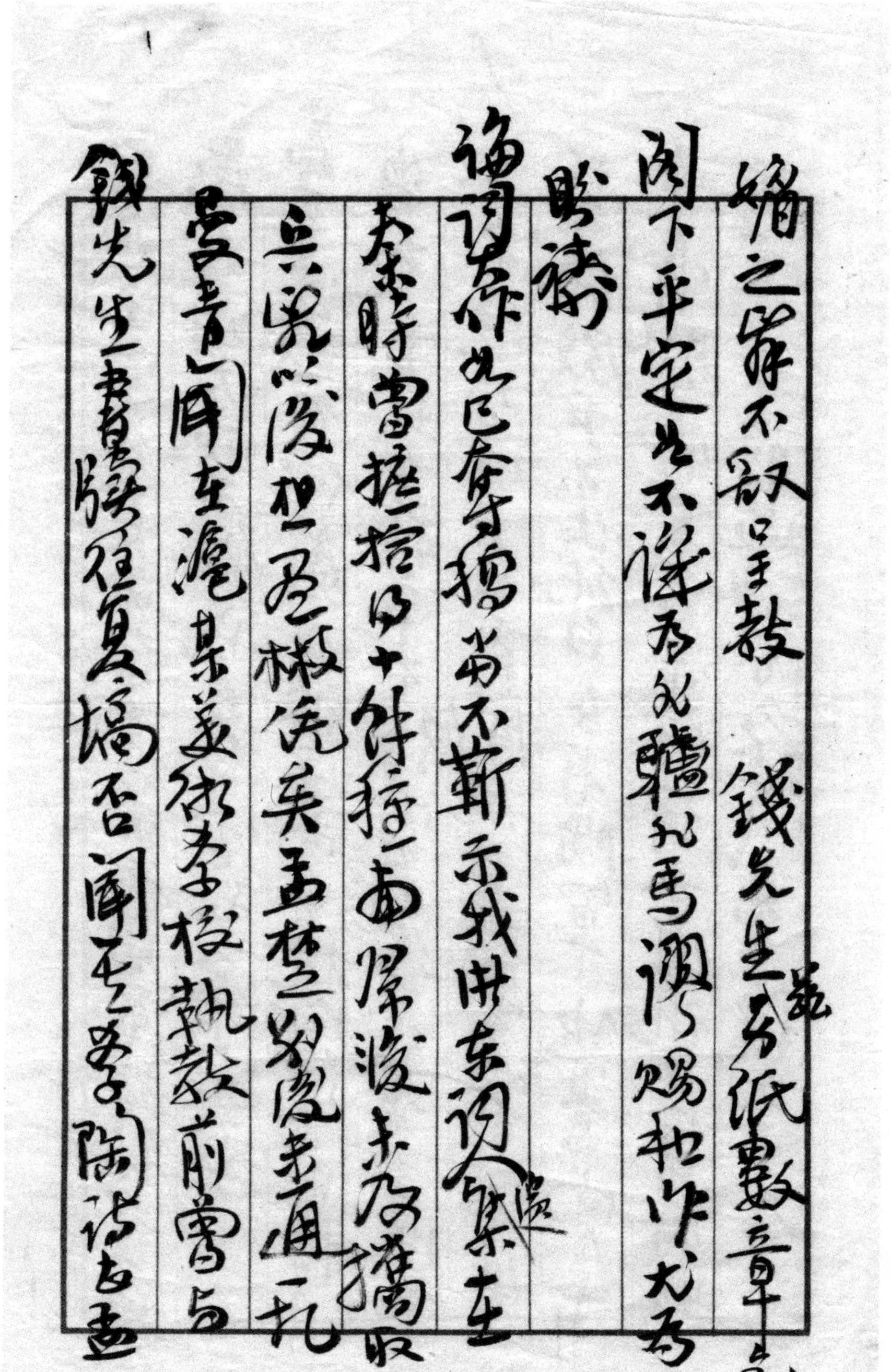
緒之餘不敘。手教錢先生藏另紙數章，乞
閣下平定，尤不詳者，能譜和馬調，賜和作尤為
盼禱。
論詞作，如已奉贈，尚不靳示我。耕東詞集溫在
去秋時當採擷廿餘首，歸後未及謄錄
兵燹以後，想已極佳矣。孟楚兄處前去一札
曼青聞在滬某美術學校執教，前曾與
錢先生去歲晤，現有通信否？聞王孝慈陶詩已盡

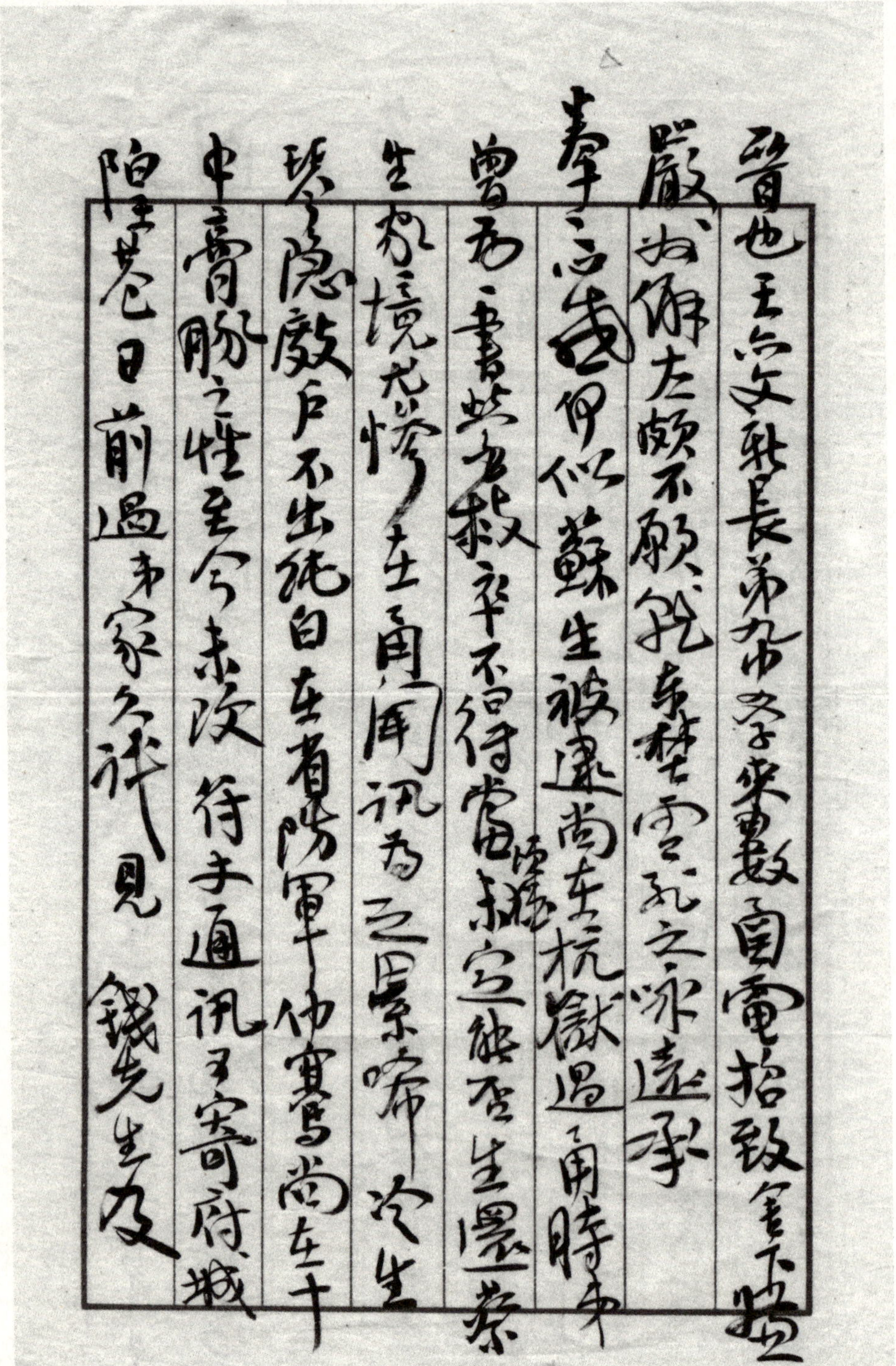
晋也。玉岑文兄长弟：九月中手书来数函，电招致寓下怀
严，如阿左频不厌。钝东华云乱之际，远承
垂念，感甚。伊似苏生被逮，尚在杭狱，遇甬时事
曾为一书与之救，卒不得当。陈掾未定能否生还，蔡
生家境尤惨，在甬闻讯为之累唏。冷生
琴隐廠户不出，纯白在省防军中，仲实写尚在十
中膏肺之性至今未改，待手通讯予寄府城
陶社巷日前过弟家，久未见。钱先生及

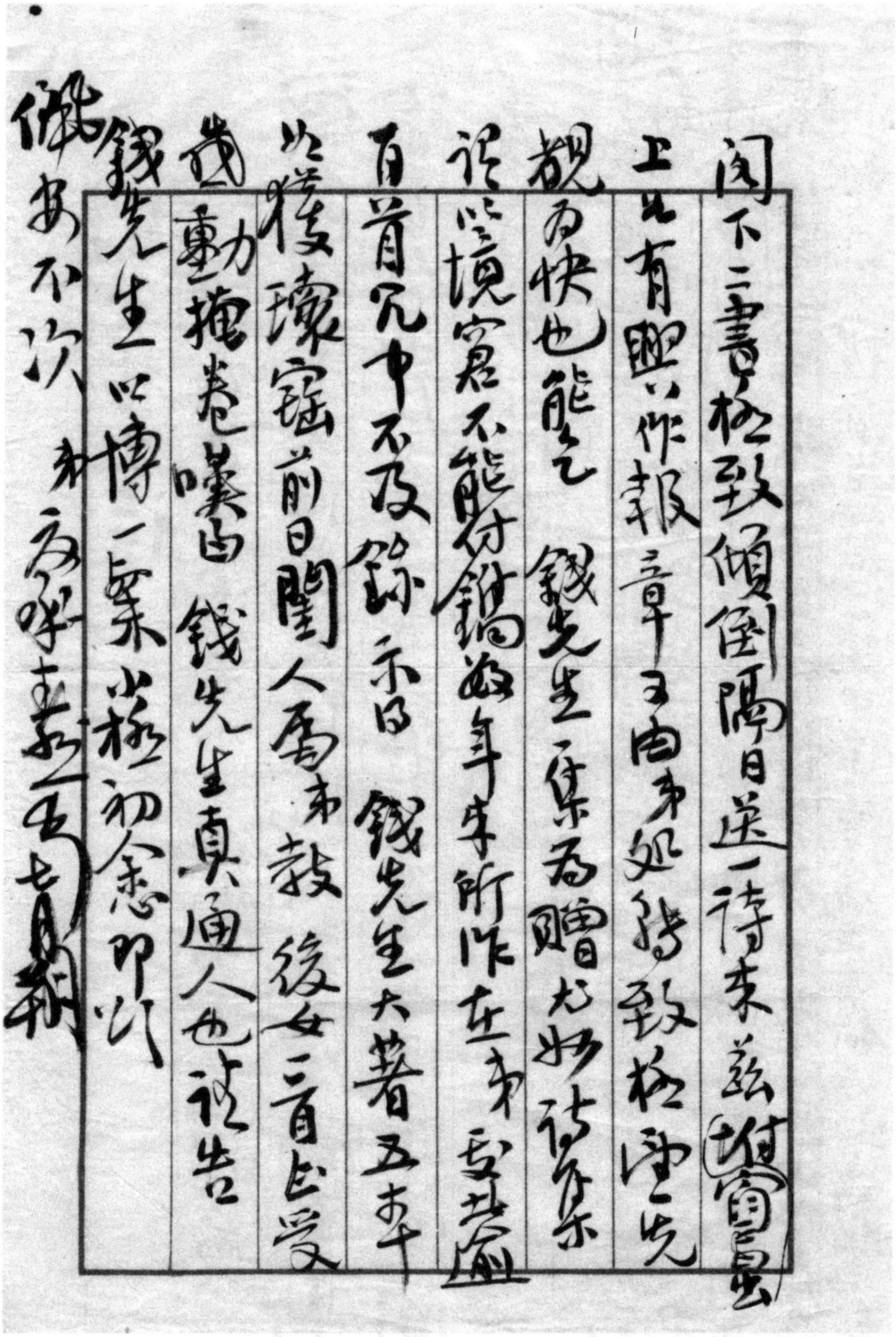
閣下二書極致傾倒，陽日送一詩來，茲謄出
上，甚有興以作報章，乃由弟處轉致，極望先
覩為快也。能乞錢先生原集為贈，尤妙。詩集
記以境窘不能付鐫，數年來所作在弟處者
百首，兄中不及餘示。錢先生大著五本
收讀，前日閩人為弟設，後交二首，乞受
我動擁卷嘆出。錢先生真通人也，請告
錢先生以傳一集小稿，初今忘印行。
儷安不次。弟承燾頓首 七月廿八

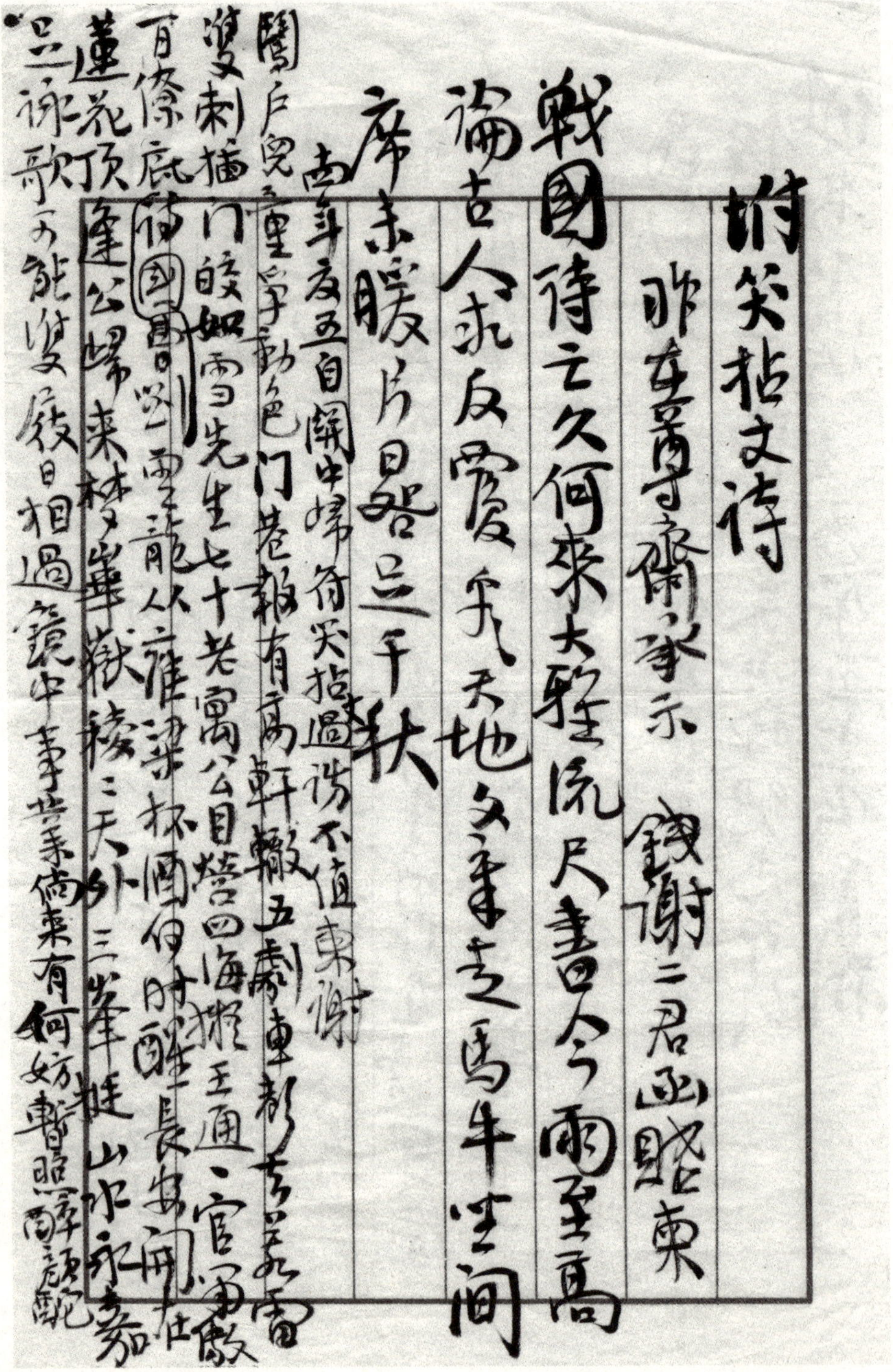

附笑拈文詩

昨在青寺齋承示錢謝二君函贈東

戰國詩亡久，何來大雅流。尺書今雨至，高

論古人求。反覆乎天地，文章走馬牛。世間

席未暖，片晷足千秋。

南年友五自閩中歸，爲笑拈過訪不值，東謝

閩戶兒童里争動色，門巷報有高軒轍。五劇東彭去其[illegible]

淒刺播門鬢如雪，先生七十老寓公，自營四海擬王通。宦海[illegible]

百僚底待國醫，眾雲龍人誰謀，杯酒何時醉長安。再任

蓮花頂逢公歸來，棲巢華嶽，稜稜天外三峰挺，山水永嘉

足詠歌，不能從，從日相過。鏡中事共黃倚，來有何妨，時照醉顏酡

释文：

玉岑词宗：

顷得还云，循诵不厌。知振教多娱，文游自赏，视仆仆如弟，益不胜索居之讼矣。

小诗逾量奖饰，益增颜汗。从朱[1]、吴[2]诸词人游，韵辞雅绪，佳什想多。弟客甬数月，亦颇于此得佳兴。曾抉弃格律，成漫词数十首。顷诵钱先生《谪星说诗》[3]论词诸节，为之击节。风华侧媚之辞，不欲呈教钱先生，兹另纸数章，乞阁下平定。如不讥为非驴非马，谬赐和作，尤为盼祷。

论词大作，如已夺稿，当不靳示我。

浙东词人遗集，在秦时曾摭拾得十余种，南归未及携取，兵乱以后，想尽散佚矣。孟楚别后未通一札。曼青闻在沪某美术学校执教，前曾与钱先生书牍往复，确否？闻其学陶诗甚孟晋[4]也。王亦文[5]新长第九中学[6]，来数函电招致。舍下嫌严州僻左，颇不愿就。东野云龙[7]之咏，远承拳拳，心感何似！苏生[8]被逮，尚在杭狱。过甬时弟曾为一书营救，卒不得当，顷犹未定能否生还。蔡生家境尤惨，在甬闻讯为之累唏。

冷生[9]、琴隐[10]杜户不出，纯白[11]在省防军，仲骞[12]尚在十中，胥豚之性，至今未改。符丈[13]通讯可寄府城隍巷。日前过弟家，识见钱先生及阁下二书，极致倾倒，隔日送一诗来，兹写出附上。如有兴作报章，可由弟处转致，极望先睹为快也。能乞钱先生一集为赠尤妙。诗集谓以境窘不能付镌，数年来所作，在弟处者逾百首，冗中不及录示。

得钱先生[14]大著五本，如获瑰宝。前日闺人属弟教《后女》一首，甚受感动，掩卷叹曰："钱先生真通人也！"[15]请告钱先生，以博一粲。

小极初愈。即颂

俪安不次

弟 夏承焘 顿首 七月朔

附笑拈丈诗

昨在尊斋承示钱谢二君函赋柬

战国诗亡久，何来大雅流。
尺书今雨至，高论古人求。
反覆看天地，文章走马牛。
坐间席未暖，片晷足千秋。

十四年夏五（吾）自关中归，符笑拈丈过访不值，柬谢。

闾户儿童争动色，门巷报有高轩辙。
五剧车声去若雷，双刺插门皎如雪。
先生七十老寓公，目营四海拟王通。
一官啸傲百僚底，曹刘诗国云龙从。
雍梁杯酒何时醒，长安开在莲花顶。
逢公归来梦华岳，稜稜天外三峰挺。
山水永嘉足咏歌，可能双屐日相过。
镜中事业倘来有，何妨暂照醉颜酡。

注释：

1.朱祖谋（1857−1931），原名孝臧，字古微、藿生，号沤尹，又号彊邨、疆邨，别署上彊邨民、上彊山民、沤道人等，室名无著庵、思悲阁。浙江归安人。清光绪九年（1883）进士，曾官礼部右侍郎、广东学政。宣统元年（1909）特诏征入，明年设弼德院，授为顾问大臣，不赴。民国后，隐居海上，著述以终。少以诗名声，四十岁后始为词，为清末四大词家之一。书法合颜柳于一炉。写人物、梅花多饶逸趣。著有《彊村语业》、《弃稿》、《集外词》等。弟子众多，汪精卫、叶恭绰、吴梅、龙榆生等皆列门墙。夏承焘一九二九年经谢玉岑介绍认识朱彊村。

2.吴梅(1884−1939)，字瞿安，号霜厓，江苏长洲人。历任北京大学、中央大学、金陵大学教授。著有《南北词谱》、《曲学通论》等。

3.《谪星说诗》为钱名山早年诗论集。钱名山号谪星。

4.孙延钊（1893−1983），字孟晋，号勖庵，浙江瑞安人。祖父孙衣言，叔祖父孙锵鸣、父孙诒让均为晚清著名学者。历任北洋政府盐务署科长、温州籀园图书馆馆长、浙江省立图书馆馆长、浙江通志馆总纂、浙江省文史馆馆员。

5.王亦文（1894−1951），名骏声，温州乐清人。曾留学日本东京高等师范学校，攻读教育学。一九二三年年毕业回国，任浙江省立第十中学师范部教员兼该校附属小学（模范小学）主任。一九二七年任严州浙江省立第九中学校长。一九三一年任浙江省立高级中学师范部主任。一九三三年回乡，先后在永嘉县私立济时中学、乐清县私立乐成初级中学、温州中学担任教职。一九五一年以“恶霸地主”罪名被乐清县人民法庭判处极刑。著（译）有《儿女教育储金法》、《晚近教育学说概论》、《幼稚园教育》、《小学各科教学法》、《中等学校学生实际训练法》等书。

6.浙江省立第九中学，位于严州（今浙江建德），即今严州中学前身。

7.东野云龙：唐代韩愈《醉留东野诗》云：“昔年因读李白杜甫诗，常恨二人不相从。吾与东野生并世，如何复蹑二子踪。东野不得官，白首夸龙钟；韩子稍奸黠，自惭青蒿倚长松。低头拜东野，愿得终始如駏蛩；东野不回头，有如寸梃撞巨钟。吾愿身为云，东野变为龙。四方上下逐东野，虽有离别无由逢。”孟郊，字东野，与韩愈为忘年交。

8.苏渊雷（1908-1995）原名中常，字仲翔，晚号钵翁，又号遁园。温州平阳钱库（今属苍南）人。民国时曾任上海世界书局编辑所编辑、中央政治学校教员、立信会计专科学校国文讲席、中国红十字总会秘书兼第一处长等职。一九四九年后为上海华东师范大学教授、中国佛教协会常务理事。著有《名理新论》、《玄奘》、《佛教与中国传统文化》等。余事书画，被誉为“文史哲兼擅，诗书画三绝”。与苏昧朔、苏步青并称“平阳三苏”。

此信中提到的被捕一事经过如下：一九二六年苏渊雷加入共青团，是年夏，代表浙江省学生联合会赴广州出席全国第八届学代会。会后，参加张太雷主持的党团活动。后即转为中共党员，参加中共温州独立支部活动。“四·一二”事变后的第三天，驻温省防军奉东路军前敌总指挥部密令，突然将他和戴树棠、陈仲雷三人逮捕。五月三日由温州押解杭州陆军监狱，旋被杭州特种刑庭判处十九年徒刑。在他被押离温时，蔡雄曾化装至码头送行，不久亦被捕，后遇难。在狱中，苏渊雷涉猎佛典、《圣经》、《易藏丛书》，手点《相台本五经古注》和《章氏丛书》，沟通老庄、黑格尔和达尔文学说，写成第一本学术著作《易学会通》。一九三三年六月，旅杭温州同乡会长、水利专家林同庄保其出狱。

9.梅冷生(1895-1976)，名雨清，字冷生，以字行，永嘉城区(今温州鹿城区)人。民国初年毕业于东瓯法政专科学堂。一九二〇年五月，与王毓英、夏承焘、陈仲陶等组织文学团体“慎社”，后从瓯海道尹吴兴林鹍翔学词，得其嘉赏，谓其词得周草窗之神髓。一九二一年创立词学团体“瓯社”。曾被选为浙江省议会第三届议员。一九三五年与许蟠云、刘景晨等发起建立永嘉区征辑乡先哲遗著委员会，被推为总务兼印行股主任；继又参与发起补刻光绪《永嘉县志》。一九三六年冬，应朱铎民邀，赴陕西省财政厅任秘书，后返回任浙江省政府会计处秘书。一九四一年出任旧温属联立籀园图书馆馆长，并先后兼旧温属联立中学、瓯海中学、浙江省第三临时中学等校国文教师。毕生主要从事图书馆工作，为图书文献的征集罗致付出大部精力。在古稀之年，积数年之功，辑成《馆藏古书目录》十大本，录书目十五万余种。同时对本地遗闻轶事，用心摭拾，编成《温州地方史资料》。善诗文，有《劲风楼酬唱集》（抄印本）传世。叶恭绰辑刊《广箧中词》亦选录先生之作。

夏承焘与梅冷生交契。夏氏执教严州中学时有诗寄梅冷生："一竿欲向严光借，梅福平生是故人。"

10.严琴隐（1893–1994），名文黼，又名文虎，字琴隐，晚号琴庄老人。温州人。先世业儒，曾开设严日顺瓯绸坊。一九二〇年与梅冷生等倡办"慎社"，一九二四年出任籀园图书馆馆长，后任东山图书馆馆长。一九八〇年代受聘为浙江省文史馆馆员。著有《乐律金鉴》、《琴隐联语录》等。

11.陈纯白，温州瑞安人，夏承焘老友。"慎社"社友。

12.李仲骞，字慧园，温州瑞安人。民国时，与陈仲陶、李雁晴、夏瞿禅、李翘、宋墨庵、薛储石等人并称"永嘉七子"。

13.符璋（1853–1929），字聘之，一字笑拈，号蜕庵，江西宜黄人。父兆纶（雪樵）。光绪三十一年（1905）客广东，入水师提督李准幕，后任讲武学堂总办。宣统元年（1909）入浙，充温处道文案，后官瑞安知县，遂流寓温州。曾任《平阳县志》总纂。擅诗文，与时人多有酬唱。夏承焘认为"温州读书之博，无过先生者"（《夏承焘集》第五册，页127）。钱名山称符璋"为予生平知己第一"（《名山文约·谢二姑传》）。

一九二七年九月十一日夏承焘致钱名山函中，曾介绍符笑拈，言其先德雪樵先生与谭复堂交好。

夏承焘于一九二五年初识符笑拈先生。一九二九年十一月十一日日记如此记载："十月初，承焘抵书先生，问白石集一事。书到，先生逝世二日矣。追念十四年夏（一九二五年），自陕西归，始获识先生于曹民父席上，追随杖履，逾四、五年。去春苑翁席上，遂成最后一面。黄垆山河之恸，何以为怀耶。"（《夏承焘集》，第五册，页132。）

14.钱振锽（1875–1944），字梦鲸，号谪星，后号名山，又号庸人。早年自署星影庐主人，晚年自署海上羞客。江苏武进（今常州）人。与昆山胡石予、金山高吹万并称“江南三大儒”。光绪二十九年（1903）进士，官刑部主事。上书言事不为用。次年丁父忧归里。宣统元年（1909）入都，再上书都察院，不为用，乃归。辛亥后，束发作道士装，绝意仕进。于寄园设馆授徒，著书立说，并造就了谢玉岑、谢稚柳、程沧波、郑曼青、马万里、王春渠、伍受真等一批俊杰。抗战期间，居上海，卖字为生。通医术，工书画，尤工诗文。著述有《名山集》、《名山文约》、《名山诗集》等。

15.指钱名山《名山集》中有重视妇女、同情妇女的言论。

三、（附）夏承焘致钱名山

时间：一九二七年七月廿九日
署款：七月朔
用笺：红格八行笺，四页
夏记：暂未在日记中找到相关记录
钱记：无记录

今按：

在书稿即将杀青时，钱璱之先生找出了这封信。根据署款及文中内容，可知此信是与上封信同时发出的。给谢玉岑的信，反倒是附在此信之中。

二〇〇三年出版的《钱名山研究资料集》中，钱璱之先生曾以《书信二封》为题，摘录过此信。

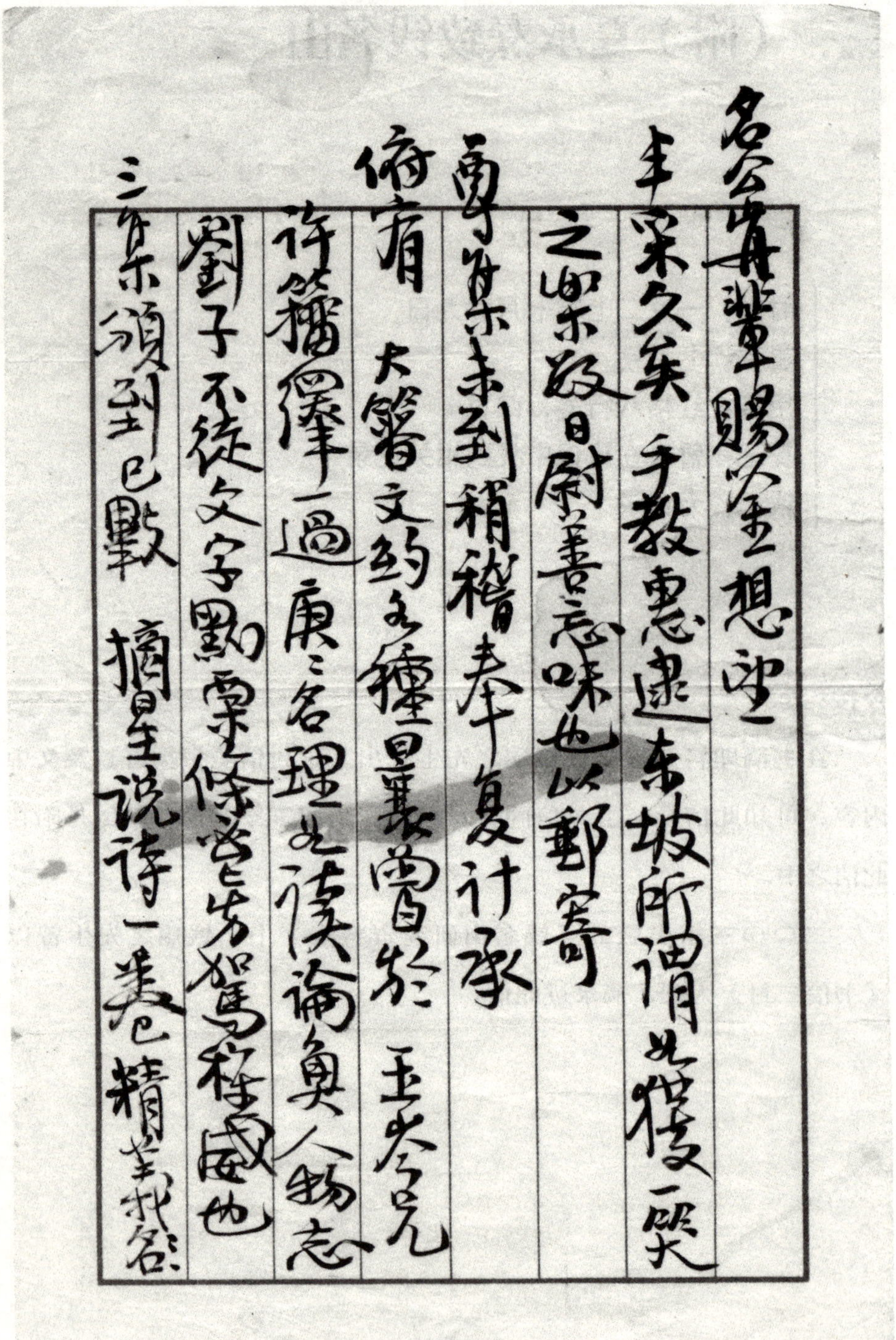

名公[illegible]辈赐笺，想望
丰采久矣。手教惠逮，东坡所谓如获[illegible]
之乐，不[illegible]数日，慰善忘味也。以邮寄
尊著[illegible]集未到，稍稽奉复。计承
俯宥。大箸文约五种，日来曾於玉岑兄
许借读一过。广名理之谈，论[illegible]人物，志
刘子不徒文字[illegible]
三集亦须到。已数 摘[illegible]生说诗一卷，已精[illegible]

各通學未嘗有時瑜亮者近人王靜安
人間詞話倜儻〻〻以詩謬承
獎借益見　長者盛虛撝謙之懷早歲
塗抹頗喜　貴鄉仲則年來稍誦東坡
山谷者較多里音拊缶無當大雅加以不能嫥
志于此進業益勤
先生高夷神譚瓣香香山渭南　名山留集
所載雖顧〻〻篇幅固已嘗一〻讀知大王鼎

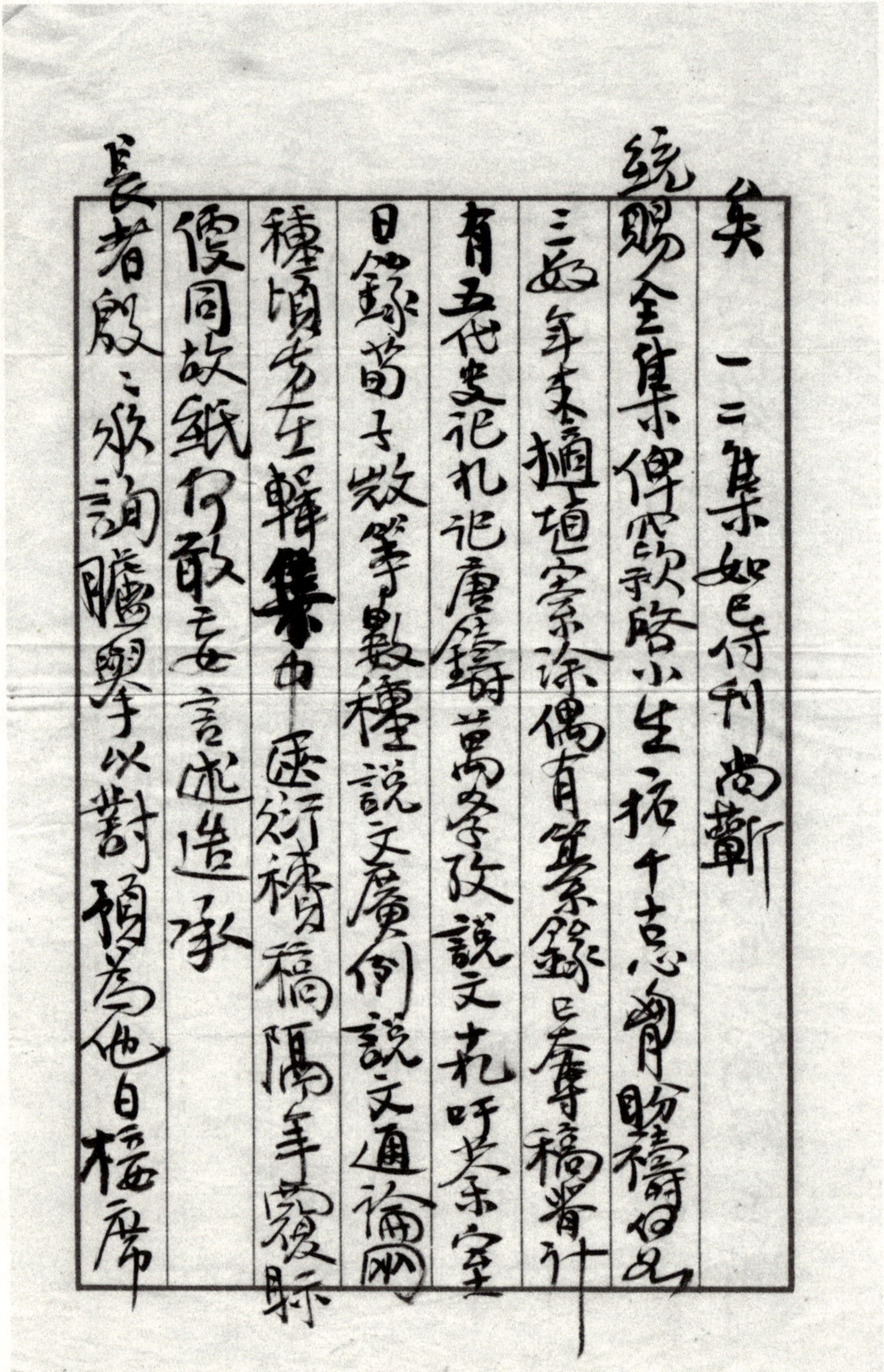

矣一二集如已付刊尚祈
統賜全集俾窺歆啓小生拓千古忘[?]肯賜讀姑兄
三姊年來摘填宋詞偶有箋案錄已屬寫稿首計
有五代史記札記唐鑄萬尚書孜說文札吁其宋室
日錄荀子數等數種說文廣例說文通論兩
種皆方在輯集中逐行補稿隔年寫竣
便同故紙何敢妄言述造承
長者殷殷垂詢謹舉以對頌為他白梅席

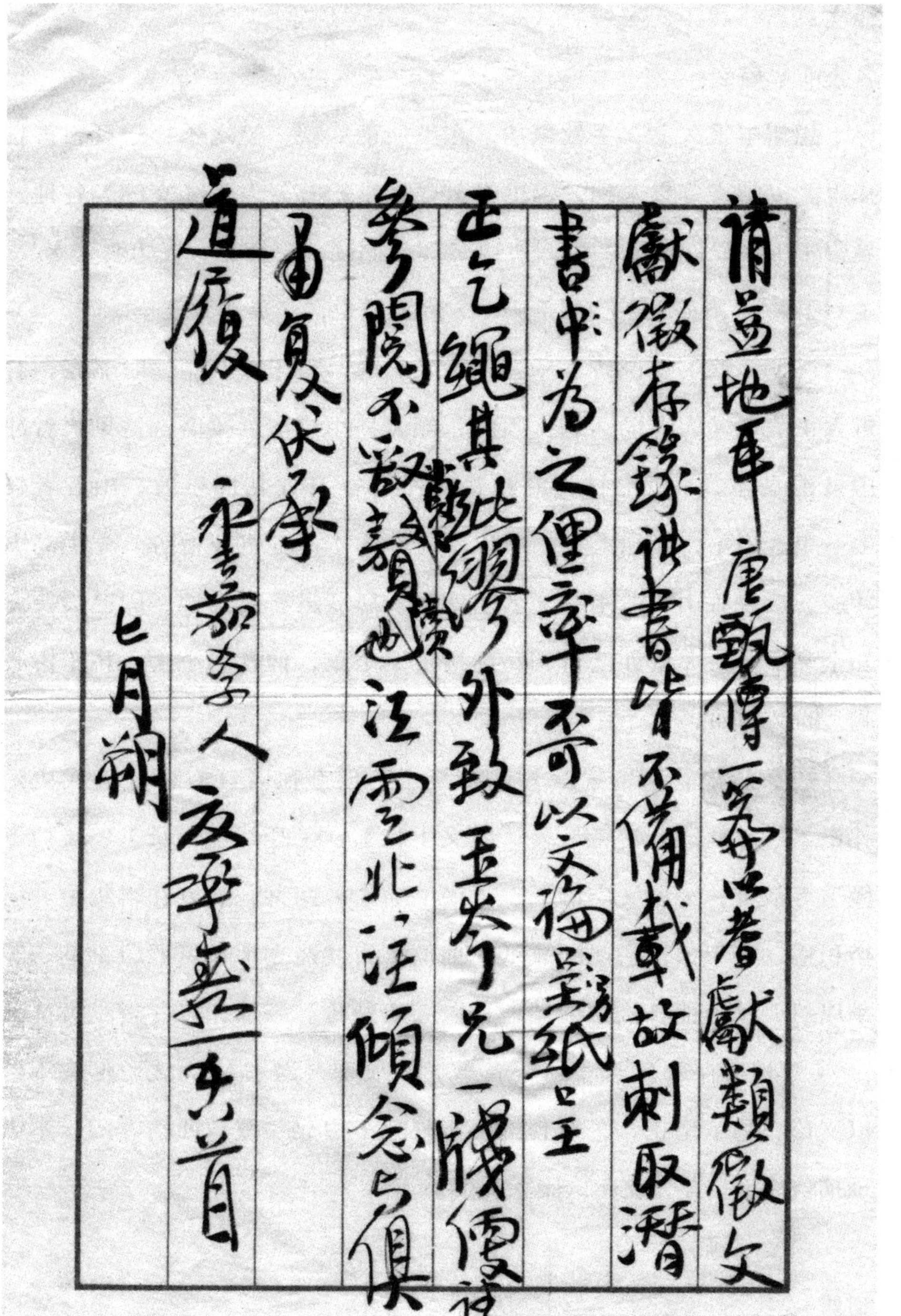
請益地耳。唐甄傳一篇，以耆獻類徵、文獻徵存錄諸書皆不備載，故刺取潛書中為之，俚辭千不可以文論，黏紙上呈，正乞繩其紕繆。外致玉岑兄一牋，便祈參閱，不敢褻瀆也。江雲北注，傾念之俱。專復，及伏承

道履。

永嘉學人夏承燾頓首

七月朔

释文：

名公前辈赐鉴：

想望丰采久矣，手教惠逮，东坡所谓如获一笑之乐，数日慰善忘味也。以邮寄尊集未到，稍稽奉复，计承俯宥。大著《文约》各种，曩曾于玉岑兄许籀绎一过，庚庚名理，如读《论衡》、《人物志》[1]、《刘子》[2]，不徒文字□栗条畅，方驾稚威也，三集颁到已毕。

《摘（谪）星说诗》一卷，精义名通，得未曾有。一时瑜亮，有近人王静安《人间词话》，倾佩，倾佩！小诗谬承奖借，益见长者冲虚掖诱之怀。早岁涂抹，颇憙贵乡仲则[3]。年来帑诵东坡、山谷者较多。里音拊缶，无当大雅，加以不能专志于此，进业益鲜。先生高夷冲淡，瓣香香山、渭南。《名山四集》所载虽寥寥篇幅，固已尝一脔知全鼎矣。一二集如已付刊，尚祈统赐全集，俾款启小生一拓千古心胸，盼祷何如。

三数年来，擿埴索涂，偶有纂录，已夺稿者计有：《五代史记札记》、《唐铸万学考》，《说文十札》、《吁荼室日录》、《荀子微》等数种，《说文广例》、《说文通论》两种，顷方在辑集中。箧衍积稿，隔年覆视，便同故纸，何敢妄言述造。承长者殷殷垂询，胪举以对，预为他日接席请益地耳。《唐甄传》一篇，以《耆献类征》[4]、《文献征存录》[5]诸书皆不备载，故刺取《潜书》[6]为之，俚率不可以文论，另纸呈正，乞绳其纰缪。外致玉岑兄一笺，便请参阅，不欲琐琐赘渎也。江云北注，倾念与俱。

肃复伏承

道履

永嘉学人夏承焘顿首

七月朔

注释：

1.《人物志》，魏刘邵撰。刘邵，字孔才，广平邯郸人。编有类书《皇览》，参与制定《新律》。著有《乐论》、《许都赋》、《洛都赋》等，惜多已亡佚。目前仅见《人物志》、《赵都赋》、《上都官考课疏》。

2.《刘子》，北齐刘昼撰。

3.指黄仲则。黄仲则（1749−1783），名景仁，字汉镛，自号鹿菲子，江苏武进（今常州）人，四岁丧父，家贫力学。十六岁参加常州府童子试获第一名秀才。然时乖命蹇，落拓平生，年仅三十五岁就贫病以终。才高气傲，学遍古今。以诗名世。包世臣赞为："乾隆六十年间，论诗者推为第一。" 有《两当轩集》。除诗词负盛名外，黄仲则行楷在苏轼、黄庭坚之间，分隶极古质，亦工画，擅山水，兼长鉴古，旁通篆刻。

4. 全称为《国朝献耆类征》，清代人物传记集，李桓辑。

5.《文献征存录》，清钱林撰。

6.《潜书》，唐甄撰。唐甄（1630−1704)，初名大陶，字铸万，号圃亭。四川省达州（今达县）人。顺治十四年(1675)中举人，后流寓江南，靠讲学卖文维持生计。

四、（附）夏承焘致钱名山

时间：一九二七年九月十一日
署款：九月十一日
用笺：八行红格笺，五页
夏记：暂未在日记中找到相关记录
钱记：无记录

今按：

这封落款九月十一日致钱名山的信，我定为一九二七年作。该年七月，夏承焘初与钱名山通函。同时该信开首即提到钱公对《唐甄传》的奖饰，正可与前一信（夏承焘一九二七年七月廿九日致钱名山信）中内容呼应。

此信第三页右下有小注“下已失去一叶”，可能为谢玉岑当时所书。此失去之叶可能就指所附之诗。

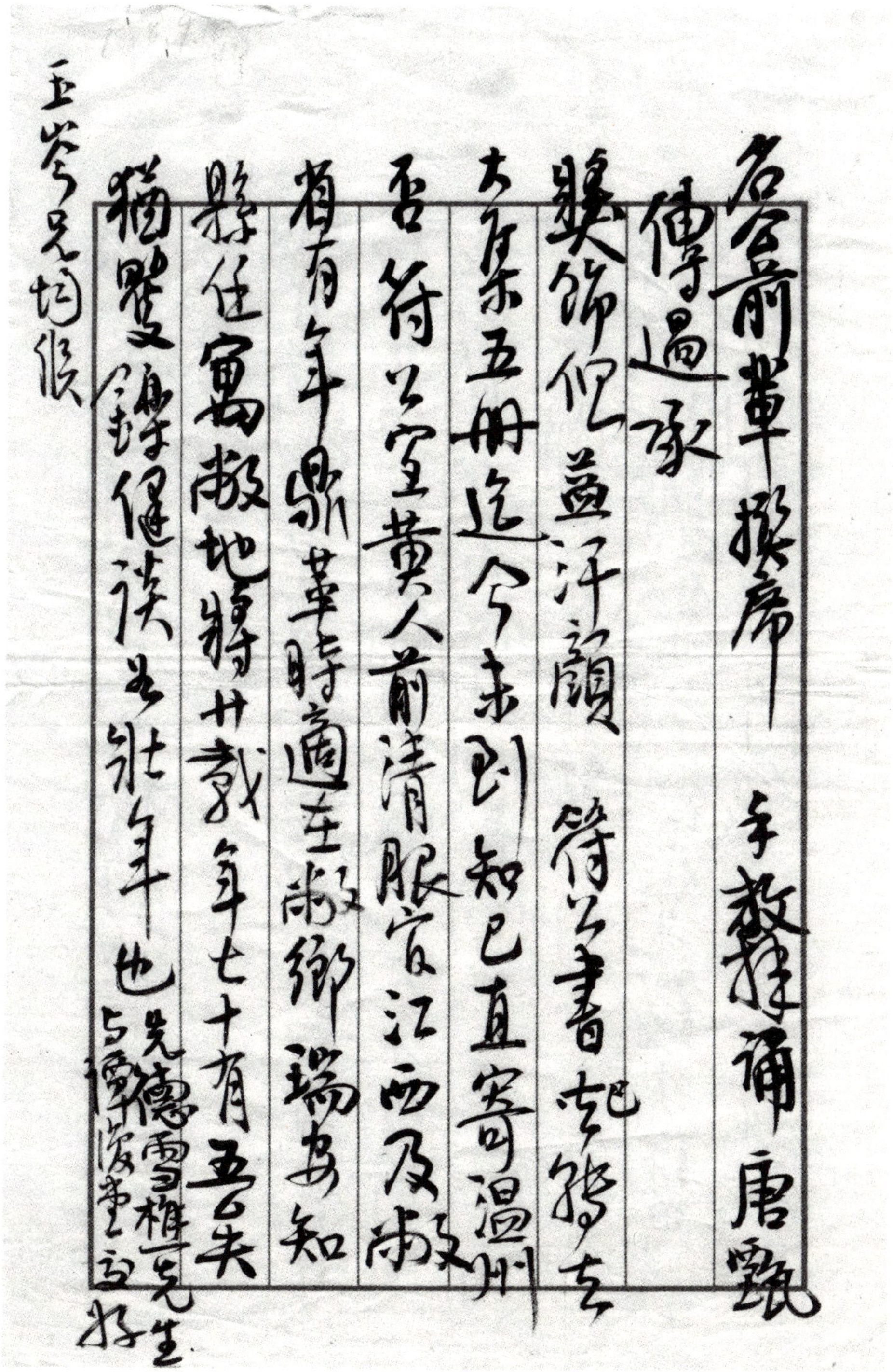

名山前輩撥席　手教拜誦　唐甄
傳遍承
獎飾佩益汗顏　賜以書記錄去
太原朵五册迄今未到知已直寄溫州
吾符以宣黃人前清服官江西及徽
省有年鼎革時適在徽鄉瑞安知
縣任寓徽地將廿載年七十有五矣
猶暨及身錄經談足壯年也　先德雪樵先生
與……
玉岑兄均候

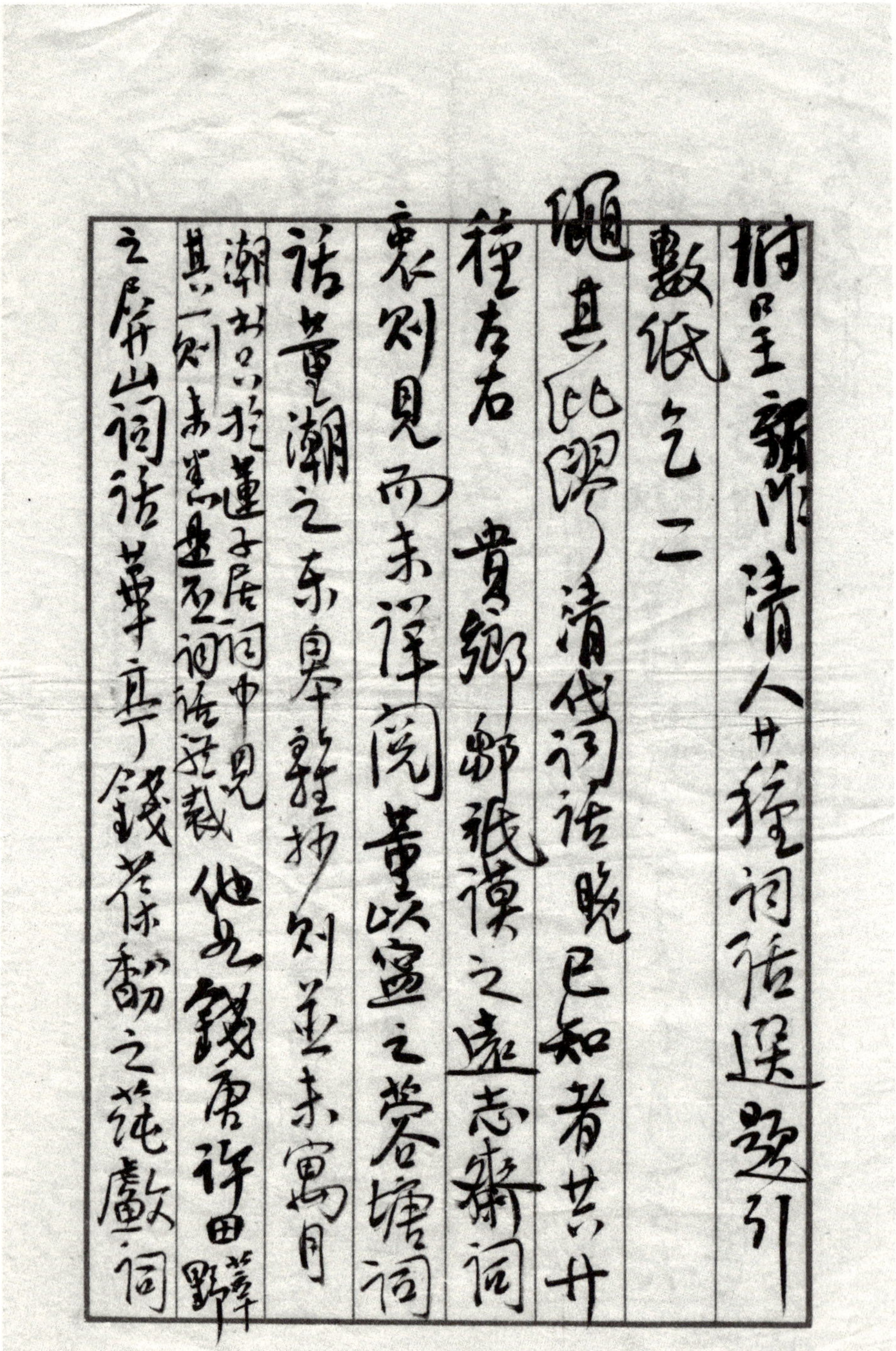

附呈新作清人卅種詞話選題引數紙乞二鑑其紕繆清代詞話曉已知者共卅種左右　貴鄉鄒祗謨之遠志齋詞衷則見而未詳閱董以寧之蓉渡詞話董潮之東皋雜抄則並未寓目（潮書只於蓮子居詞話中見其一則未審是否詞話叢載）他如錢唐許田莘野之屏山詞話華亭錢芳葆馚之蒓歔詞

四明袁鈞之西廬詞話、無錫丁紹儀之聽秋館詞話、陳廷焯之白雨齋詞話、仁和卓人月之詞統、郭頻伽詞話、余仲芳彥園詞話等，皆訪求未獲。插架如有其書，可否惠假一閱？或聞示各書內容，再參考海類編中之彭孫遹詞統源流、昭代叢書中之王漁洋花草蒙拾、賀黃公皺水軒詞筌、西河詞話皆閱過，未深述。亦以并為一類之乞 前

不已共去一葉

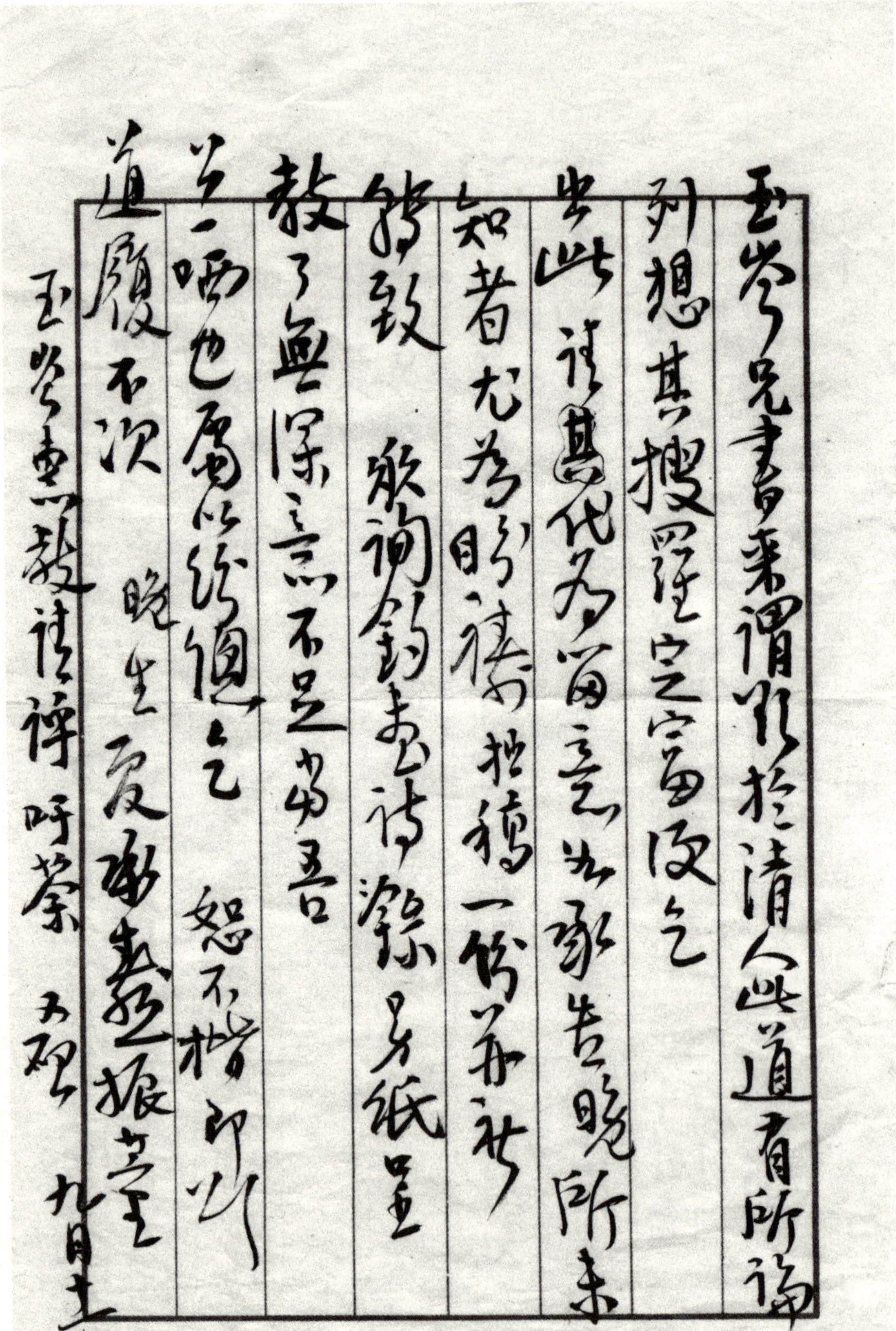
玉岑兄：書來謂作於清人此道有所論
列，想其搜羅定富，便乞
出此。詩其代爲留意，如承告曉所未
知者，尤爲盼禱。擬積一二篇奉祈
錄致。承詢鉛印詩詞錄，另紙呈
教，了無深意，不足當吾
兄一哂也。屬作縮幅乞恕不楷，即叩
道履不次。　晚生夏承燾頓首
玉岑惠教請詳　呼荼　不覆　九月十一日

入瀧

才搬高眠又下床，舟行聞過釣臺旁。榜師見慣江山好，匿笑行人有底忙。

入夢滄江一枕清，能空萬慮況浮名。神仙誇致一高寒境，未必銀河有此聲。

嚴陵颿棹一江間，謝翱南來久往還。若使披裘逃又遠，好攜翁婿占名山。（子陵梅福婿，梅嶼相傳為梅隱處，永嘉）

佳句難為竹垞工，（朱竹垞有入瀧歌）題詩以媿謝西東。江山眼底已奇絕，偏有瞿唐入夜夢中。（昨夜夢入峽）

名山前輩一誨正

晚生夏承燾假稿

释文：

名公前辈撰席：

手教拜诵，《唐甄传》过承奖饰，但益汗颜。符公书已转去，大集五册迄今未到，知已直寄温州否？符公宜黄人，前清服官江西及敝省有年，鼎革时适在敝乡瑞安知县任，寓敝地将廿载。年七十有五矣，犹矍铄健谈如壮年也。（先德雪樵[1]先生与谭复堂[2]交好）

附呈新作，清人廿种词话选题引数纸，乞一一绳其纰缪。

清代词话晚已知者共廿种左右，贵乡邹袛谟之《远志斋词衷》则见而未详阅。董以宁之《蓉塘词话》、董潮之《东皋杂抄》[3]则并未寓目。（潮书只于《莲子居词》[4]中见其一则，未悉是否词话体裁。）他如钱唐许田（莘野）之《屏山词话》、华亭钱葆酚[5]之《莼鲈词话》、陈廷焯[6]之《白雨斋词话》、仁和卓人月[7]之《词统》、郭频伽《词话》、余仲茅[8]《彦园词话》（四明袁钧[9]之《西屋词话》、无锡丁绍仪之《听秋馆词话》[10]）等皆搜求未获。

插架如有其书，可否惠假一阅，或开示各书内容。再《学海类编》中[11]之彭孙遹《词统源流》、《昭代丛书》[12]中之王渔洋《花草拾蒙》[13]、贺黄公[14]《皱水轩词筌》、《西河词话》[15]皆阅过未选，亦并为一瓻之乞。

前玉岑兄书来，谓欲于清人此道有所论列，想其搜罗定富，便乞出此，请代为留意。如承告晚所未知者尤为盼祷。拙稿一份并祈转致。垂询钓台诗，录另纸呈教。了无深意，不足当吾公一哂也。

属以纷总，乞恕不楷。

即颂

道履不次

晚生 夏承焘 振董

玉岑兄均候。

玉岑惠教请呼吁荼。

又启 九月十一日

入泷

才拟高眠又下床，舟行闻过钓台旁。

榜师见惯江山好，匿笑行人有底忙。

入梦泠泠一枕清，能空万虑况浮名。

神仙夸煞高寒境，未必银河有此声。

严陵瓯括一江间，谢屐南来欠往还。

若使披裘逃更远，好携翁婿占名山。（子陵梅福婿，永嘉梅屿相传为梅隐处。）

佳句难如竹垞[16]工(朱有入泷歌)，题诗欲满浙西东。

江山眼底已奇绝，偏有瞿唐落梦中。（昨夜梦入峡）

名山前辈诲正。

晚生 夏承焘 俶稿

注释

1.符兆纶，字雪樵，号卓峰居士，江西宜黄人，清咸丰年间为福建福清知县。著有《梦梨云馆词钞》。符璋之父。

2.谭献(1832—1901)，初名廷献，字仲修，号复堂。浙江仁和（今杭州）人。同治六年(1867)举人。曾入福建学使徐树藩幕，后署秀水县教谕。又历任安徽歙县、全椒、合肥、宿松等县知县。后去官归隐，锐意著述。晚年受张之洞邀请，主讲经心书院，年余辞归。著有《复堂类集》，包括文、诗、词、日记等。另有《复堂诗续》、《复堂文续》、《复堂日记补录》。词集《复堂词》，录词百又四阕。陈乃乾编《清名家词》，全部辑录。他之词论由门人徐珂辑为《复堂词话》。

3.《东皋杂抄》，董潮撰。董潮，字晓沧，号东亭，武进人。乾隆二十八年（1763）进士，工诗文，兼善六法，尝赋《红豆树歌》，传诵都下。有《东亭诗选》。

4.《莲子居词话》，吴衡照撰。

5. 钱葆酚，名芳标，江南华亭人，丙午孝廉。（《今世说》卷三）

6.陈廷焯（1853-1892），字亦峰，又字伯与，江苏丹徒（今镇江）人，后流寓泰州。光绪戊子（1888）举人。中年潜心医理，颇能济人。著有《白雨斋词话》及《大雅》、《放歌》、《闲情》、《别调》等词集，还有《希声诗集》。

陈氏殁时年仅四十，其《白雨斋词话》由其父陈铁峰审定，删成八卷，一八九四年由其门人许正诗、王雷夏等刊行。此为后期常州词派的重要论著，在学术界影响较大。

7.卓人月(1606-1636)，字珂月，浙江余杭人。辑有《古今词统》，被誉为词苑功臣，惜只活了三十一岁。

8.应为俞仲茅。俞彦，字仲茅，上元人。万历二十九年（1601）进士。官光禄寺少卿。长于词，尤工小令，以淡雅见称。词集今失传，仅见于各种选本中。

9.袁钧，字秉国，一字陶轩，号西庐，浙江鄞县人。拔贡，嘉庆丙辰举孝廉方正。有《琉璃居稿》、《瞻衮堂集》。

10.《听秋馆词话》应是《听秋声馆词话》，清丁绍仪撰。

11.《学海类编》为大型丛书，曹溶辑，陶樾增补。曹溶，字洁躬，一字秋岳，号倦圃，别号金陀老圃。明末清初嘉兴人。陶樾，字艾村，也是嘉兴人，曹溶的门生。该丛书共收书四百五十种。有道光十一年六安晁氏木活字本，民国九年上海涵芬楼亦据此本影印。

12.《昭代丛书》，张潮辑，为断代综合性丛书。采辑甚广，兼及四部，所取全系清初人著述。分甲、乙、丙三集，后经杨复吉、沈愈德续辑和汇补，共成十集、五百六十一种。

13.应为《花草蒙拾》，作者笔误。

14.贺裳，字黄公，丹阳人。生卒年不详。康熙初诸生。工于词，著有《红牙词》、《皱水轩词筌》等。

15.《西河词话》，毛奇龄撰。毛奇龄(1623–1716)，字大可，又字于一、齐于，号秋晴，又号初晴等，以郡望西河，称西河先生。浙江萧山人。明末廪生。清兵入关后曾参与南明鲁王军事，鲁王败后，化名王彦，亡命江湖十余年。康熙十八年（1679）举博学鸿儒，授翰林院检讨，参与修《明史》。二十四年引疾归里，专事著述。毛奇龄著述甚富，仅《四库全书》著录者就有五十二种。《西河合集》四百余卷，系诸子及门人所编。另有《诗话》八卷,《词话》二卷。

16.朱彝尊（1629–1709），字锡鬯，号竹垞，秀水（今嘉兴市）人。浙西词派创始者。诗与王士禛齐名，时称“南朱北王”。著述甚丰，有《经义考》、《日下旧闻》、《曝书亭集》等。编有《词综》、《明诗综》等。

五、夏承焘致谢玉岑

时间：一九二七年十一月七日
署款：十一月七日
用笺：八行红格笺，四页
夏记：暂未在日记中找到相关记录
钱记：第三十九封

今按：

今人评价夏承焘之学术成就，言其开创词人谱牒之学。晚清词学，长于订律校勘而疏于考史，夏氏则以词学与史学结合，进而“为论世知人之事”。

夏氏从事词人年谱研究，正式始于严州。在此封信中，他托谢玉岑代为寻检各种词人词话。后来享誉词学界的《唐宋词人年谱》便是以这些材料为依托，由此词人行实得称信史。

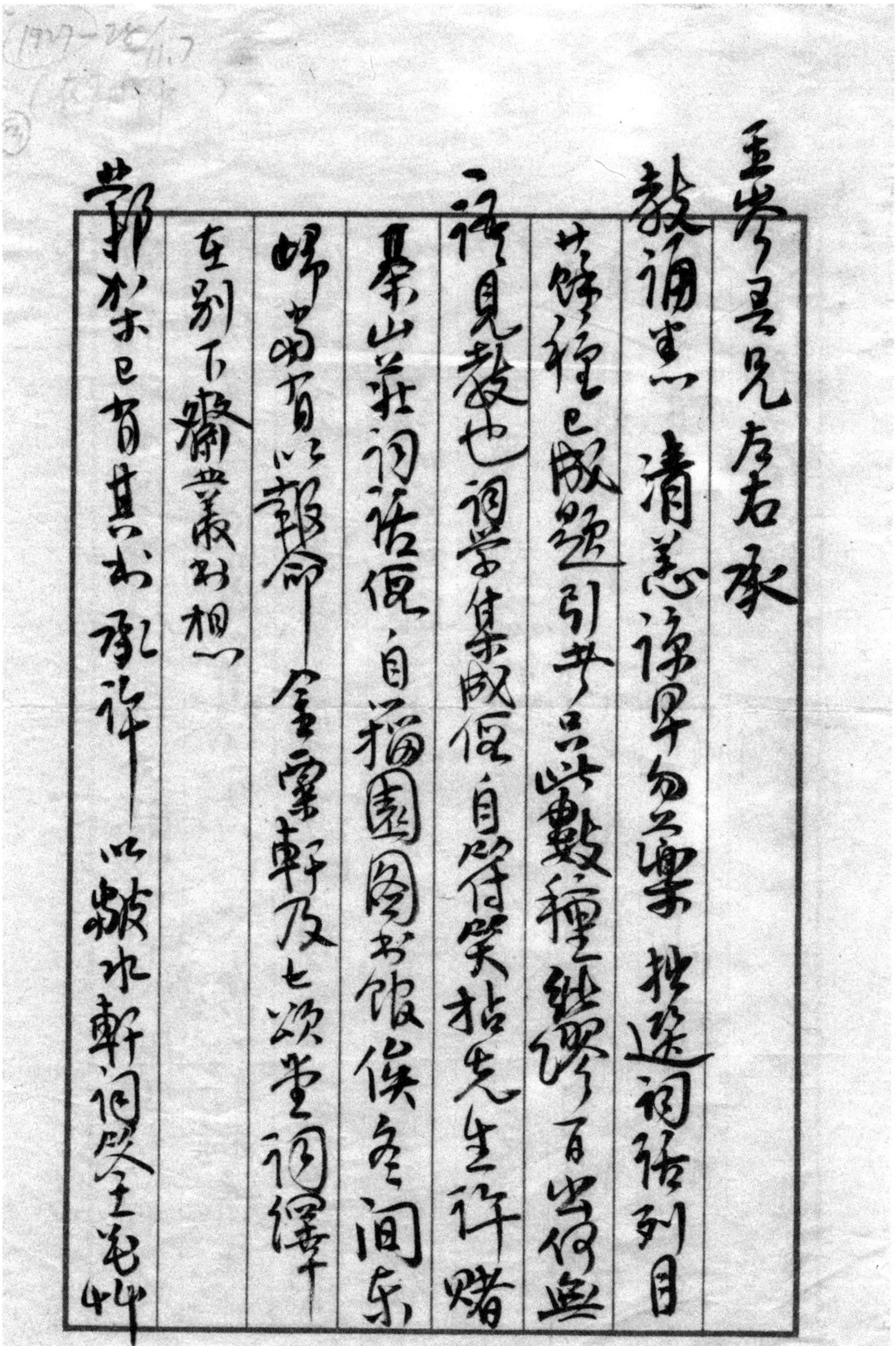
玉岑吾兄左右：承
教诵悉。清恙谅早勿药矣。拙选词话列目
共录□种，已成题引者只数种，纰缪百出，何足
污见教也。词学集成，但自贻笑。祜先生许赠
栗山庄词话，但自独园图书馆借，俟暑间东
归当有以报命。金粟轩及七颂堂词绎
在别下斋丛书，想
邺架已有其书。承许以蜕水轩词[illegible]也

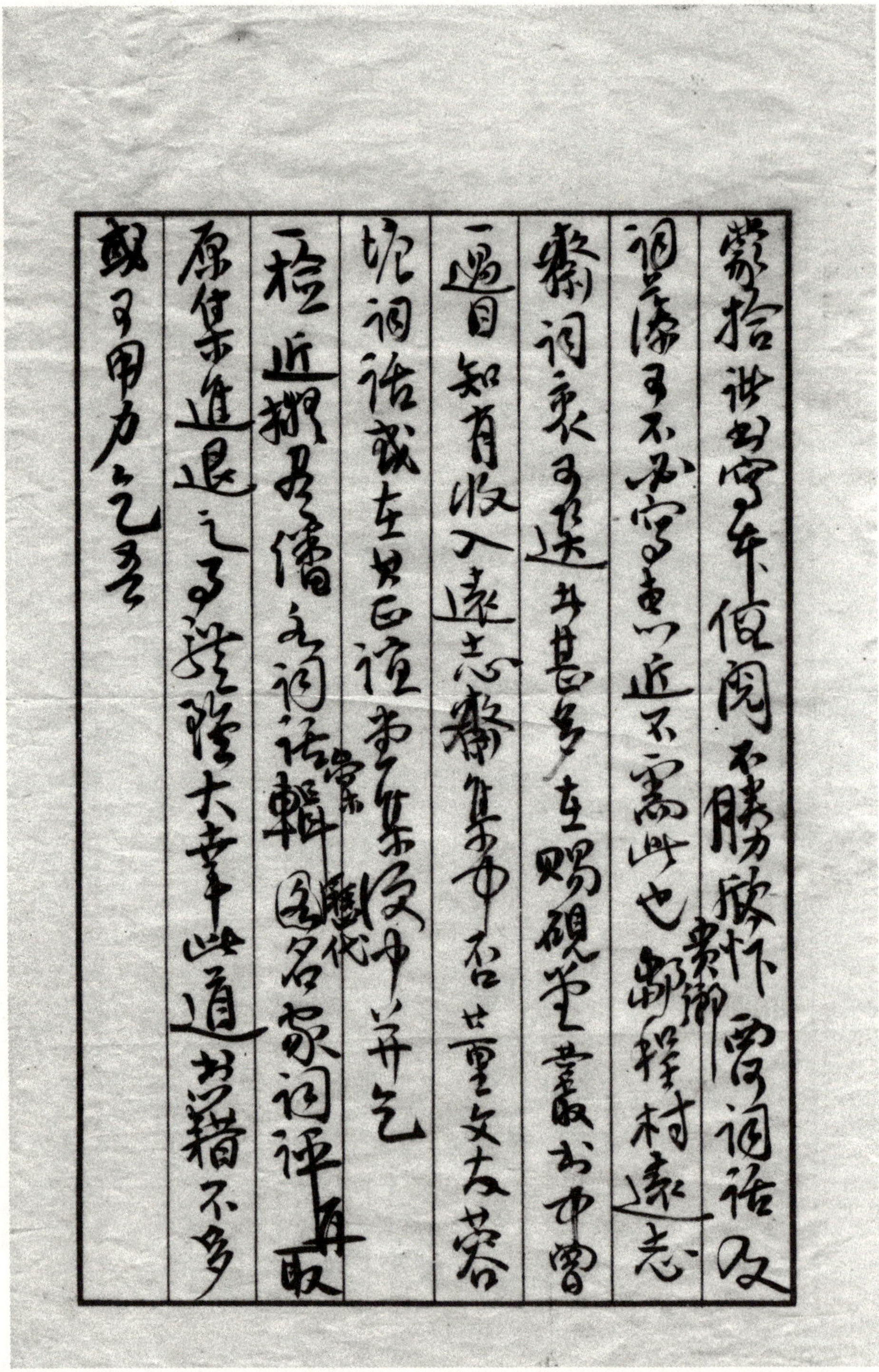
蒙检拙书寄下俾阅，不胜欣忭。蕙风词话及
词莂洵不可少之书，近不需此也。邹程村远志
斋词衷手录并甚多，在赐砚堂丛书中曾
一过目，知有收入远志斋集中否？廿重文友答
论词话载在田谊堂集後中，并乞
一检。近撰名儒之词话辑（学家），历代名家词评，再取
原集进退之，可发隐大幸此道，书籍不多
或可用力之。乞丢

兄時時誨之

大著多以先睹於我以資借鏡不少也盼寄之蕙

風詞話況翁曾以手記本八冊種選去年冬何未

寓目承 寫似諸書如張秋年倪前寄

下請 致此間發刻

盛情不盡之一前以符丈如知為楚之橋家

歸來變文未通片羽符丈於之

錢子極致傾佩謂名山之某西之部

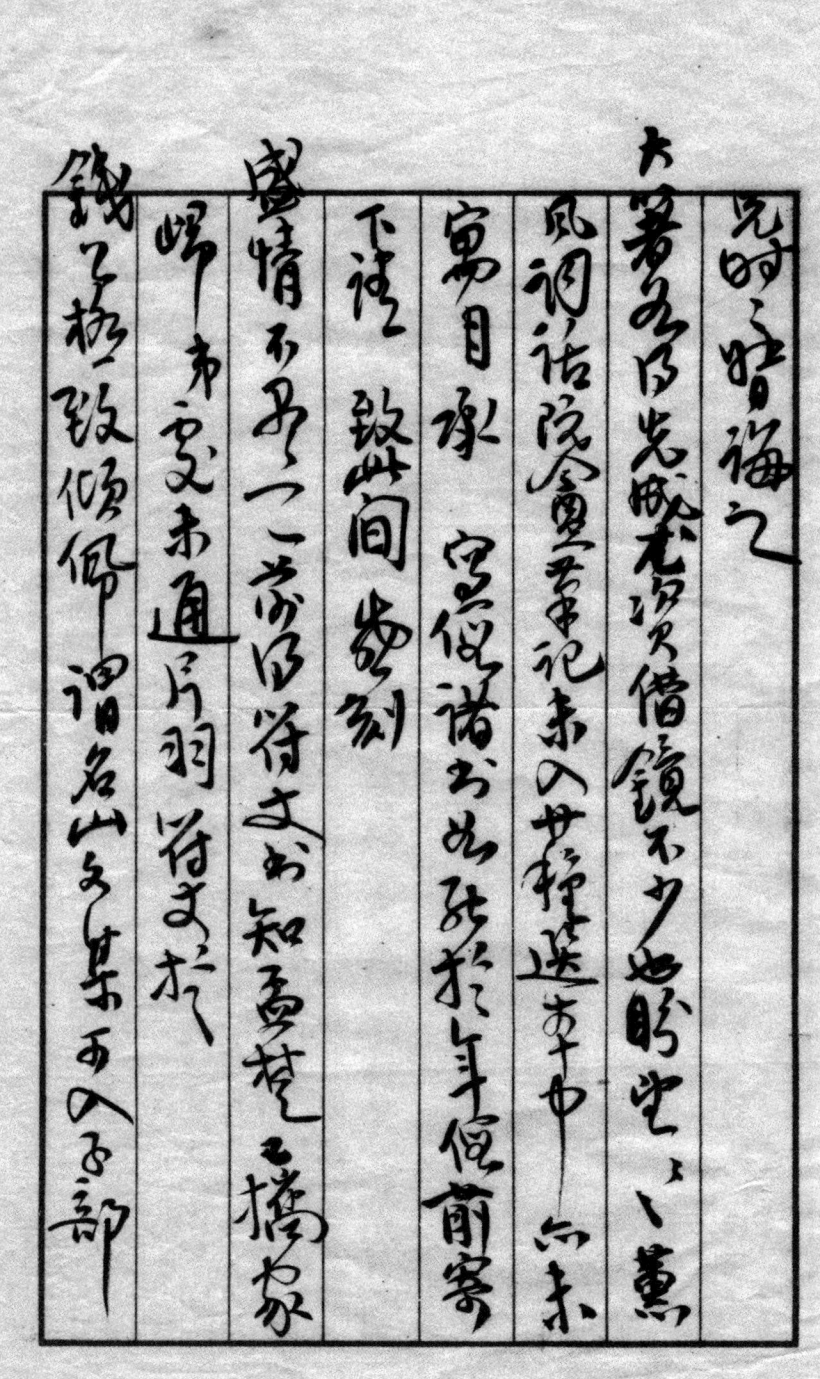

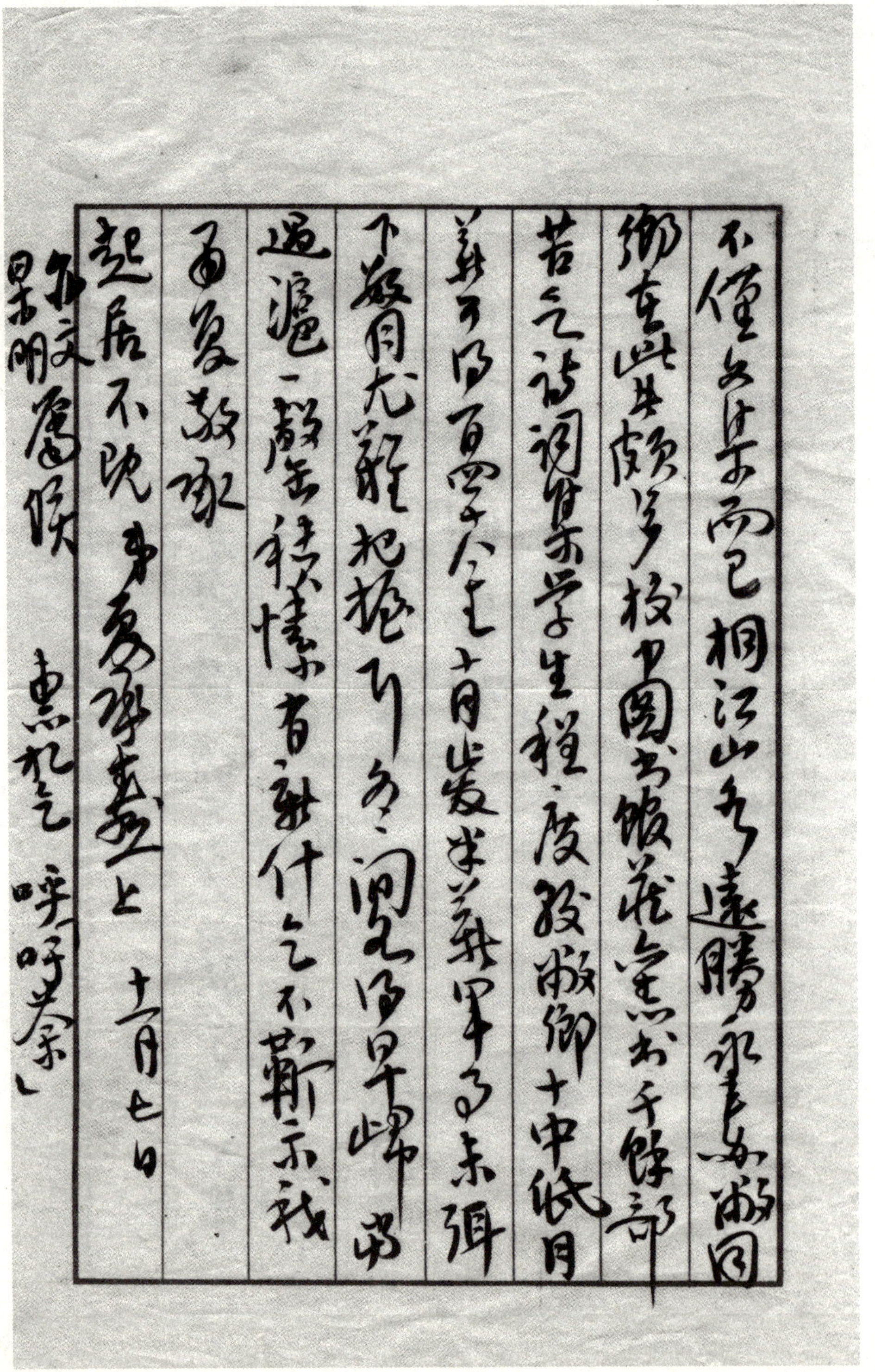

释文：

玉岑吾兄左右：

承教诵悉。清恙谅早勿药。拙选词话列目廿余种，已成题引者只此数种，纰缪百出，何无一语见教也？

《词学集成》[1]假自符笑拈先生许，《赌棋山庄词话》[2]假自籀园图书馆[3]，俟冬间东归，当有以报命。金粟轩[4]及《七颂堂词绎》[5]，在《别下斋丛书》[6]，想邺架已有其书。承许以《皱水轩词筌》[7]、《花草蒙拾》[8]诸书写本假阅，不胜欣忭。《西河词话》[9]及《词藻》可不必写惠，近不需此也。贵乡邹程村[10]《远志斋词衷》可选者甚多，在《赐砚堂丛书》[11]中曾一过目，知有收入《远志斋集》[12]中否？董文友《蓉塘词话》[13]或在其《正谊堂集》[14]，便中并乞一检。近拟尽翻审各词话，汇辑历代名家词评，再取原集进退之。事体虽大，幸此道书籍不多，或可用力，乞吾兄时时督诲之。大著如得先成，尤资借镜不少也。盼望，盼望！《蕙风词话》[15]、《阮庵笔记》未入廿种选本中，亦未寓目。承写假诸书，如能于年假前寄下，请致此间。感刻盛情，不尽一一。

前得符丈书知孟楚已携家归，弟处未通片羽。符丈于钱公极致倾佩，谓《名山文集》可入子部，不仅文集而已。

桐江山水，远胜永嘉[16]，敝同乡在此者颇多。校中图书馆，藏旧书千余部，苦乏诗词集。学生程度较敝乡十中低。月薪可得百四十金，十月止发半薪。军事未弭，下数月尤难把握耳。冬间如得早归，当过沪一罄积愫。

有新什乞不靳示我。

肃复。敬承

起居不尽

弟夏承焘上 十一月七日

亦文、杲明[17]属候，惠札乞呼“吁荼”[18]。

注释：

1.《词学集成》，江顺诒撰。

2.《赌棋山庄词话》，谢章铤撰。谢章铤（1819-1903），字枚如，长乐县人，同治三年（1864）举人，光绪三年（1877）进士。掌教福州致用书院凡十六年。工诗文，以词学创作和理论建树最大。《赌棋山庄词话》论述之广博，卷幅之浩繁，历代词话罕有其匹。

3.一九一三年，温州文教界人士为纪念孙诒让学术贡献与办学业绩，筹资营建籀公祠。一九一九年五月，于此处创立旧温属六县联立籀园图书馆，为现温州图书馆前身。王毓英、刘绍宽、孙孟晋、梅冷生等先后任馆长。

4.彭孙遹（1631—1700），字骏孙，号羡门，又号金粟山人，浙江海盐人。顺治十六年（1659）进士，康熙十八年（1679）举博学鸿词第一，官至吏部左侍郎，兼翰林院学士。工词章，为广陵词坛核心人物之一。与王士祯齐名，号“彭王”。著有《廷露词》、《金粟词话》等。

5.《七颂堂词绎》，刘体仁撰。

6.《别下斋丛书》，蒋光煦辑刻。

7.《皱水轩词筌》，贺裳撰。

8.《花草蒙拾》，王士祯撰。

9.《西河词话》，毛奇龄撰。

10.邹程村（1630—1670），名祗谟，字訏士，别号丽农山人，江苏武进人。顺治十五年（1658）进士。为广陵词坛核心人物之一，与王士祯合辑大型词选本《倚声初集》。有《丽农词》、《远志斋词衷》等。

11.《赐砚堂丛书》，顾沅辑。

12.全称为《远志斋词衷》，邹祗谟撰。

13.此为夏先生笔误。董文友著有《蓉渡词》，而非《蓉塘词话》。《蓉塘诗话》为明人姜南的集子。董文友，名以宁，号宛斋，武进人。诸生。

14.董以宁有《正谊堂文集》、《正谊堂诗集》。

15.《蕙风词话》，况周颐撰。况周颐（1859－1926），字夔笙，号蕙风、阮庵，又名况周仪，广西临桂人。光绪五年（1879）年举人，官内阁中书。曾先后入张之洞、端方幕。尝执教于武进龙城书院、南京师范学堂。辛亥后自命遗老，鬻文为生。著有《第一生修梅花馆词》、《蕙风词话》、《眉庐丛话》、《阮庵笔记》等。

16.温州旧称永嘉。夏承焘为温州人，谢玉岑一九二五年至一九二六年曾在温州省立十中执教。

17.李杲（？－1930），字杲明，温州瑞安人。一九一七年毕业于瑞安中学，后考入北京法政专科学校，毕业后任山东、浙江等地中学教师。曾与夏承焘一起执教于严州中学。喜研汉魏金石文字，工龟甲文及籀篆隶草，著有《说文古籀疏证》等，一九三〇年于赴燕京大学研究院途中，卒于旅舍。

18.吁荼：谓散发出温暖之气。语出《尚书大传》卷一下：“阳盛则吁荼万物而养之外也，阴盛则呼吸万物而藏之内也。”郑玄注：“读曰嘘舒……吁荼，气出而温；呼吸，气入而寒。温则生，寒则杀也。”

夏承焘著有《吁荼室目录》。

六、夏承焘致谢玉岑

时间：一九二七年十一月十四日
署款：十一月十四日
用笺：便笺，二页
夏记：暂未在日记中找到相关记录
钱记：无记录

今按：

一九二五年秋，应温州十中伍叔傥先生之邀，谢玉岑赴温州执教。他在温州的时间不长，翌年秋天，即转至上海南洋中学任教。

此时，谢玉岑虽已离开温州，但雁荡瓯江为其旧游之地，绛纱弟子弦歌在耳，他依然挂念这些当年的温州旧友。

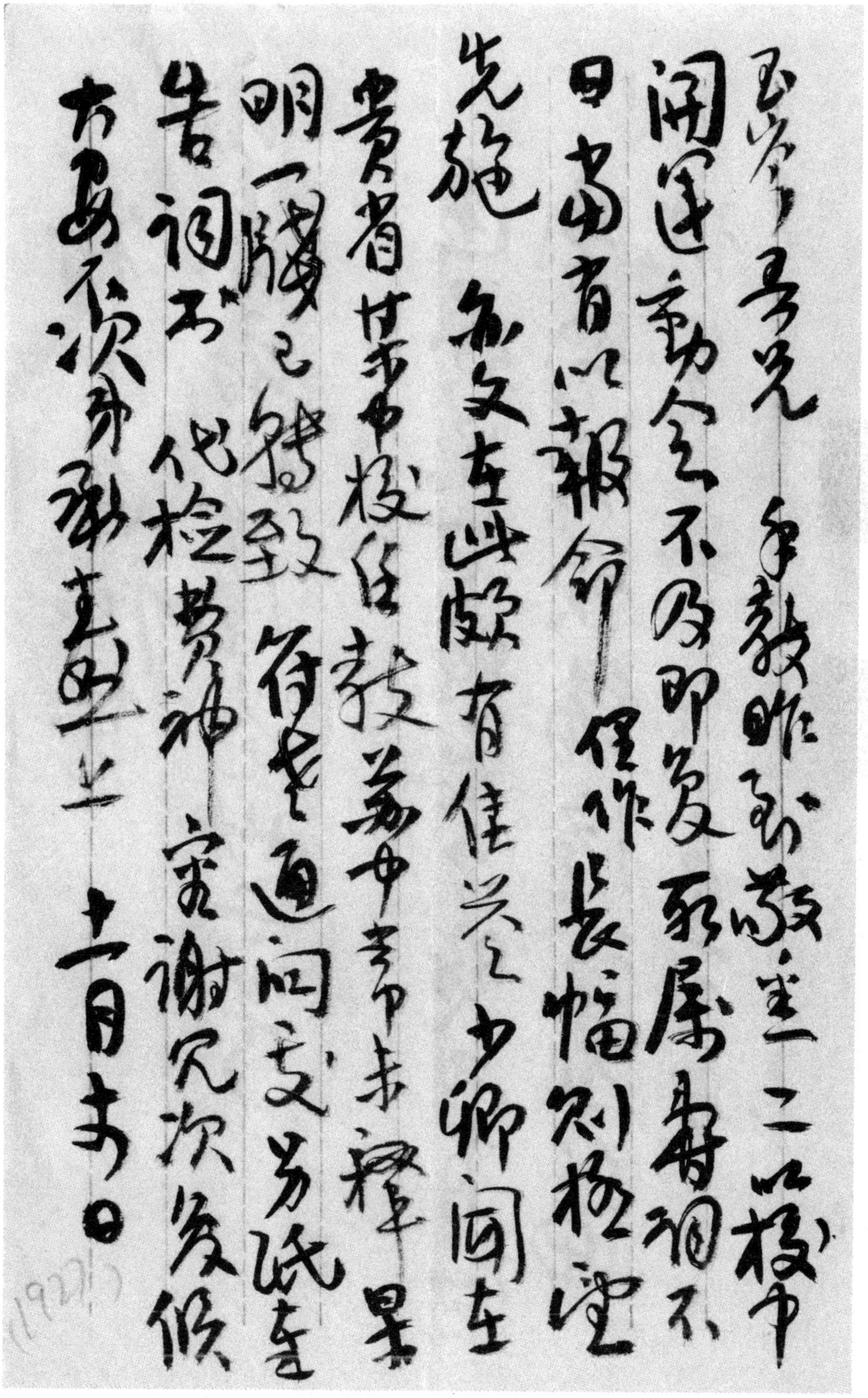

玉岑吾兄：手教昨到，敬悉一二。以校事闲迟，劝令不及即复。承属尊词不日当出，皆以报命。但作长幅则格涩先施。和文在此，殊有佳兴。少卿词在贵省某中校任教务，中常来攀星明一勝，已转致。符生通问，以文芳纸奉告词不，代检费神，实谢。兄次笺假大安。不次。弟承焘上　十一月廿日

(1927?)

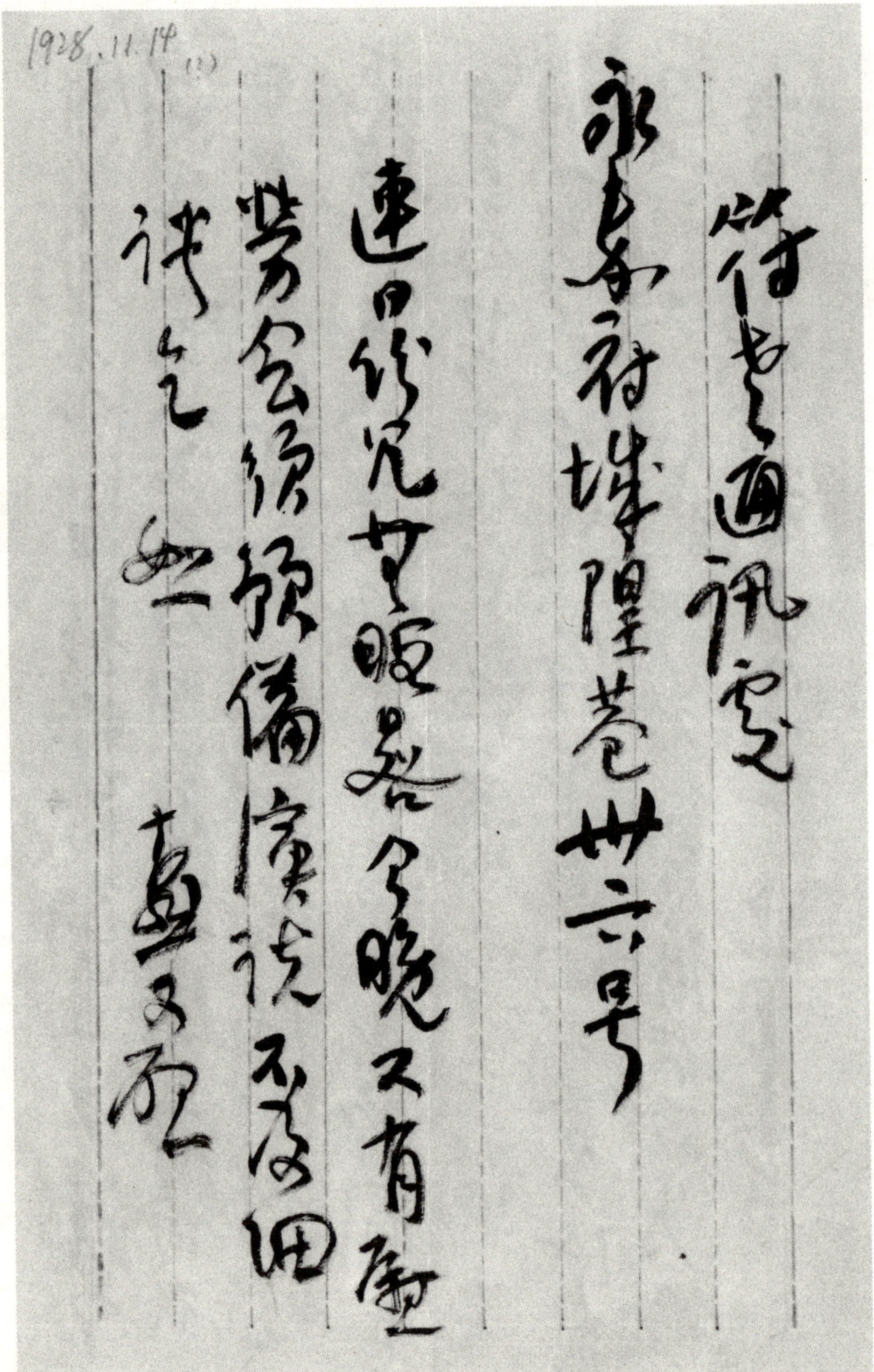
1928.11.14 (1)

谷老通讯处

永嘉府城隍巷卅六号

连日修完毋暇，昨今晚又有宴

学会须预备演说，不及细

谈之如

盍又顿

会语》、《尔雅台答问》、《尔雅台答问续编》、《编年集》、《避寇集》、《朱子读书法》、《蠲戏斋诗》、《复性书院讲录》、《道德经释注》等。

2.指盛宣怀所刻《常州先哲遗书》。

3.林铁尊（1871–1940），名鹍翔，号半樱，浙江吴兴人。曾在北京政府任职，后任国民政府内政部参事。视政之暇，笃好文学，工于填词，为朱彊村、况周颐弟子，曾参与发起“如社”雅集，有《半樱词》。民国十年，来温州代理瓯海道尹，梅雨清、陈仲陶、夏承焘等皆从其学。在其倡导下，于温州成立一专门研究诗词之学术团体“瓯社”。

夏承焘也是通过林铁尊认识朱彊村，详见夏氏一九二九年十月廿七日日记。（《夏承焘集》，第五册，页128。）夏承焘曾撰《归安林铁尊先生家传》。

八、夏承焘致谢玉岑

时间：一九二七年十二月十一日
署款：十二月十一日
用笺：浙江省立第九中学信笺，蓝色八行，四页
夏记：十二月十一日，晴，休日。发玉岑常州一信，托买《蕙风词话》，告欲尽搜清人词书。在徐釚《丛谈》后者，稍变其体汇为一书。问吴门毕寿颐藏词书目，附写《再到杭州·齐天乐》一词并告钱名山先生屠绅《蟫史》中之木宏纲即柴大纪。[1]
钱记：第四十一封

今按：

温州图书馆古籍部藏夏承焘未刊日记五册，今夏归里，方得窥先生当年更多学行。

未刊日记中有《书卷养寿室日记》第六册，起自一九二七年十一月廿一日，止于一九二八年七月十九日，正与已刊之《天风阁学词日记》接壤。

一九八一年，夏承焘因施蛰存先生之嘱，选抄部分日记，名之曰《天风阁学词日记》，刊载于《词学》创刊号，面世后即受学界瞩目。次年浙江古籍出版社欲为之印成专册，先生爰选抄自一九二八年

至一九三七年十年之日记（实为九年，一九三三年缺）为第一册，于一九八四年以《天风阁学词日记》书名正式出版。一九九二年，《天风阁学词日记》之二出版，收录夏先生一九三九至一九四七年之日记。现收入八卷本《夏承焘集》中的《天风阁学词日记》，已由两册增至三册，年份则由一九四八年延至一九六五年。

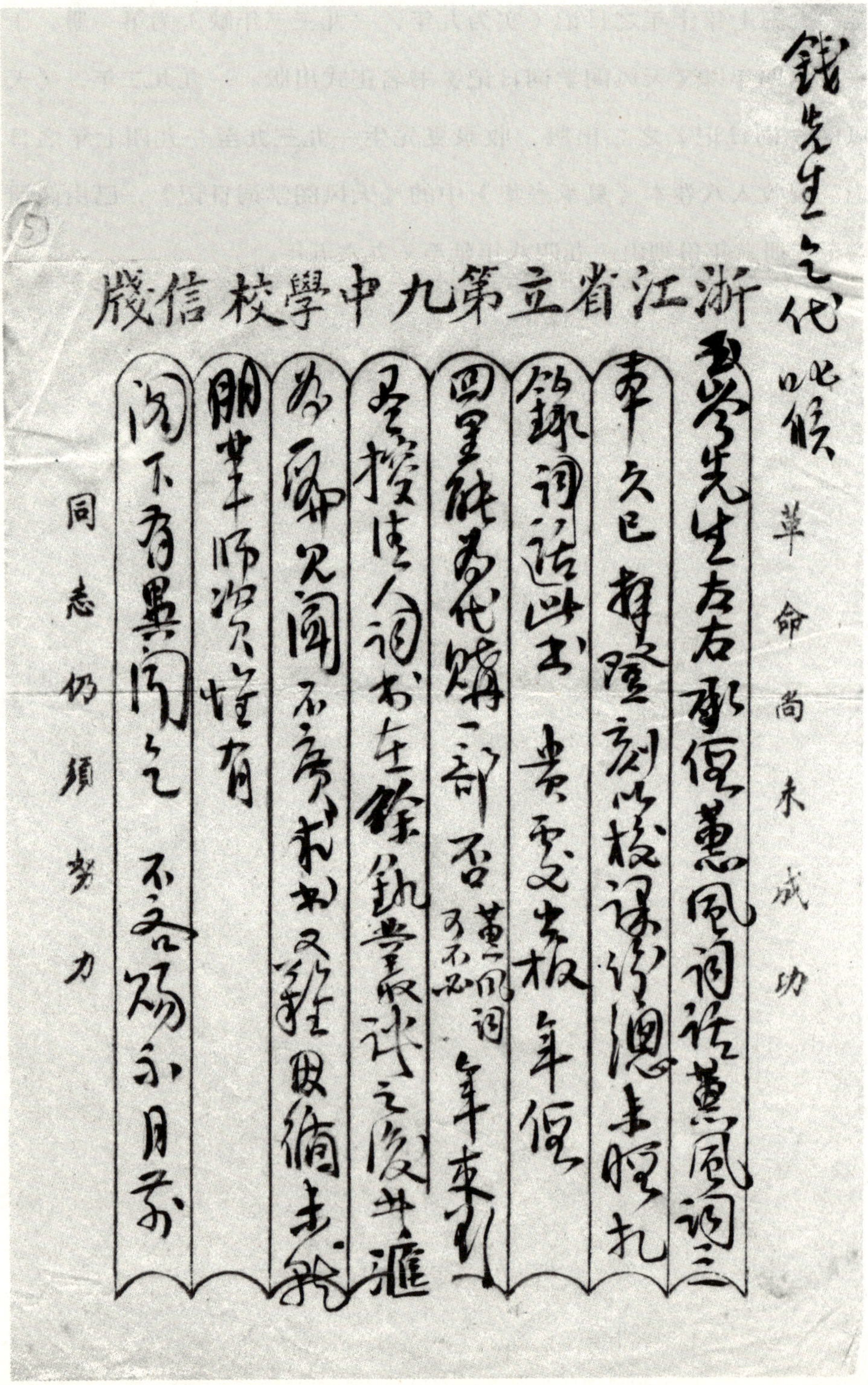
錢先生之代
浙江省立第九中學校信牋
革命尚未成功
同志仍須努力
玉岑先生左右

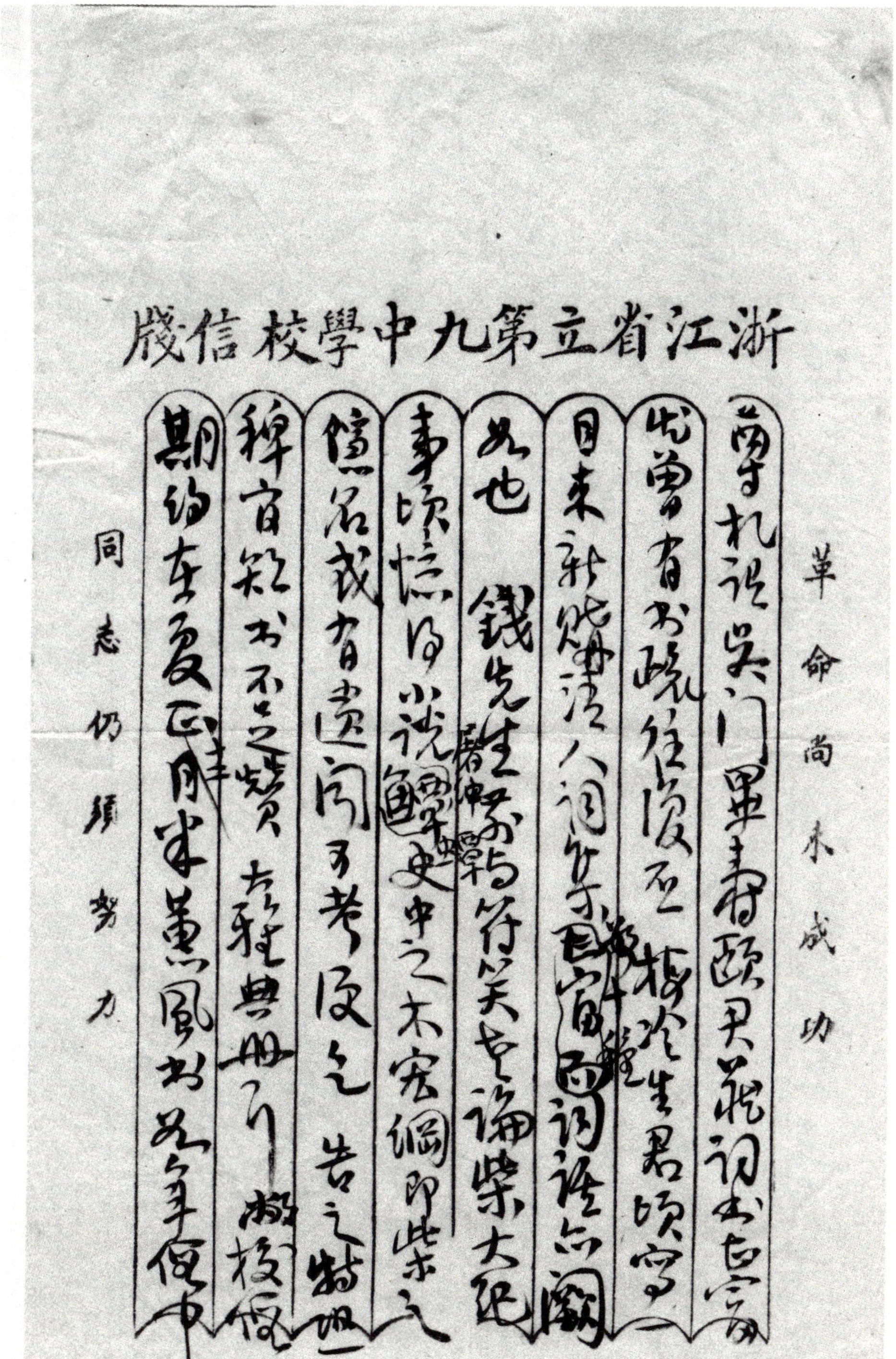

浙江省立第九中學校信箋

革命尚未成功

前寄札諒達。吳門畢壽頤君花詞書已寄
先曾有書疏往後至，接冼生君頃寫
目來新欲撰清人詞集，並緝紹宦西詞話亦闕
如也。錢先生蔡著仲曙即將符笑世論紫大紀
事頃擬得小說曾樸孽海花史中之太宗編即此書之
儂名氏有遺聞否？考後乞告之。特此
稗官野乘，書不之贊。古稗與冊可擬校便
期約奉夏正月半菓鳳書如今年便中

同志仍須努力

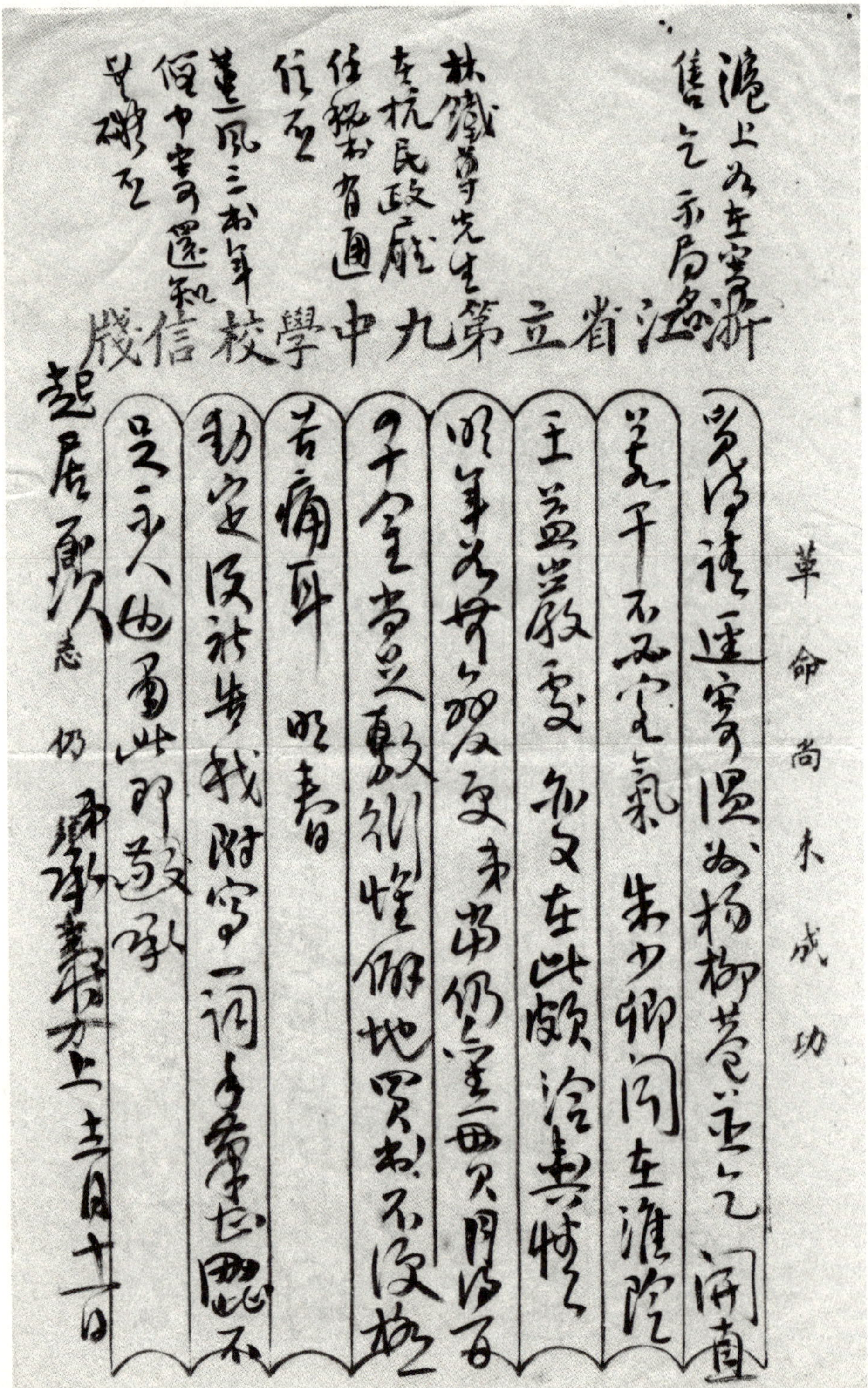
浙江省立第九中學校信箋
革命尚未成功

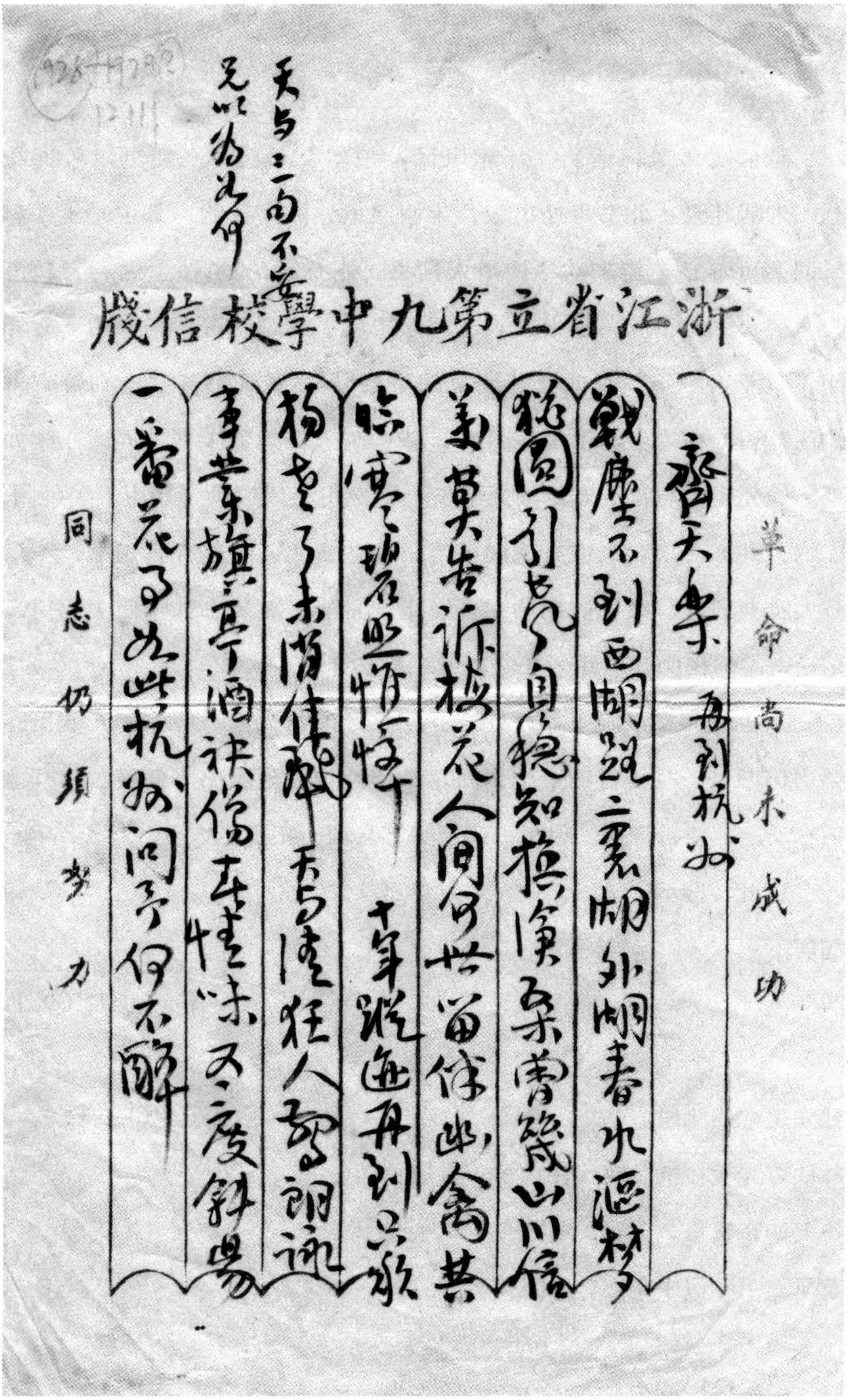

天與二句不安
兄以為若何

浙江省立第九中學校信牋

革命尚未成功

齊天樂　再到杭州

戰塵不到西湖路，裏湖外湖春水。遞夢猶圓，引氣自總，知換滄桑曾幾，山川信美。莫告訴梅花，人間何世，留作幽禽共晾。雲瑶石照情悵。十年蹤迹再到，只叙楊意了未消佳趣，天與清狂人贈詞訊。事業旗亭酒，訣傷春懷味，不慶斜陽。一番花了如此杭州，問予何不醉。

同志仍須努力

释文：

玉岑先生左右：

承假《蕙风词话》、《蕙风词》三本，久已拜登。刻以校课纷总，未暇札录。此书贵处出版，年假回里，能为代购一部否？（《蕙风词》可不必）年来欲尽搜清人词书，在徐釚[2]《丛谈》之后者，汇为一编。见闻不广，求书又难，因循未就。朋辈师资，惟有阁下有异闻，乞不吝赐示。月前尊札谓吴门毕寿颐[3]君藏词书甚富，知曾有书疏往复否？梅泠生君顷写一目来，新购清人词集数十种，词话亦阙如也。钱先生前与符笑老论柴大纪事，顷忆得小说屠绅《蟫史》[4]中之木宏纲，即柴之隐名，或有遗闻可考，便乞告之。特恐稗官短书，不足赞大雅典册耳。敝校假期约在夏正十二月半，蕙风书如年假中觅得，请迳寄温州杨柳巷，并乞开值若干，不必客气。

朱少卿闻在淮阴王益严处，亦文在此颇洽兴情。明年如无变更，弟当仍旧贯。月得百四十金，尚足敷衍。惟僻地买书不便极苦痛耳。明春动定，便祈告我。附写一词，手笔甚涩，不足示人也。

肃此。即承

起居不次

弟 承焘 上 十二月十一日

钱先生乞代叱候。

林铁尊先生在杭民政厅任秘书，有通信否？

沪上如在寄售，乞示局名。

蕙风三书年假中寄还，知无碍否？

齐天乐 再到杭州[5]

战尘不到西湖路，里湖外湖春水。沤梦犹圆，歌声自稳，知换沧桑曾几。山川信美。莫告诉梅花。人间何世！留伴幽禽，共临寒碧照憔悴。

十年踪迹再到，只垂杨老了，未消佳丽。天与清狂，人惊朗咏，事业旗亭酒袂。伤春情味。又一度斜阳，一番花事。如此杭州，问予何不醉。

（“天与”三句不妥，兄以为如何？）

注释：

1.夏承焘《书卷养寿室日记》第六册，未刊本，一九二七年十二月十一日条。

2.徐釚（1636-1708），字电发，号拙存，又号虹亭，晚称枫江渔父，江苏吴江人。康熙十八年（1679）召试“博学鸿儒”，授翰林院检讨，会当外转，遽乞归。后以原官起用，辞不就。著有《南州草堂集》、《本事诗》，辑有《词苑丛谈》，又尝刻《菊庄乐府》。

3.毕寿颐，字贞甫，太仓人。无锡国学专修馆第一期毕业生，与王蘧常、吴其昌、唐兰同学。邃于经学、说文，有《度帆楼文集》。精词学，熟宋人笔记，著有《花庵词笺》、《词话考索》诸书，惜未刊。

4.《蟫史》，文言长篇小说。以清代少数民族（主要为苗民）起义为背景、描写官军与起义军之多次交锋，最后以官军胜利、义军失败而告终。在战争场面描写中，作者吸收神魔小说斗法斗宝的写法，虽文字古奥，却带有神奇色彩。《蟫史》在小说史上可谓独具一格，鲁迅评价：“惟以其文体为他人所未试，足称独步而已。”“欲于小说见其才藻之美者，则有屠绅《蟫史》二十卷。”

屠绅（1744-1801），字贤书，号笏岩，亦号磊砢山人，江阴人。资质聪敏，年十三即入邑庠，二十成进士，寻授云南师宗县知县，迁寻甸州知州，后为广州同知。嘉庆六年以候补在北京，暴疾卒于客舍。性豪放嫉俗，生平慕汤显祖之为人，而作吏颇酷，又好内，姬侍众多。为文则务为古涩艳异，晦其义旨。著有《六合内外琐言》、《鹗亭诗话》等。

5.此词与收入《夏承焘集》（第四册，页289）中之《齐天乐·重到杭州》有较大差异。特录于后：

十年南北兵尘后，西湖又生春水。鸥梦初圆，莺声未老，知换沧桑曾几。湖山信美。莫告诉梅花。人间何世！独鹤招来，伴君临水照憔悴。

苏堤垂柳曳绿，旧游谁识我，当时情味。禅榻听萧，风船啸月，笑验酒痕双袂。嬉春梦里。又一度斜阳，一番花事。如此杭州，醉乡何处是。

九、夏承焘致谢玉岑

时间：一九二七年十二月廿一日
署款：十二月廿一日
用笺：浙江省立第九中学信笺，蓝色八行，三页
夏记：十二月廿一日，晴。作内子书、玉岑书。[1]
钱记：第四十二封信

今按：

夏承焘回温度假，他请谢玉岑惠札迳寄“杨柳巷舍下”（杨柳巷六号），可见此地是当时夏承焘的借居之地。我小时候在杨柳巷长大，对这条位于旧城中心的曲折小巷很熟悉，只是至今不知那时的六号门庭今天成了谁家的院落？

现被列为温州市文物保护单位的“夏承焘旧居”位于登选坊。叫它为旧居，而不是故居，可能此地亦仅是夏氏的借居之地。夏承焘自己的房子位于谢池巷，惜已毁于“旧城改造”之中。

谢池巷在温州老城中心，比邻东山，有飞霞洞、春草池等胜迹。春草池相传是南朝诗人谢灵运当永嘉太守时梦中得“池塘生春草”句遗址。夏氏一九三六年买屋谢池，原拟为此屋取名“谢池小筑”（曾写信请陈石遗题写横额），后来还是觉得称“谢邻”更恰当，就定了

下来。夏承焘此后亦别号“谢邻”，以志这段与诗人时空交错的缘分。

文化的缘分是可以穿越时空的。

读这封份信，读到这个地址时，便与友人说起自家老屋也在杨柳巷，有幸曾与夏承焘为邻。友人笑说，那你也可自号“夏邻”了。

晚生不敢！

浙江省立第九中學校信箋

革命尚未成功

玉岑先生左右：承
手教，開誨殷殷，曷勝欽感。詞說源流、
詞藻、詞壇紀事、詞家辨證、南州草堂詞
話及鄒程村詞衷，皆已覓得。楊伽詞品已
過目。另外塙有詞話一種，梅君冷生亦云遍
索不得。續有
見聞，乞以相告。既會晤乎？記箋澤詞徵、復詞
話、周止庵宋四家詞序、瑤華、宋六家詞凡諸種

同志仍須努力

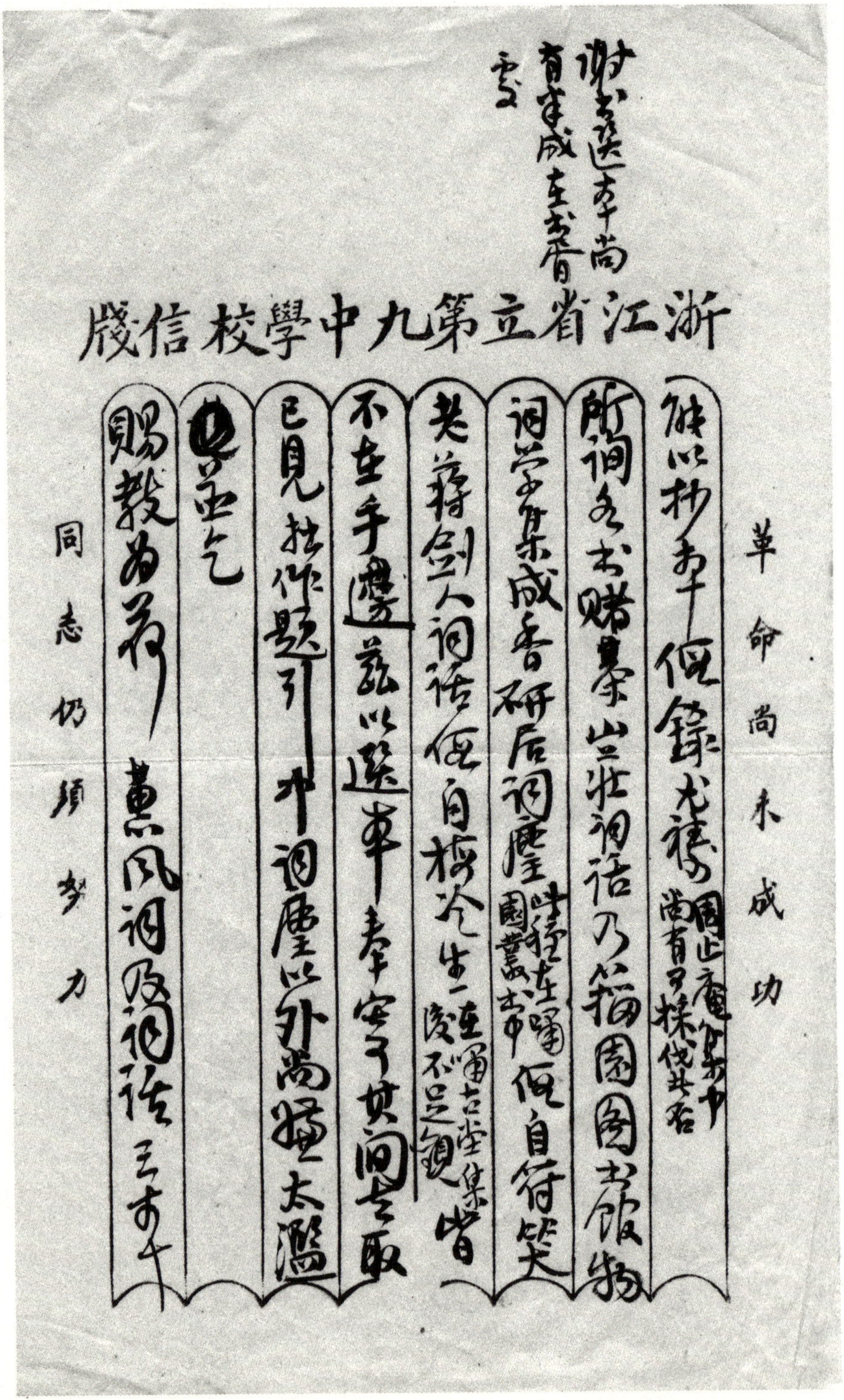
浙江省立第九中學校信箋
革命尚未成功
同志仍須努力

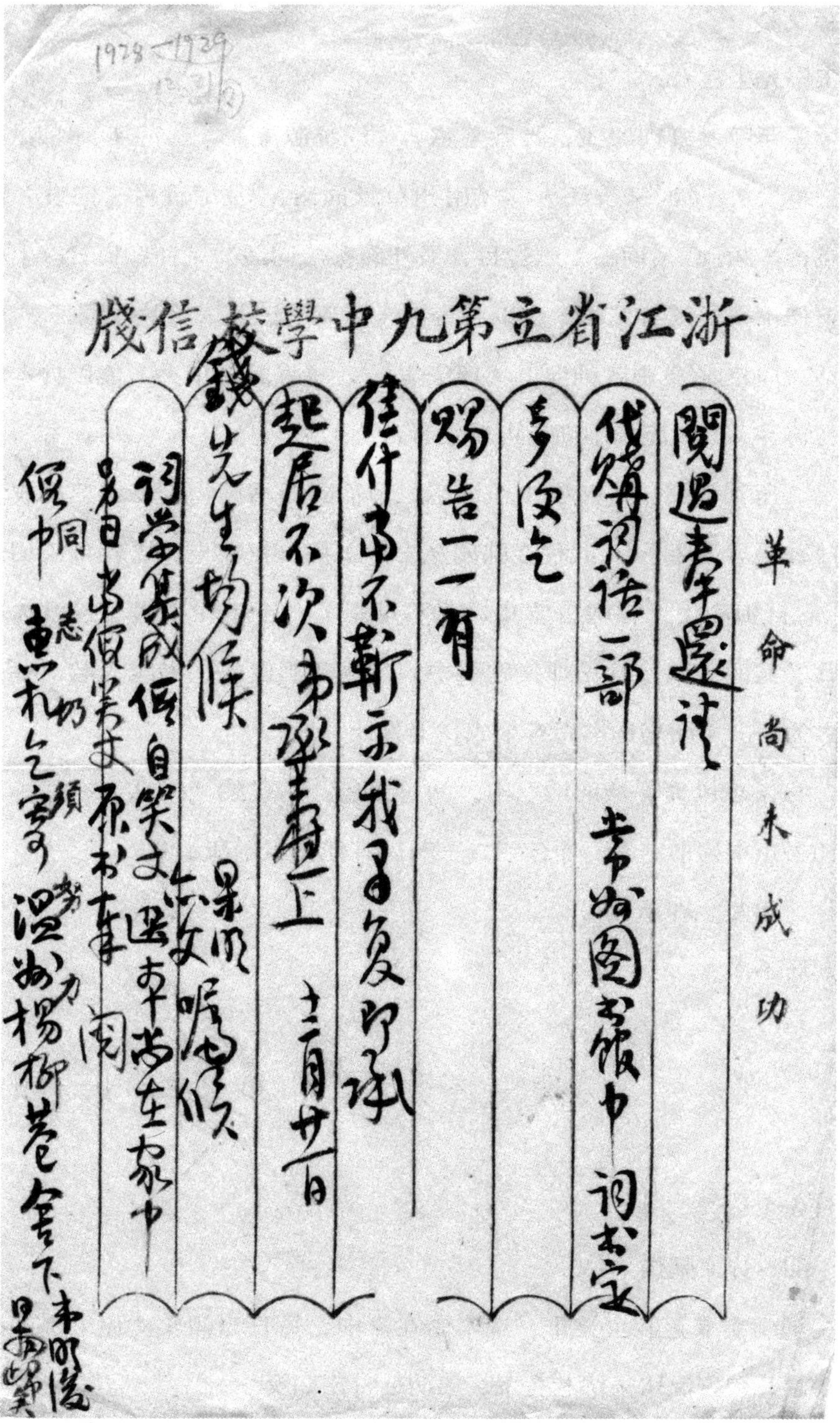

1928—1929
12.31 (2)

浙江省立第九中學校信牋

革命尚未成功

閱過奉還，請
代購詞話一部，常州圖書館中詞書定
多，便乞
賜告一二爲荷。
佳什尚不斷示我否？盼復即頌
起居不次　弟承燾上　十二月廿日
錢先生均候　吳聞嗎候
詞學集成假自笑史，還吳時乞在家中
弟日來假笑史原書來閱
假中同志切須努力
假中惠札乞寄溫州楊柳巷舍下
承燾附啟

释文：

玉岑先生左右：

承手教开诲殷殷，曷胜篆感。《词统源流》、《词藻》[2]、《词坛纪事》[3]、《词家辨证》、《南州草堂词话》[4]及邹程村《词衷》皆已觅得。频伽[5]《词品》已过目，另外确有《词话》一种，梅君冷生亦云遍搜不得。续有见闻，乞以相告。《阮庵笔记》、《笠泽词征》[6]后词话、周止庵[7]集中各词序、《瑶华集》[8]、《发凡》诸种，能以抄本假录尤祷。（周止庵集中尚有可采伐者否？）

所询各书：《赌棋山庄词话》乃籀园图书馆物，《词学集成》、《香研居词麈》[9]（此种在啸园丛书中）假自符笑老，《蒋剑人词话》[10]假自梅冷生（在啸古堂集后，不足观），皆不在手边。兹以选本奉寄，其间去取，已见拙作题引中。《词麈》以外，尚嫌太滥，并乞赐教为荷。（谢书选本尚有半成在书胥处）

《蕙风词》及词话三本，阅过奉还。请代购《词话》一部。常州图书馆中词书定多，便乞赐告一一。有佳什当不靳示我。

肃复。即承

起居不次

弟 承焘 上 十二月廿一日

钱先生均候。

杲明、亦文嘱候。

《词学集成》假自笑丈，选本尚在家中，另日当假笑丈原书奉阅。假中惠札乞寄温州杨柳巷舍下，弟明后日南归矣。

注释：

1.《书卷养寿室日记》第六册，未刊本，一九二七年十二月廿一日条。

2.《词藻》，彭孙遹撰。详见一九二七年十一月七日信注。

3.《词坛纪事》，李良年撰。

4.《南州草堂集》，徐釚撰。

5. 郭频伽，名麐，吴江人。

6.《词总集》，陈去病编选。收录唐宋至清代笠泽地区词人词作。

7.周济（1781–1839），字保绪，一字介存，号未斋，晚号止庵，荆溪（今江苏宜兴）人。清嘉庆十年（1805）进士，官淮安府学教授。为学重经世济用，好读史及兵书将略，著有《晋略》，自负有济世伟略而不能用。更寄情于艺事，推衍张惠言词学，潜精研思，持论精审，为常州派重要的词论家。《清史稿》有传。

8.《瑶华集》，蒋景祁辑。

9.《香研居词麈》，方成培著 。方成培，字仰松，号岫云词逸。徽州（今安徽歙县）人。约生于雍正年间，卒年不详。幼年多病，未能应科举，布衣终生。善词曲，论词律音吕尤精，著有《听奕轩小稿》、《香研居词麈》、《香研居谈咫》、《方仰松词榘存》等。戏曲作品有传奇《双泉记》和《雷峰塔》二种，前者在清代被列为“违碍书籍”，今不传，后者今存，为方氏代表作。

10.蒋剑人撰有《芬陀利室词话》。蒋剑人(1808 –1867)，初名金和，后易名尔谔，更名敦复，字纯文、克父，号江苏老剑，又号丽农山人，江苏宝山人。幼时有神童之誉，十余岁与家人负气出游，足迹遍及大江南北。状貌不扬但性情奇傲，被江淮间人名为“怪虫”。后曾一度削发为僧，名妙尘，号铁岸。咸丰二年(1852) 秋，为躲避太平军而到上海卖文自给，后与王韬相识，王深服其才华，不仅邀为《瀛杂志》写序，并推荐入墨海书馆工作，成为通商口岸第一批与西方人合作的知识分子。

十、夏承焘致谢玉岑

时间：一九二八年一月十二日
署款：正月二十号
用笺：浙江省立第九中学信笺，红色八行，单页
夏记：一月十二日：晴，早下雪，子夜微雪。以《词麈》、《赌棋山庄词话》、《词学集成》、《蕙风词》共十二本挂号寄玉岑常州。[1]
钱记：第四十七封

今按：

查《书卷养寿室日记》，一九二八年一月二十日无此记录。一月十二日条则记录如下："晴，早下雪，子夜微雪。以《词麈》、《赌棋山庄词话》、《词学集成》、《蕙风词》共十二本挂号寄玉岑常州。"内容与此札相符。一九二八年一月十二日，阴历是（丁卯年）腊月二十日，由此判断夏承焘当年写信时，可能误将"腊月二十号"写成"正月二十号"。

同时此信言"前日返瓯"。根据《书卷养寿室日记》记录，夏承焘是当年一月八日午前十时到温。一月九日条还记"得玉岑常州片，借词书"。

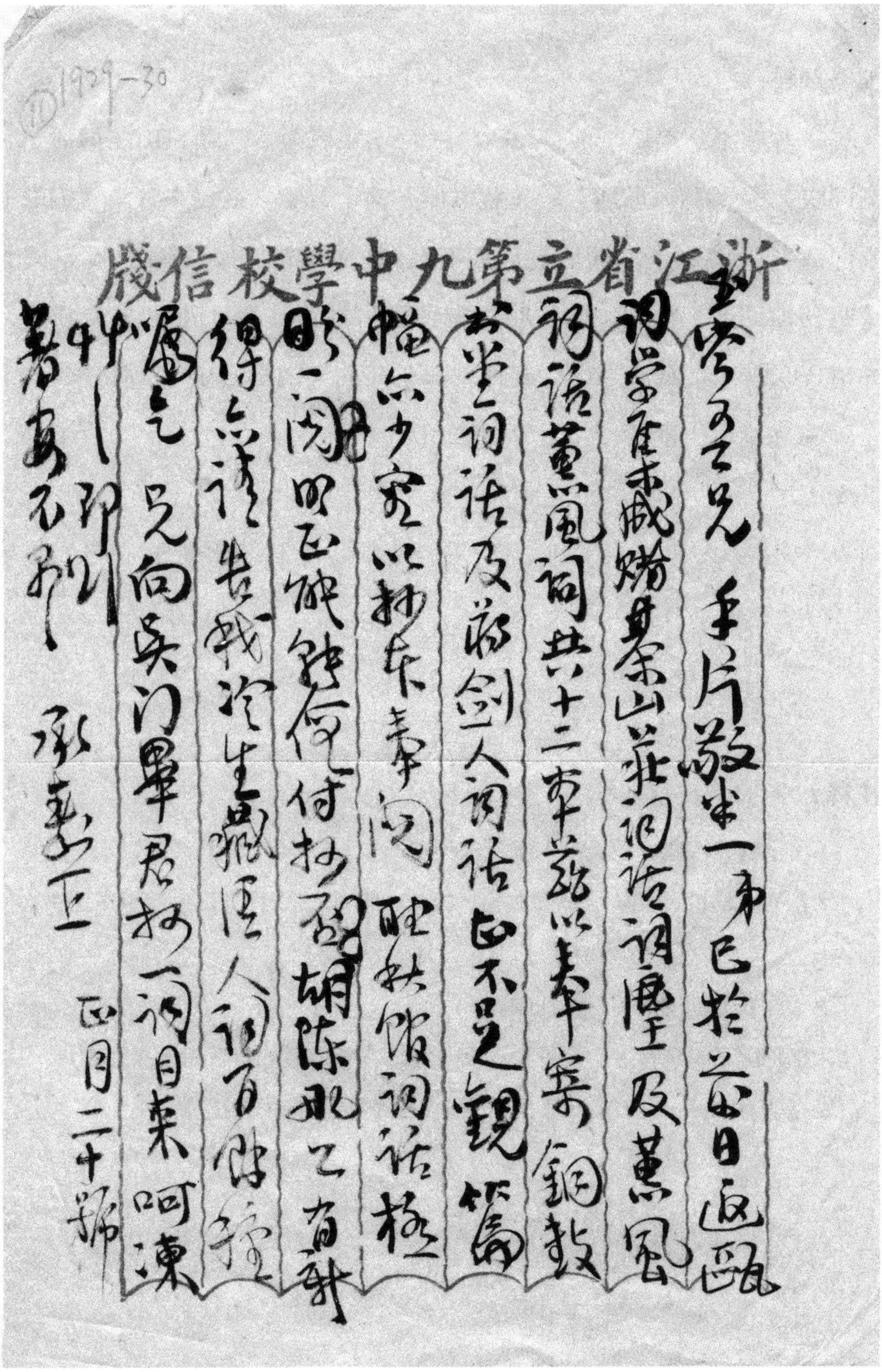
1929-30

浙江省立第九中學校信箋

玉岑吾兄：手片敬悉。弟已於前日返甌。詞學在武林購得賭棋山莊詞話、詞麈及蕙風詞話、蕙風詞，共十二本，茲以奉寄，鈞鼓書堂詞話及蔣劍人詞話，世不多覯，篇幅亦少，容以抄本奉閱。聽秋聲館詞話極不易得，一閱即飭鈔胥付抄。胡陳兩家之省科，得亦請告我。從生藏匯人詞可借錄否？兄向吳門畢君抄一詞目來，呵凍艸艸，即叩著安不一。

承燾上　正月二十晚

释文：

玉岑吾兄：

手片敬悉。弟已于前日返瓯，《词学集成》、《赌棋山庄词话》、《词麈》[2]及《蕙风词话》、《蕙风词》共十二本，兹以奉寄。《铜鼓书堂词话》[3]及蒋剑人《词话》，甚不足观，篇幅亦少，容以抄本奉阅。《听秋馆词话》极盼一阅，明正能转假付抄否？胡、陈[4]两公有新得，亦请告我。冷生藏清人词百余种，嘱乞兄向吴门毕君[5]抄一词目来。

呵冻草草。即颂

著安不尽

承焘 上 正月二十号

注释：

1.《书卷养寿室日记》第六册，未刊本，一九二八年一月十二日条。

2.指方成培的《香研居词麈》，一九二七年十二月廿一日致谢玉岑信中亦提到。

3.《铜鼓书堂词话》，查礼撰。

4.指陈匪石（慈首）。参见夏承焘一九二八年六月一日致谢玉岑信注1。

5.指毕寿颐，一九二七年十二月十一日致谢玉岑信中曾提及。

十一、夏承焘致谢玉岑

时间：一九二八年三月九日
署款：夏正二月十八日
用笺：浙江省立第九中学校信笺，红色八行，三页
夏记：三月九日，发玉岑常州信，属代乞名山先生书、郑昂青画。附寄词稿三纸，与名山、昂青、公禺、介堪。[1]
钱记：第四十三封

今按：

此信提到钱名山欣赏《齐天乐》词。此为夏公名篇，其中“湖山信美，莫告诉梅花。人间何世！”为至今仍在传诵的名句。为求格律，夏承焘后来将“人间何世”改为“甚人间世”，结果受到钱名山的反对：

“人间何世”忽改为“甚人间世”，不知何意？出入不细，恐阁下不免为万红友一辈所误。天下上乘文字，未有不合于音律者，吾辈自得之。“人间何世”句法浑成，必无不合律之理。彼谈律者于天籁人籁都无所见，但依古人成作之平上去入呆呆填砌，以为合律，岂是通人！譬之“关关雎鸠”岂必四字皆平，“窈窕淑女”，岂必四字皆仄？以古乐论，古音朴质，原不及后世之音悦耳。以俗乐论，则何字何调不可唱？而吾辈转不如不通之优伶乎？能作“渭城朝雨”，自然

可作阳关三叠；能作“黄河远上”，自然可入旗亭之唱。能作《清平调》，自然可令李龟年按谱而歌。我辈但忧文字不逮古人，无忧其不合律也。先辈好谈词律者，何曾有一首好词，且又未必能唱。只将古人失传之律，以文其佶屈聱牙耳。阁下天生豪杰，勿为所愚！其《齐天乐》“人间何世”句慎勿可改！（此信题为《与夏瞿禅书》，原载《名山文约》三编卷三。后收入《钱名山研究资料集》，128页。）

现在收入《夏承焘集》中的定稿，仍用“人间何世”。

今天尚存的夏承焘一九二七年十二月十一日致谢玉岑的信中，附有此词最初的手稿。初稿与定稿差异甚大，有心者可细品，并体味先生当年的用心。

此信中还提到梅冷生叹与谢玉岑失之交臂之语。

浙江省立第九中學校信牋

玉岑吾兄：客臘得　手教，並承寄詞話彙
錄、叢書，似月來以別有迻錄，不及寫出，知可
再寬許一月否？弟來嚴已半月，今年
與同事多攜眷，內子亦以前月同來左鄉，
暇時得以笑老語。錢先生資弟再到杭，故
湖山信美，殷譚愧愧。此詞頗疏於律，
頃已改作，另紙呈　教。校沈生必當語弟
温翁往年來一謝玉岑兄，竟交臂失之

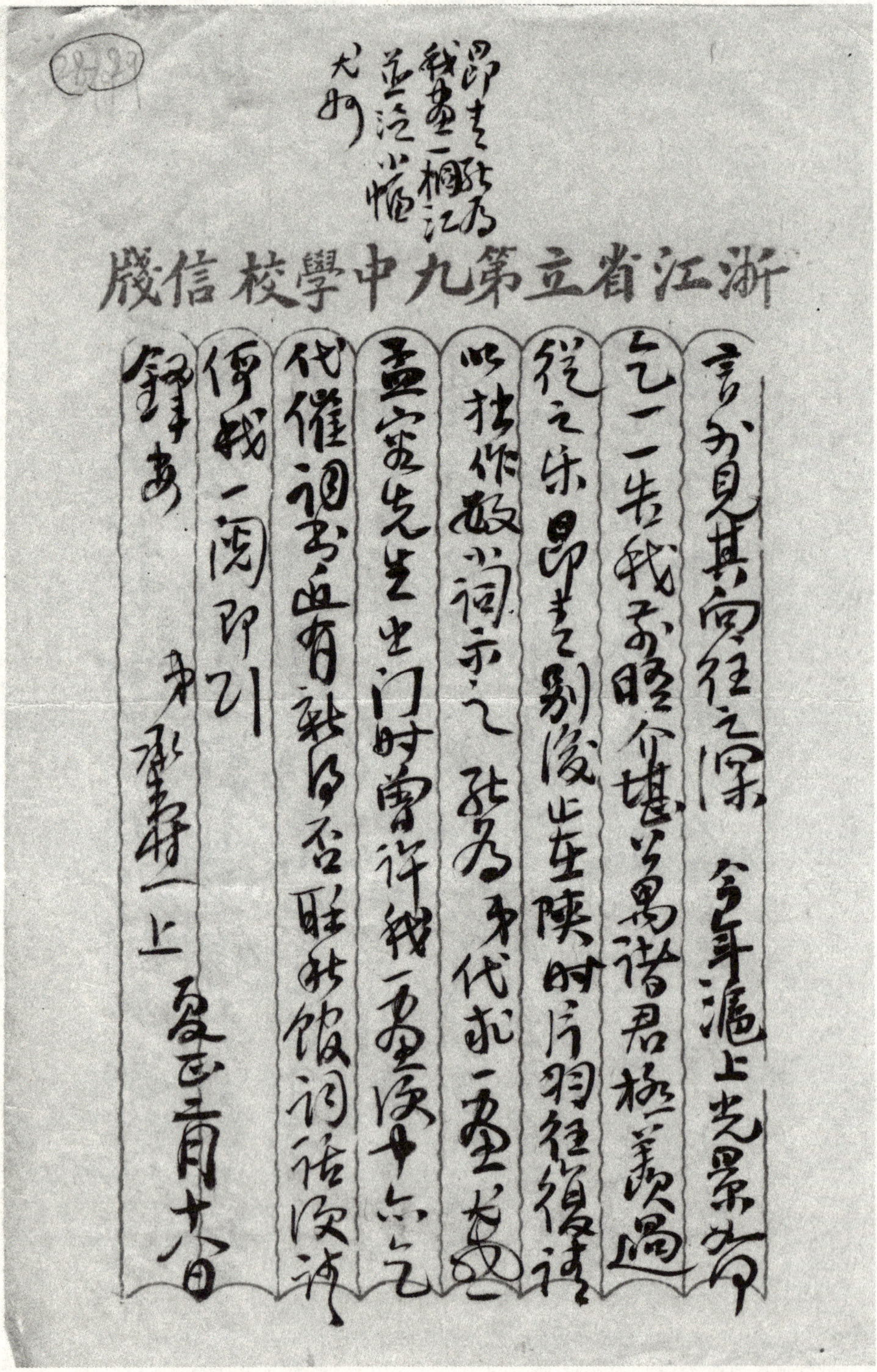
昂青贈我畫一桐江並送小幅尤妙

浙江省立第九中學校信箋

言亦見其向往之深　今年滬上光景如何
乞一一告我　前晤介堪公渚諸君極羨過
從之樂　昂青别後止在陝時片羽往復　請
以拙作數小詞示之　昂青為弟代求一畫尤感
孟實先生出門時曾許我一畫　後亦乞
代催　詞刊近有新出否　能賴館詞話頗詳
便我一閱即刊
錄安　弟承燾上　夏正二月十六日

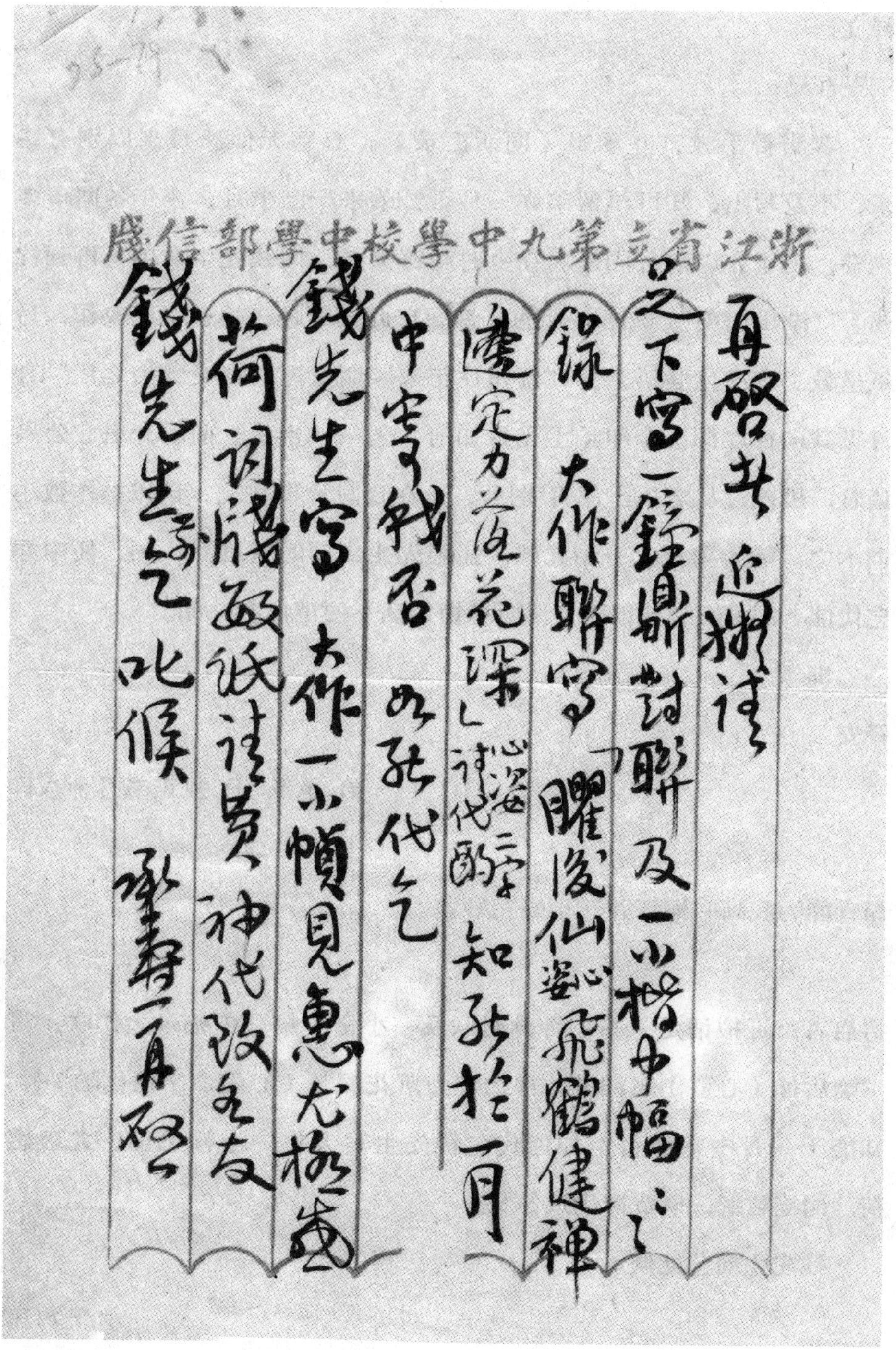

浙江省立第九中學校中學部信箋

再啓者 近撰詞〻
之下寫一錄呈斲 詞聯及一小楷中幅〻
錄 大作聯寫 曜後仙姿飛鶴健禪
邊定力在夜花深（心姿二字誤代酌） 知孫於一月
中寄錢否 如能代乞
錢先生寫 大作一小幀見惠尤感
荷 詞錄煩繳紙請其神代致兔友
錢先生處乞 叱候 承燾再頓

释文：

玉岑吾兄：

客腊得手教，并承寄《词话汇录》，心感无似。月来以别有迻录，不及写出，知可再留弟许一月否？弟来严已半月，今年各同事多携眷，内子亦以前月同来。在乡时晤符笑老，谓钱先生赏弟《再到杭州》“湖山信美”[2]数语，愧恧，愧恧！此词颇疏于律，顷已改作，另纸呈教。梅冷生尝语弟：“温州往年来一谢玉岑，竟交臂失之！”言外见其向往之深。今年沪上光景如何，乞一一告我。前晤介堪、公禺诸君，极羡过从之乐。昂青[3]别后，止在陕时片羽往复，请以拙作数小词示之，能为弟代求一画尤感。孟容先生出门时曾许我一画，便中亦乞代催。词书近有新得否？《听秋馆词话》便请假我一阅。

即颂

铎安

弟 承焘 上 夏正二月十八日

昂青能为我画一桐江并泛小幅尤妙。

再启者：近拟请足下写一钟鼎对联及一小楷中幅。中幅录大作联，写“癯后仙（心姿）飞鹤健，禅边定力落花深”（心姿二字请代酌）[4]，知能于一月中寄我否？如能代乞钱先生写大作一小帧见惠，尤极感荷。词笺数纸，请费神代致各友。

钱先生前乞叱候。

承焘 再启

注释：

1.《书卷养寿室日记》，第六册，未刊本，一九二八年三月九日条。

2.参见夏承焘一九二八年二月四日日记："雨，玉岑自常州观子巷寄来手钞词话汇录一本。皆节自各词家文集……笑拈丈谓名山先生有一书来赏予《齐天乐》词'湖山信美，莫告诉梅花，人间何世'三语。"（《书卷养寿室日记》，第六册，未刊本，一九二八年二月四日条）

3.据卢礼阳考证，郑锷，字昂青。温州人，曾入慎社。（《关于"瓯社"的点滴补正》，《温州文史资料》第九辑，页331）笔者认为，郑锷亦可能就是郑岳（字曼青），因温州方言"岳"与"锷"同音。

4.参见一九二八年六月一日夏承焘日记，谢玉岑撰写的对联为"瓘后仙心飞鹤健，禅边定力落花深"。（《书卷养寿室日记》，第六册，未刊本，一九二八年六月一日条）

十二、夏承焘致谢玉岑

时间：一九二八年四月廿三日
署款：四月廿三日
用笺：浙江省立第九中学信笺，红色八行，二页
夏记：四月廿三日：复玉岑书问借词书。[1]
钱记：第四十四封

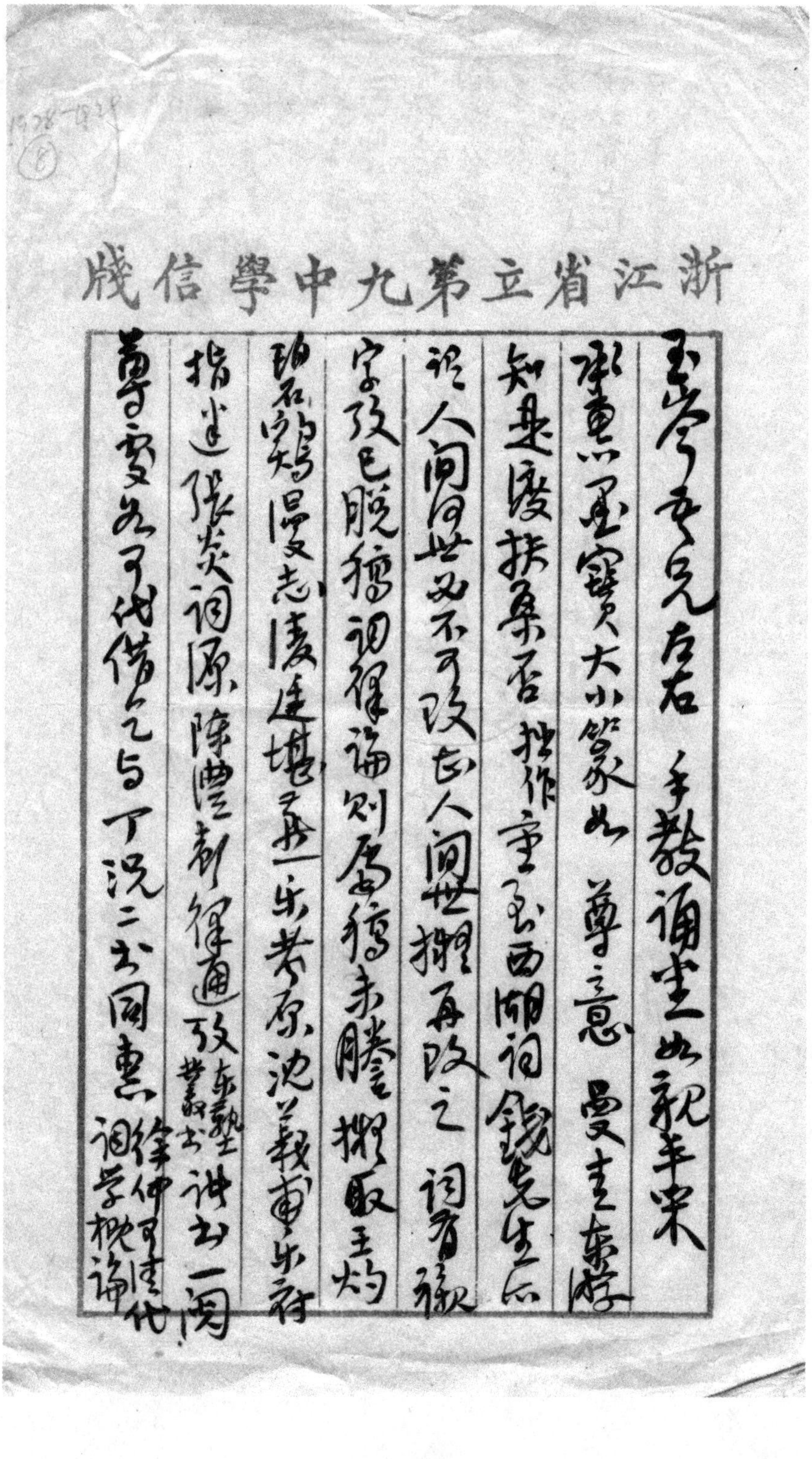

浙江省立第九中學信牋

玉岑吾兄左右：手教誦悉，如親丰采。承惠以墨寶大小篆，如　尊意，受之柬學（?）。知是暖扶桑否？拙作重到西湖詞，錢先生亦謂人間世必不可改，或人間世擬再改之。詞有觀（?）字改已脫稿，詞律論則為稿未勝，擬取王灼碧雞漫志、凌廷堪燕樂考原、沈義父樂府指迷、張炎詞源、陳澧聲律通考（東塾叢書）諸書一閱。尊處如可代借，乞與下說二書同惠。徐仲可清代詞學概論

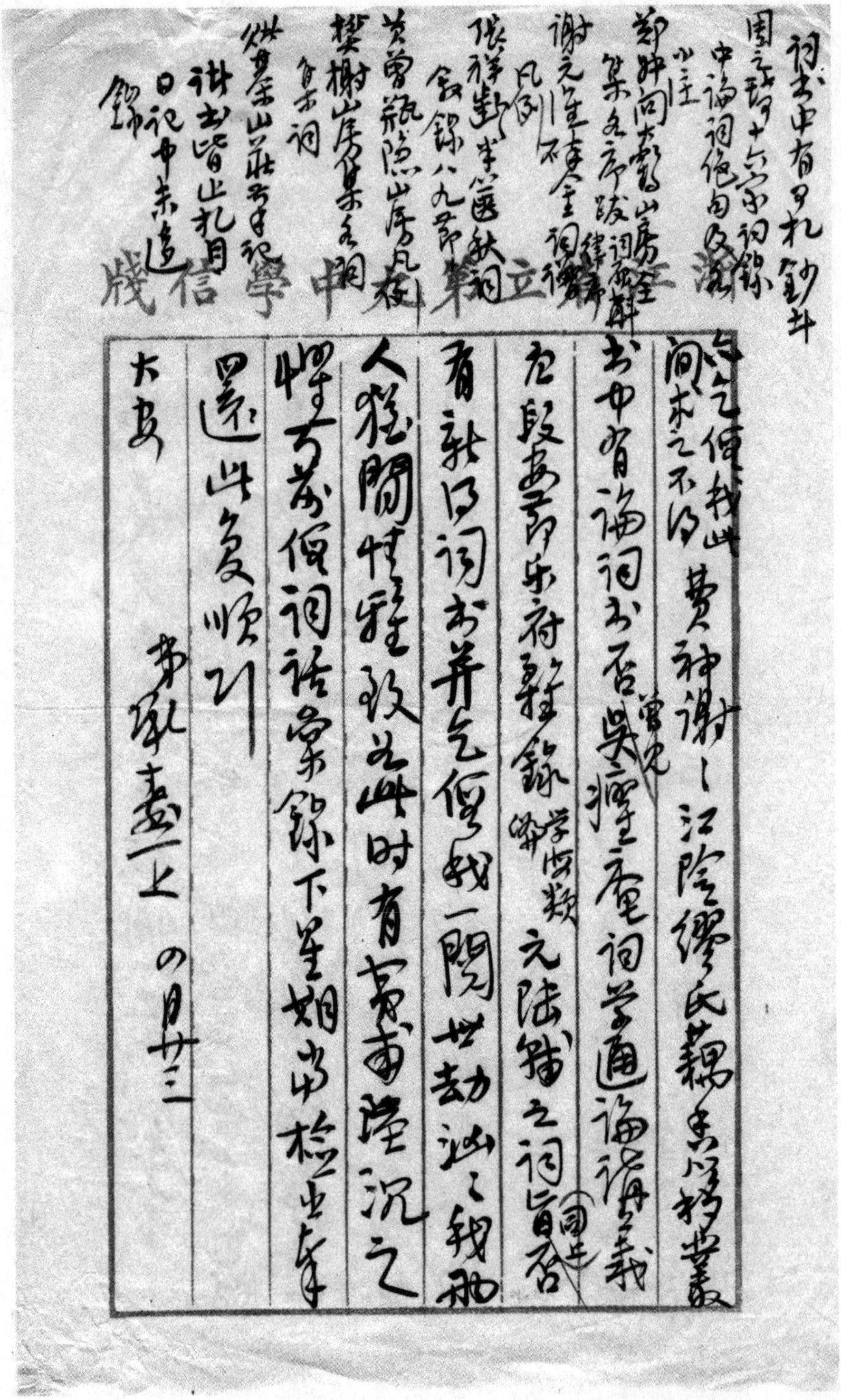

公之何我此间亦之不得，费神谢谢。江阴缪氏藕香零拾书中有论词书否？吴瞿安（霜厓）词学通论、词律斠义（曾见）已取去否？即乐府杂录（学海类编）、元陆辅之词旨（同上）。看新得词书并乞假我一阅。世劫汹汹，我兄人犹闭门，犹能致力于此，时有岁暮陆沉之惧。可关偶词话汇录下呈，姻弟检出并还。此复，顺颂

大安

弟承焘上 四月廿三

词书中有可札录者，乞抄示：

周之琦十六家词录中论词绝句及[illegible]小注

郑叔问大鹤山房全集各序跋、词律斠律

谢元淮碎金词谱凡例

张祥龄半箧秋词叙录八九节

黄曾瓶隐山房凡例

樊榭山房集各词

[illegible]山庄手记

[illegible]书皆止札，月日记中未遑

录

释文：

玉岑吾兄左右：

手教诵悉，如亲丰采。承惠墨宝[2]，大小篆如尊意。曼青东游，知是渡扶桑否？拙作《重到西湖》词，钱先生亦谓“人间何世”必不可改“甚人间世”，拟再改之。

《词有衬字考》已脱稿，《词律论》则属稿未謄。拟取王灼《碧鸡漫志》[3]、凌廷堪《燕乐考原》[4]、沈义甫[5]《乐府指迷》、张炎《词源》[6]、陈澧《声律通考》[7]（东塾丛书）诸书一阅。尊处如可代借，乞与丁、况二书同惠。（徐仲可《清代词学概论》[8]亦乞假我，此间求之不得。）费神，谢谢！江阴缪氏《藕香簃丛书》[9]中有论词书否？曾见吴瞿庵[10]《词学通论》讲义，唐段安节《乐府杂录》[11]（学海类编）、元陆辅之《词旨》[12]（同上）否？有新得词书，并乞假我一阅。世劫汹汹，我两人犹闲情雅致如此，时有夷甫陆沉[13]之惧耳。前假《词话汇录》下星期当检出奉还。

此复。顺颂

大安

弟 承焘 上

四月廿三

词书中有可札钞者，周之琦[14]《十六家词录》中论词绝句及各小注，郑叔问[15]《大鹤山房全集》各序跋（《词原斠律》序），谢元淮《碎金词谱》[16]凡例，张祥龄[17]《半箧秋词》叙录八九节，黄曾[18]《瓶隐山房》凡例，《樊榭山房集》各词集词，《赌棋山庄笔记》，诸书皆只札目，日记中未逐录。

注释：

1.《书卷养寿室日记》，第六册，未刊本，一九二八年四月廿三日条。

2.可参见一九二八年三月九日致谢玉岑信之附件，曾求谢氏墨宝。

3.王灼，生卒年未详。字晦叔，号颐堂。遂宁（今属四川）人。博学多闻，娴于音律。绍兴十五年（1145）冬，寄居成都碧鸡坊妙胜院，常至友人家饮宴听歌，归则“缘是日歌曲，出所闻见，仍考历世习俗，追思平时论说，信笔以记”。积累既多，于十九年编次成书，分为五卷，题为《碧鸡漫志》。

4.凌廷堪（1755–1809），字仲子，一字次仲。安徽歙县人。工诗及骈散文，兼为长短句。乾隆五十四年（1790）中举，次年中进士，例授知县，自请改为教职，入选宁国府学教授。曾主讲敬亭、紫阳二书院，后因阮元聘请，为其子常生之师。著有《礼经释例》、《燕乐考原》、《元遗山年谱》等书。

《燕乐考原》汇集史料不少，如唐段安节《乐府杂录》（即《琵琶录》）、《新唐书·礼乐志》、宋沈括《梦溪笔谈》（乐律部分）、宋王灼《碧鸡漫志》、《宋史·乐志》、《辽史·乐志》、元周德清《中原音韵》等，并加以比较，说明唐以来燕乐乐律演变之过程。该书于清嘉庆九年问世，堪称燕乐二十八调古籍之集大成者。

5.沈义甫，南宋人，最早提出“领字”观念，其后是张炎。“领字”又名虚字、衬字、领句、领调。

6.张炎（1248–1320），字叔夏，号玉田，又号乐笑翁。祖籍西秦（今陕西），家居临安（今杭州）。元世祖至元二十七年（1290），北游大都（今北京）。后失意南归，漫游江浙各地，曾设卜肆于四明，潦倒以死。著有《山中白云词》、《词源》等。

《词源》为词论专著，分为制曲、句法、字面、虚字、清空、意趣、用事、咏物、节序、赋情、离情、令曲、杂论等十三部分。夏承焘曾校注《词源》。

7.陈澧（1810–1882），字兰甫，一字兰浦，自号江南倦客。广东番禺（今广州）人。因少时读书于东厢书塾，晚年自题著作为《东塾读书记》，故学者尊称“东塾先生”。对声律学研究亦精，于咸丰八年（1858）撰成《声律通考》。该书以匡凌廷堪《燕乐考原》之谬为出发点，论述了律、调、谱、器诸方面内容。

8.徐仲可，即徐珂，谭献及门弟子。葆光子序称《清代词学概论》“揭浙派之流弊，嘉常派之革新。于名人词选、词韵、词话等书，判别瑕疵，指示去取，持之有故，言之成理。原原本本，一宗师说，可谓谭门之颜子矣。”

9.藕香簃丛书：缪荃孙编刻，共收书三十九种，计一百零一卷。书中所收多为少有流传的罕见之书，且皆由编者亲自辑校，并写有跋语或校勘记。

10.即吴梅。

11.段安节，唐初名将段文昌孙，《酉阳杂俎》作者段成式子，善乐律，能自度曲。《乐府杂录》对开元以后音乐、歌舞、俳优、乐器等问题多有考证，是研究唐后期礼乐制度、音乐、舞蹈、戏曲发展轨迹之宝贵资料，可补《教坊记》之不足。在“唐时乐制，绝无传者”的情况下，该书被《唐书》、《文献通考》、《乐府诗集》多所采纳。

12.元陆辅之撰。陆辅之，嘉兴人，著有《吴中旧事》。

13.《世说新语·轻诋》载桓温语：“遂使神州陆沉，百年丘墟，王夷甫诸人不得不任其责。”王夷甫，名衍，曾任西晋宰辅。擅清谈，后人认为清谈误国，为西晋覆亡之惨痛教训之一。

14.周之琦（1782–1862），字稚圭，号退庵，河南祥符人。嘉庆十三年（1808）进士，由翰林院编修累官广西巡抚。擅填词，词风格高雅，可与元人张翥比肩。著有《心日斋词》、《金梁梦月词》，辑有《心日斋十六家词选》。

15.郑文焯（1856–1918），字叔问，号小坡，别号瘦碧，大鹤山人。奉天铁岭（今属辽宁）人，满洲正黄旗汉军籍。父瑛棨，官陕西巡抚。光绪元年（1875）举人，官内阁中书。旅食苏州三十余年，历为前后巡抚幕客。辛亥后，自居遗老，鬻书行医自给，孤贫以终。博学多才，精词学，兼善书画金石，通医理，精音律。与王鹏运、朱彊邨、况周颐并称晚清词学四大家。

词集有《瘦碧词》、《冷红词》、《比竹余音》、《苕雅余集》等。其后删存诸词集为《樵风乐府》九卷。仁和吴昌绶并收集其生平著述，如《说文引经考故书》、《扬雄说故》、《高丽好太王碑》、《释文纂考》、《医故》、《词源斠律》、《樵风乐府》、《绝妙好词校录》、《瘦碧词》，合刊为《大鹤山人全集》。另有《大鹤山人诗集》。

16.《碎金词谱》，谢元淮辑，成书于道光二十四年（1844）。全书六卷，共计收录古代词乐乐谱一百七十余阕。此既为一部词集，又是一部词乐乐谱资料集，而其价值更在后者。

17.张祥龄（1853–1903）,字子馥，一字子宓，四川汉州（今广汉）人。光绪十一年（1885）选为拔贡。同年，四川布政使易佩绅移任苏州，张应邀前往。此间，和郑叔问、易实甫等人并结词社，联句唱酬。光绪十四年中举，光绪十八年中进士，授翰林院庶吉士。光绪二十一年出任陕西怀远知县，转长安、褒城、大荔等知县。著有《经支》、《黄金篇》、《六箴》、《受经堂文集》、《子宓诗钞》、《鬼林漫录》、《前后蜀杂事诗》、《半箧秋词》、《吴波鸥语》、《受经堂词》等。今人称其为“近代蜀四家词”之一。

18.黄曾，字菊人，钱塘（今杭州）人。道光壬辰举人，官香河知县。著有《瓶隐山房诗抄》。

十三、夏承焘致谢玉岑

时间：一九二八年六月一日
署款：六月一日
用笺：浙江省立第九中学信笺，红色八行，二页
夏记：六月一日（四月十四日），晴。谢玉岑寄来一篆联写：癯后仙心飞鹤健，禅边定力落花深。一小幅临秦权附一书，谓近人陈匪石[1]有新编词论、辛周词笺，丁福保刻词话汇，皆未见，不知有予未见本否？灯下做覆书。[2]
钱记：第四十六封

今按：

夏承焘一九二七年下半年到严州执教，到写此信时，已在严州近一年了。“严州足山川之娱，唯求书甚难，殊厌居耳。已生倦意”，词人在这封信中透露了思迁之意。此后的日记（如一九二九年五月十二日及六月十八日）中，他都发出类似的感叹。

此信中再次提到《词有衬字考》及《词律考》二文，可与一九二八年四月廿三日信参看。

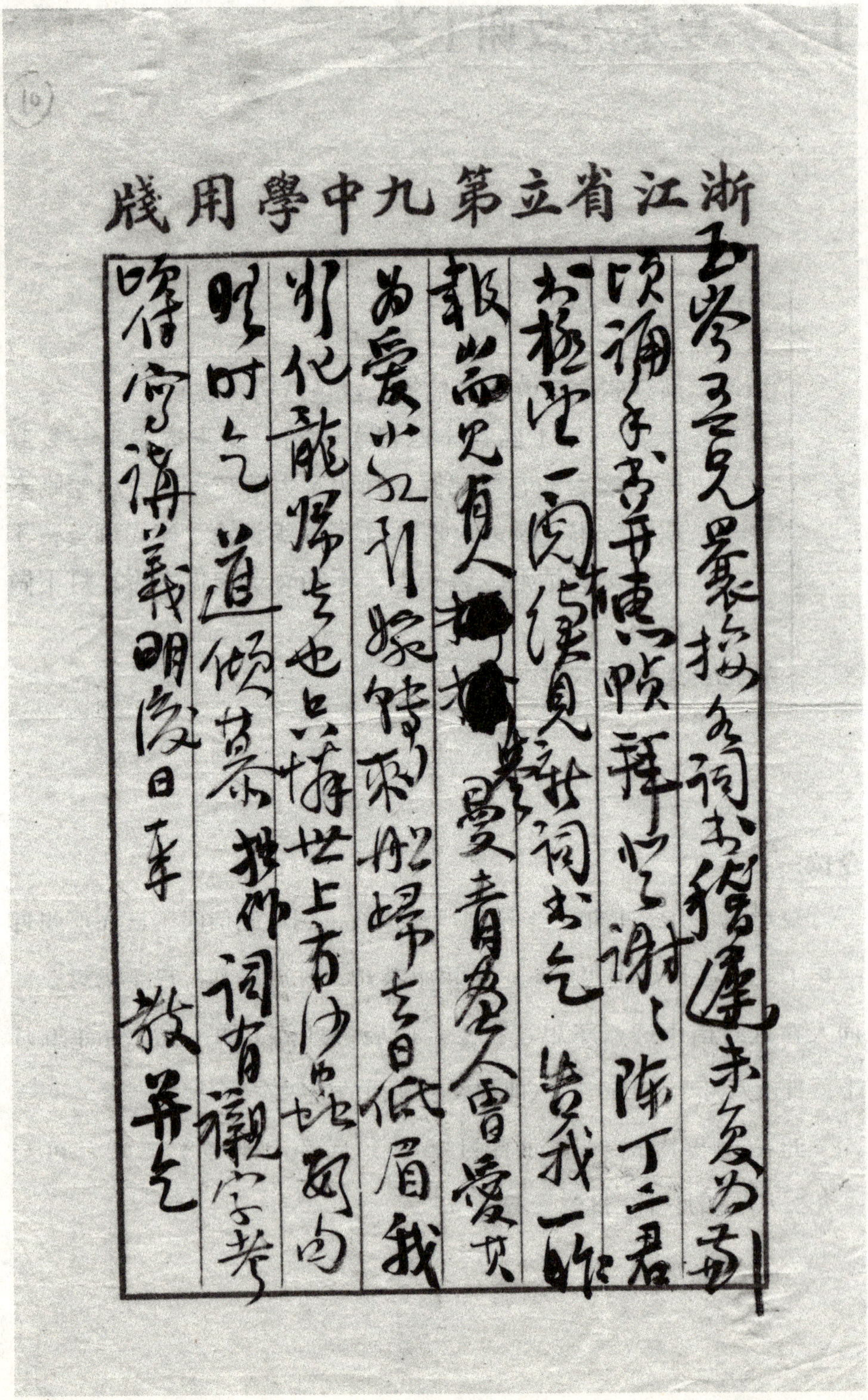

浙江省立第九中學用牋

玉岑吾兄：累接手简，词书稽迟，来复为歉。顷诵手书并梅花帐，拜谢拜谢。陈、丁二君书极思一阅，续见新词，书乞告我一二。报尚见有人……曼青为人曾爱贞（？）为爱小红打桨归，来船归去白低眉，我则化龙归去也，只道世上有沙鸥也，欲向照时，乞道倾慕。拙作词有谶字差啻，写讲义，明后日寄教，并乞

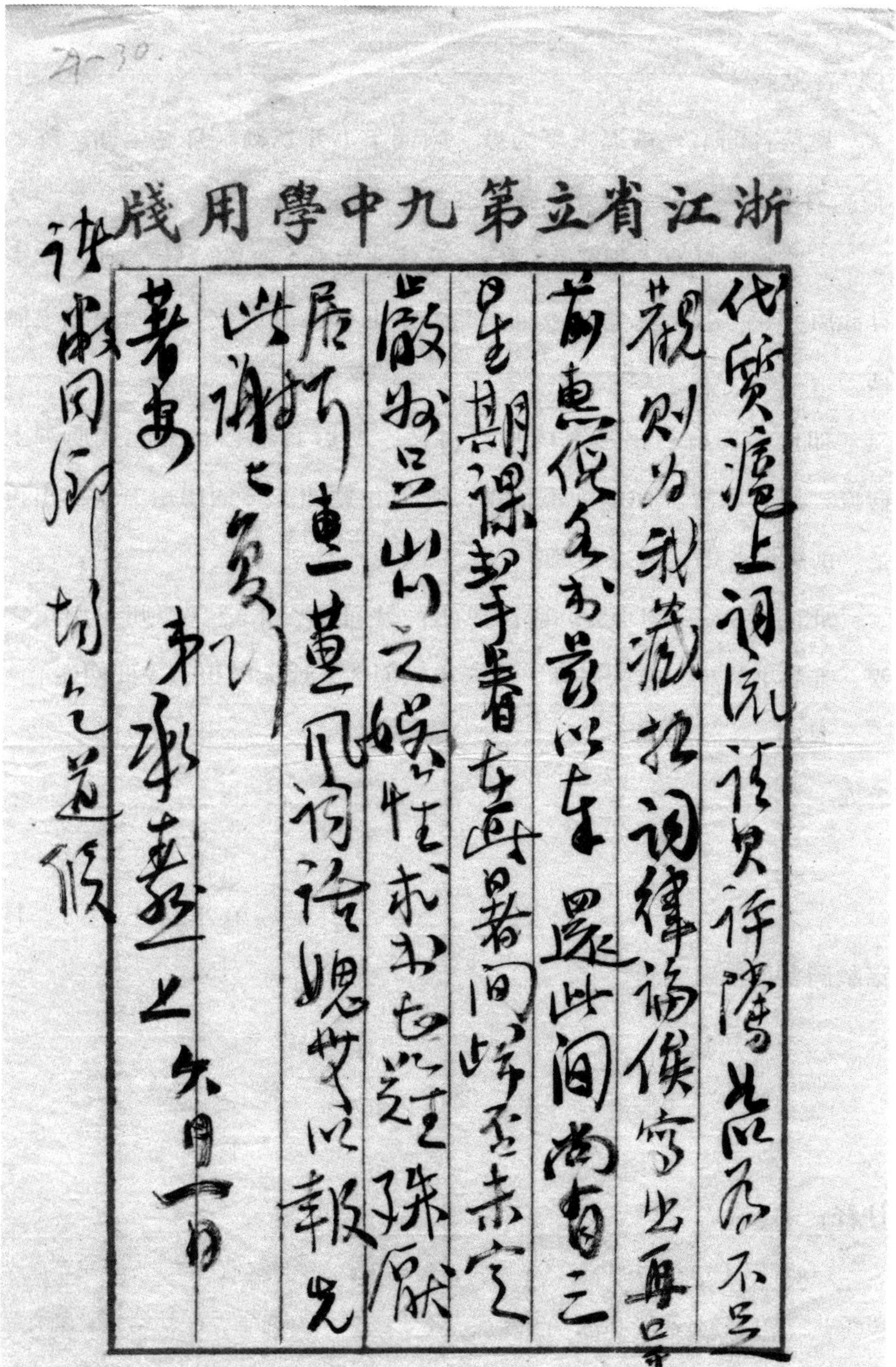
浙江省立第九中學用牋
弟承燾上 七月一日

释文：

玉岑吾兄：

曩接各词书，稽迟未复为歉。顷诵手书并惠帧，拜登谢谢。陈、丁[3]二君书极望一阅。有续见新词书乞告我。

一昨报端见有人誉曼青画会，爱其“为爱小红歌婉转，刺船[4]归去日低眉”、“我欲化龙归去也，只怜世上有沙虫”数句，晤时乞道倾慕。

拙作《词有衬字考》顷付写讲义，明后日奉教，并乞代质沪上词流，请其评骘。如以为不足观，则为我藏拙。《词律论》俟写出再呈。前惠假各书，兹以奉还。

此间尚有三星期课，挈眷在此，暑间归否未定。严州足山川之娱，唯求书甚难，殊厌居耳。惠《蕙风词话》愧无以报，先此谢谢。

复颂

著安

弟 承焘 上 六月一日

诸敝同乡均乞道候。

注释：

1.陈匪石（1884-1959），名世宜，号小树，又号倦鹤，南京人。早年就读尊经书院，曾随张次珊学词，一九〇一年于南京创办新学，任幼幼学堂国文教员。一九〇六年赴日学习法律，加入同盟会。返国后任法政学堂教员，又随朱祖谋研究词学，并参加南社，编《七襄》刊物。辛亥时参与江苏光复活动。次年去马来西亚，任《光华日报》记者。翌年回国，先后在上海、北京从事新闻工作达十年之久，并曾在上海中国公学、持志大学、北京中国大学兼课。一九二三年任农商部秘书，兼华北大学教授，一九二七年南下，历任江苏建设厅秘书，工商部和实业部参事，商标局局长。一九四七年应国立中央大学之聘，任中文系词学教授，一九五〇年在重庆任南林学院中文系教授兼系主任，一九五二年任上海市文物保管委员会编纂。钻研词学四十年，造诣甚精，所撰《宋词举》、《声执》两部词学著作，奠定其在近代古典文学研究领域的学术地位。

2.《书卷养寿室日记》，第六册，未刊本，一九二八年六月一日条。

3.指丁福保。丁福保（1874–1952），字仲祜，号畴居士，一号济阳破衲。江苏无锡人。光绪二十一年（1895）肄业于江阴南菁书院，次年考取秀才，后随华蘅芳学数学，编撰《算学书目提要》。又鉴于身体多病，改习医学，创办丁氏医院、医学书局，先后编译出版了近八十种国内外医学书籍，合称《丁氏医学丛书》。还编有《历代医学书目提要》、《四库总录医药编》，兼收中外医学书籍。辛亥前后，编辑刊印有《汉魏六朝名家集初刻》、《全汉三国晋南北朝诗》、《历代诗语续编》、《清诗话》等数部丛书。喜藏书，建“诂林精舍”。编著有《文选类诂》、《尔雅诂林》、《古钱大辞典》等。

4.刺船：传说春秋时成连教伯牙学琴三年，伯牙情志仍未能专一。于是用船把伯牙送到荒僻无人的岛上，让他从自然界的音响中悟得琴理。事见《乐府古题要解》。后因以“刺船”为使人移情之典。

十四、夏承焘致谢玉岑

时间：一九二八年十月十日
署款：十月十日
用笺：浙江省立第九中学信笺，红色八行，三页
夏记：暂未在日记中找到相关记录
钱记：第一封

今按：

这封去信，现能查到的夏承焘日记中没有记录。当年十月十九日日记则记录了谢玉岑的回复：得玉岑上海南洋中学复，谓四印斋词不易得全本，间有一二种散出，犹或遇之。曾讯古微先生，云“板已毁，遗传日少矣。”玉岑自谓欲作《清词史》，与予商派别，勉予《词林年表》、《学术大事表》勿中懈。（《夏承焘集》，第五册，页40。）

从这一来一复中，我们可以看见两位二十多岁的年轻人在学术上的宏图抱负。尽管后来谢玉岑因英年早逝，原拟撰写的《清词史》未能完成，夏氏后也因专攻词学，《中国学术大事表》亦以中断。

更让人难忘的是，两人在词学研究中的互相支持、互相督促。这种精神，在今天的学术界显得尤为宝贵。

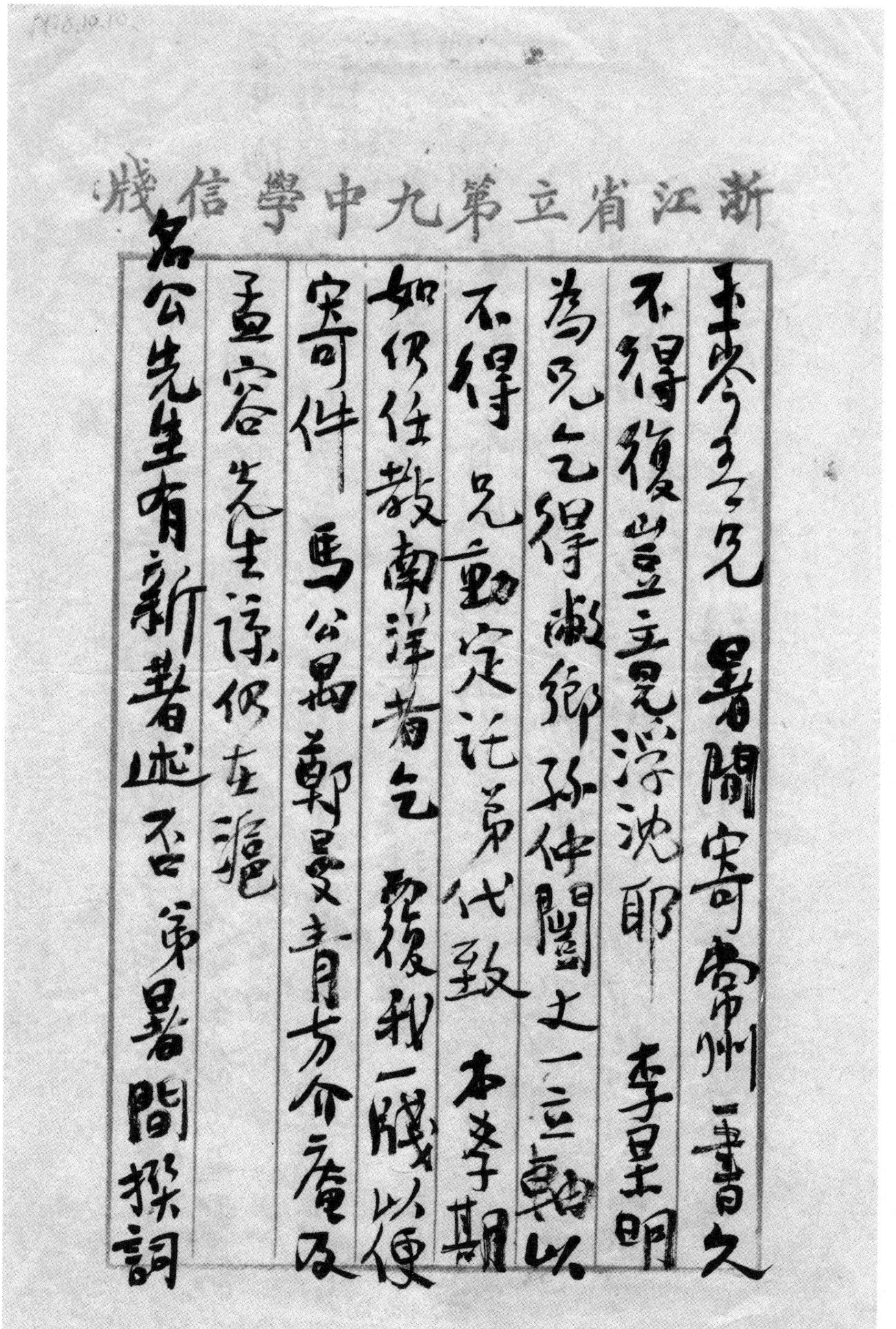

1928.10.10

浙江省立第九中學信牋

玉岑吾兄 暑間寄常州一書久
不得復豈竟浮沉耶 李星明
為兄乞得歙鄉孫仲闓之一立軸以
不得兄動定託弟代致 本學期
如仍任教南洋者乞 覆我一牋以便
寄件 馬公愚鄭曼青方介庵及
孟容先生諒仍在滬
名公先生有新著述否 弟暑間撰詞

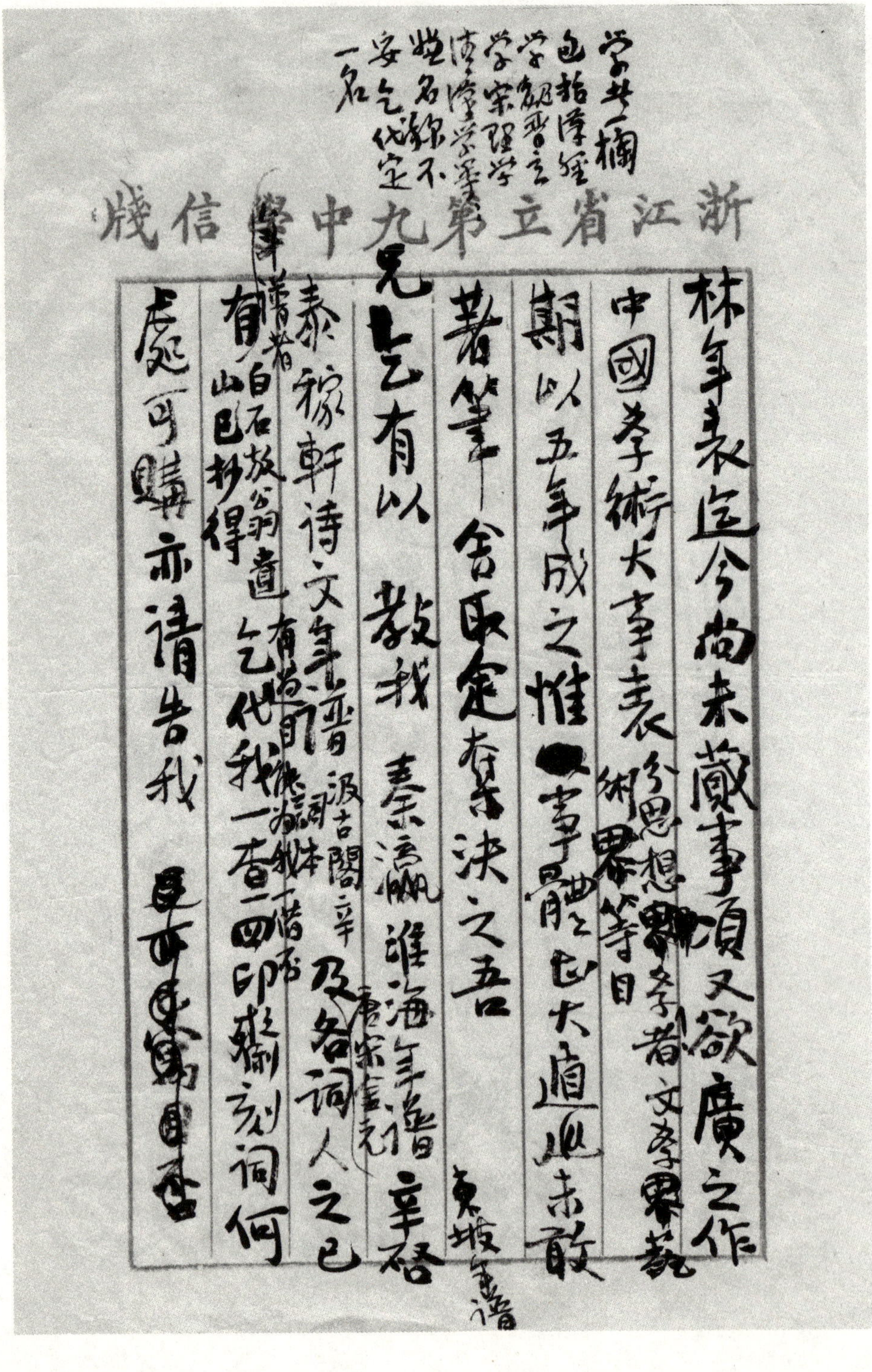
学共一摘
色指漢經
学魏晉玄
学宋理学
清漢学宋学
等名總不
妥乞代定
一名

浙江省立第九中學信箋

林年表迄今尚未藏事須又欲廣之作
中國學術大事表（分思想、學者、文學、藝術界等目）
期以五年成之惟一事體已大遍此未敢
著筆　合取定存亡決之吾
兄乞有以教我　秦瀛淮海年譜　辛啓（東坡年譜）
泰稼軒詩文年譜　汲古閣辛　及各詞人之已（唐宋金元）
（譜者）有白石放翁遺山已抄得　乞代我一查四印齋刻詞何（有道園樂府一種借抄本）
處可購亦請告我　夏承燾再啓

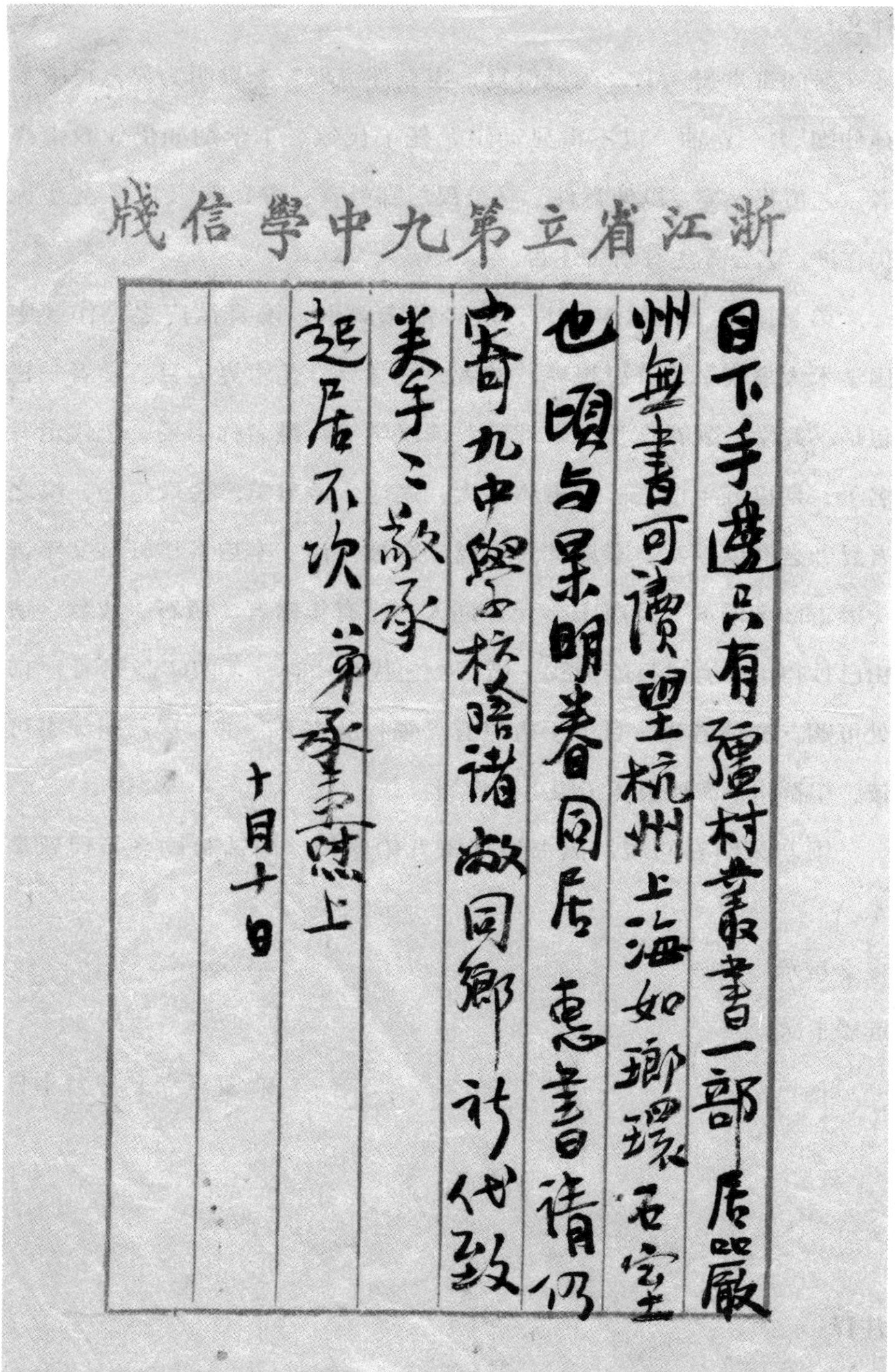
浙江省立第九中學信箋

目下手邊只有疆村叢書一部　居嚴
州無書可讀望杭州上海如瑯環石室
也頃與杲明春同居　惠書請仍
寄九中學校晤諸敝同鄉　祈代致
拳拳之敬　承
起居不次　弟承燾上
十月十日

释文：

暑间寄常州一书，久不得复，岂竟浮沉耶？李杲明为兄乞得敝乡孙仲闿[1]丈一立轴，以不得兄动定，托弟代致。本学期如仍任教南洋者，乞覆我一笺，以便寄件。马公禺、郑曼青、方介庵[2]及孟容[3]先生谅仍在沪，名公先生有新著述否？

弟暑间撰《词林年表》，迄今尚未蒇事，顷又欲广之，作《中国学术大事表》（分思想界、学者，文学界、艺术界等目。学者一栏包括汉经学、魏晋玄学、宋理学、清汉学等。嫌名称不妥，乞代定一名），期以五年成之。惟事体甚大，遁巡未敢着笔。舍取定夺，决之吾兄，乞有以教我。秦瀛淮海年谱、东坡年谱、辛启泰稼轩诗文年谱（汲古阁辛词本）及唐宋金元各词人之已有年谱者（白石、放翁、遗山已抄得），有过目能为我一借否？乞代我一查。《四印斋刻词》[4]何处可购，亦请告我。目下手边只有《彊村丛书》一部。居严州无书可读，望杭州上海如琅环（嬛）石室[5]也。

顷与杲明眷同居，惠书请仍寄九中学校。晤诸敝同乡祈代致拳拳。

敬承

起居不次

弟 夏承焘上 十月十日

注释：

1.孙仲闿(1856—1931)，名诒泽，号处震。温州瑞安人，孙锵鸣子。光绪诸生。民国任总统府顾问，兼国务院顾问、国史馆纂修。肆力于书，无所不工。黄绍箕称其真书足以媲美李文田，篆法可与杨沂孙、吴大澂方驾。

2.即方介堪(1901—1987)，原名文渠，字溥如，后改名岩，字介堪，以字行，晚号蝉园老人，永嘉城区(今温州鹿城区)人。一九二〇年从金石家谢磊明治印。一九二六年随邑绅吕文起赴沪，师事赵叔孺，以刻玉印驰名上海滩，加入西泠印社。上海美专校长刘海粟聘其任教篆刻，续在文艺学院(艺专)兼课。得和郑曼青、黄宾虹、张大千、马孟容等共事，广结墨缘。与张大千尤称莫逆。一九五二年起任温州地区(市)文物管理委员会副主任，后被推为中国书法家协会名誉理事、西泠印社副社长、温州市文联副主席。遗著有《方介堪篆刻》、《介堪刻晶玉印》、《介堪印存》、《玺印文字别异》等。

方介堪与谢玉岑是好友。谢殁后，方作有《梦哭玉岑》：

昨日君发纫，戚友尽临吊。惟我作嫁忙，兰陵怆遐眺。

夜梦君来别，倚床坐言笑。握手觉尚温，形容殊枯槁。

左坐一老媪，与君貌颇肖。白发已盈头，朱颜何皎皎。

云是君大母，幽宅方营兆。案头置汤药，蒸气如云绕。

忽忆君疾危，万事谁为了。忍泪正相慰，梦觉天未晓。

悲哉谢玉岑，清姿夙矫矫。昊天何不佑，才丰命偏夭。

诗文早有名，书画追倪赵。余事乐金石，鉴别亦精妙。

十载忝交亲，学问互研讨。念我客沪滨，穷愁人易老。

刻印聊自给，难免世人诮。感君独见厚，每遇话情好。

当君卧病日，邮书屡来告。印人类多寿，一一为我道。

买石甫镌寄，英灵去已渺。展牍墨犹新，挥涕空悲悼。

3.马孟容（1890-1932），名毅，以字行，号孟湖，浙江永嘉（今温州）人。浙江高等学堂毕业，曾任上海美专教授。最善花鸟、草虫、鱼蟹，笔致秀润，墨气醇厚，天才与工力俱足。初得汪香禅（如渊）指授，旅客上海，画境益辟。书亦秀逸。马公愚为其弟。

4.全称为《四印斋所刻词》，词总集，王鹏运编著。编者精于词学，所见宋元珍本词籍较多，所刻校勘精审，受到研究者的重视。此书刊刻于光绪十四年（1888），晚清以来，大规模汇刻词集、词总集，乃由此书开始。沈曾植《彊村校词图序》称“鹜翁（王鹏运）造其端，彊村（朱孝臧）竟其事”。

5.琅嬛石室：神话中天帝藏书之地。

十五、夏承焘致谢玉岑

时间：一九二八年十月廿九日
署款：无署款
用笺：浙江省立第九中学信笺，红色八行，三页
夏记：十月廿九日，发玉岑挂号信，托访侯文灿名家词、吴昌绥双照楼景宋本词及灵鹣阁汇刻词。[1]
钱记：第二封

今按：

此信虽无落款，但从日记可推知写于一九二八年十月二十九日。

该信曾收入《现代作家书信集珍》（汉语大辞典出版社，1999年），钱璱之先生做了注释。

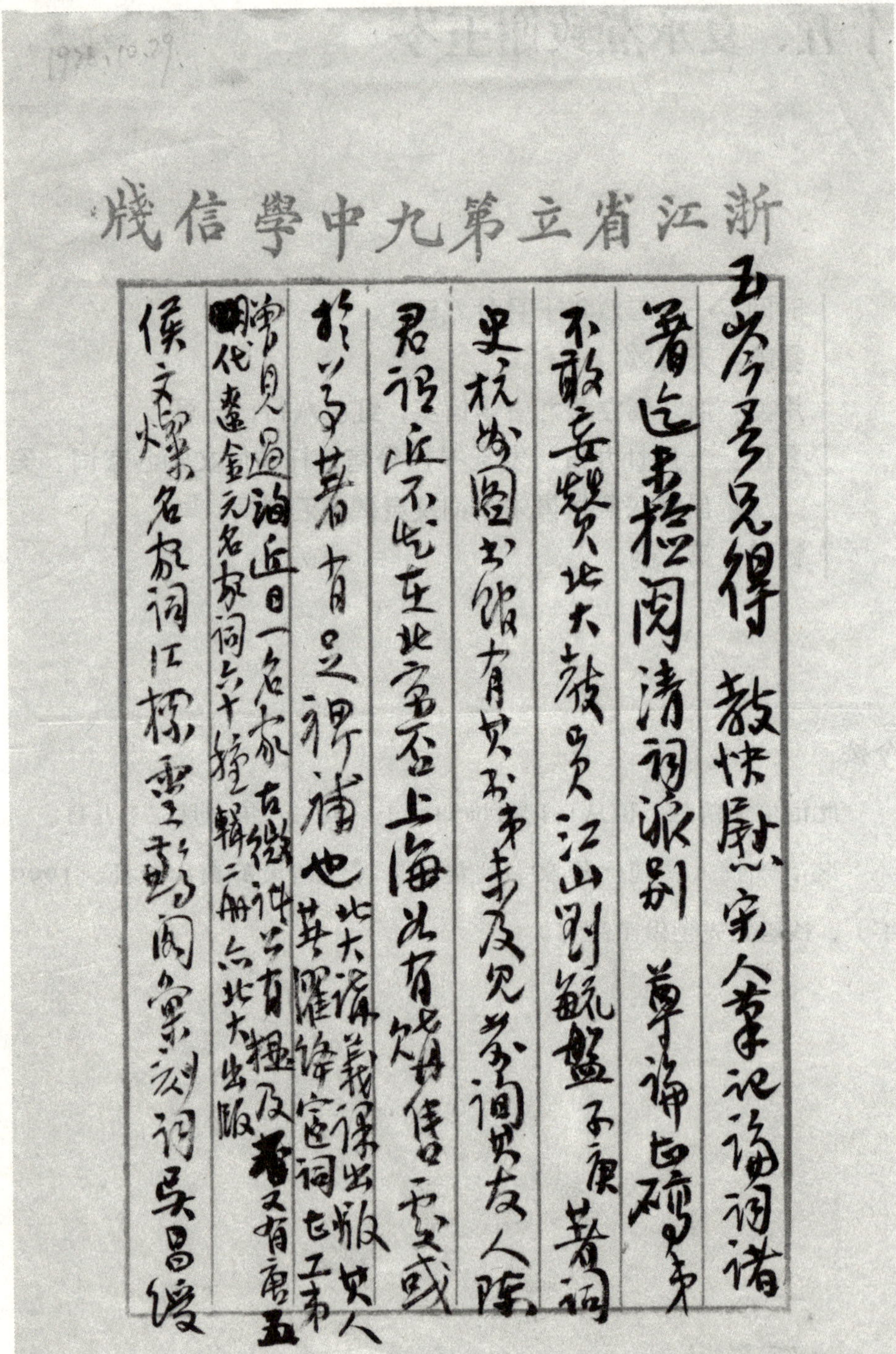
浙江省立第九中學信牋

玉岑吾兄：得 教快慰。宋人笔记论词诸
著，近未检阅。清词派别 尊论甚确，弟
不敢妄赞。北大教员江山刘毓盘子庚著词
史，杭州图书馆有之，弟未及见。吾兄词友人陈
君，词近不知在北京否，上海或有售者，一查或
于此书有足补者也。北大讲义课出版者人
英罗馀宋词也。弟
曾见过论近日一名家古微诸公有辑及唐又有唐五
代辽金元名家词六十种辑二册，亦北大出版
候文火。宋名家词江标灵鹣阁汇刻词、吴昌绶

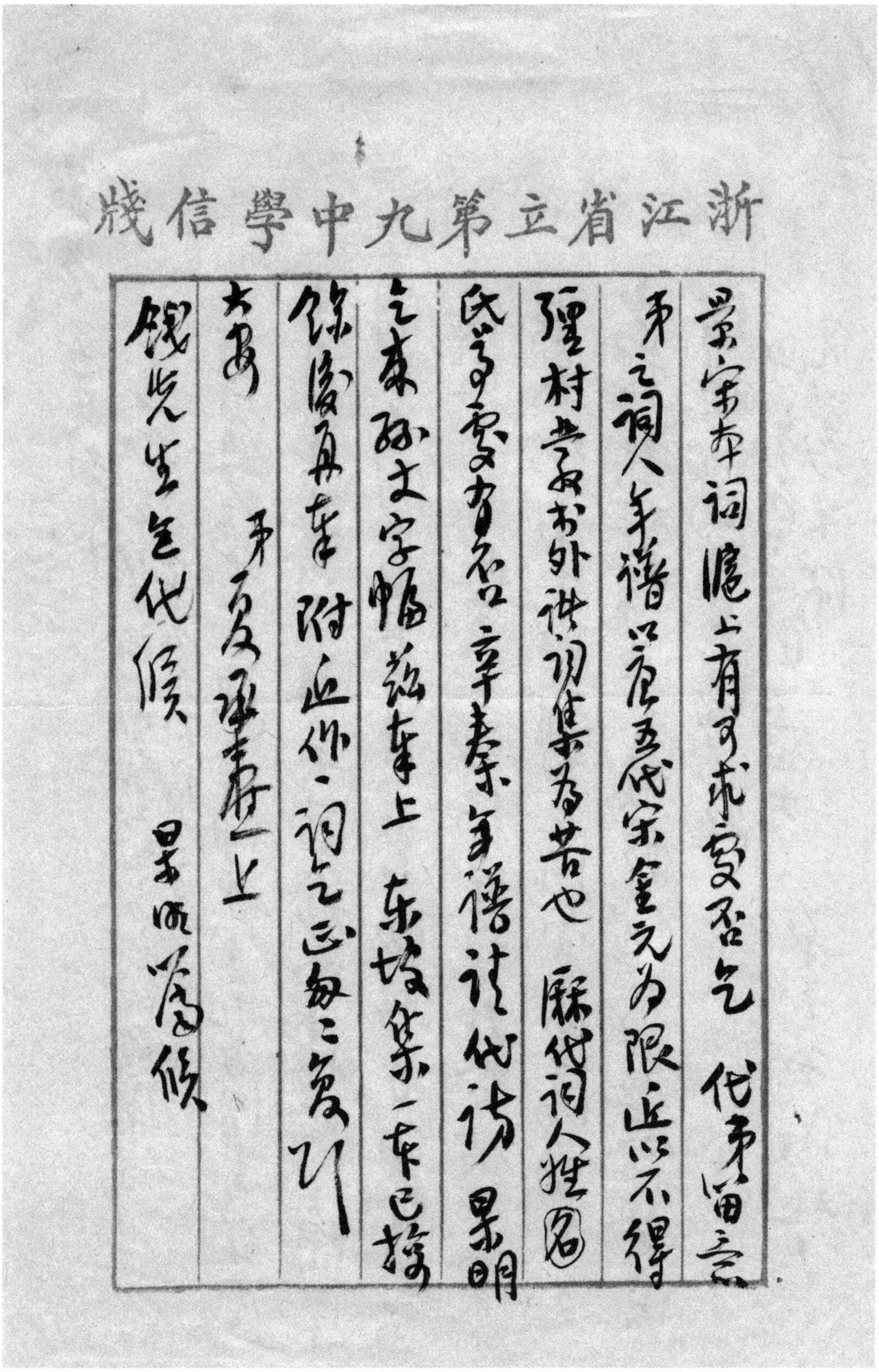

浙江省立第九中學信箋

景宋本詞滙上有可求覓否乞 代弟留意

弟之詞人年譜只定五代宋金元爲限近以不得

彊村叢書外諸詞集爲苦也 歷代詞人姓名

氏錄可覓否 辛棄疾年譜請代訪 景明

之來孫文字幅茲奉上 東坡集一本已接

餘俟再奉 附近作小詞乞正 匆匆奉復 即

大安 弟夏承燾謹上

錢先生並代候 景明兄候

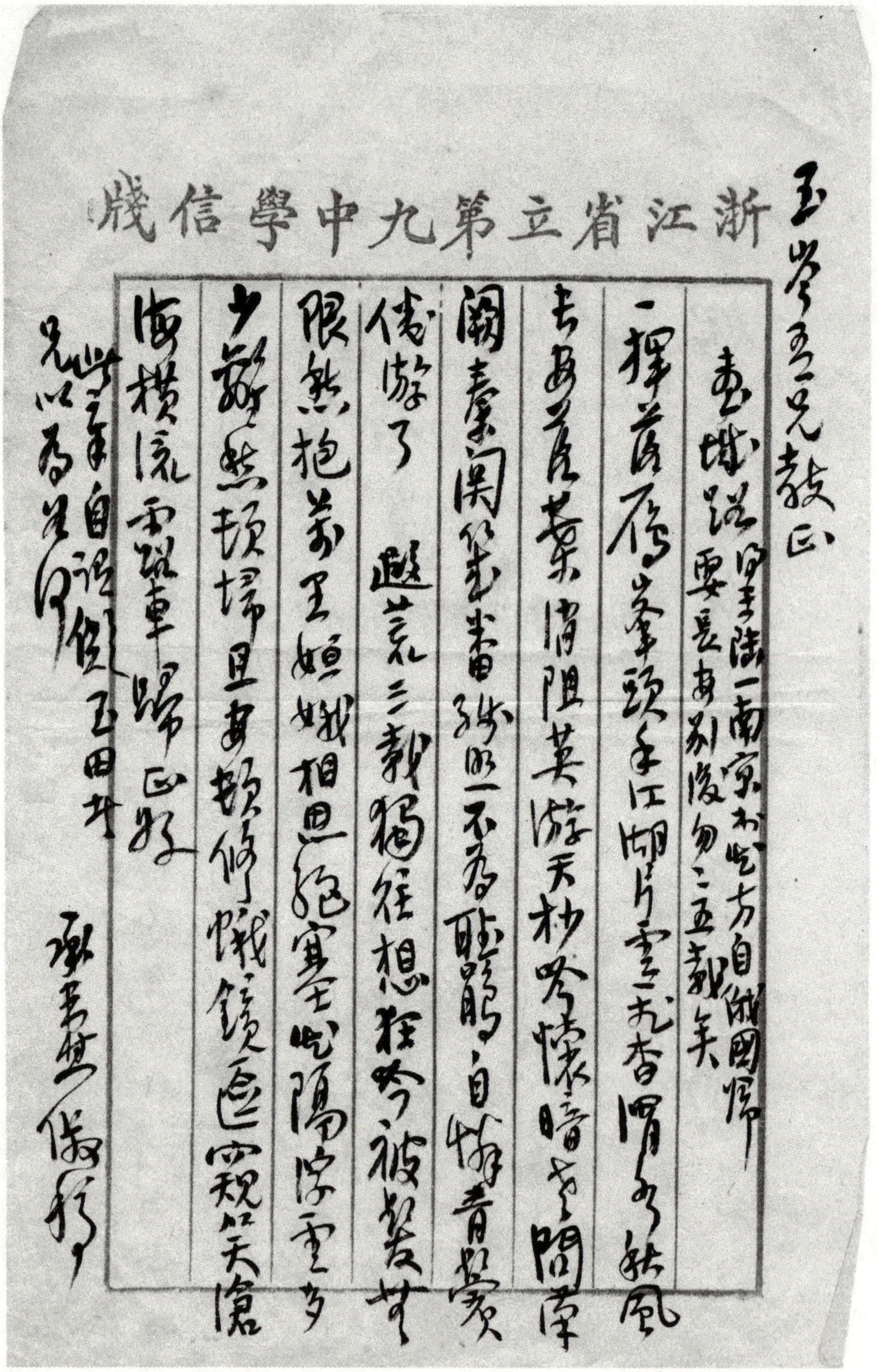

浙江省立第九中學信箋

玉岑吾兄教正

壺中天 寄陸一南京，時方自衡陽歸

要長安別後匆匆五載矣

一揮蒼髯峯頭千江湖片雲孤杳渭水秋風

去無蒼葉消阻莫遊天杪吟懷暗老閒草

闌壽閒銷燈影照一不為聽騎自憐青鬢

倦遊了 避荒三載獨往想狂吟被髮廿

限熱抱萬里嬋娟相思絕塞晚陽寥重乡

少藏無頓歸且無顏修怯鏡邊窺笑滄

海橫流雪擁車歸正好

此年自記似玉田生 兄以為是何

承燾倚聲稿

释文：

玉岑吾兄：

得教快慰。宋人笔记论词诸著，迄未检阅。清词派别，尊论甚确，弟不敢妄赞。北大教员江山刘毓盘（子庚）[2]著《词史》，杭州图书馆有其书，弟未及见。前询其友人陈君，谓近不知［其］在北京否。上海如有购售处，或于尊著有足裨补也。（北大讲义课出版，其人著《濯绛宧词》[3]甚工，弟曾见过，洵近日一名家。古微诸公有提及否？又有《唐五代辽金元名家词六十种辑》[4]，二册，亦北大出版。）侯文灿《名家词》[5]、江标《灵鹣阁刻词》[6]、吴昌绶《景宋本词》[7]，沪上有可求处否？乞代弟留意。弟之《词人年谱》以唐五代宋金元为限，近以不得《彊村丛书》外诸词集为苦也。历代词人姓氏，尊处有否？辛、秦年谱请代访。

杲明乞来孙丈字幅，兹奉上。东坡集一本已校，录后再奉。

附近作一词乞正。

匆匆。复颂

大安

弟 夏承焘 上

钱先生乞代候。

杲明嘱候。

玉岑吾兄教正。

台城路（得王陆一南京书，知方自俄国归娶，长安别后，忽忽五载矣。）

一挥落雁峰头手，江湖片云飞杳。渭水秋风，长安落叶，消阻英游天杪。吟怀暗老，问汉阙秦关，几番残照。不为听鹃，自怜青鬓倦游了。

遐荒三载独往，想狂吟被发，无限愁抱。万里姮娥，相思绝塞，知隔浮云多少。离愁顿扫，且安顿修蛾，镜奁窥笑。沧海横流，露车归正好。[8]

此章自谓拟玉田者，兄以为如何？

承焘俶稿

注释：

1.《夏承焘集》，第五册，页41。

2.刘毓盘（1867—1927），字子庚，号椒禽，浙江江山人。藏书家刘履芬子。光绪二十三年（1897）拔贡，官陕西候补知县。辛亥后执教于浙江第一师范，后任北京大学教授，主讲词史与词曲学。著有《唐五代宋辽金元名家词集六十种辑》、《濯绛宧词》、《词史》等。《词史》为其任教北京大学时根据讲义编定，分十一章，共九万余字，综述词的萌芽、鼎盛、散漫、复兴之发展梗概，颇多独到见解，被誉为北大上世纪二十年代权威性著作之一。有研究者将《词史》与鲁迅《中国小说史略》并称现代学者对中国文学史研究之双璧。

3.《濯绛宧词》：刘毓盘早年词作，光绪二十七年刻本。鲁迅日记一九二五年三月二十日曾记："午后往北大讲。刘子庚赠《濯绛宧词》自刻之一本。"

4.《唐五代宋辽金元名家词集六十种辑》，刘毓盘辑，凡六十种，收唐词二种三家，五代词四种五家，宋词四十四种六十四家，辽金词四种十家，元词五种五家，高丽词一种一家，共计六十种九十家，多为辑本。此书流行不广，当时即称罕觏。

5.侯文灿，无锡人，辑有《十名家词集》、《亦园词选》。

6.江标（1860-1899），字建霞，号师祁，又自署誃笘。江苏元和（今吴县）人。光绪十五年（1889）进士。次年由庶吉士改授翰林院编修，后任湖南学政。一八九七年后，协助湖南巡抚陈宝箴规划新政，赞设矿务、学堂、报馆、南学会、保卫局等。并与谭嗣同、黄遵宪、唐才常等在长沙创办《时务学堂》，成立校经学会，办《湘学新报》，以介绍西学。一八九八年时值维新运动期，受命四品京堂、总署章京上行走。尚未就职，新政失败，随即被革职永不叙用，并交地方官严加管束。次年卒于家乡。著有《黄尧圃年谱》、《红蕉词》等，辑刊《灵鹣阁丛书》、《唐贤小集五十家》。

7.吴昌绶，字伯宛，一字甘遯，号印臣，晚号松邻，仁和（今杭州）人。光绪丁酉举人，内阁中书。有《松邻遗集》、《清帝系后妃皇子皇女四考》等书。其《景刊宋元本词》与毛晋《宋六十名家词》、王鹏运《四印斋所刻词》、江标《宋元名家词》、朱祖谋《彊村丛书》合称为“宋词五大丛刻”，很有影响。

8.《夏承焘集》（第五册，页33）收有该词，与上文略有出入。

十六、夏承焘致谢玉岑

时间：一九二八年十一月六日
署款：十一月六日
用笺：浙江省立第九中学信笺，红色八行，单页
夏记：暂未在日记中找到相关记录
钱记：无记录

今按：

此信落款十一月六日，无年款。根据信笺知是作于严州期间，其中提到明年是他父亲六十大寿。查《夏承焘集》中日记一九二九年一月六日条，可知一九二九年为其父六十寿辰。《夏承焘教授纪念集》（页224）亦记夏父一九二九年六十寿，因此推断此信写于一九二八年。

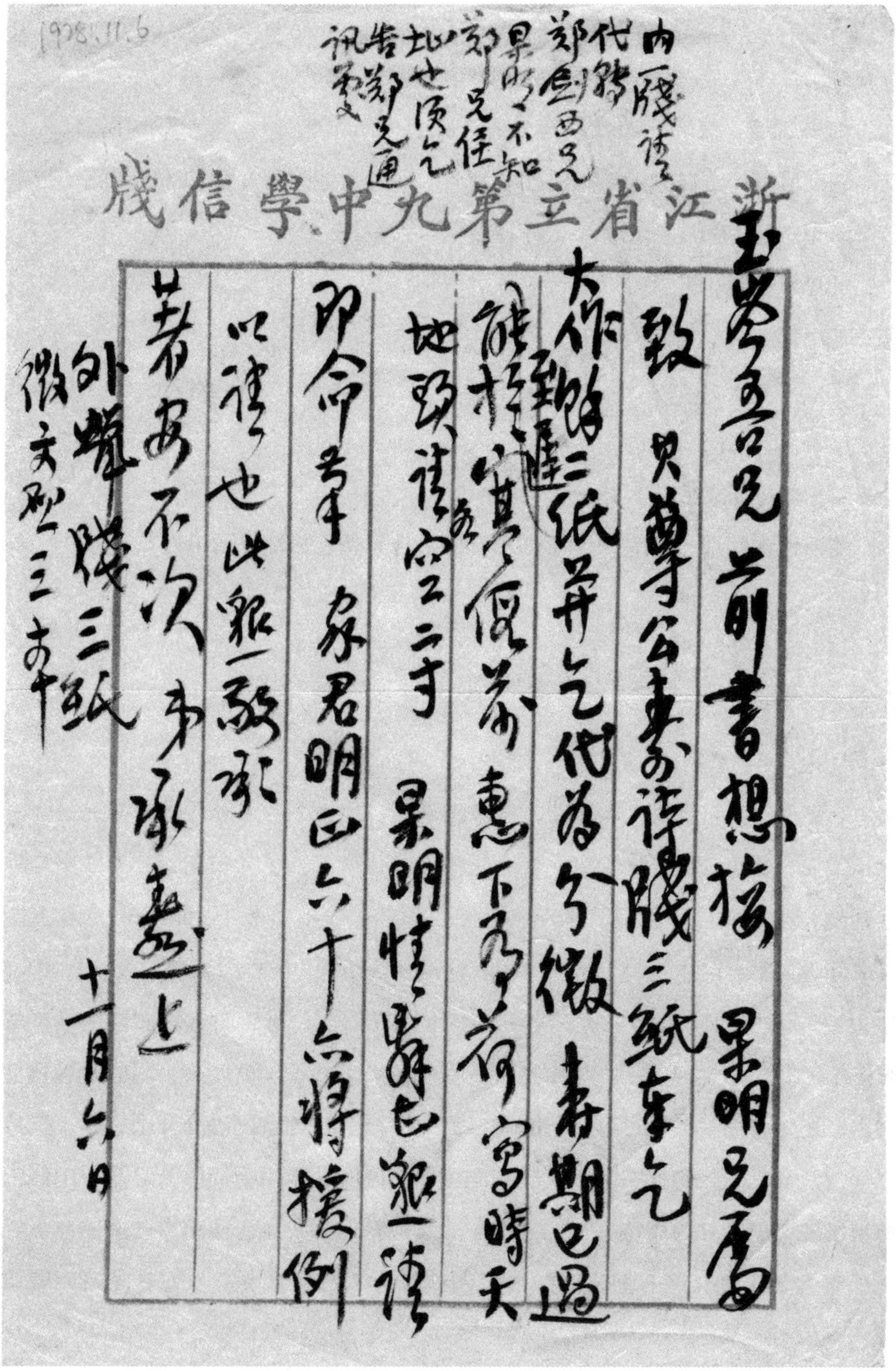

1928.11.6

內一箋請代轉鄭劍西兄。瞿明不知鄭兄住址，也須乞告鄭兄通訊處。

浙江省立第九中學信箋

玉岑吾兄：前書想達。瞿明兄處致貝尊公壽詩箋三紙，乞大作[illegible]二紙，并乞代為分徵。壽期已過，能於[illegible]其便，倘蒙惠下，尤荷。寫時天地頭請空二寸。瞿明情緒[illegible]，請即命筆。家君明正六十，亦將援例以請也。此懇，敬頌著安。不次。弟承燾上

十一月六日

外蠟箋三紙

[illegible]三本中

释文：

玉岑吾兄：

前书想接，杲明兄属致其尊公寿诗，笺三纸奉乞大作，余二纸并乞代为分征。寿期已过，至迟能于寒假前惠下为荷。写时天地头请各空二寸。杲明情辞甚恳，请即命笔。家君[1]明正六十，亦将援例以请也。

此恳。敬承

著安不次

弟 承焘上　十一月六日

外蜡笺三纸，征文启三本。

内一笺请代转郑剑西[2]兄，杲明不知郑兄住址也，便乞告郑兄通讯处。

注释：

1.夏承焘父名步瀛，字蓬仙，号永嘉老民。生于一八六九，卒于一九三九。幼承父业，在瑞安跟人学生意，二十来岁在温州南门开了爿布店。二十二岁与陈适结缡，生育四男（承烈、承焘、承照、承燕）二女。七十岁时曾嘱夏承焘撰《蓬仙老人七十自述》。（《一代词宗夏承焘轶闻》，吴思雷编撰。）

2.郑闳达（1901-1958），字剑西，温州瑞安人，青年时客居北京，从“胡琴圣手”陈彦衡学习京胡。与梅兰芳、程砚秋、姜妙香、俞振飞、周信芳等过从甚密，还曾替梅兰芳操过琴。著有《二簧寻声谱》，为京剧谱曲开山之作。抗战期间曾任河南省政府秘书，不久辞职归里。一九四九年后受周信芳之邀，出任上海京剧院编剧，并为周整理《四进士》、《追韩信》等剧。自著有《鱼藻宫》、《丹青引》等剧。诗书画琴俱精，时人称其为“四绝才人”。著有《万万庵诗存》。

十七、夏承焘致谢玉岑

时间：一九二九年六、七月间
署款：无署款
用笺：浙江省立第九中学消费合作社监制信笺，红色八行，二页
夏记：暂未在日记中找到相关记录
钱记：第五十二封

今按：

此信无署时款，起首即言“得六月廿一日手教及钱先生复书，知贵体欠和”，根据夏承焘一九二九年六月廿四日日记：“得名山先生书，答前赠诗，附来绝句五首，知玉岑在沪久病。”可推断此信写于本年六月廿四日之后不远。

附言郑曼青有寿诗，可进一步确证此信写于一九二九年。

另，信中还云：“温州出肺形草，据医云治肺病颇有效，价亦不昂。兄如常服此，可属舍下购奉。”夏承焘很关心好友谢玉岑的病情。

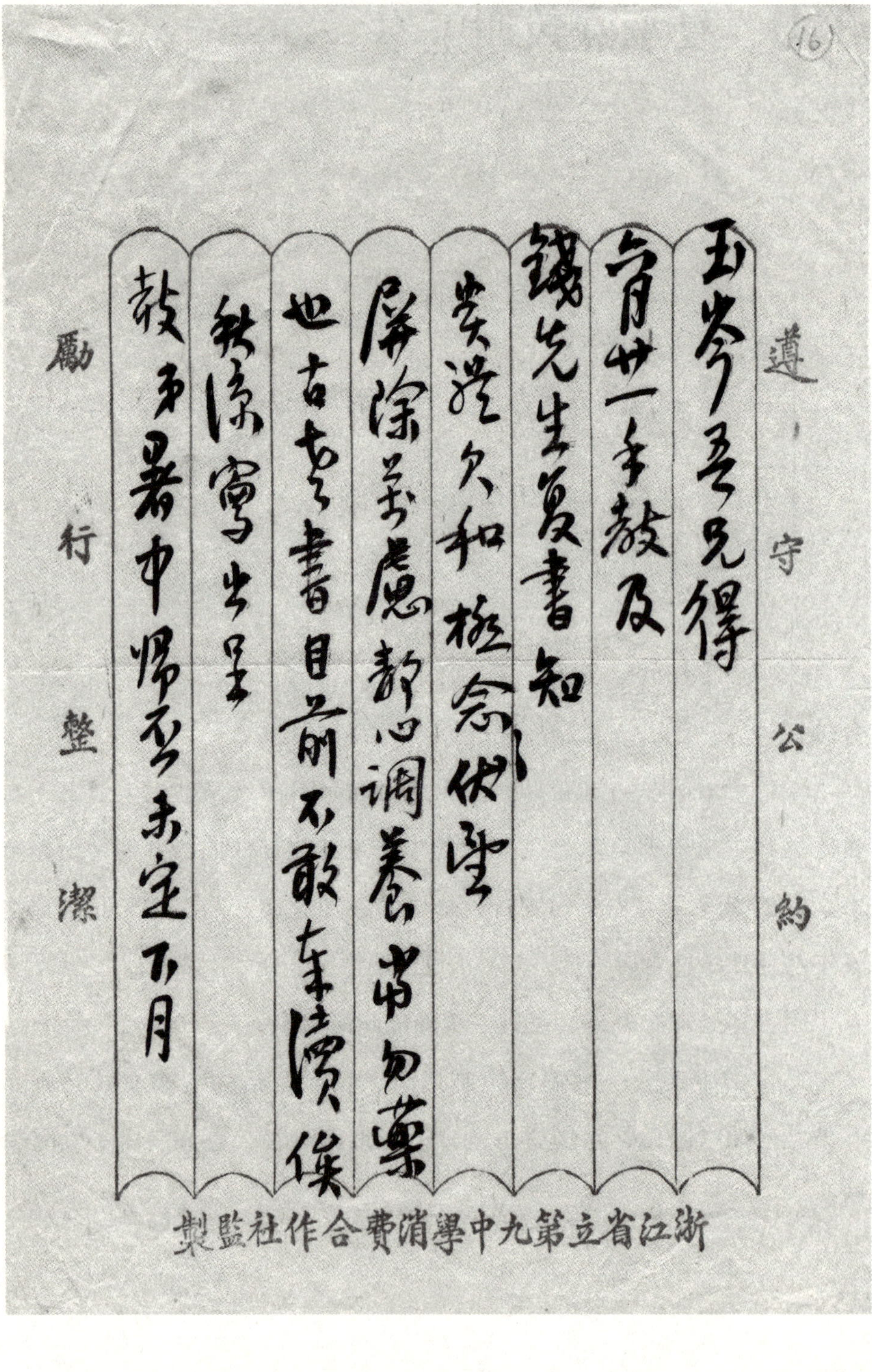

遵守公約

玉岑吾兄：得
月廿一手教，及
錢先生復書，知
尊恙久和，極念。伏望
屏除萬慮，靜心調養，常勿藥
也。古書目前不敢奉讀，俟
秋涼寫出呈
教。弟暑中歸否未定，下月

勵行整潔

浙江省立第九中學消費合作社監製

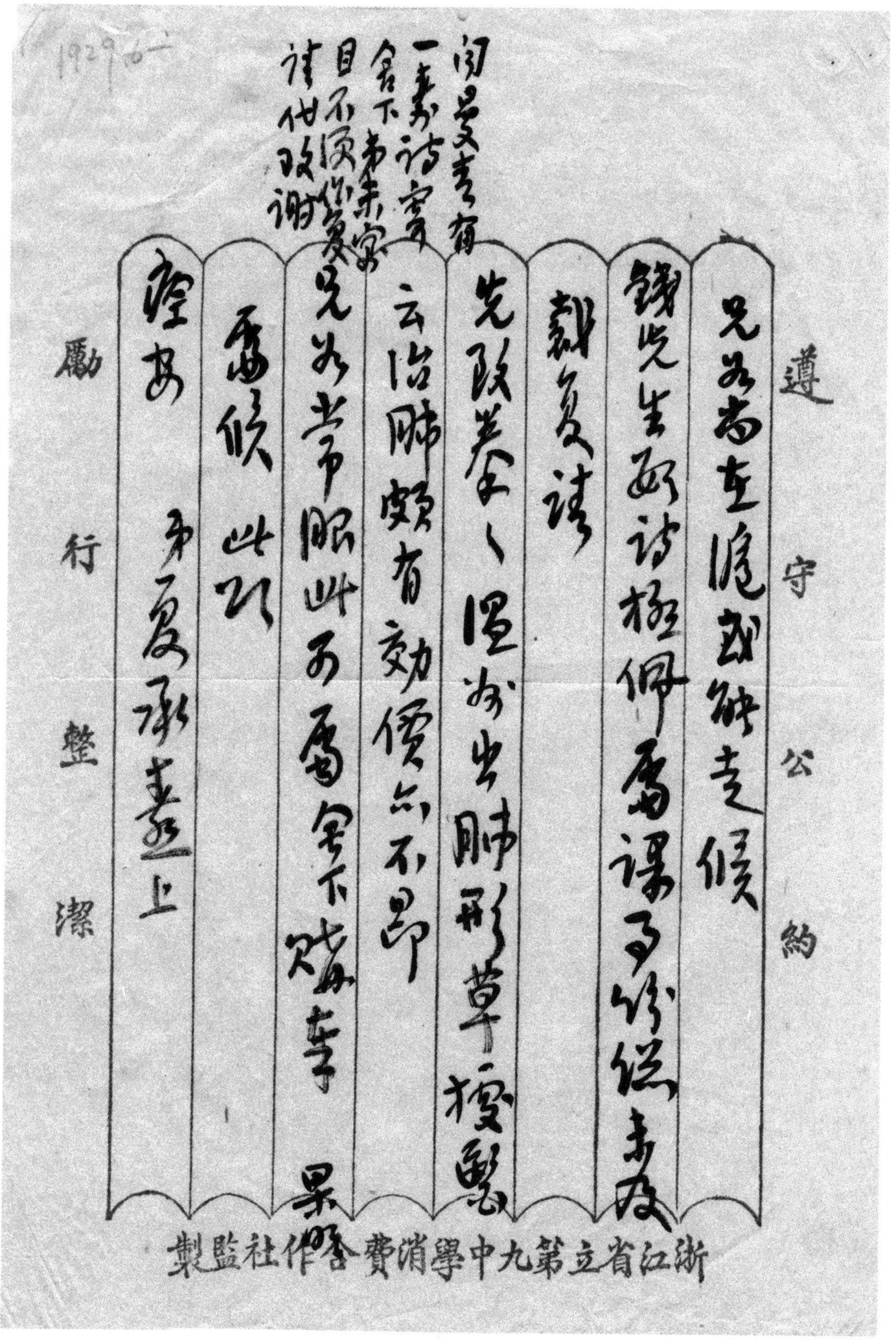

1929.6

遵守公約

兄為查滄趣鈍走候
錢先生處訪極仰為謀予修從未及
親炙請
先致拳拳，望於出肺腑形草稷懇
云治肺頗有效，僕亦不畏即
兄若常服此方，為害下咳嗽等果
專候此訊
近安　弟夏承燾上

聞吴支青有一素詩寄舍下，弟未寓目，不須作復，請代致謝

勵行整潔

浙江省立第九中學消費合作社監製

释文：

玉岑吾兄：

得六月廿一日手教及钱先生复书，知贵体欠和，极念，极念！伏望屏除万虑，静心调养，当勿药也。

古老书目前不敢奉渎，俟秋凉写出呈教。弟暑中归否未定，下月兄如尚在沪，或能走候。钱先生数诗极佩，属课事纷总未及裁复，请先致拳拳。

温州出肺形草[1]，据医云治肺颇有效，价亦不昂。兄如常服此，可属舍下购奉。

杲明属候。此颂

痊安

弟 夏承焘 上

闻曼青有一寿诗寄舍下，弟未寓目，不便作复，请代致谢。

注释：

1.肺形草，又名穿藤金兰花、铁交杯、蝴蝶草等，生山坡、田野阴湿地。初夏采收，晒干，为浙江民间常用草药。味辛，性寒。具清肺止咳，解毒消肿等功效。主治肺热咳嗽、肺痨咯血、肺痈、肾炎、疮痈疖肿等症。

十八、夏承焘致谢玉岑

时间：一九二九年九月十七日
署款：中秋
用笺：浙江省立第九中学信笺，红色八行，三页
夏记：暂未在日记中找到相关记录
钱记：第四十八封

今按：

此封写于中秋的信，称将完成“白石、子野两种，下月拟着手为稼轩、后村”，因此推断它写于一九二九年。夏氏当年九月十九日日记也称“灯下作子野词考证完。阅时十日，有数处俟考。苟有书册之助，一、二年之力，可成白石、稼轩等四、五种”。

一九二九年中秋（己巳年八月十五日）为阳历一九二九年九月十七日。

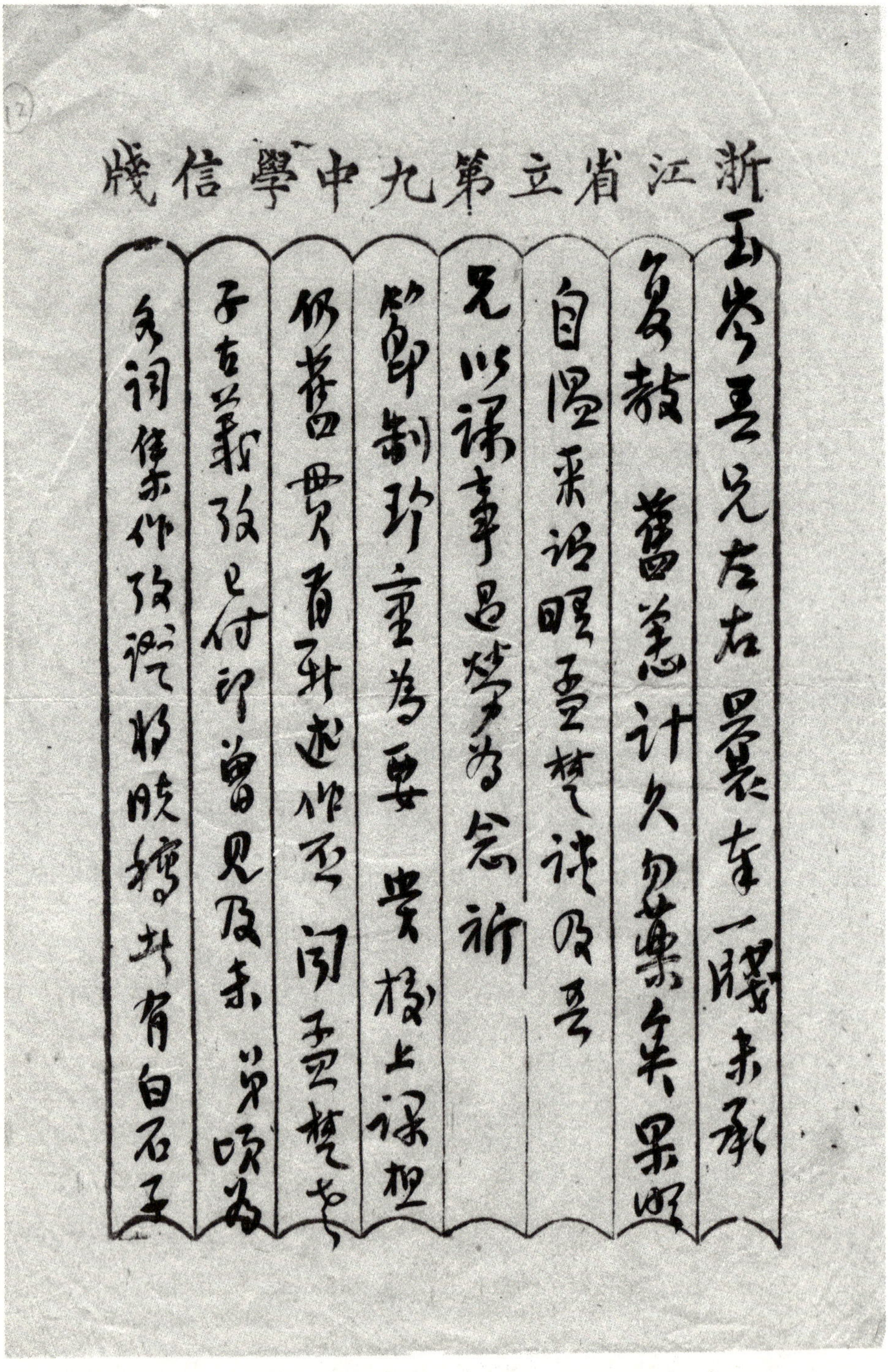

浙江省立第九中學信牋

玉岑吾兄左右：昨晨奉一牋，來承
復教。藹慈計久見棄矣，果爾
自冕采詞暇圖擬錄及吾
兄以課事過紛為念，祈
節制珍重為要。貴校上課想
仍舊貫，有所述作否？聞夢梵者
子吉義務已付印，曾見及未？弟頃為
香詞集作跋語，將脫稿，其有白石子

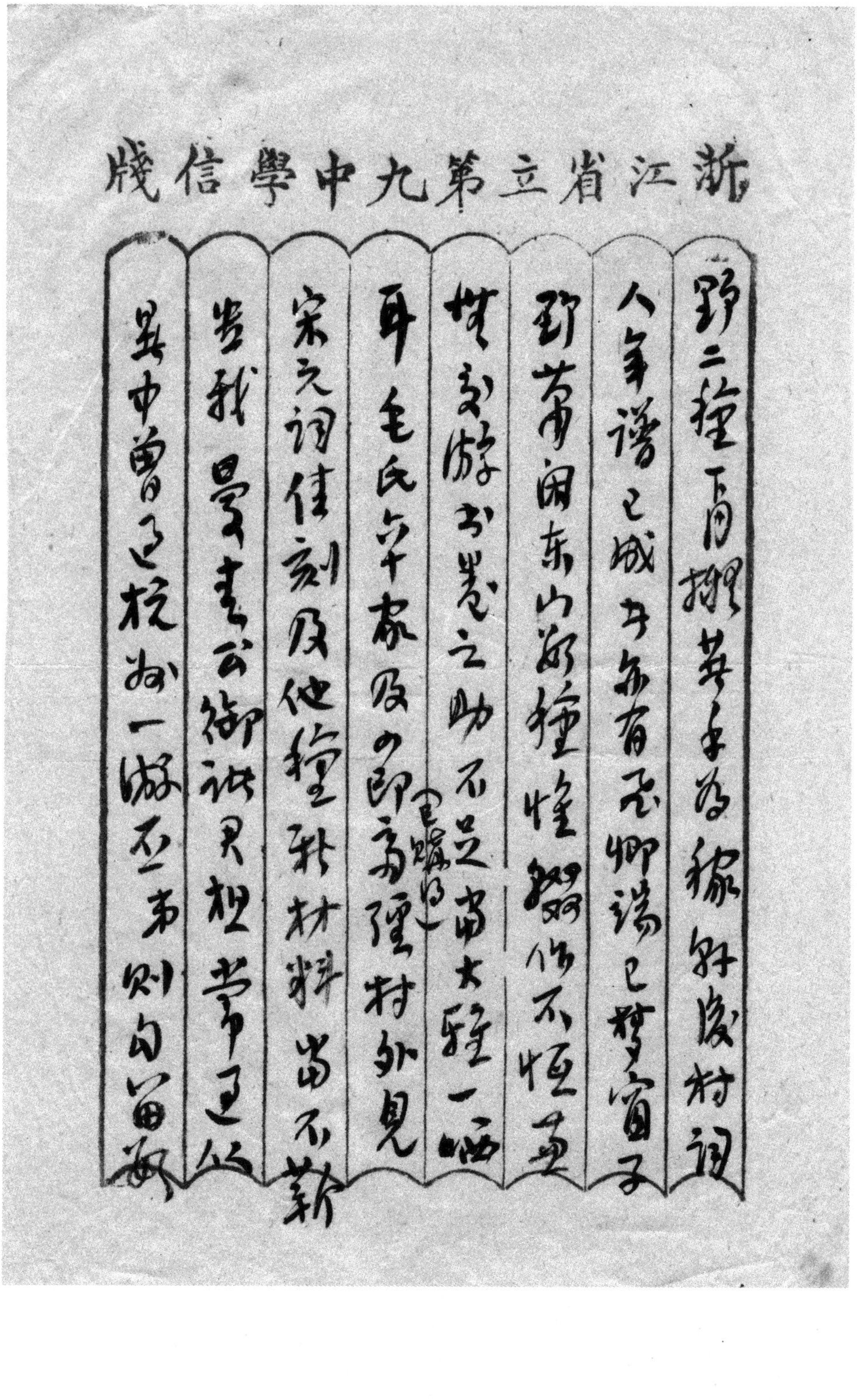

浙江省立第九中學信牋

野二種下月擲華手為稼軒後村詞
人年譜已成并為有名卿譜已替窗子
野蒼閑東山諸種惜錫作不恆無
共文游考覈之助不足當大雅一哂（已編目）
耳毛氏年表及四印齋彊村外見
宋元詞佳刻及他種秘材料尚不靳
告我曼青公御訊果想當已從
其中曾已校為一過不至弟則向留兩

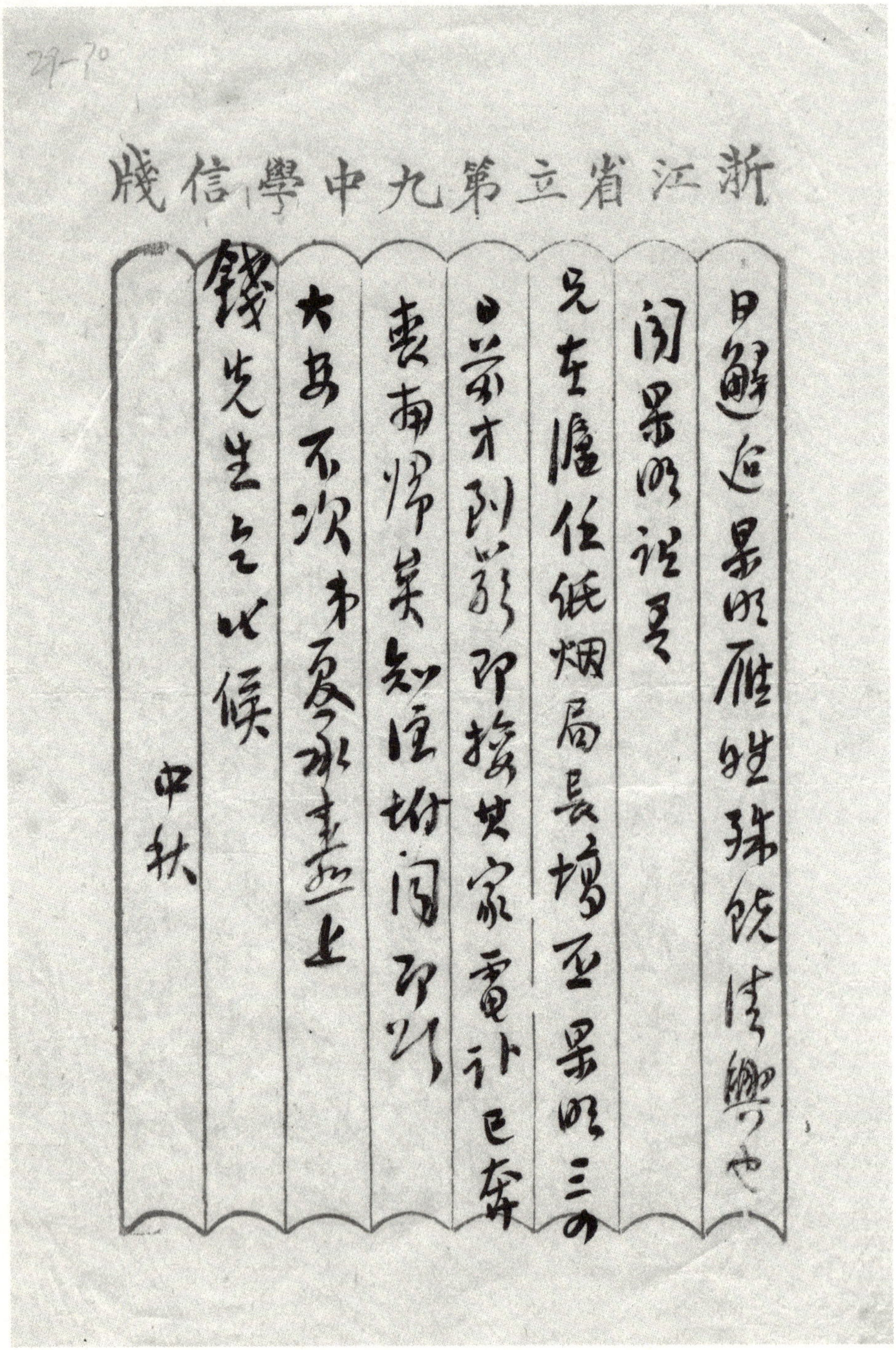

浙江省立第九中學信牋

日邂逅墨明，雁姓殊饒情趣也。聞墨明語及

兄在滬任紙烟局長，墻至墨明三四日前才到蕭，印緣其家電訃，已奔喪南歸矣。知注特聞。即頌

大安。不次。弟夏承燾上

錢先生足下

中秋

释文：

玉岑吾兄左右：

曩奉一笺，未承复教。旧恙计久勿药矣。杲明自温来谓晤孟楚，谈及吾兄，以课事过劳为念，祈节制珍重为要。贵校上课想仍旧贯，有新述作否？闻孟楚《老子古义考》已付印，曾见及未？弟顷为各词集作考证，将脱稿者有白石[1]、子野[2]二种。下月拟着手为稼轩[3]、后村[4]。词人年谱已成者亦有飞卿[5]、端己[6]、梦窗[7]、子野、萧闲[8]、东山[9]数种。惟辍作不恒，兼无交游、书卷之助，不足当大雅一哂耳。毛氏六十家及四印斋（已购得）、彊村外，见宋元词佳刻及他种新材料，当不靳告我。

曼青、公御[10]诸君想常过从，暑中曾过杭州一游否？弟则勾留数日，邂逅杲明、雁晴[11]，殊饶清兴也。闻杲明谓吾兄在沪任纸烟局长[12]，确否？

杲明三、四日前才到严，即接其家电讣，已奔丧[13]南归矣。

知注附闻。即颂

大安不次

弟 夏承焘 上

钱先生乞叱候。

中秋

注释：

1.指姜夔。姜夔，别号白石道人，世称姜白石。宋代著名词人。夏承焘著有

《姜白石系年》。

2.指张先。张先，字子野，宋代著名词人。夏承焘一九三二年著《张子野年谱》。

3.辛弃疾，号稼轩。

4.指刘克庄。刘克庄，号后村，初名灼，字潜夫，莆田人。南宋文学家。

5.指温庭筠。温庭筠，本名岐，字飞卿。唐朝著名词人，与李商隐齐名，并称“温李”。

6.指韦庄。韦庄，字端已，唐朝著名词人。与温庭筠齐名，称“温韦”。

7.指吴文英。吴文英，字君特，号梦窗，晚年又号觉翁。南宋著名词人。

8.指蔡松年。蔡松年（1107–1159），字伯坚，号萧闲老人，杭州人。有诗文集《萧闲公集》、词集《明秀集》。词风清婉，与时人吴激齐名，号“吴蔡体”。

9.指贺铸。贺铸（1052–1125），字方回，自号北宗狂客，晚年更号庆湖遗老。著有《东山寓声乐府》，又名《东山词》。原有五百余阕，今尚存二百八十六阕（含残篇断句)，其存词数在北宋词人中仅次于苏轼。

10.指马公愚(1893–1969)，本名范，初字公驭，后改公禺、公愚，晚号冷翁，因其斋名“畊石簃”，故又署畊石簃主，永嘉城区(今温州鹿城区)人。宣统三年(1911)毕业于浙江高等学堂，后返里先后创办永嘉启明女学、东瓯美术会，后任教浙江省立十中。一九一九年与郑振铎等发起组织永嘉新学会。一九二四年赴上海，先后任上海中学教员，存德中学、勤业中学董事长，上海美专教授，大夏大学文书主任兼中国文学系国文教授。一九二九年，与郑曼青、马孟容等创办中国艺术专科学校，并任书法教授。同年，教育部举办第一次全国美术展览，被聘为委员。后又应聘为“西湖博览会”美术馆委员。一九四九年后任上海文史馆馆员、上海中国画院画师，还兼任中国文字改革委员会委员。书法篆隶真草无一不精，著有《书法史》、《书法讲话》、《应用图案》、《公愚印谱》、《畊石簃墨痕》、《畊石簃杂著》等。

11.李笠（1894–1962），字雁晴，曾名作孚、雅臣，笔名李玄、玄之等。浙江瑞安城关人，毕生致力于文字学、校勘、训诂学等领域的研究与教学，亦爱好古诗文创作。因其所写的一些学识宏富的论著，得到章太炎、杨树达等的赞赏，故而声名鹊起，曾任中山大学、厦门大学、武汉大学、南京大学、复旦大学等学校中文系教授，并曾兼任厦门、中山、江南等大学中文系主任及厦门大学文学院院长，中山大学研究院语言文学部主任等职。著有《史记订补》、《定本墨子间诂校补》、《墨辨止义辨》、《韩非子集解校注》、《尚书伪古文斠注》、《误文之种类及其孳乳》、《丛书子目索引》、《中国目录学纲要》、《卜辞字例隅释》、《广史记订补》等五十余种。雅好藏书，建有“横经室”藏书楼（瑞安市城关镇第一巷三十二号），珍藏古籍文学、经史图书六万余册。在瑞安文人中有“东郭有玉海之楼，西门有横经之室”之说。

12.按谢玉岑年谱，此时仍执教于南洋中学。

13.参见夏承焘一九二九年十月二十六日致谢玉岑信，此中亦提到李杲明丁外艰。

十九、夏承焘致谢玉岑

时间：一九二九年十月二日
署款：十月二日
用笺：西湖风景笺，钢笔红色，二页
夏记：十月三日：发玉岑信，问借声律通考。[1]
钱记：第三封

西湖風景牋

第　號　頁

玉岑吾兄：手教拜悉。承
惠圖書目録，謝謝。南中藏書家如是
但其價何似？頃以改訂白石旁譜，搜討古籍，
遂以有燕樂考原、香研居詞麈、詞源斠律、
段靜夢窗詞箋及詞源樸隱箋疏證、
漫志數種，聞係白石旁譜尚有何書
兄寓所有，以教我。吳梅所舉東塾叢
書（第十四部彙刻摘）中之聲律通考，如可出借，乞

年　月　日

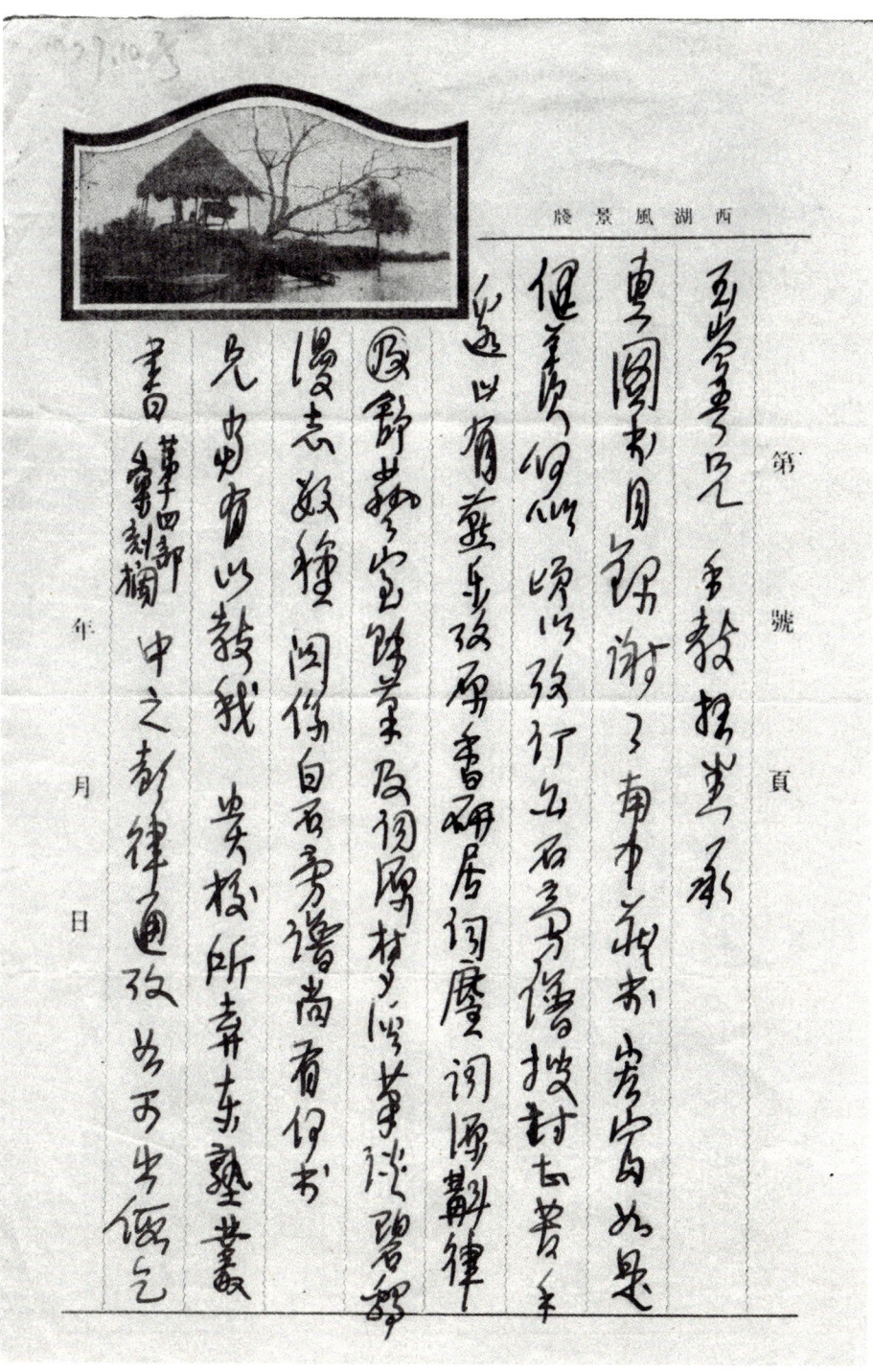

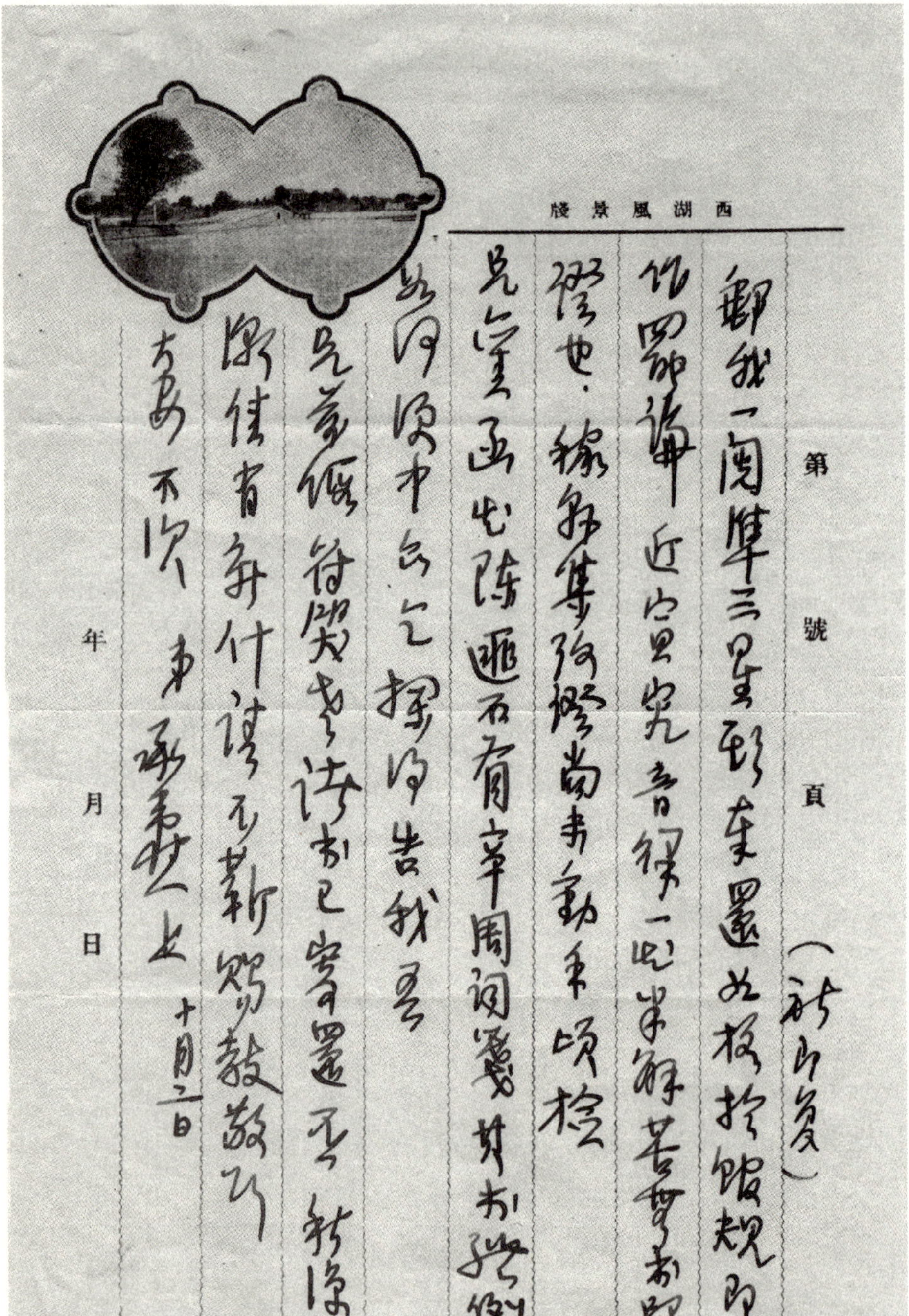
西湖風景牋

第　號　頁

（新正复）

郵我一閱，集三日即奉還，如校館規，即作罷論。近治宋音譜一卷，尚未寫竟，寫即請正也。緣系集張榜尚未動手，頃檢

先生函，云陳匯石有蘋周詞箋，其書能借否？可便中代探，詢告我為

兄箋緩答，賀新詩書已寄還否？新涼惟佳，有新什請示新聲教，敬頌

大安，不次。弟承焘上　十月二日

年　月　日

释文：

玉岑吾兄：

手教接悉，承惠图书目录，谢谢。南中藏书宏富如是，健羡何似。顷以考订白石旁谱，搜讨甚苦。手边止有《燕乐考原》、《香研居词麈》、《词源斠律》[2]、《舒艺室余笔》[3]及《词源》、《梦溪笔谈》、《碧鸡漫志》数种。关系白石旁谱尚有何书，兄当有以教我。贵校所弆《东塾丛书》（第十四部汇刻栏）中之《声律通考》，如可出假，乞邮我一阅，准三星期奉还，如格于馆规，即作罢论。（祈即复）近宣究音律，一知半解，苦无书印证也。稼轩集考证尚未动手。顷检兄旧函，知陈匪石有辛周词笺，其书体例如何，便中亦乞探得告我。吾兄前假符笑老诸书已寄还否？

秋凉渐佳，有新什请不靳赐教。

敬颂

大安不次

弟 夏承焘 上 十月二日

注释：

1.《夏承焘集》，第五册，页121。

2.《词源斠律》，郑文焯著。取张炎《词源》一书，锐意笺释斠画而成。为凌廷堪《燕乐考原》以后关于词乐之重要著作。

3.《舒艺室余笔》，张文虎著。张文虎（1808–1885），字孟彪，一字啸山，别号天目山樵。在钱熙祚家坐馆三十年，协助校勘《守山阁丛书》、《指海》。又协助钱培名校勘《小万卷楼丛书》。著有《湖楼校书记》和《十三间楼校书记》。同治十年（1871年），与李善兰充任曾国藩幕僚，校勘《王船山遗书》，曾国藩称“大江南北惟此一人”。次年受李鸿章之聘，参与管理江南官书局。又次年蜀督吴棠聘为主持四川尊经书院讲席，终以路远年老，辞谢不赴。同光年间，以“天目山樵”为名评点《儒林外史》风行一时。晚年连续总纂《上海县志》、《南汇县志》和《奉贤县志》。工诗，其诗崇尚苏轼。著有《舒艺室诗存》、《舒艺室诗续存》、《索笑词》、《舒艺室杂著》、《舒艺室随笔》以及《古今乐律考》、《春秋朔闰考》、《周初朔望考》、《鼠壤余蔬》、《怀旧杂记》等。其诗文与学术著作最后汇刻为《覆瓿集》（又名《舒艺室全集》）。

二十、夏承焘致谢玉岑

时间：一九二九年十月廿六日
署款：未署款
用笺：浙江省立第九中学第（ ）院用笺，红色八行，四页
夏记：十月廿六日，灯下作玉岑书，告符丈作古。问陈匪石辛周词笺体例，及借声律通考。并告以小蒜大蒜治肺病法。[1]
钱记：第四封

今按：

此信首次提到龙榆生。据夏承焘学术年表："一九二九年十月，李雁晴转来龙榆生函，是为龙夏缔交之始。"自此两人函札往还，交谊日深，终成莫逆之交、直谅之友。

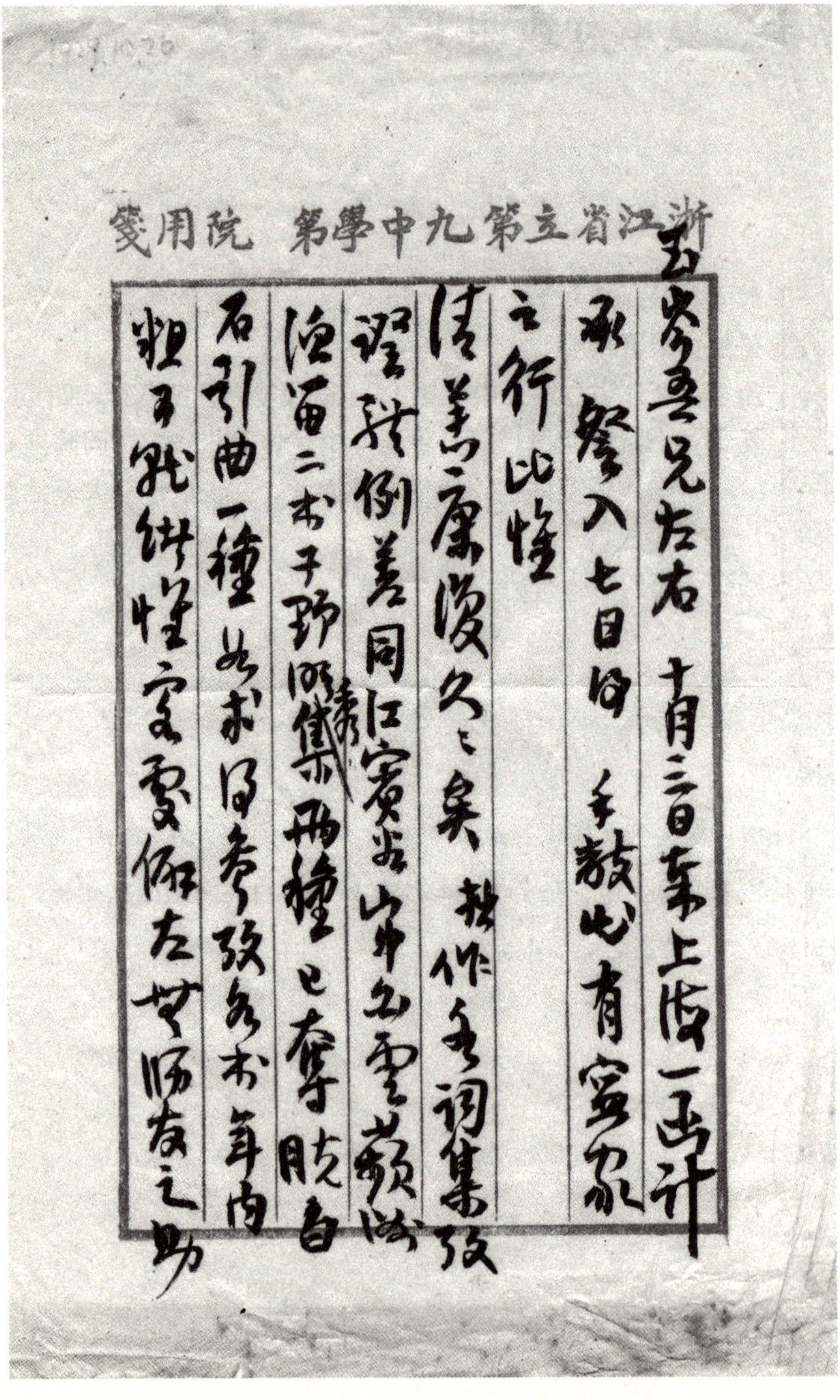
浙江省立第九中學第　院用箋

玉岑吾兄左右 有二旬未上陳一西汗承 參入七日回 手教心有寧家之行此悝

清善二庫沒久之矣 拟作 詞集弢望我倒善同江賓岩 山卆五雲山顏海泊留二本于野隐集 雨種已奪胝自石引曲一種 此書日參攷多書年内粗了就排 此雲像左世师友之助

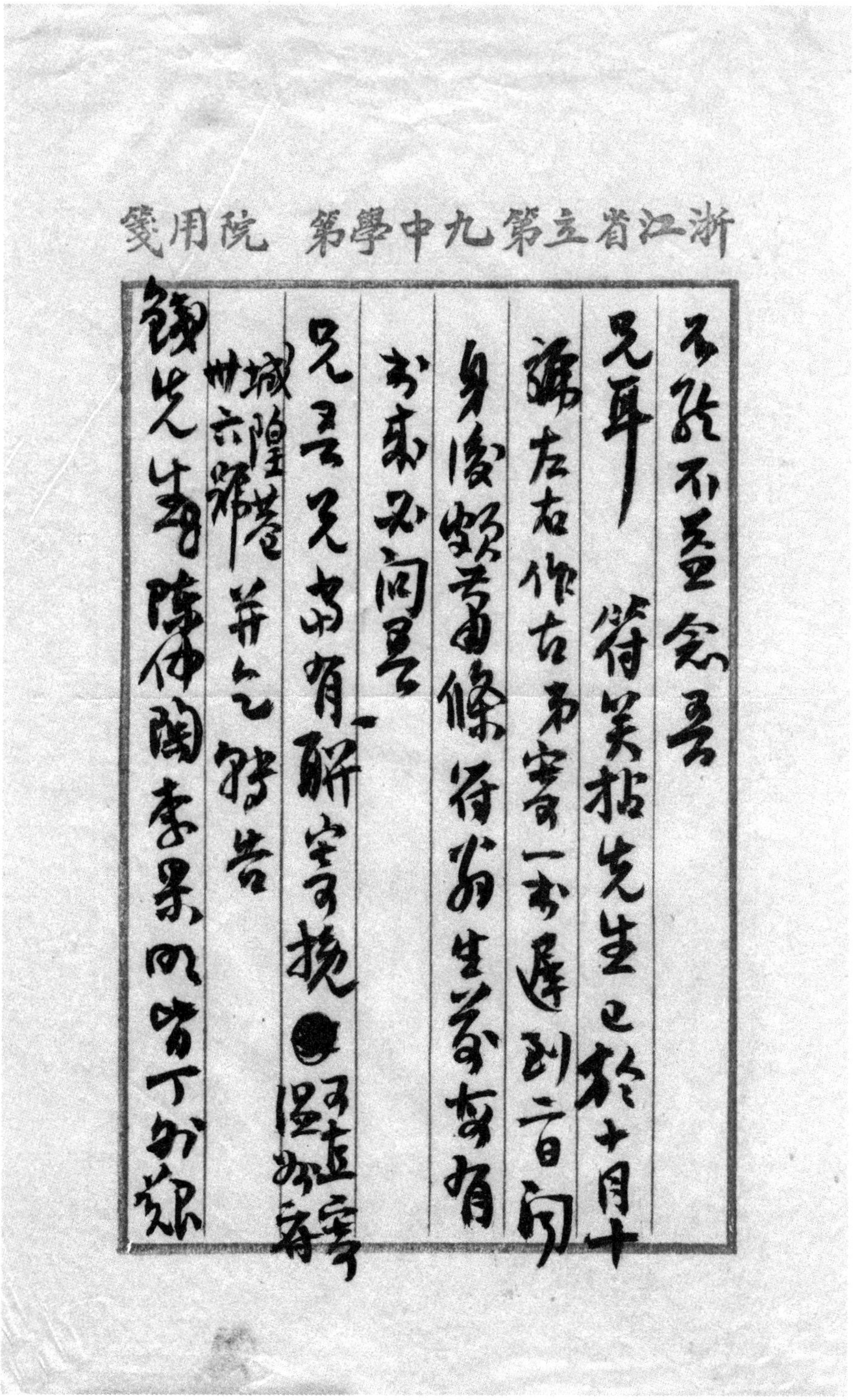
浙江省立第九中學院用箋

不能不益念吾兄耳 符笑拈先生已於十月十號左右作古 弟寄一書遲到二日向身後頗爲蕭條 符翁生前著有書未必問世

吾兄當有解寫換 瞿禪 溫州寄

城隍巷卅六號 并乞轉告

錢先生均此 陳仲陶李果叫皆下幼鈞

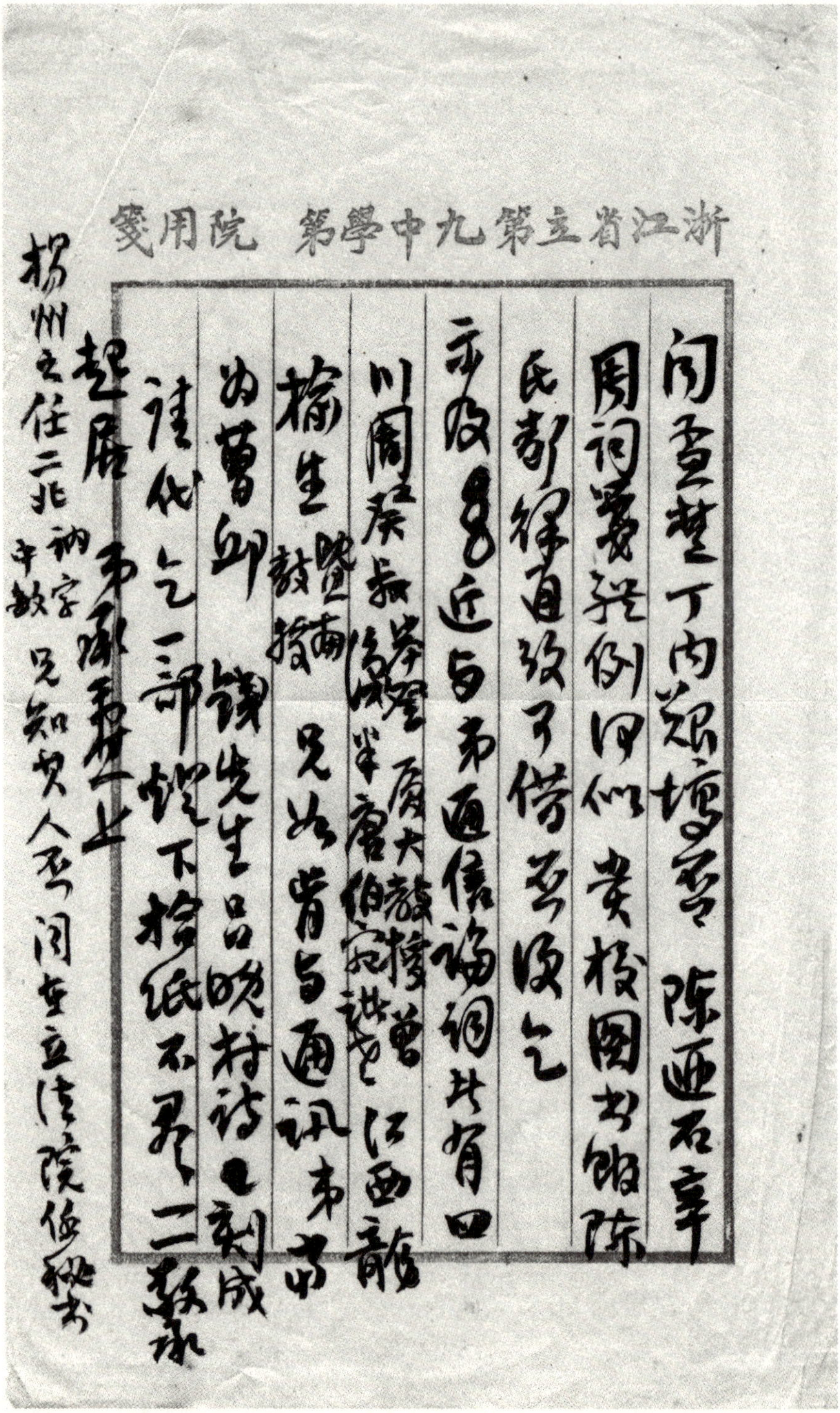
浙江省立第九中學院用箋

閒堂吾兄學長：陳匪石寄
周詞叢稿例四冊，貴校圖書館陳
氏欲得，頃致一信，請留之。
示及吳江近與弟通信，論詞甚有四
川周癸叔岸登，廈大教授，曾湘半唐、伯宛諸老 江西龍
榆生暨南教授 兄如肯與通訊，弟可
為介紹。錢先生呂晚村詩已刻成
請代乞一部。燈下拾紙，不盡一一。敬頌
起居 弟承燾再拜上
揚州之任二北訥，字中敏 兄知其人否？閒堂在立法院任秘書

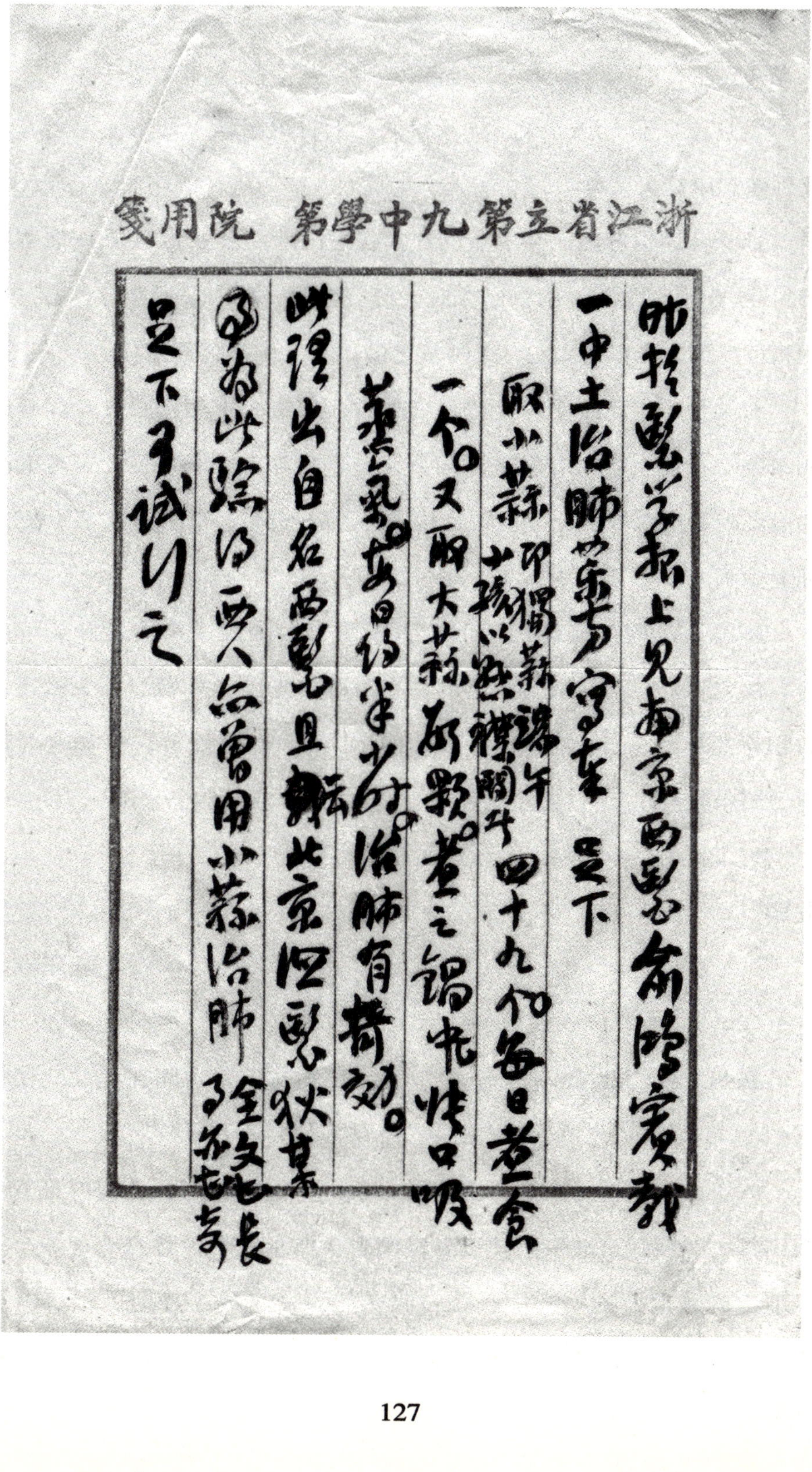

浙江省立第九中學第 院用箋

昨於醫學報上見南京西醫俞鳳賓載
一中土治肺藥方，寫奉 足下。
取小蒜（即獨蒜）四十九個，每日煮食
一個。又取大蒜若干顆，煮之鍋中，就口吸
蒜氣。如此每日約半小時。治肺有奇效。
此語出自名西醫，且載北京協醫(?)狀某(?)
弟為此醫(?)，得西人亦曾用小蒜治肺。全文已長(?)
足下可試行之。

释文：

玉岑吾兄左右：

十月三日奉上海一函，计承察入。七日得手教，知有宁家之行。比惟清恙康复久久矣。

拙作各词集考证，体例差同江宾谷《山中白云》[2]、《蘋洲渔笛》[3]二书，子野、明秀集[4]两种已夺脱，白石歌曲一种如求得参考各书，年内粗可就绪。惟客处僻左，无师友之助，不能不益念吾兄耳。

符笑拈先生已于十月十号左右作古。弟寄一书迟到二日，闻身后颇萧条。符翁生前每有书来必问吾兄，吾兄当有一联寄挽（可直寄温州府城隍巷卅六号），并乞转告钱先生。陈仲陶[5]、李杲明皆丁外艰[6]。闻孟楚丁内艰[7]，确否？

陈匪石辛周词笺体例何似？贵校图书馆陈氏《声律通考》可借否？便乞示及。近与弟通信论词者有四川周癸叔[8]（岸登，厦大教授，曾识半唐[9]、伯宛诸老）、江西龙榆生[10]（暨南教授），兄如肯与通讯，弟当为曹邱[11]。钱先生《吕晚村诗》[12]已刻成请代乞一部。

灯下拾纸，不尽一一。敬承

起居

弟 承焘上

扬州之任二北[13]（讷，字中敏），兄知其人否？闻在立法院任秘书。

昨于医学报上见南京西医俞鸿宾载一中土治肺药方，写奉足下：取小蒜（即独蒜，端午小孩以悬襟间者）四十九个，每日煮食一个。又取大蒜数颗，煮之锅中，张口吸蒸气，每日约半小时，治肺有奇效。此理出自名西医，且云北京德医狄某为此验得西人亦曾用小蒜治肺（全文甚长，事亦甚奇），足下可试行之。

注释：

1.《夏承焘集》，第五册，页128。

2.《山中白云词》，宋张炎撰，江宾谷疏证本。

3.《蘋州渔笛谱》，宋周密撰，江宾谷考证本。

4.《明秀集》，即《萧闲老人明秀集》，蔡松年撰。

5.陈仲陶（1895–1953），名闳慧，号剑庐，以字行。永嘉城区（今温州市鹿城区）人。曾就读浙江高等学堂，从陈去病、张宗祥学，甚得器重。毕业后回温州，创办吉士小学，兼任校长。冒广生来温任瓯海关监督，应聘为秘书。公务之余，结社唱和，与夏承焘、李雁晴、宋墨庵、李孟楚、李仲骞、薛储石并称“永嘉七子”。五四运动爆发，与郑振铎等共同创办《救国讲演周刊》，传播新文化、新思想。其后，林鹍翔来温任瓯海道尹，与夏承焘、梅冷生等从学词律，组织“瓯社”。复问诗法于福建陈衍（石遗）。一九三九年赴江西任中国、中央、交通、农民四行联合管理处秘书。次年，应同乡周守良邀赴重庆，任中央银行总行文书科副主任。在渝曾参加章士钊为首的饮河诗社，宣传民族复兴，抗战必胜。一九四五年秋回上海，任中央银行秘书。又参与创纱笼吟社。一九五〇年任上海市文献委员会编纂，不久任职中国人民银行华东区行。著有《剑庐诗钞》。

6.凡子遭母丧或承重孙遭祖母丧，称丁内艰。

7.凡子遭父丧或承重孙遭祖父丧，称丁外艰。

8.周岸登（1878–1942），字道援，号癸叔，以词风初尚吴梦窗、周草窗，后别号“二窗词客”。四川威远县人。清举人。曾任教于多所大学，主讲辞曲，著有《唐五代词》、《北宋慢词》及《蜀雅》、《蜀雅别集》等。

9.王鹏运（1849–1904），字佑遐，一字幼霞，号半塘老人，晚号鹜翁。广西临桂(今桂林)人。同治九年（1870）举人。十三年授内阁中书，迁侍读。后授监察御史，升礼科掌印给事中。抗直敢言，又尝入强学会，奏请讲实业、开京师大学堂等。二十八年南归居扬州，主仪董学堂。著有《袖墨集》、《虫秋集》、《味梨集》、《鹜翁集》、《蜩知集》、《校梦龛集》、《庚子秋词》、《春蛰吟》、《南潜集》，统名《半塘词稿》。晚年删定为《半塘定稿》二卷，《剩稿》一卷。又校刻《四印斋所刻词》。与郑文焯、朱孝臧、况周颐并称“晚清四大家”。

10.龙榆生(1902–1966)，名沐勋，晚年以字行，号忍寒公。其词学成就与夏承焘、唐圭璋并称。从黄季刚、陈石遗学诗，从朱祖谋修音韵学和诗词。先后在暨南大学、广州中山大学、南京中央大学及上海音乐学院等校任教授。自一九二九年开始撰写词学论文，一变以往词界评点论词的形式，对词之起源、发展、创作及艺术风格、作家作品进行全面探讨，推进了词学研究的学科建设。三十年代，主编《词学季刊》。

与汪精卫为至交诗友，时有唱和。汪组建日伪政府时，龙出任“国民政府”立法委员、南京中央大学教授、南京文物保管委员会博物专门委员会委员等职。

著有《中国韵文史》、《东坡乐府笺》、《唐宋名家词选》、《近三百年名家词选》、《唐宋词格律》、《词曲概论》。其自作诗词稿，“文革”中遭毁。一九八二年，其门人富寿荪从其日记本中抄录数十首。

为谢玉岑好友。谢氏殁后，龙榆生作《鹧鸪天·吊谢玉岑》：

叹逝忧生总费辞，十年两面几沉思。勉撑金井将枯干，愁绝春蚕未了丝。

惊梦觉，念情痴。九重泉路尽交期。骚魂早办安心法，挂剑荒原倘有知。

11.曹邱，复姓。汉代有曹丘生，对季布的任侠义勇到处赞扬，季布因之享有盛名。事详《史记·季布栾布列传》。后因以“曹丘”或“曹丘生”作为荐引、称扬者的代称。清代避孔丘讳，丘字作“邱”。

12.吕留良（1629–1683），字庄生，一字用晦，号晚村，别号耻斋老人、吕医山人、东海夫子、南阳布衣。晚年削发为僧，更名耐可，字不昧，号何求老人，浙江崇德（今桐乡）人。明末清初著名思想家、学者。钱名山曾刻《吕晚村先生文集》。

13.任中敏（1897–1991），名讷，以字行，笔名二北、半塘。扬州人。民国年间，先后在扬州、上海、南京、四川等地任教。一九五一年任四川大学文学教授，后受聘为中国社会科学院兼职研究员。一九八〇年六月调回故乡，先后任扬州师范学院词曲研究室主任、中国古代文化研究所名誉所长。毕生从事教育和学术研究，其学术成就主要在词曲和唐代音乐文艺的研究方面。著有《敦煌曲初探》、《敦煌歌曲校录》、《唐戏弄》、《教坊记笺订》、《优语集》、《唐声诗》、《敦煌歌辞总编》、《隋唐五代燕乐杂言歌辞集》等。

二十一、夏承焘致谢玉岑

时间：一九二九年十一月四日
署款：无署款
用笺：浙江省立第九中学第（　）院用笺，红色八行，单页
夏记：十一月四日，发玉岑上海信，问借文房四考。[1]
钱记：第五封

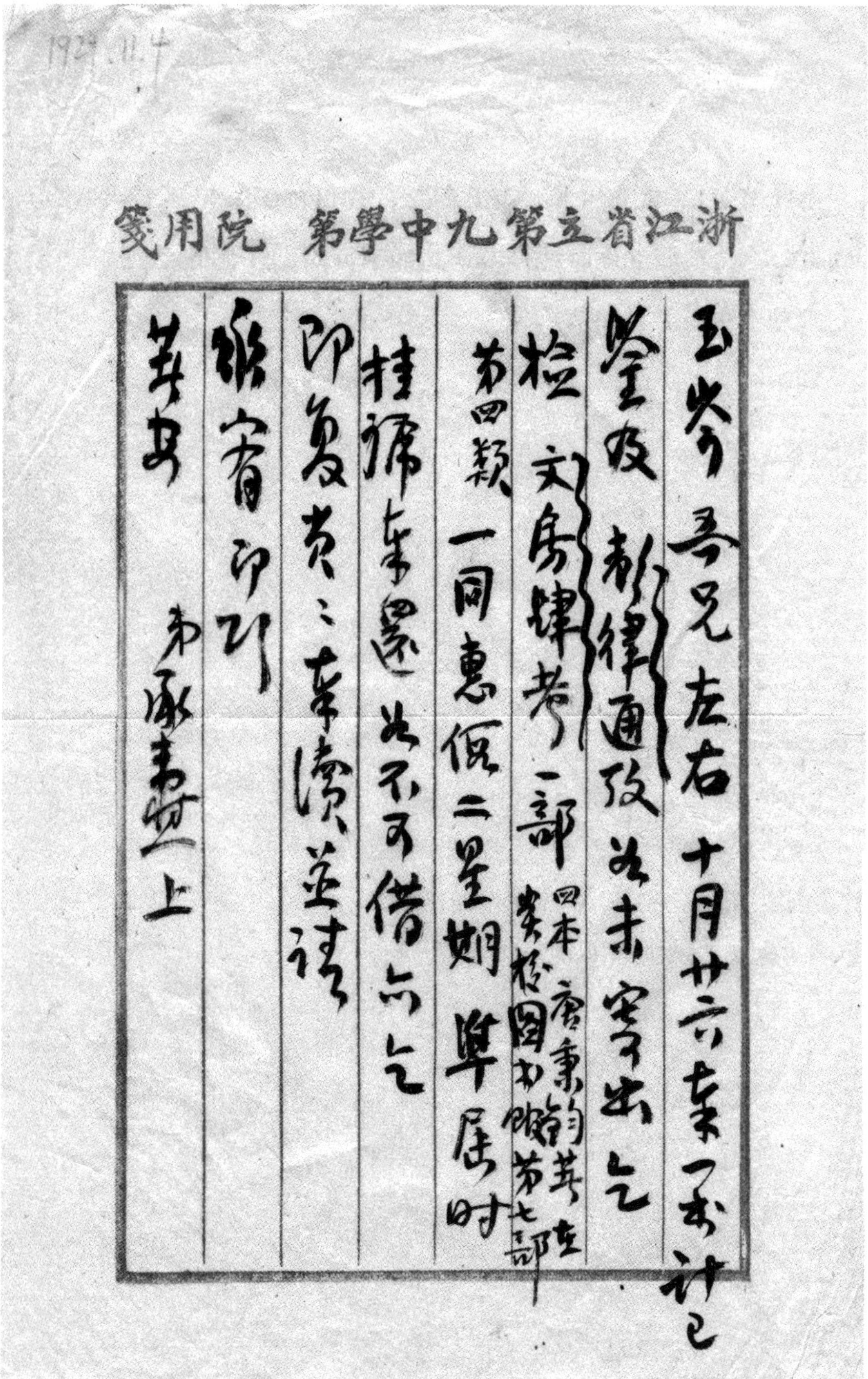

1929.11.4

浙江省立第九中學院用箋

玉岑吾兄左右：十月廿六來示計已
鑒收。新律通段然未寄出，乞
檢文房肆考一部（四本，唐秉鈞著，在貴校圖書館第七部）
第四類一同惠假二星期，畢居時
挂號奉還，然不可借亦乞
即覆。瑣瑣奉瀆，並請
統宥印可
著安
弟承燾上

释文：

玉岑吾兄左右：

十月廿六日奉一书[2]，计已鉴及。《声律通考》如未寄出，乞检《文房肆考》[3]一部（四本，唐秉钧著，在贵校图书馆第七部第四类）一同惠假，二星期准届时挂号奉还，如不可借，亦乞即复。

琐琐奉渎，并请垂宥。

即颂

著安

弟 承焘 上

注释：

1.《夏承焘集》,第五册，页131。

2.参见夏承焘一九二九年十月廿六日致谢玉岑信。

3.《文房肆考图说》，唐秉钧（铨衡）撰，为考订笔墨纸砚及陶瓷铜玉的专著，有清乾隆四十三年（1778）刊本。

二十二、（附）夏承焘致钱名山

日期：一九二九年十一月廿三日
署款：十一月廿三日
用笺：浙江省立第九中学用笺，八格红笺，二页
夏记：十一月廿三日，发钱名山先生信，问玉岑病并告笑拈先生讣。[1]
钱记：无记录

今按：

夏承焘日记中的其他几则可与此信相参：

十二月二日，得名山先生复，知玉岑久病未愈。寄余《晚村集》一部未到。问予《白石歌曲考证》并询年假归温否。谓又有相看之意。（《夏承焘集》，第五册，页137。）

十二月六日，发钱名山先生信，谢赠《吕晚村集》，告冬间南归，如时日不迫促，拟过常相访，兼视玉岑病。（《夏承焘集》，第五册，页139。）

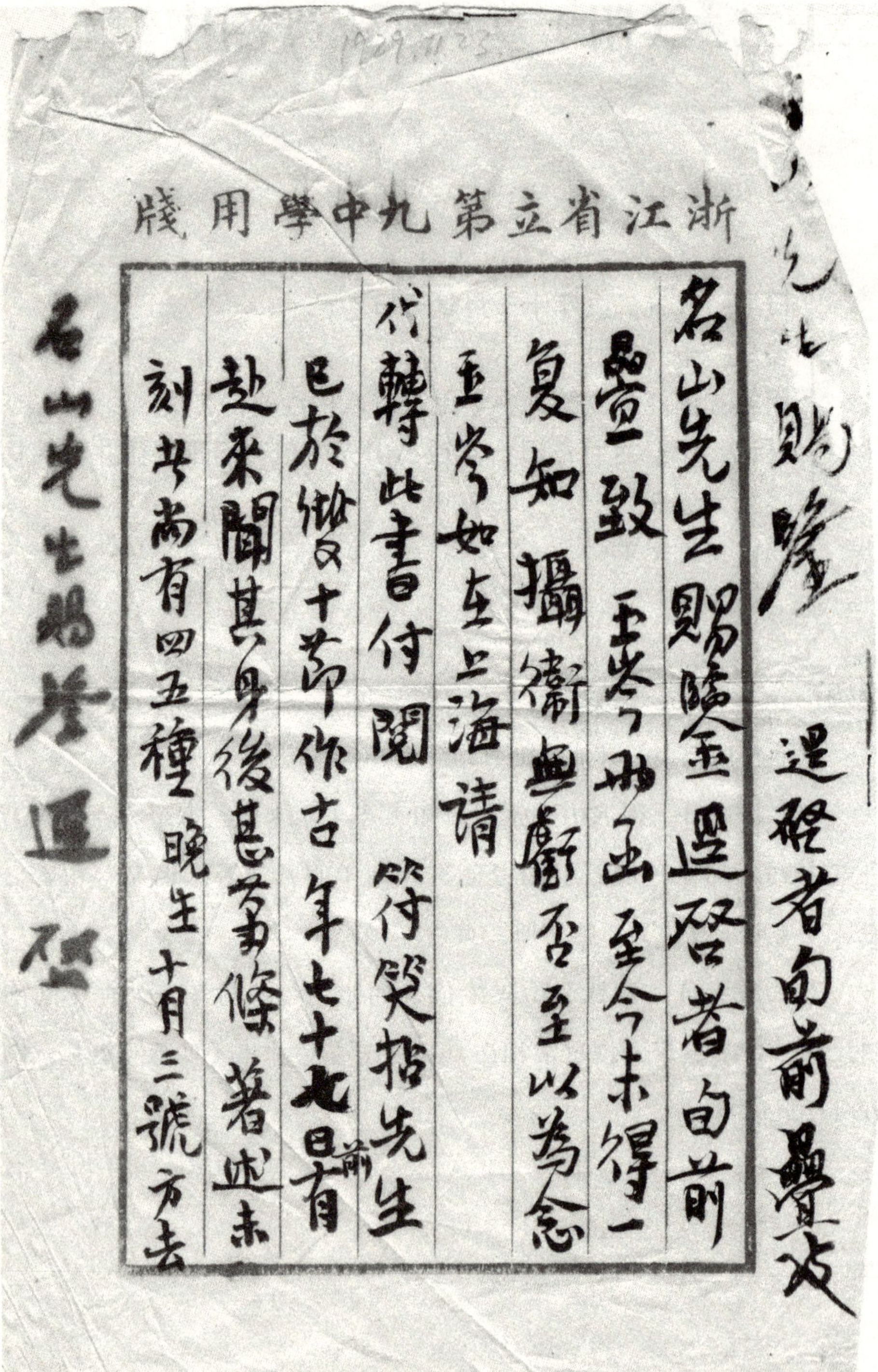
浙江省立第九中學用牋

名山先生賜鑒 遲啓者 白前疊致 玉岑兩函 至今未得一復 知攝衛無虧否 至以為念 玉岑如在上海 請代轉此書付閱 符付笑指先生已於陰十節作古 年七十七 日前有赴來 聞其身後甚蕭條 著述未刻者尚有四五種 晚生 十月三號 方去

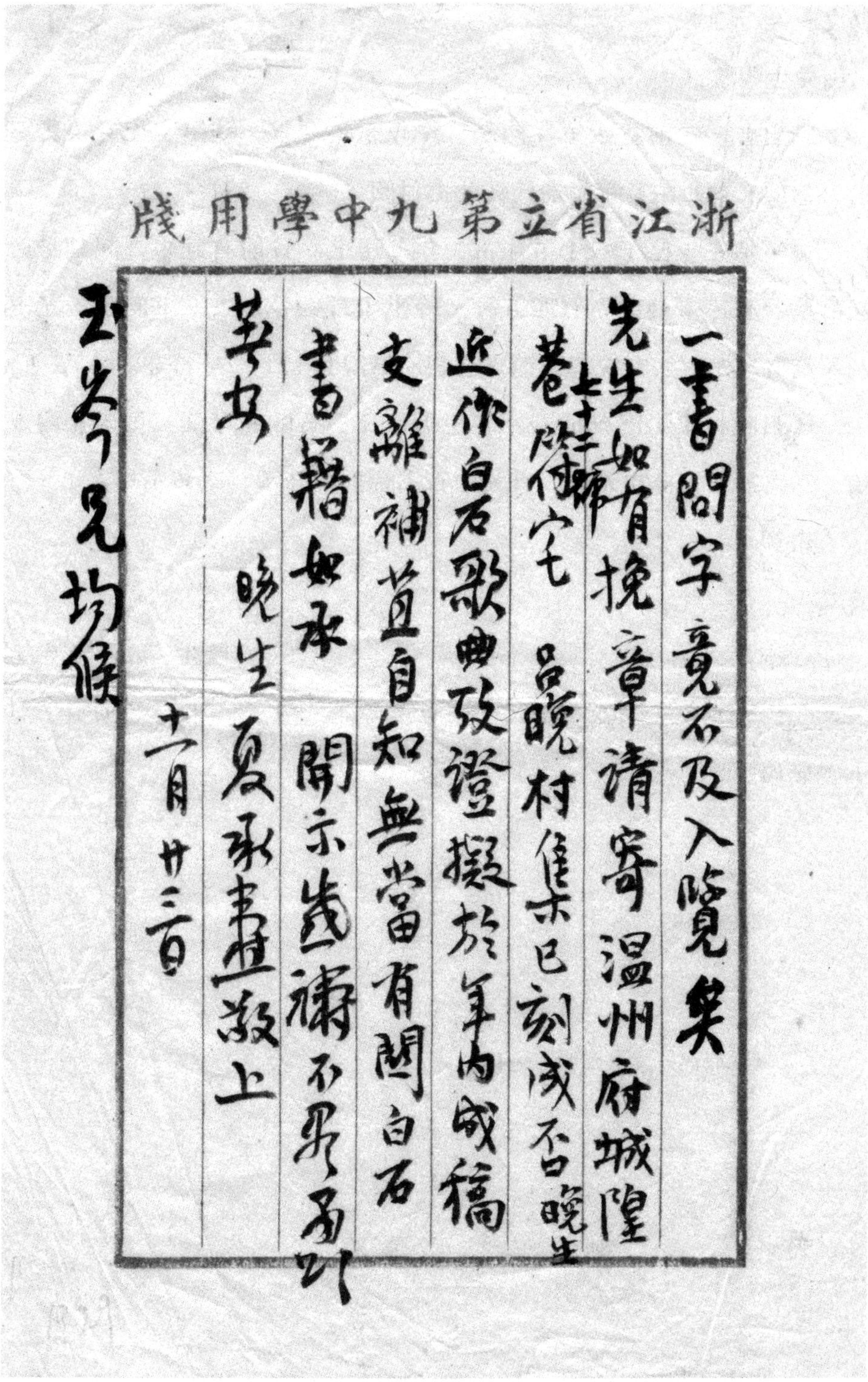
浙江省立第九中學用牋

一書問字竟不及入覽矣
先生如有挽章請寄温州府城隍
巷七十二號陳宅　呂晚村集已刻成否晚生
近作白石歌曲攷證擬於年內成稿
支離補苴自知無當有關白石
書籍如承　開示感謝不異百朋
著安
晚生夏承燾敬上
十一月廿三日
玉岑兄均候

释文：

名山先生赐鉴：

迳启者：旬前叠致玉岑两函，至今未得一复。知摄卫无亏否？至以为念！玉岑如在上海，请代转此书付阅。

符笑拈先生已于双十节作古，年七十七。日前有赴来，闻其身后甚萧条，著述未刻者尚有四五种。晚生十月三号方去一书问字，竟不及入览矣。先生如有挽章，请寄温州府城隍巷七十二号符宅。

《吕晚村集》已刻成否？晚生近作《白石歌曲考证》拟于年内成稿，支离补苴，自知无当。有关白石书籍如承开示，感祷不尽。

肃颂

著安

晚生 夏承焘 敬上

十一月廿三日

玉岑兄均候。

注释：

1.《夏承焘集》，第五册，页135。

二十三、夏承焘致谢玉岑

时间：一九二九年十二月十九日
署款：十二月十九日
用笺：浙江省立第九中学第（ ）院用笺，红色八行，五页
夏记：十二月二十日，接玉岑书，即复一函，为适君谋事，并属其为予留意上海教席。日来颇欲去此就沪，从诸老辈稍长闻见也。[1]
钱记：第六封

今按：

在这封信中，夏承焘积极地为学生陈适谋事。此后几信，也时时在信中向谢玉岑提起此事。这位陈适是温州乐清人，曾就学于严州九中，师事夏承焘先生。在王亦文、夏承焘等人的提携下，陈适后来亦成大器，成为作家与学者。著有《人间杂记》、《离骚研究》等书。

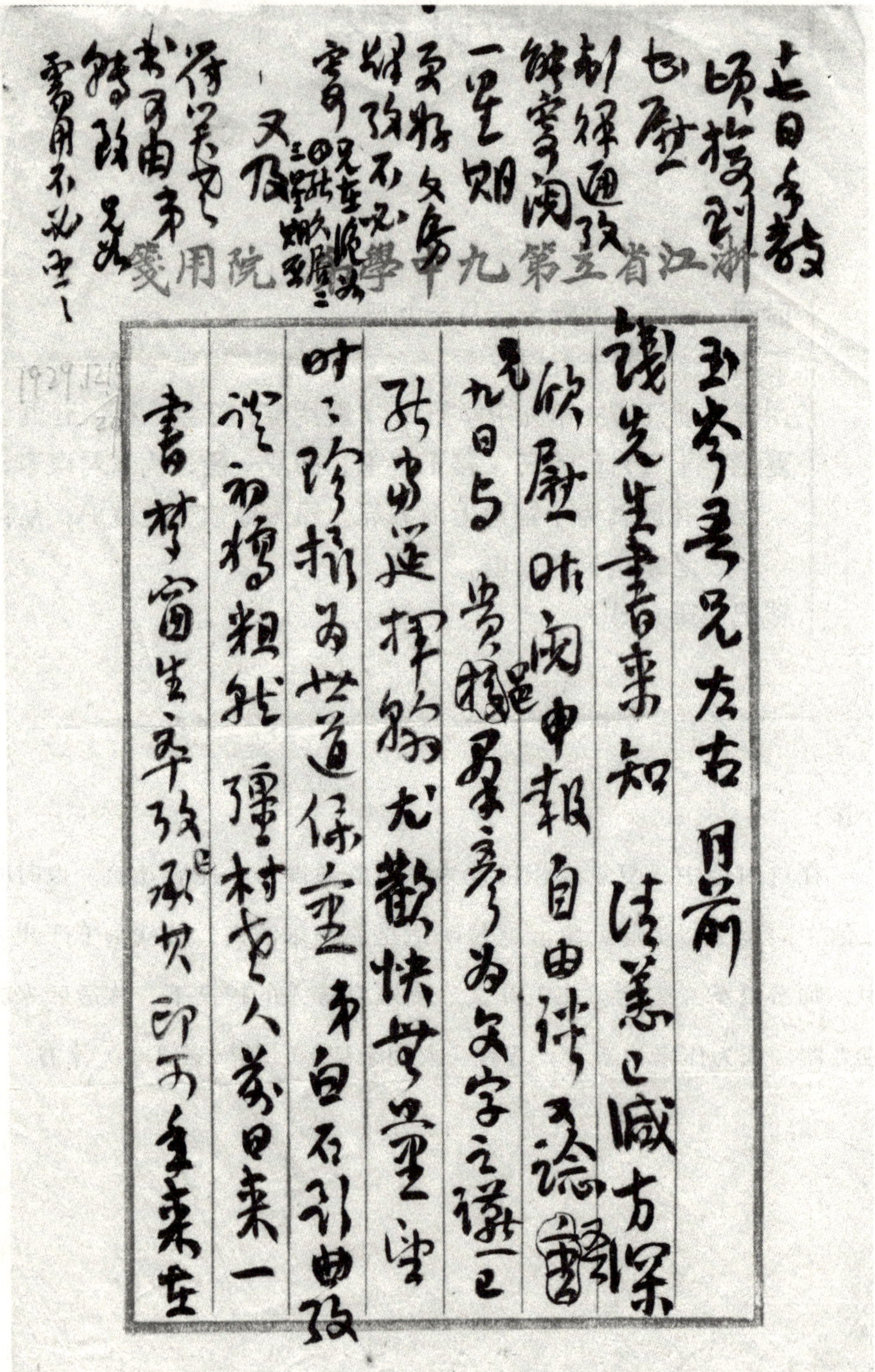
浙江省立第九中學院用箋
玉岑吾兄左右 月前
錢先生書來知 清恙已減方深
欣慰 昨閱申報自由談又讀
九日与 貴
敬出送 揮翰尤歡快無量望
时时珍摄為世道保重 弟自
初稿粗毕 彊村老人前日来一
書 夢窗生卒攷已承

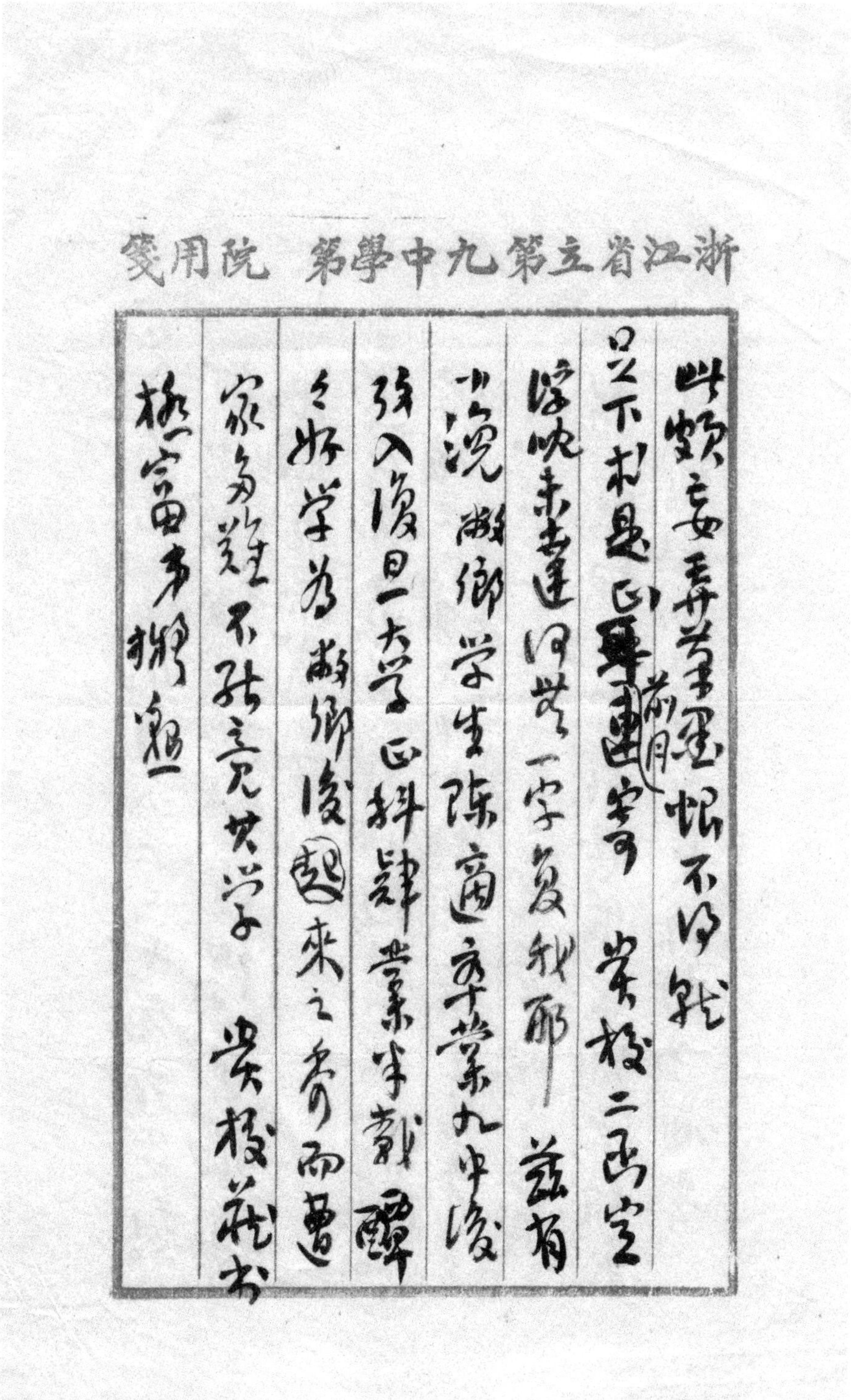

浙江省立第九中學院用箋

此頌妥吾芳手墨恨不得錢(?)
只不過是正畢(前月)業 貴校二西堂(?)
得快來達何畢(?)一字復我耶 茲有
小說 敝鄉學生陳商適於畢業九中後
強入復旦大學正科肄業半載輟(?)
之好學為敝鄉後起來之秀而貴(?)
家多難不能竟其學 貴校莊若(?)
極富多擬邀(?)

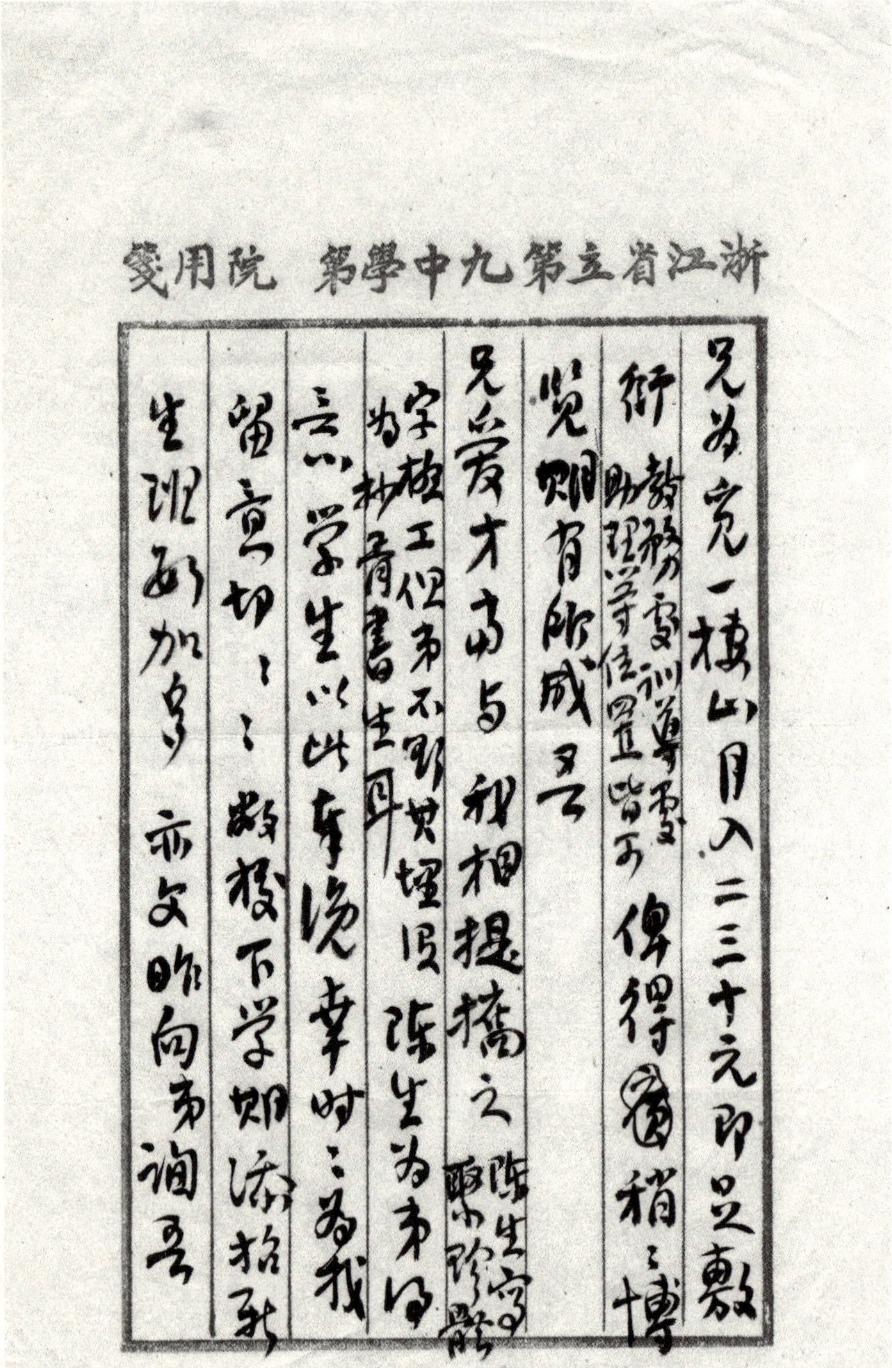
浙江省立第九中學院用箋

兄為覓一棲山月入二三十元即足數
衍教務處訓導處助理等位置皆可俾得[illegible]稍稍博
覽，則有所成矣。
兄愛才為與我相提攜之陳生字聚珍號
學校工但弟不能費時間陳生為弟同為抄寫書生耳
言，學生以此年逸幸時時為我
留意，切切。數校下學期添招新
生，班好加多，亦如昨向弟詢矣。

浙江省立第九中學院用箋

兄有借重處者有興為我談之

行則於學之畢業藝矣 予已替在

粵有通訊否 聞其攜家渡海謀

業於忙 未兩月恐去一時 究無回信

也

錢先生東晚村集已去一牋道謝

有暇作不難示我 印以

大政 弟夏承燾上 十二月廿九日

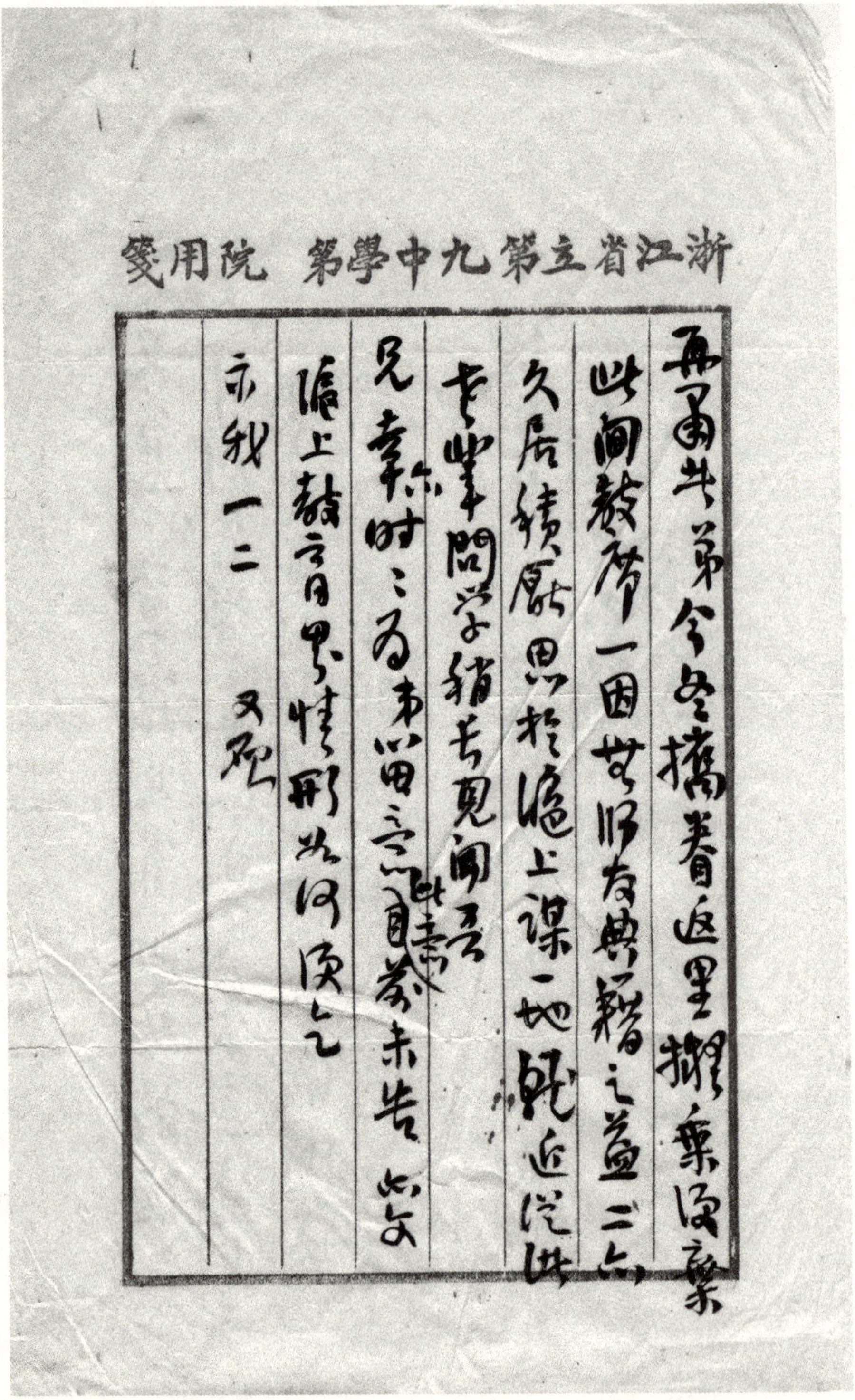
浙江省立第九中學院用箋
再者弟今冬攜眷返里擬棄
此間教席，一因無師友典籍之益，二亦
久居積厭，思於滬上謀一地，俾近從
專業問學，藉長見聞。吾
兄意時時為弟留意此事尚未告人，亦乞
滬上教育界情形如何，便乞
示我一二。又及

释文：

玉岑吾兄左右：

月前钱先生书来，知清恙已减，方深欣慰。昨阅《申报·自由谈》，又谂吾兄九日与贵邑群彦为文字之宴，已能当筵挥翰，尤欢快无量。望时时珍摄，为世道保重。

弟白石歌曲考证初稿粗就，彊村老人前日来一书，梦窗生卒考已承其印可。年来在此颇妄弄笔墨，恨不得就足下求是正耳。前月连寄贵校二函，岂浮沉未达？何无一字复我耶？

兹有小浼。敝乡学生陈适[2]卒业九中，后考入复旦大学正科，肄业半载。醰醰好学，为敝乡后来之秀。而遭家多难，不能竟其学。贵校藏书极富，弟拟恳兄为觅一栖止，月入二、三十元即足敷衍。（教务处、训导处、助理等位置皆可。）俾得稍稍博览，期有所成。吾兄爱才，当与我相提携之。（陈生写聚珍体字极工，但弟不欲其埋没为抄胥书生耳。）陈生为弟得意学生，以此奉浼，幸时时为我留意，切切，切切！

敝校下学期添招新生，班数加多，亦文昨向弟询吾兄，有借重意。如有兴为严陵之行，则共学之乐无艺矣。孟楚在粤，有通讯否？闻其携家渡海，课业甚忙。弟两月前去一书，竟无回信也。

钱先生惠《晚村集》，已去一笺道谢。有新作不靳示我。

此恳。即颂

大安！

弟 承焘上 十二月十九日

再肃者。弟今冬携眷返里，拟乘便弃此间教席，一因无师友典籍之益，二亦久居积厌，思于沪上谋一地，就近从诸老辈问学，稍长见闻。吾兄幸亦时时为弟留意，此意目前未告亦文。沪上教育界情形如何？便乞示我一二。又启

十七日手教顷接到，甚慰。《声律通考》能寄阅一星期更好。《文房肆考》不必寄。（兄在沪，如能久居二三星期否？）

又及：符笑老书可由弟转致，兄如需用，不必亟亟。

注释：

1.《夏承焘集》，第五册，页142。

2.陈适（1908–1969），原名陈燮清、陈燮柽，曾用名适一、堇昔，温州乐清县人。一九二八年八月，在王亦文的帮助下，进浙江省立第九中学读初三，师事夏承焘先生。毕业后，直接考进复旦大学中文系。此后，在上海私立人文中学、滨海中学、民光中学、青年中学等校任教国文并兼教务主任。“八一三”上海沦陷，回到温州，先在乐成私立初级中学、乐清县立师范学校教书，后到永嘉县立中学（今温州二中）任教。解放后，在温州一中任教，担任教务组长。著有《人间杂记》、《离骚研究》、《瓯海儿歌》等书及《谈永嘉昆剧生旦的表演艺术》论文。近年有《陈适文存》（王志成编，中国民族摄影艺术出版社，2006年）问世。

二十四、夏承焘致谢玉岑

时间：一九二九年十二月廿三日
署款：十二月廿三日雪后
用笺：普通宣纸，单页
夏记：暂未在日记中找到相关记录
钱记：第七封

今按：

馆藏丰富的南洋中学图书馆，是夏承焘的向往之地。当他听说谢玉岑有辞南中教职之念时，便提出“可介弟暂代否”？

另，上封信为陈适谋事，这封信于信末还问：“陈生事有机缘否，并乞示及。”

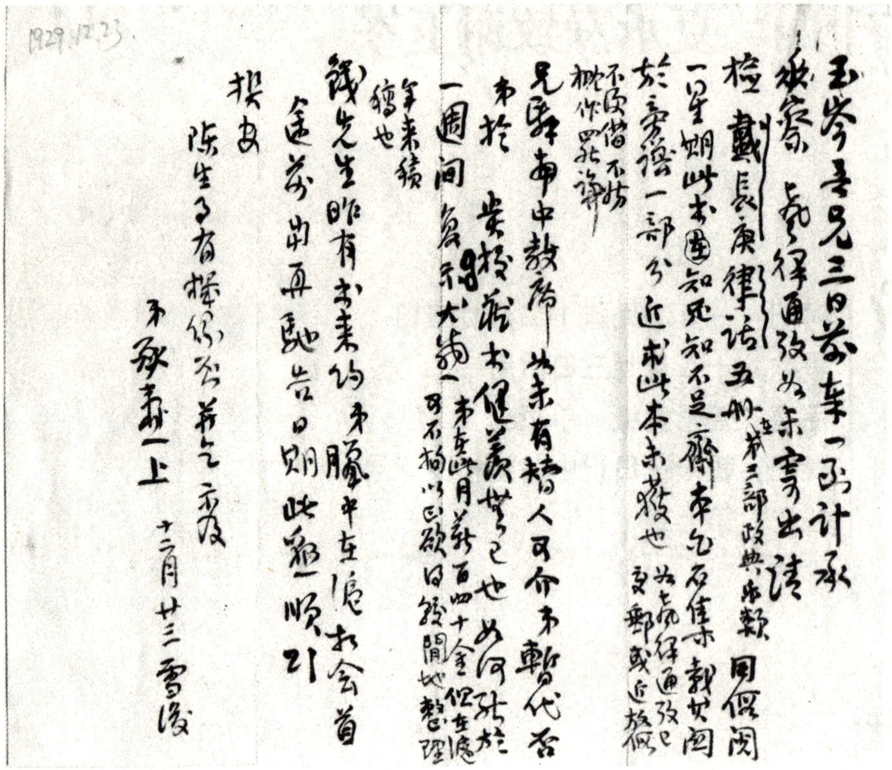

1929.12.23.

玉岑吾兄：三日寄奉一函，计承
垂察。唐律通考如未寄出，请
检戴长庚律话五册（注：前三部政典卷数）同假阅
一星期。此书[illegible]知兄知不足斋本，乞为借来，[illegible]阅
於旁证一部分，近求此本未获也。如唐律通考已交邮，或近[illegible]
不及借，不妨概作罢论。
兄驿中教席，如未有替人，可命弟暂代否？
弟於[illegible]书[illegible]已也，如何能於
一週间复示为祷。弟在此月薪百四十金，但在[illegible]可不拘，以正欲日録闻见整理
年来积稿也。
钱先生昨有书来，约弟腊中在[illegible]相会，首
途前当再驰告日期。此颂[illegible]
撰安
陈生可有[illegible]否？并乞示及。
弟承焘一上 十二月廿三 雪后

释文：

玉岑吾兄：

三日前奉一函，计承垂察。《声律通考》如未寄出，请检戴长庚《律话》五册（在第三部政典乐类）同假阅一星期。此书［知足］知不足斋本白石集载其关于旁谱一部分，近求此本未获也。（如《声律通考》已交邮，或近放假，不便借，不妨概做罢论。）

兄辞南中教席，如未有替人，可介弟暂代否？弟于贵校藏书，健羡无已也，如何？能于一周间复示，尤感。（弟在此月薪百四十金，但在沪可不拘，以正欲得较闲地整理年来积稿也。）

钱先生昨有书来[1]，约弟腊中在沪相会，首途前当再驰告日期。

此恳。顺颂

撰安

陈生事有机缘否，并乞示及。

弟 承焘 上　十二月廿三雪后[2]

注释：

1.该年此条日记可参看：十二月廿一日，初寒大雪。接名山先生复。（《夏承焘集》，第五册，页142−143）

2.该年此条日记可参看：十二月卅日，玉岑寄到《声律通考》三本…… 发玉岑函，问借戴长庚《律话》，并询所托事。（《夏承焘集》，第五册，页146）

二十五、夏承焘致谢玉岑

时间：一九二九年十二月卅日
署款：十二月卅日
用笺：浙江省立第九中学信笺，红色八行，二页
夏记：十二月卅日，玉岑寄到声律通考三本……发玉岑函，问借戴长庚律话并《询所》托事。
钱记：第八封

今按：

此信可与廿三日去函参看。

同时此信还提到，王亦文在严州九中被人攻讦，势将摇动。他明年是否在此任教，也成悬念。

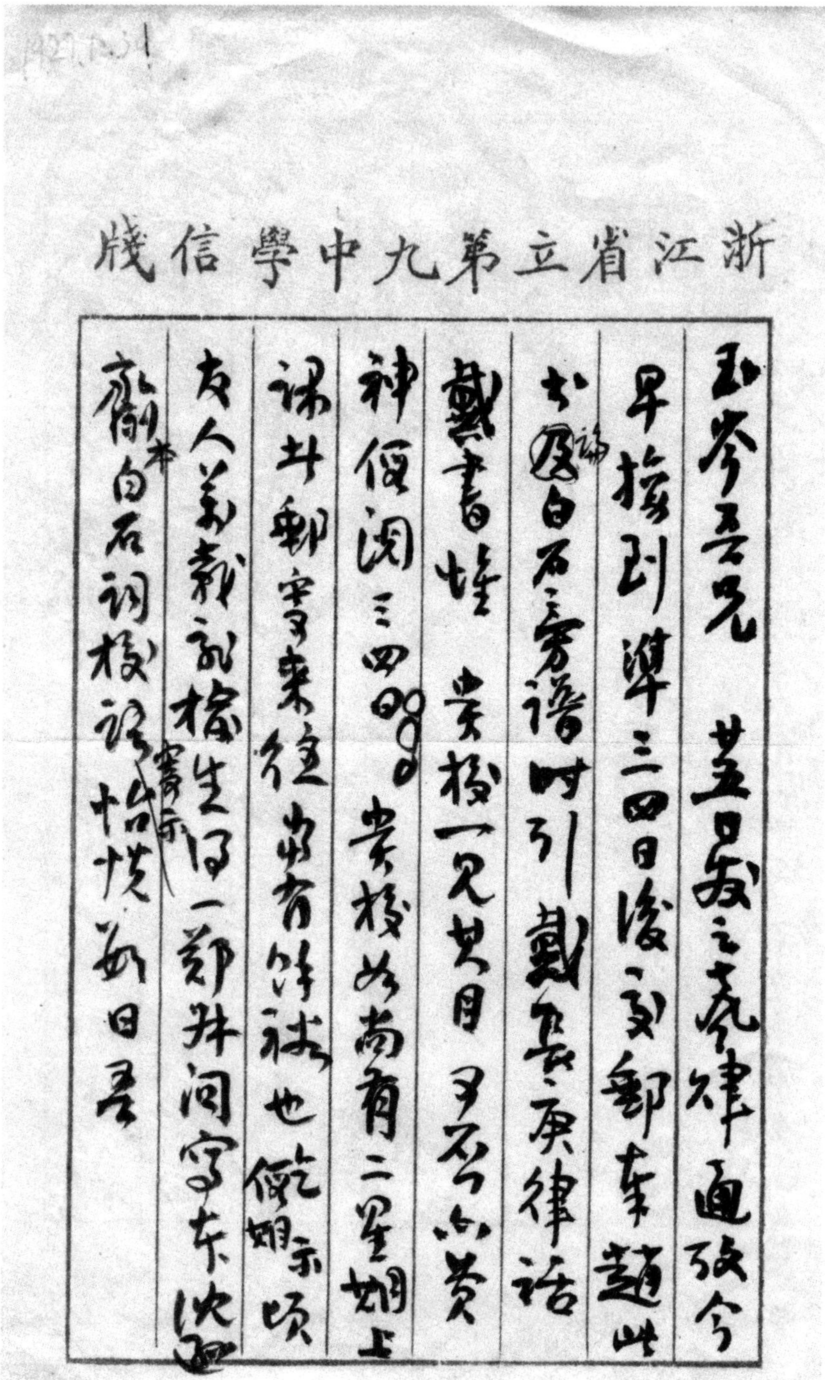

浙江省立第九中學信牋

玉岑吾兄：昨發之索律通致，今早接到，準三四日後交鄭書，適此書及（論）白石旁譜時引戴長庚律話，戴書曾檢一見其目，子苾亦覓神便閱三四日。尊校如尚有二星期上課，并鄭寄來，從容必有餘裕也。儉姻示，頃友人蔣載記檢生得一節，鄭叔問寫本，次齋（本）白石詞校記寄示。怡十揆五日晨

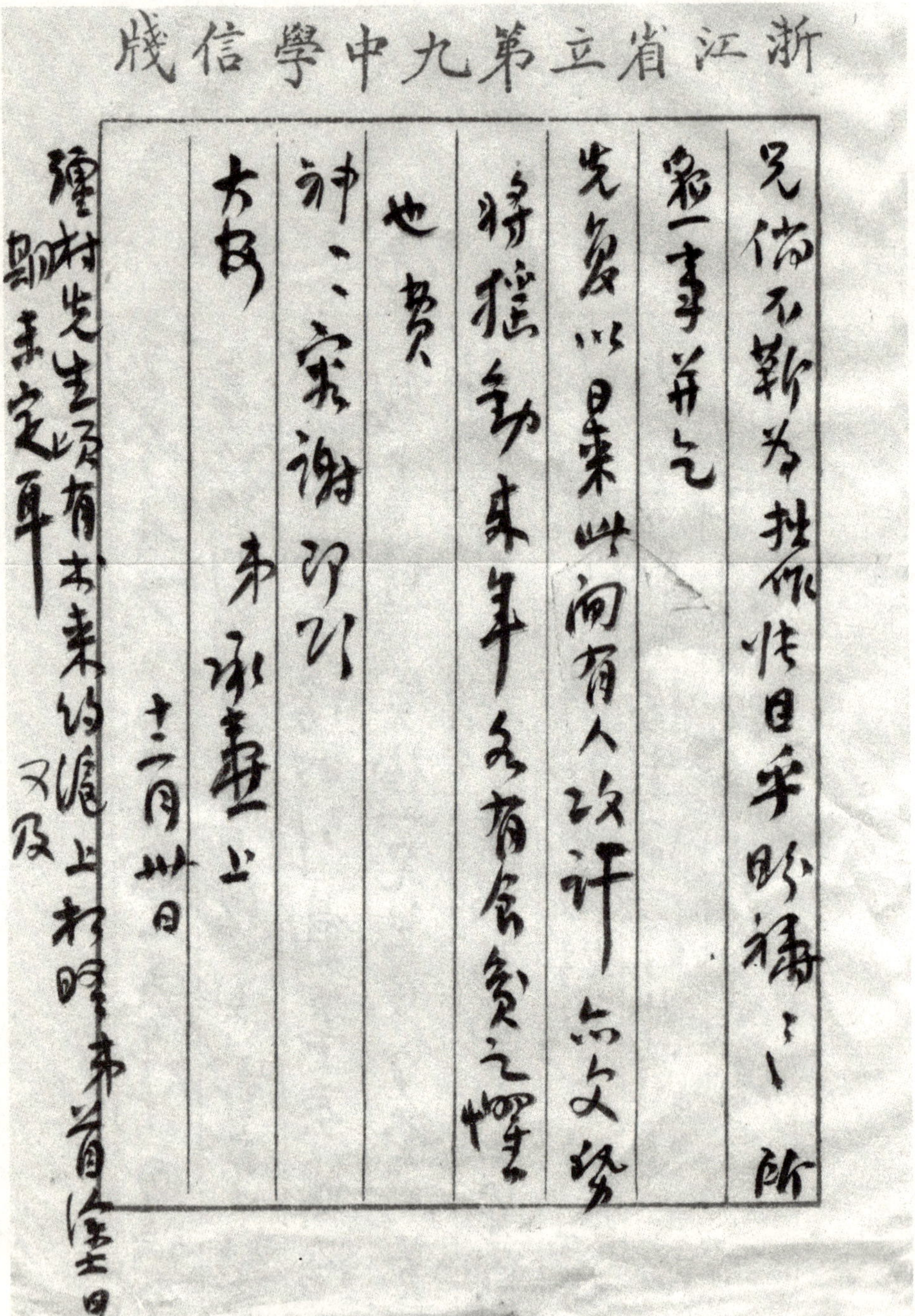
浙江省立第九中學信牋

兄倘不靳為推挽，昨日手貽稿子所懇一事，并乞先容。以景宋此間有人攻訐，亦文勢將稍動，來年或有食貧之懼也。賀神之寒，謝叩頭。

大安

弟承燾上

十二月卅日

瞿村先生頃有書來，約滬上相晤，弟首途在卅日，期未定耳。又及

释文：

玉岑吾兄：

廿五日发之《声律通考》，今早接到，准三四日后交邮奉赵。此书论白石旁谱时引戴长庚《律话》，戴书惟贵校一见其目，可否亦费神假阅三四日？贵校如尚有二星期上课者，邮寄来往当有余裕也。（乞示假期）

顷友人万载龙榆生[2]得一郑叔问写本沈逊斋本《白石词校语》寄示，怡悦数日。吾兄倘不靳为拙作张目乎？盼祷，盼祷！

所恳一事并乞先复。以日来此间有人攻讦亦文，势将摇动。来年各有食贫之惧也。费神，费神，容谢。

即颂

大安

弟 承焘 上　十二月卅日

彊村先生顷有书来约沪上相晤，弟首途日期未定耳。又及。

注释：

1.《夏承焘集》，第五册，页146。

2.龙榆生为江西万载人。万载县位于江西省西北部，是山水诗鼻祖、晋康乐侯谢灵运的袭封地。

二十六、夏承焘致谢玉岑

时间：一九三〇年一月十三日
署款：十四夕
用笺：浙江省立第九中学信笺，红色八行，三页
夏记：暂未从日记中找到相关记录
钱记：第四十五封

今按：

现收入《夏承焘集》中的《天风阁学词日记》并不完整，据编者称，一九三〇年一月一日至十月底日记已佚。此为考证部分信件的准确日期增加了难度。

此信仅落款“十四夕”。附言中再提陈适之事，因此此信应写于一九二九年十二月二十日之后。信中又称将在严州守岁，同时无落年款，可推测写于当年腊月。温州人对腊月中下旬及正月上中旬，至今仍不称月份，而以阴历日期序之。经查，当年（己巳年）腊月十四，即一九三〇年一月十三日。

浙江省立第九中學信箋

玉岑吾兄：手教敬承。二弟字卷還彭律通段，
計已早到。以侯律話同字猶猶延，妙不寫也。
律話一種亦留到一閱，西杭州圖書館皆無書。該
館中又無可借處，仍乞
兄代向貴同事許設法，盼正向學時借閱一星
期。不情之請，必可做到否？拜託拜託。承
代覓懷寧，極盛厚意。孫楨生兄昨來一函
云與　兄曙於澤村之塵間，与及此意，因

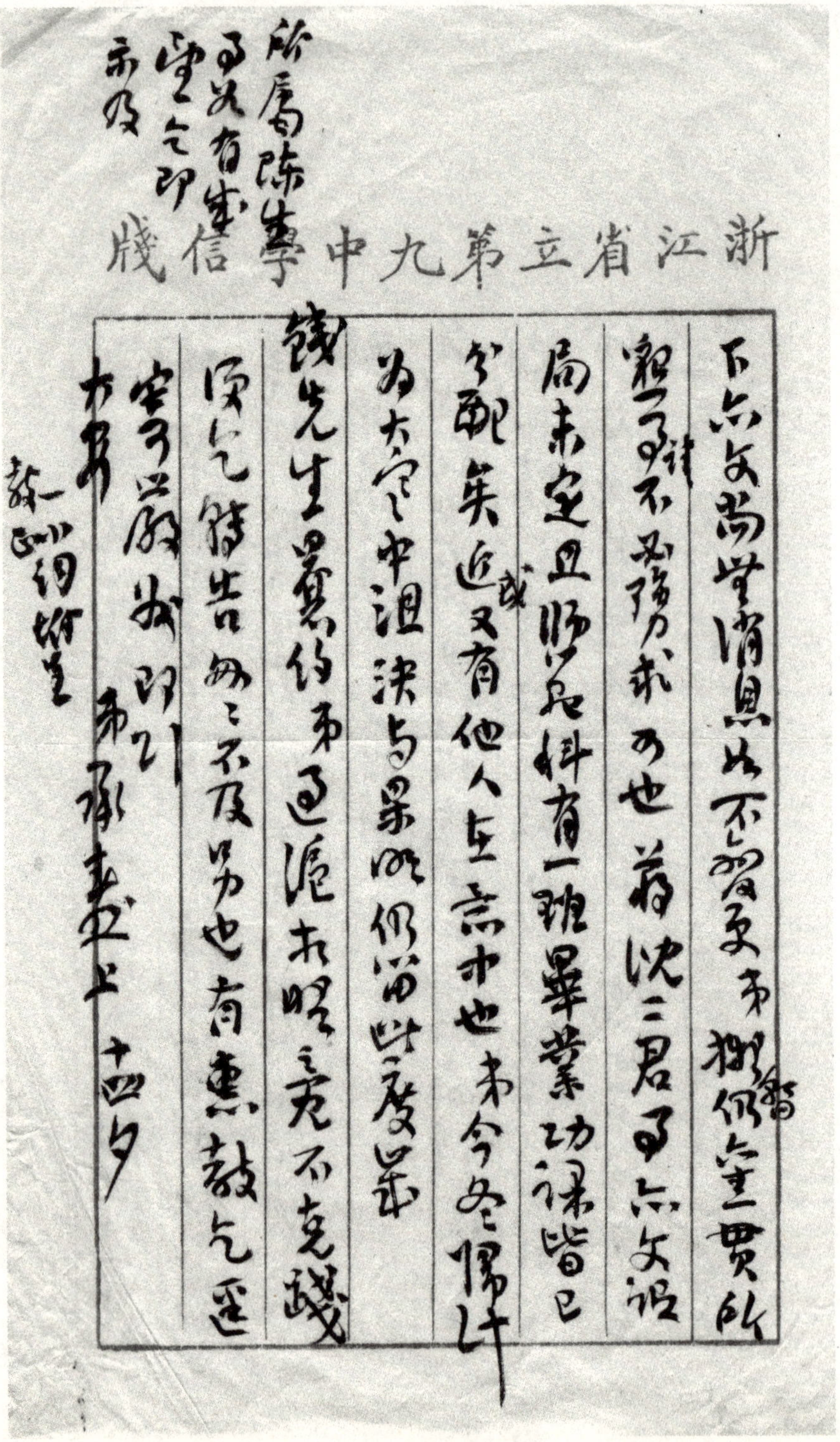
浙江省立第九中學信牋

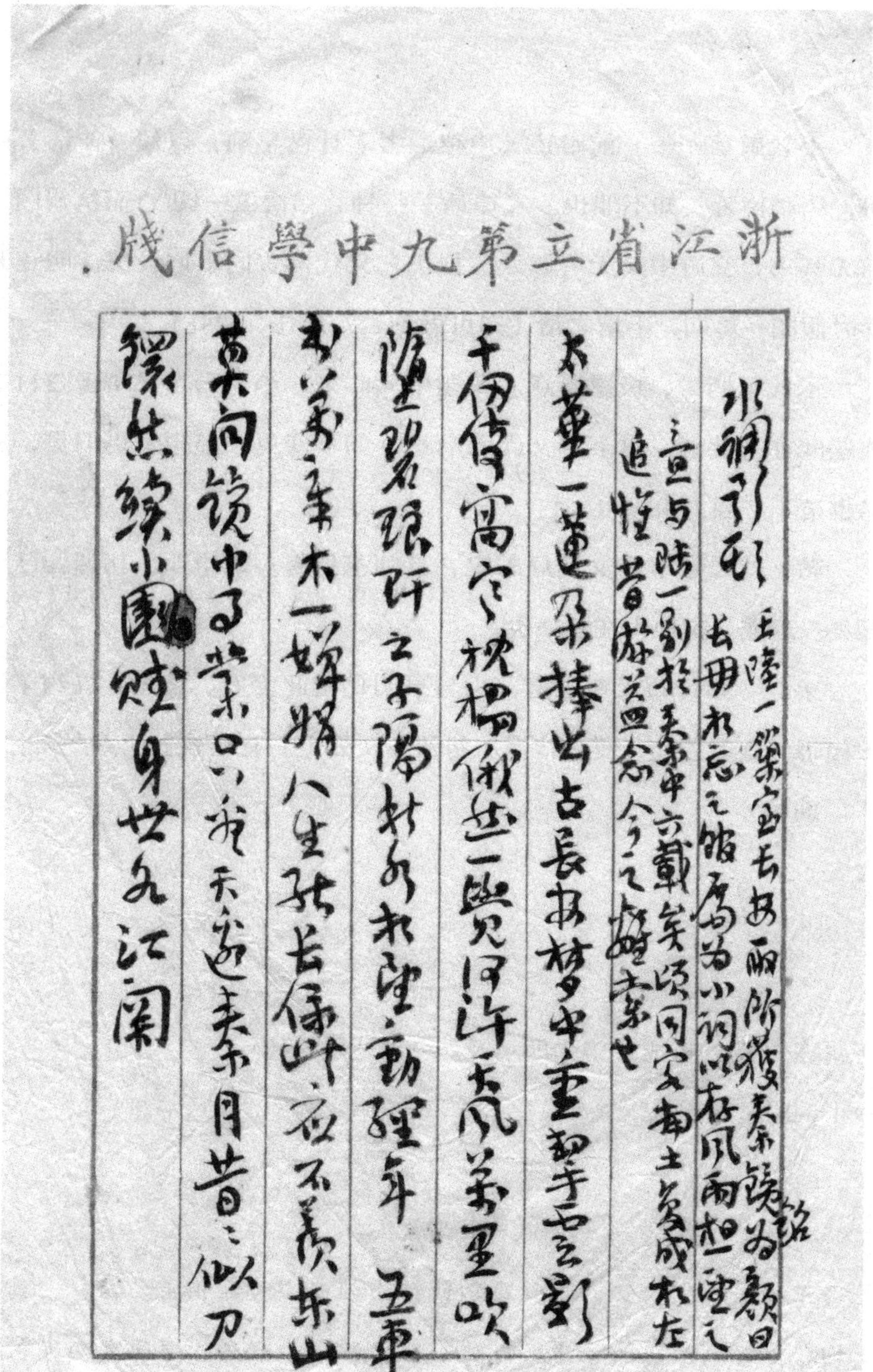

浙江省立第九中學信牋

水調歌頭　玉隆一集，客去如雨，所獲秦鏡銘爲題，曰

去毋相忘。館所爲小詞以存風雨想望之

意。與陸一別於秦宗中，六載矣。頃同客南土，忽成參左。

追惟昔游，益念今之離索也。

太華一蓮朶，捧出古長安。夢中重到手，雲影

千仞倚高寒。枕欄傲然一覽，只許天風萬里吹

墮碧琅玕。之子隔秋水，相望動經年。五華

秋萬葉，春木一嬋娟。人生能長保此夜，不羨買東山。

莫向鏡中看，葉只飛天遠，來秦月昔昔似刀

鐶。然續小園賦，身世九江關。

释文：

玉岑吾兄：

手教敬承一一。前奉还《声律通考》计已早到，以候《律话》同寄，稍稍稽延，知不罪也。《律话》一种，弟渴欲一阅[1]，而杭州图书馆无其书，交游中又无可假处，拟仍乞兄代向贵同事许设法。明正开学时假阅一星期，不情之请，知可做到否？拜托，拜托！

承代觅栖寄，极感厚意。龙榆生兄昨来一函，云与兄晤于彊村老人座间亦及此意。目下亦文尚无消息，如不变更，弟拟暂仍旧贯，所恳事请不必强力求可也。[2]

蒋、沈二君事亦文谓局未定，且师范科有一班毕业，功课皆已分配矣。近或又有他人在意中也。

弟今冬归计为大寒中沮，决与杲明仍留此度岁。钱先生曩约弟过沪相晤，竟不克践，便乞转告。匆匆不及另也。有惠教乞迳寄严州。

即颂

大安

弟 承焘 上 十四夕

所属陈生事[3]如有成，望乞即示及。

一小词附呈教正。[4]

水调歌头

王陆一筑室长安，取所获秦镜铭为颜曰“长毋相忘之馆”。属为小词，以存风雨想望之意。与陆一别于秦中六载矣。顷同客南土，复成相左。追惟昔游，益念今之离索也。

太华一莲朵，捧出古长安。梦中重挈云影，千仞倚高寒。枕榻俄然一觉，何许天风万里，吹坠碧琅玕。之子隔秋水，相望动经年。

五车书，万章木，一婵娟。人生能长保此，应不羡东山。莫问镜中事业，只看天边秦月，昔昔似刀环，愁续小园赋，身世各江关。

注释：

1.参见一九二九年十二月卅日致谢玉岑信，曾提到代借戴长庚《律话》。

2.参见一九二九年十二月廿三日致谢玉岑信，夏曾请谢代觅栖寄。一九二九年十二月卅一日日记这样记道：“接玉岑快信，谓上海课务甚忙，不宜读书。”（《夏承焘集》，第五册，页146）估计是谢氏这封来信，让夏承焘觉得赴上海南洋也不是件简单的事。

3.指为学生陈适谋事一事，详见一九二九年十二月十九日致谢玉岑信。

4.所附《水调歌头》词，《夏承焘集》（第二册，页135）有载，文字略有不同。

二十七、夏承焘致谢玉岑

时间：一九三〇年二月十三日
署款：二月十三日
用笺：普通宣纸，单页
夏记：暂未在日记中找到相关记录
钱记：第四十九封

今按：

此信落款二月十三日，信中催问戴长庚《律话》。因此定为一九三〇年二月十三日。另一佐证为此信提到龙榆生及邵潭秋。龙夏缔交始于一九二九年十月，一九三〇年一月，夏承焘“初与邵潭秋通信”。（《夏承焘教授纪念集》，页225。）因此此信不可能早于一九三〇年。信中还提到李杲明，李氏一九三〇年八月即去世。前后推测，此信只能写于一九三〇年。

信中提到钱名山的钓台之行，由此线索亦可再考年份。惜至今没有钱名山年谱。

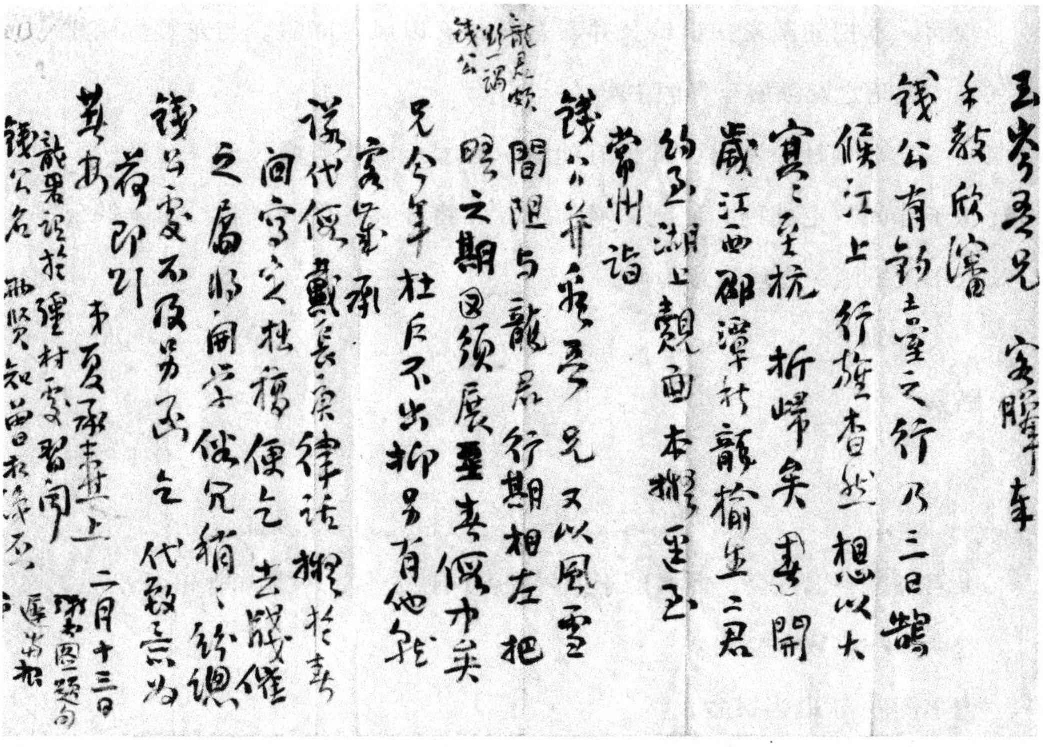

玉岑吾兄 案賸手奉
手敎欣審
錢公有鈞臺之行乃三日鵠
候江上行旌杳然想以大
寒〻至杭折歸矣甬春開
歲江西邵潭村龍榆生二君
約至湖上覿面本擬遲至
常州詣
錢公并乘吾兄又以風雪
閒阻與龍君行期相左把
晤之期因須展至春假中矣
兄今年杜門不出抑另有他就
寅家承
謬代假戴長〻律詩擬於春
間寄之桂林便乞去牋催
之屬歸聞當代兄補〻鈐總
錢公處不及另函乞代致意為
荷 即叩
著安 弟夏承燾上 二月十三日
龍君欲賜一詞 錢公
龍君詞於彊村云習聞 麝圖題句
錢公名 沛賢知當日亦深不
虞齒根

释文：

玉岑吾兄：

客腊奉手教，欣审钱公有钓台之行，乃三日鹄候江上，行旌杳然，想以大寒至杭折归矣。开岁江西邵潭秋[1]、龙榆生二君约至湖上觌面，本拟迳至常州诣钱公并看吾兄，又以风雪间阻。与龙君行期相左，把晤之期须展至春假中矣。

兄今年杜户不出，抑另有他就？客岁承诺代假戴长庚《律话》，拟于春间写定拙稿，便乞去笺催之。属将开学，俗冗稍稍纷总。钱公处不及另函，乞代致意为荷。

即颂

著安

弟 夏承焘上 二月十三日

龙君颇欲一谒钱公，龙君谓于彊村处习闻钱公名，两贤知曾相识否？

杲明奉一书数字幅到来。

鬻书图题句[2]迟当报命。

注释：

1.邵潭秋（1898-1969），名祖平，江西南昌人。曾从章太炎学小学，常与陈散原、黄季刚等名家唱酬，为人所重。先后任教于东南大学、之江大学、浙江大学及苏州章氏国学讲习会。在浙大时与夏承焘交往密切。抗战军兴，入蜀任中央大学、四川大学教授。一九五四年拟回杭州任教，曾写信给夏承焘，请为之设法，未成功，遂赴北京中国人民大学，后划为“右派”，发配到青海民族学院。

一九六五年退休回杭州。“文革”中藏书全部抄没，遭此浩劫，突发脑溢血，不治而卒。生前刊有《培风楼诗存》、《培风楼诗续存》、《峨眉游草》、《关中游草》、《培风楼七言绝句》，后由商务印书馆增订印成《培风楼诗》一册；又著有《文字学概论》、《国学导读》、《七绝诗话诗论合编》、《词心笺评》等。

2.据《谢玉岑年表》（《谢玉岑诗词书画集》，作家出版社，2009年）记载，一九二九年一月，谢玉岑为青山草堂鬻书图，夏承焘作长古。据《夏承焘教授学术活动年表》记载，一九三一年一月，改成《寄玉岑上海并题其青山鬻书图》（七古）。（《夏承焘教授纪念集》，页227）

二十八、夏承焘致谢玉岑

时间：一九三〇年四月廿七日
落款：廿七夕
用笺：浙江省立第九中学信笺，红色八行，单页
夏记：暂未在日记中找到相关记录
钱记：第五十封

今按：

此信仅署“廿七夕”，信中问戴氏《律话》一书。一九二九年十二月卅日日记，还提到“发玉岑函，问借戴长庚律话。”（《夏承焘集》，第五册，页146。）由此可证此信写于一九三〇年初。

信中言春假送夫人还温时，曾过沪但相左。据《夏承焘教授学术活动年表》，“（一九三〇年）四月，赴沪，初与龙榆生把晤。初谒朱彊村。返严州，作《送内子归里》（七绝）、《姜白石石帚辨》。”（《夏承焘教授纪念集》，页226。）

谢氏后人存有一封夏承焘致钱名山，同样落款“廿七”的信（可参看本书夏承焘一九三〇年四月二十七日致钱名山信），其中提到谒朱老及作《姜白石石帚辨》。夏承焘的《姜白石石帚辨》成稿于一九三〇年四月。

我认为这两封信是同时发出的，信寄钱名山，并附此信请代转谢玉岑。写信日期应为一九三〇年四月二十七日。

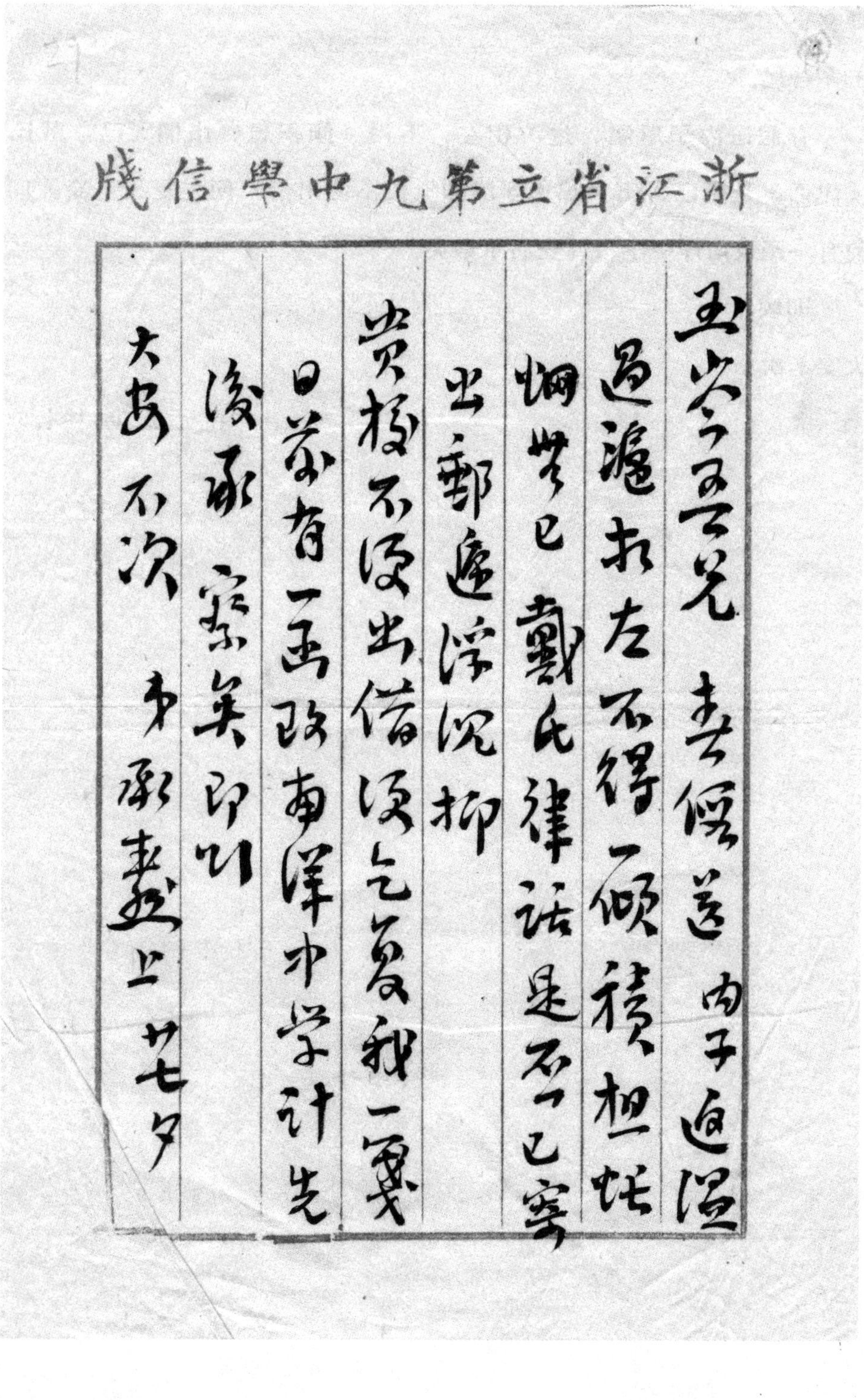

浙江省立第九中學信牋

玉岑吾兄：春假送內子返溫，過滬來去不得一傾積想，悵惘無已。戴氏律話是否已寄出？郵遞浮沉，抑貴校不便出借？須乞復我一箋。日前有一函致南洋中學，計先後承察矣。即頌

大安。不次。

弟承燾上 廿七夕

释文：

玉岑吾兄：

春假送内子返温，过沪相左，不得一倾积想，怅惘无已。戴氏《律话》是否已寄出？邮递浮沉抑贵校不便出借？便乞复我一笺。日前有一函致南洋中学，计先后承察矣。

即颂

大安不次

弟 承焘上 廿七夕

二十九、（附）夏承焘致钱名山

时间：一九三〇年四月廿七日
署款：廿七日
用笺：浙江省立第九中学用笺，八行红笺，二页
夏记：暂未在日记中找到相关记录
钱记：无记录

今按：

此信仅署“廿七夕”，与夏承焘一九三〇年四月廿七日致谢玉岑函落款同。

根据信末所附文“附玉岑乞饬送”，可知此二信是同时发出的，信寄钱名山，并附致谢玉岑信请钱公代转。

两信互证，可定写信日为一九三〇年四月廿七日。

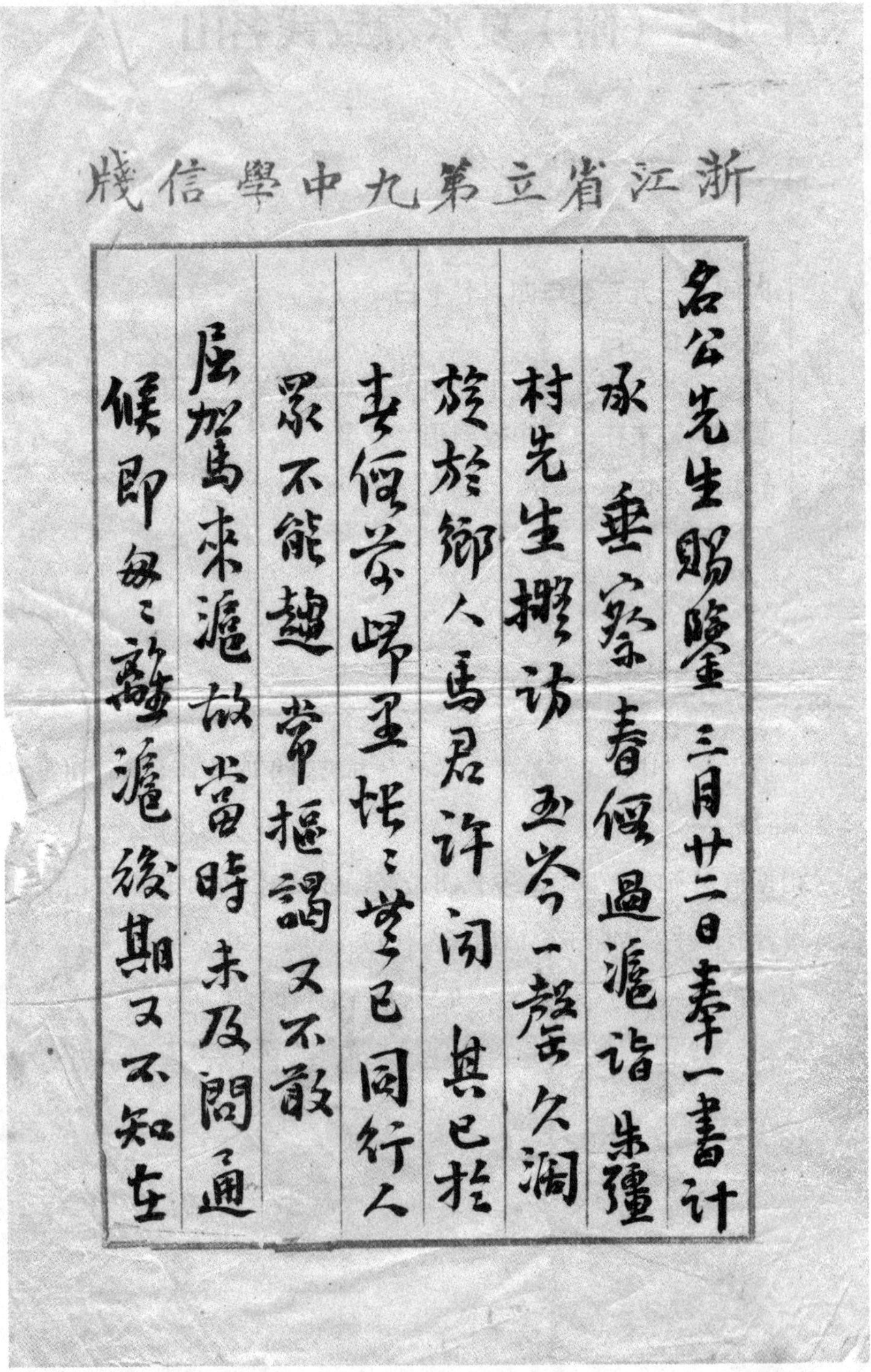
浙江省立第九中學信牋

名公先生賜鑒 三月廿二日奉一書計
承 垂察 春假過滬 詣 朱彊
村先生 擬訪 玉岑 一罄久濶
旋於鄉人馬君許 聞 其已於
春假前歸里 悵悵莫已 同行人
衆不能趨常摳謁又不敢
屈駕焉來滬 故當時未及問通
候即每每離滬 後期又不知在

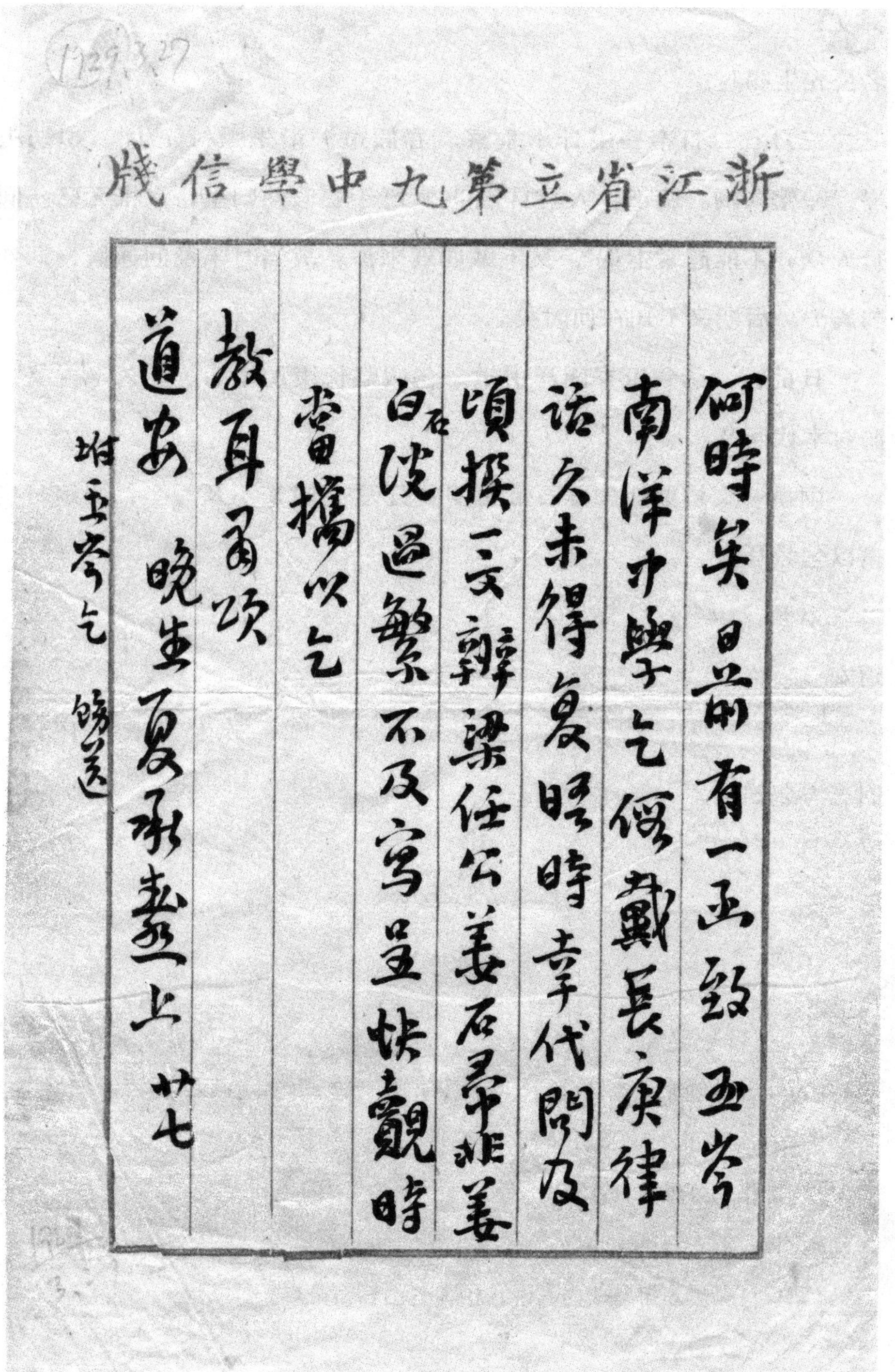
1929.3.27

浙江省立第九中學信箋

何時矣日前有一函致亟岑
南洋中學乞假戴長庚律
話久未得復暇時幸代問及
頃撰一文辨梁任公姜石帚非姜
白石說過繁不及寫呈快覩時
當攜以乞
教耳耑頌
道安 晚生夏承焘上 廿七
班亟岑乞 賜覆

释文：

名公先生赐鉴：

三月廿二日奉一书计承垂察。春假过沪诣朱彊村先生[1]，拟访玉岑，一罄久阔。旋于乡人马君[2]许闻其已于春假前归里，怅怅无已。同行人众，不能趋常抠谒[3]，又不敢屈驾来沪，故当时未及问通候，即匆匆离沪。后期又不知在何时矣。

日前有一函致玉岑南洋中学，乞假戴长庚《律话》。久未得复，晤时幸代问及。

顷撰一文辨梁任公姜石帚非姜白石说[4]，过繁不及写呈，快觌时当携以乞教耳。

肃颂

道安

晚生 夏承焘 上 廿七

附玉岑乞饬送。

注释：

1.夏承焘是经谢玉岑绍介得识朱祖谋的。一九三〇年春假夏承焘赴沪拜谒，此为夏朱初次见面，他们通讯始于上年十月。

2.可能指马公愚或马孟容。

3.抠谒：抠衣谒见。

4.辨梁任公姜石帚非姜白石说，指《姜白石石帚辨》。

三十、夏承焘致谢玉岑

时间：一九三〇年五月廿七日
落款：五月廿七日
用笺：普通信笺，钢笔，蓝色八行，二页
夏记：暂未在日记中找到相关记录
钱记：第五十一封

今按：

此信落款五月廿七日，信中称《白石歌曲旁谱说》已成。据《夏承焘教授学术活动年表》，《白石歌曲旁谱说》成于一九三〇年五月，因此可推此信写于一九三〇年。

此信尾附“杲明附候”，李杲明一九三〇年八月去世，由此可证此信不可能晚于一九三〇年八月。

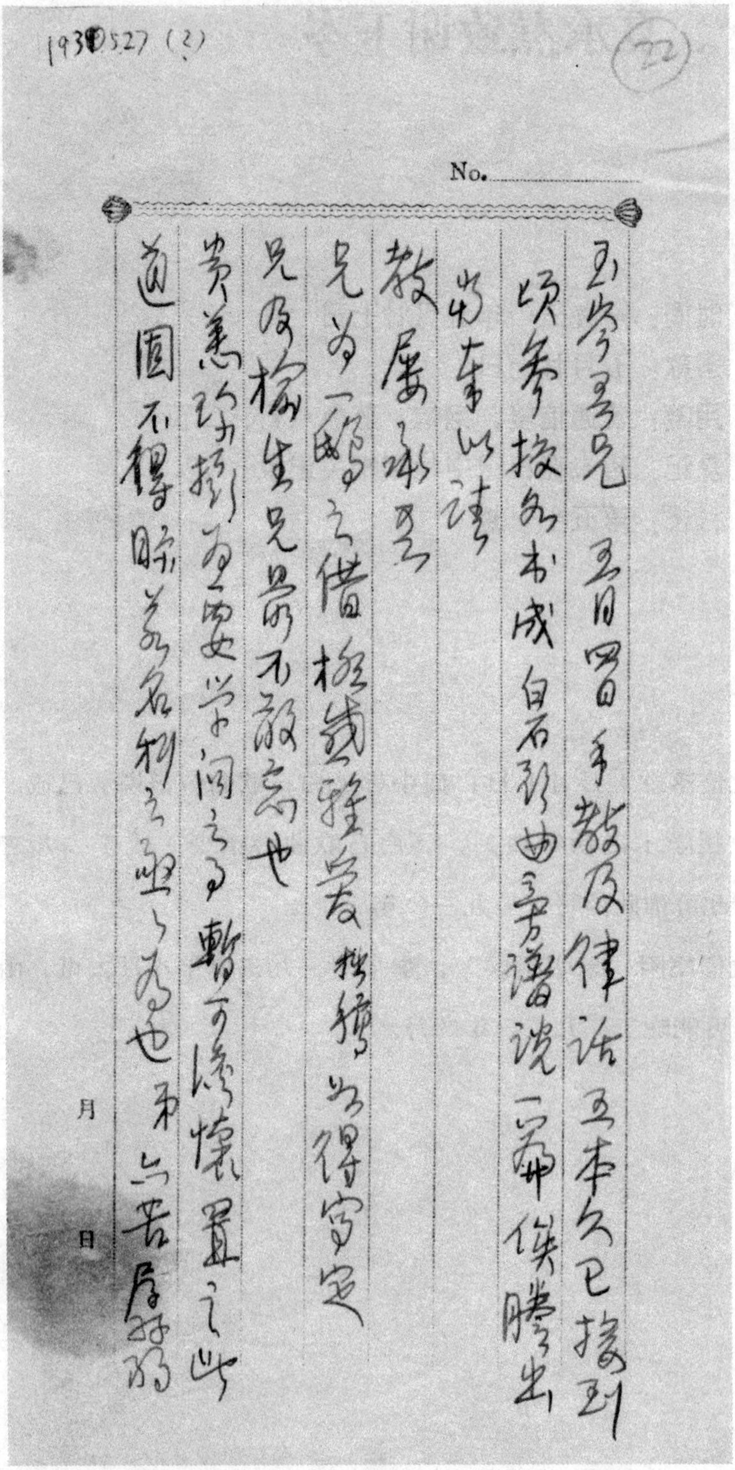

1930.5.27 (2)

(22)

No.

玉岑吾兄：五日四手教及律话五本，久已接到。顷参校各本成白石歌曲旁谱说一篇，俟誊出当奉以请

教。屡承

兄为一路之借，拟钱笺卷，搜讨尚得宁定

兄及榆生兄最不敢忘也。

贵恙珍摄为要，学问之事暂可缓怀置之。此

道固不得躁矜名利之坚之为也。弟亦苦孱弱

月　日

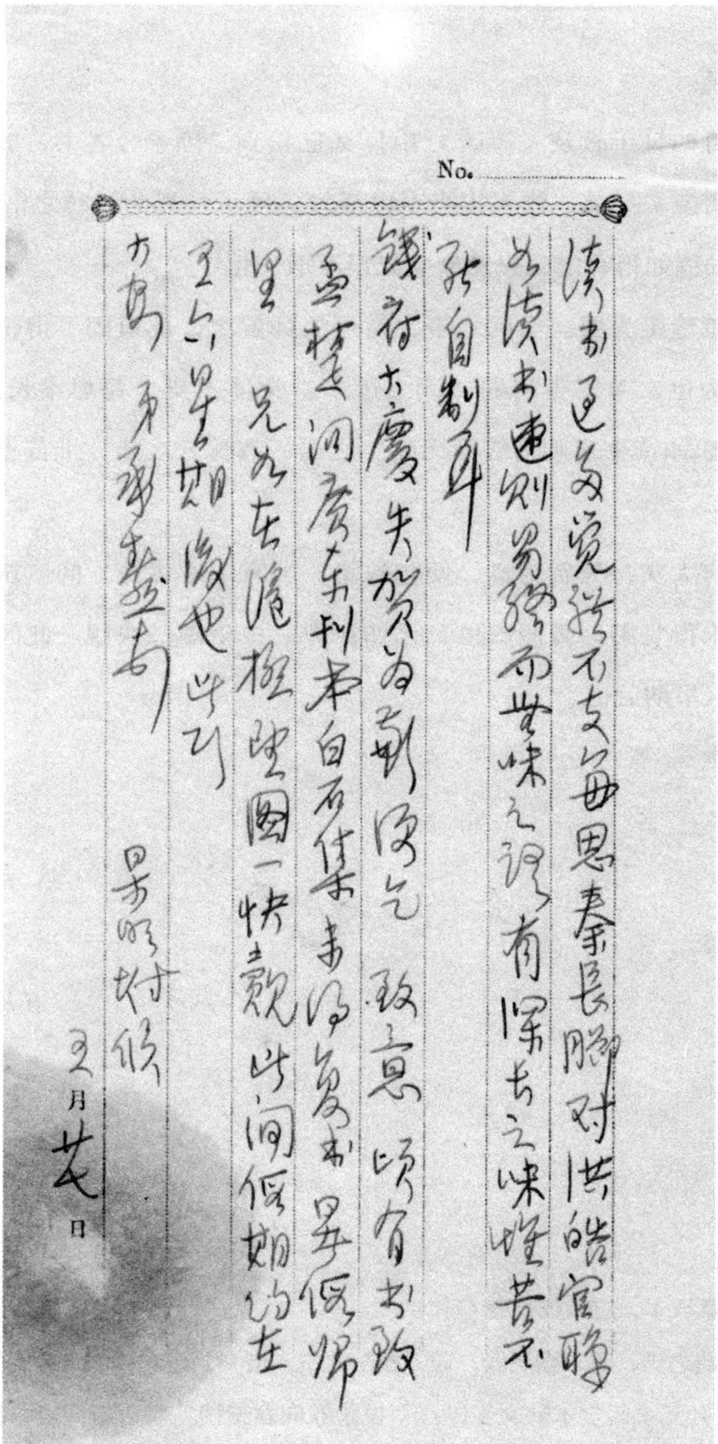
No.
读书速多觉疲不支每思秦长脚对洪皓官职
如读书速则易疲而无味之说有深长之味惜其不
能自制耳
钱君大殷先生属为致意 顷有书致
孟楚问广东刊本白石集未得复书并假归
黑兄如在沪极望图一快观此间假期约在
五六星期后也此问
大安 弟承焘上
吴鹭山附候
五月廿七日

释文：

玉岑吾兄：

五月四日手教及《律话》五本[1]久已接到。顷参校各书，成《白石歌曲旁谱说》一篇，俟誊出当奉以请教。屡承吾兄为一鸱之借[2]，极感雅爱。拙稿如得写定，兄及榆生兄最不敢忘也。

贵恙珍摄为要。学问之事，暂可淡怀置之，此道固不得视若名利之亟亟为也。弟亦苦孱弱，读书过多，觉体不支。每思秦长脚[3]对洪皓[4]“官职如读书速则易终而无味”之语，有深长之味，惟苦不能自制耳。

钱府大庆，失贺为歉，便乞致意。顷有书致孟楚，问广东刊本白石集，未得复书。暑假归里，兄如在沪，极望图一快觌。此间假期约在五、六星期后也。

此颂

大安

弟 承焘 顿首

杲明附候。

五月廿七日

注释：

1.律话五本，应指戴长庚《律话》。

2.一鸱之借：鸱，盛酒器，通“瓻”。古人借书，还时以酒一瓶为酬。宋薛季宣《从孙元式假定本韩文》诗：“校雠歆向君无愧，聊以新诗当一瓻。”后

“瓻”讹为“痴”，故有“借书与人一痴，借得复还为一痴”之谚。（见宋曾慥《高斋漫录》）

3.秦桧在太学学习时，博于记事，工于口才，善干琐碎事，被同舍人称为“秦长脚”。

4.洪皓（1088－1155），字光弼，鄱阳人。南宋使臣，身陷金国十余年，忠贞不屈，含辛茹苦，全节而归，被誉为“宋之苏武”。后因揭露秦桧私通敌国遭报复，被流放英州（今属广东），九年后平反昭雪，不幸于回京途中病逝。谥忠宣。博学强记，著有文集五十卷，及《鄱阳集》、《帝王通要》、《姓氏指南》、《松漠纪闻》、《金国文具录》等。《容斋随笔》作者洪迈为洪皓第三子。

三十一、夏承焘致谢玉岑

时间：一九三〇年秋
署款：无署款
用笺：杭州之江大学校笺，八行红笺，二页
夏记：暂未在日记中找到相关记录
钱记：第五十三封

今按：

此信未署时款。云已经邵潭秋介绍，在之江大学任教，而李杲明刚去世，“今昨两日陪其新夫人游湖遣忧”。李杲明是夏承焘在严州时的好友，不幸于一九三〇年八月英年去世，由此可推测该信写于一九三〇秋间。

李笠有挽李杲明联：遗迹拂尘埋，谁与共研新甲骨；虚檐惊恶谶，不堪重读旧书翰。

杭州之江大學校信箋

玉岑吾兄侍右：久無片紙往復，計振鋭上海，尚仍筆墨。頃与張紡任談及，久系念之也。弟今夏以江西友人邵潭秋之介，溷跡此間，課事殊閒，居住亦頗爽塏，秋來杭一把晤否？果能今夏赴以東莞容君庚之招，冒暑赴北平，抵平五日，即以急病去世，不及一面。容君今昨兩日陪其新夫人遊湖，道夏湖隄，淡舫雲之，振觸年間筆遊，可勝太

地址閘口二龍頭　電話南字十二號

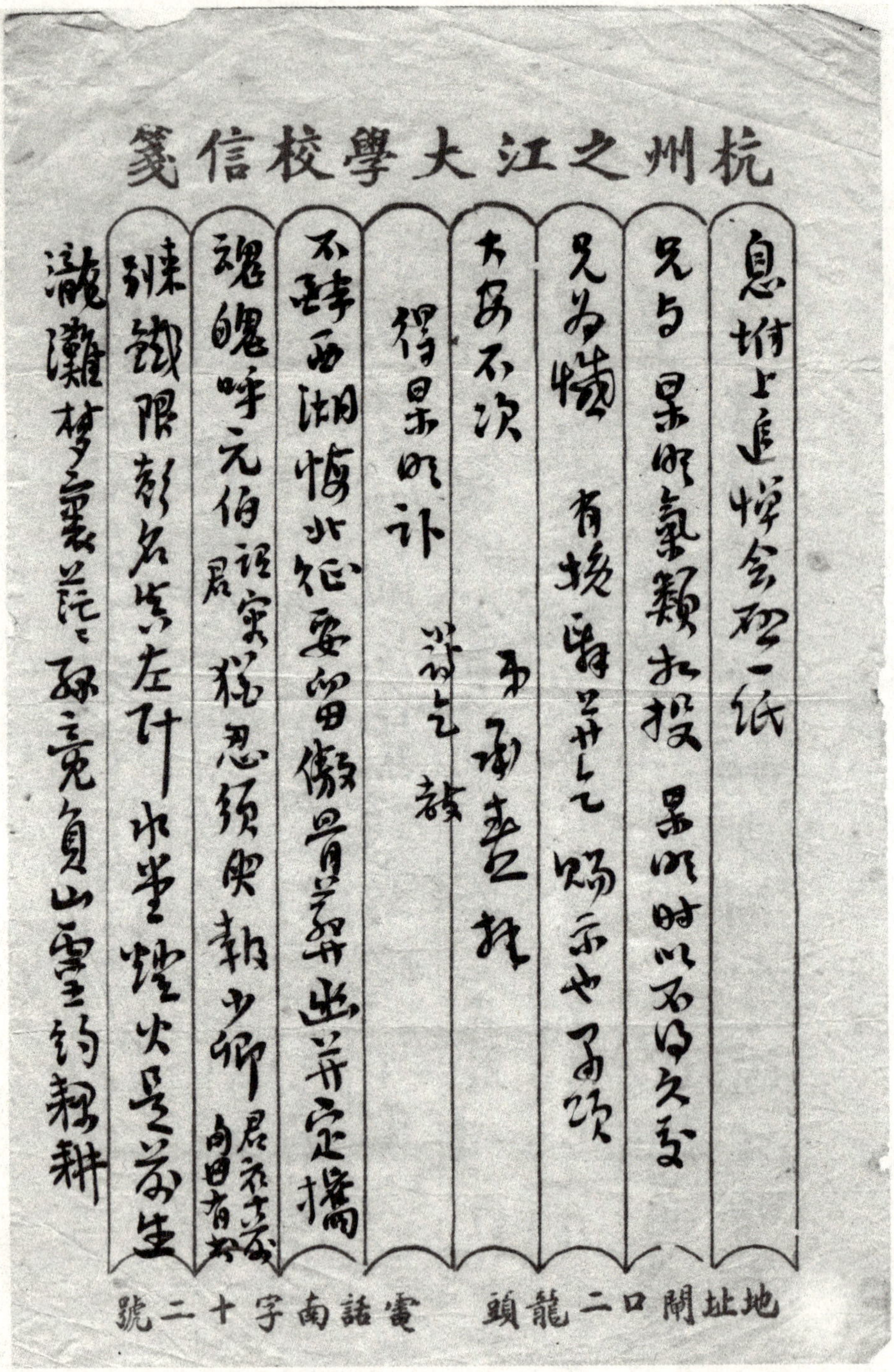

杭州之江大學校信箋

息。附上追悼会稿一纸，兄与果明气类相投，果明时以不得久交兄为憾。有挽联若干乞赐示，也予颂。大安不次。弟承焘拜

得果明讣 并诗乞 教

不肄西湖悔北征，要留傲骨葬幽并。定携魂魄呼元伯君语实，犹忍须臾报少卿君亦去家向母有书。殊铁限彭名紧左计，北堂灯火是苍生。瀧灘梦里茫茫路，竟负山云钓藕耕。

地址閘口二龍頭　電話南字十二號

释文：

玉岑吾兄侍者：

久无片纸往复，计振教上海尚仍旧贯。顷与张幼任[1]谈及，各甚念念也。

弟今夏以江西友人邵潭秋之介，溷迹此间，课事较闲，居住亦颇爽垲。能来杭一把晤否？杲明今夏赴以东莞容君（庚）[2]之招，冒暑赴北平，抵平五日，即以急病去世，不及一面容君。今昨两日陪其新夫人[3]游湖遣忧，湖堤波舫，处处枨触春间旧游，可胜太息。附上追悼会启一纸。兄与杲明气类相投，杲明时以不得久交兄为憾。有挽辞并乞赐示也。

肃颂

大安不次

弟 承焘 拜

得杲明讣（小诗乞教）

不醉西湖悔北征，

要留傲骨葬幽并。

定携魂魄呼元伯[4]，（谓容君）

犹忍须臾报少卿。（君卒前旬日有书来别）

铁限声名真左计[5]，

水堂灯火是前生。

泷滩梦里茫茫绿，

竟负山灵约耦耕。

注释：

1.张幼任，一作幼丞，名镐，温州瑞安人。历任浙江省立十中教务主任、代理校长、校长等职。为夏承焘与谢玉岑共同的朋友。夏承焘一九三〇年十月四日致谢玉岑信中，提到他满壁挂谢字。

2.容庚（1894-1983），字希白，号颂斋，原名肇庚，室名五千卷金石画室。广东东莞人。生于书宦之家，曾随舅父邓尔雅习说文，并刻印。后师从罗振玉研究古文字。一九二二年入北京大学研究所国学门为研究生。毕业后历任北京大学、燕京大学、清华大学教授，故宫博物院专门委员。曾主编《燕京学报》。抗日胜利后，任岭南大学中文系主任。一九四九年后任中山大学中文系教授。曾鉴定清宫旧藏器物并编成书。选辑流散海外的青铜器，出版《海外吉金图录》。汇编自己的收藏为《颂斋吉金图录》和《续录》。所著《商周彝器通考》有重大影响。晚年论著《丛帖考》引起海内外关注。

3.李杲明是夏承焘的好友，在严州期间往来密切。李杲明一九二八年六月二日与姜丹云女士举行婚礼（二婚），夏曾亲往祝贺。

4.元伯巨卿为鸡黍之交。

5.左计：与事实相悖的打算。引申为失策。

三十二、夏承焘致谢玉岑

时间：一九三〇年十月六日
落款：十月四日
用笺：杭州之江大学校笺，八行红笺，二页
夏记：十月六日，接玉岑书，招其重九游杭，寄还为春渠[1]君写小幅，并附一笺，为钟山乞名山先生书。[2]
钱记：第九封信

今按：

此信虽无年款，但信笺已为之江大学，可推断写于一九三〇年。

此信落款“十月四日”，而相关写信记录却记在十月六日的日记里。据日记，夏氏该日除给谢玉岑去信外，还给朱彊村写了信，该日日记并附致朱彊老信，并有明确的落款日期“十月六日”。我判断，这两封信是同时写就的，可能在信尾署款时，误将十月六日写为十月四日。

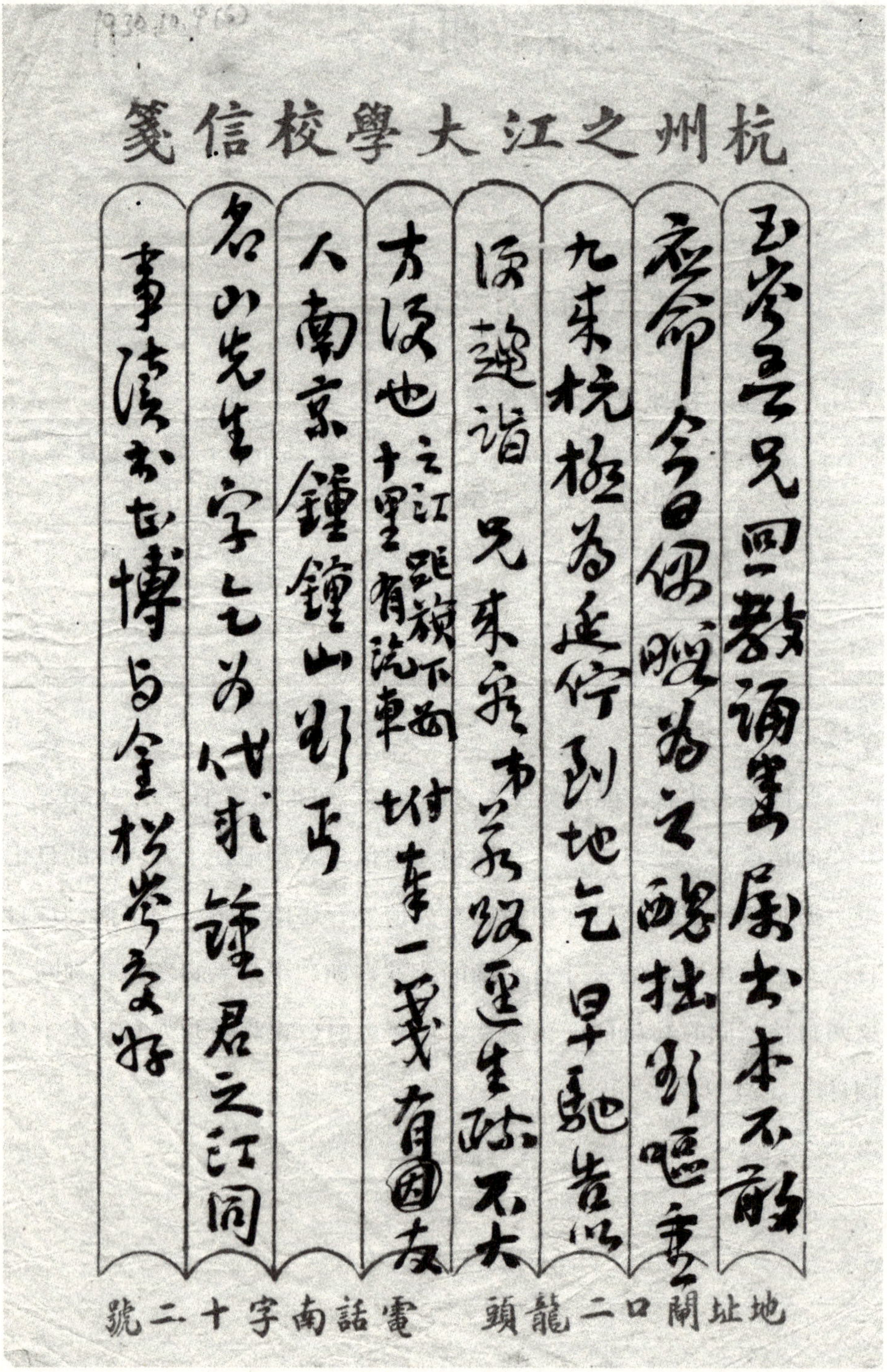

杭州之江大學校信箋

玉岑吾兄：四数诵笺，属書本不敢應命，今日偶暇，為之醜拙，別紙呈上。九來杭，極為延佇，到地乞早馳告，以便趨謁。兄來我市，幸能逕往，生蹤不大方便也。（之江距旗下十里，有汽車廿分）付車一乘。有因友人南京鍾鍾山，影否？名山先生字乞為代求。鍾君之江同事，讀書於博，與金松岑交好。

地址關口二龍頭　電話南字十二號

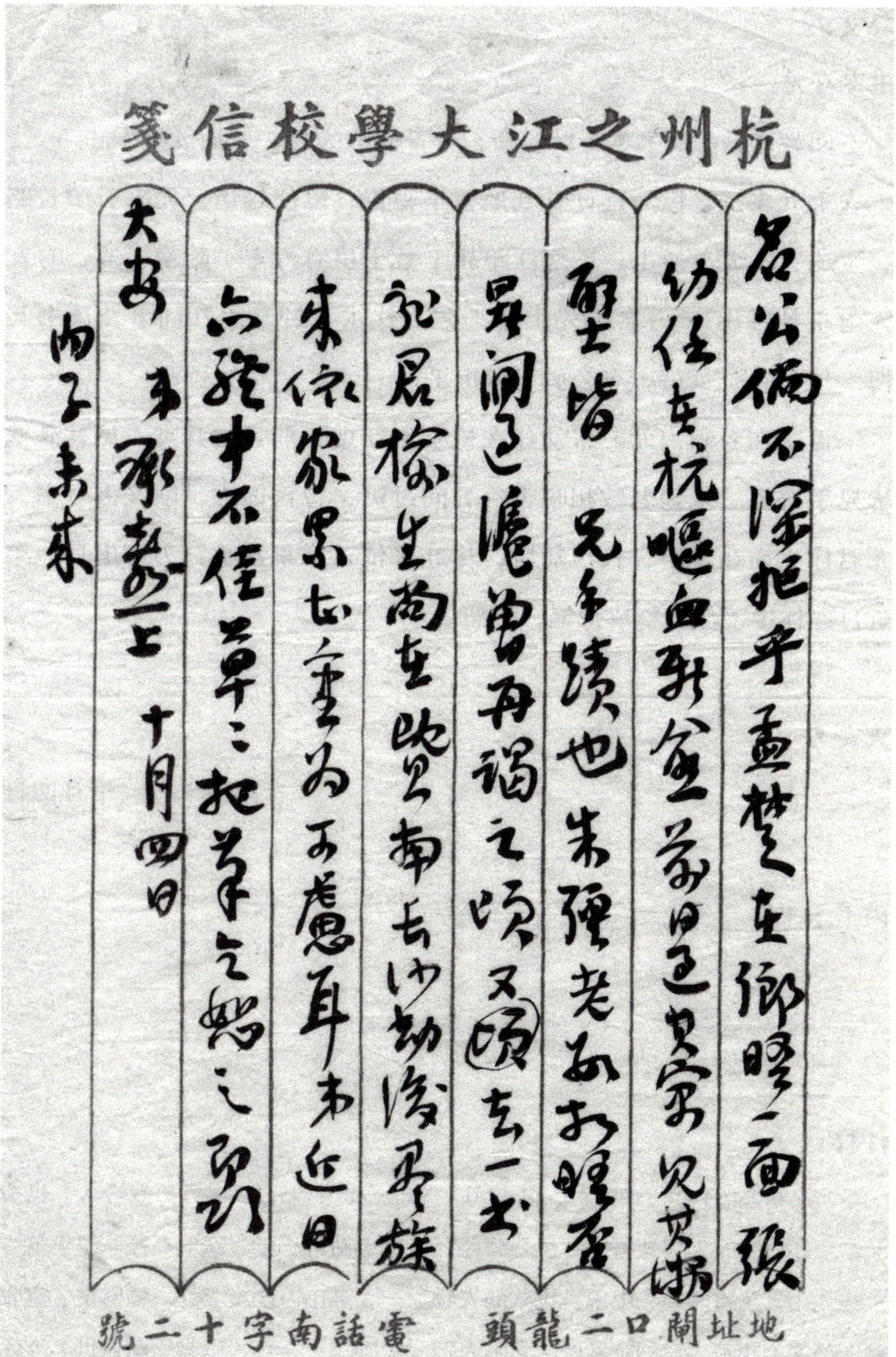

杭州之江大學校信箋

君公倘不深拒乎？畫楚在鄉時一面，張

幼伯在杭嘔血新愈，前日已見客，見其瘦

堅皆先生續也。朱彊老病[illegible]

異聞已滬，曾再謁之，頃又頃去一書

孔君榜生尚在贛南長沙，劫後孑族

來依，家累甚重，為可慮耳。弟近日

亦體中不佳，草草把筆，乞恕之。即頌

大安　弟承燾上　十月四日

內子未來

地址閘口二龍頭　電話南字十二號

释文：

玉岑吾兄：

回教诵悉。属书本不敢应命，今日偶暇为之，丑拙欲呕。

重九来杭，极为延伫。到地乞早驰告，以便趋诣。兄来看弟若路径生疏，不大方便也。（之江距旗下数十里有汽车）附奉一笺，有友人南京钟钟山[3]欲丐名山先生字，乞为代求。钟君之江同事，读书甚博，与金松岑[4]交好，名公倘不深拒乎？

孟楚在乡晤一面。张幼任在杭呕血新愈，前日过其寓，见其满壁皆兄手迹也。朱彊老数相晤否？暑间过沪，曾再谒之，顷又去一书。龙君榆生尚在暨南，长沙劫后，尽族来依，家累甚重，为可虑耳。弟近日亦体中不佳，草草把笔，乞恕之。

即颂

大安

弟 承焘 上 十月四日

内子未来。

注释：

1.王春渠（1900-1989），名学田，号心壶、曼士，以字行。武进人。世业盐，历任丹阳、无锡盐署事，热心公益，曾创办新群小学、新群书社。早年就学于钱名山，为寄园弟子中出类拔萃的人物之一，名山以侄女妻之。精鉴赏、富收藏，是海上收藏大家刘靖基的"掌眼人"。民国二十一年，以其所藏当世名家翰墨以《当代名人书林》为题影印刊行。

王春渠与谢玉岑不仅同学，又有戚谊。玉岑工诗，他亦擅吟咏。早年有怀玉岑诗："春老江南又一年，玉兰花谢柳吹绵。池塘一夜连纤雨，芳草天涯忆惠连。"谢殁后，与陆丹林、夏承焘等共同致力于玉岑遗稿的收集与整理。

2.《夏承焘集》，第五册，页149。

3.钟钟山（1888-1979），名泰，字钟山，别号待庵，江苏南京人。以字行。早年留学日本，归国后应两江师范学堂监督李瑞清之聘，任日文教习凡六年，遂与李瑞清、王伯沆为忘年之交。一九一四年任南京法政专门学校日文教员，并开老庄讲座，历时十载。一九二四年赴杭州任之江大学国文系教授兼系主任。抗战爆发由赣转湘，任蓝田国立师范学校教授，一九四四年转任贵阳大夏大学文学院院长。抗战胜利返沪，任光华大学教授。一九四九年后任华东师范大学教授、上海文史馆馆员。毕生致力于先儒哲理之学，尤精周秦诸子，下及宋明理学，治学主宋学而不鄙薄校勘、训诂。著有《中国哲学史》、《庄子发微》、《春秋正言断词三传参》、《顾诗笺校订》等。

4.金松岑（1873—1947），原名懋基，又名天翮、天羽，号壮游、鹤望，笔名麒麟、爱自由者、金一、天放楼主人等。祖籍安徽歙县，迁至江苏吴江。与陈去病、柳亚子并称为清末民初"吴江三杰"。甲午战争后，与陈去病组织"雪耻学会"。清光绪二十五年（1899），在同里创办"自治学社"和"理化音乐传习所"，传授新文化。二十八年创办同川学堂。翌年，应蔡元培之邀赴沪参加中国教育会和爱国学社，回同里创办中国教育会同里支部。《苏报》案发，回乡筹措经费，延请律师为章太炎、邹容辩护，资助《革命军》出版。民国元年（1912），当选为江苏省议会议员，后出任吴江县教育局局长、江南水利局局长，曾任安徽通志馆编纂。一九三二年与陈衍等组织中国国学会，邀章太炎到苏州，与章在国学会讲学。一九三八年春应聘上海光华大学中文系教授。一九四一年底，折返苏州，闭门著述。主要著述有《天放楼诗集》、《天放楼文言》、《鹤舫中年政论》、《孤根集》、《皖志列传》、《词林撷隽》、《女界钟》、《自由血》、《孽海花》等。

三十三、夏承焘致谢玉岑

时间：一九三〇年十月十五日
落款：十月十五午
用笺：杭州私立之江文理学院信笺，八行红笺，二页
夏记：十月十五日，发玉岑信，为书一扇叶。[1]
钱记，第十封

今按：

夏承焘一九三〇年十月十三日日记："得玉岑信，属予书扇。"（《夏承焘集》，第五册，页153。）一九三〇年十月十五日又记："发玉岑信，为书一扇叶。"（《夏承焘集》，第五册，页153–154。）该日日记后记有《题稼轩词》，并注"玉岑赏此首"，可能夏翁就是将这首词书扇以赠。

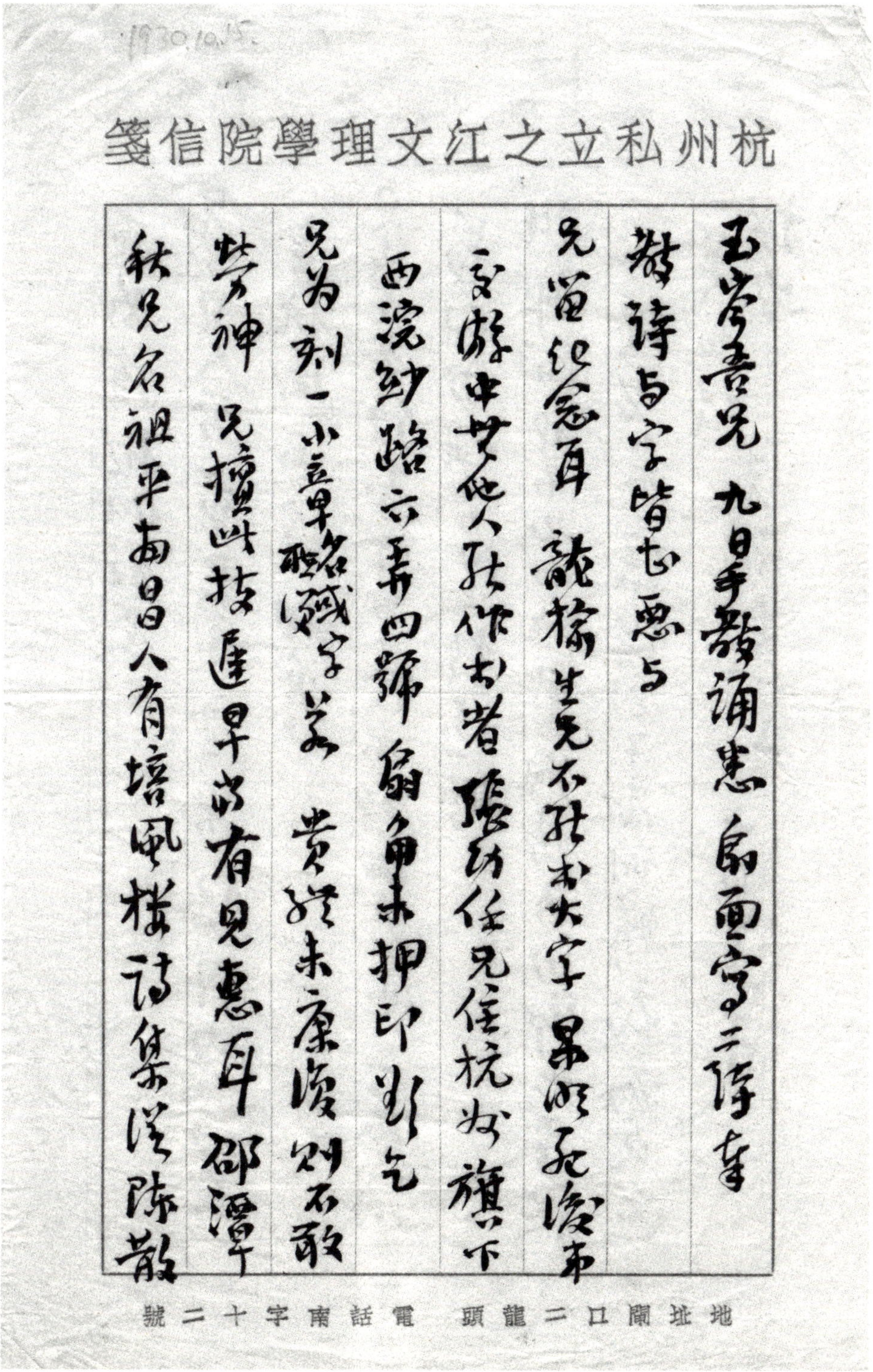

1930.10.15.

杭州私立之江文理學院信箋

玉岑吾兄 九日手教誦悉 扇面寫二詩奉
教 詩与字皆甚惡 与
兄留紀念耳 龍孫先生不能書大字 果欲丞後弟
子游中世他人能作書者 張紹任兄住杭州旗下
西浣紗路六弄四號 扇面未押印 此乞
兄为刻一小章署名藏字矣 貴恙未康復 則不敢
勞神 兄擅此技 遲早亦有見惠耳 邵潭
秋兄名祖平 南昌人 有培風樓詩集 從陈散

地址閘口二龍頭 電話南字十二號

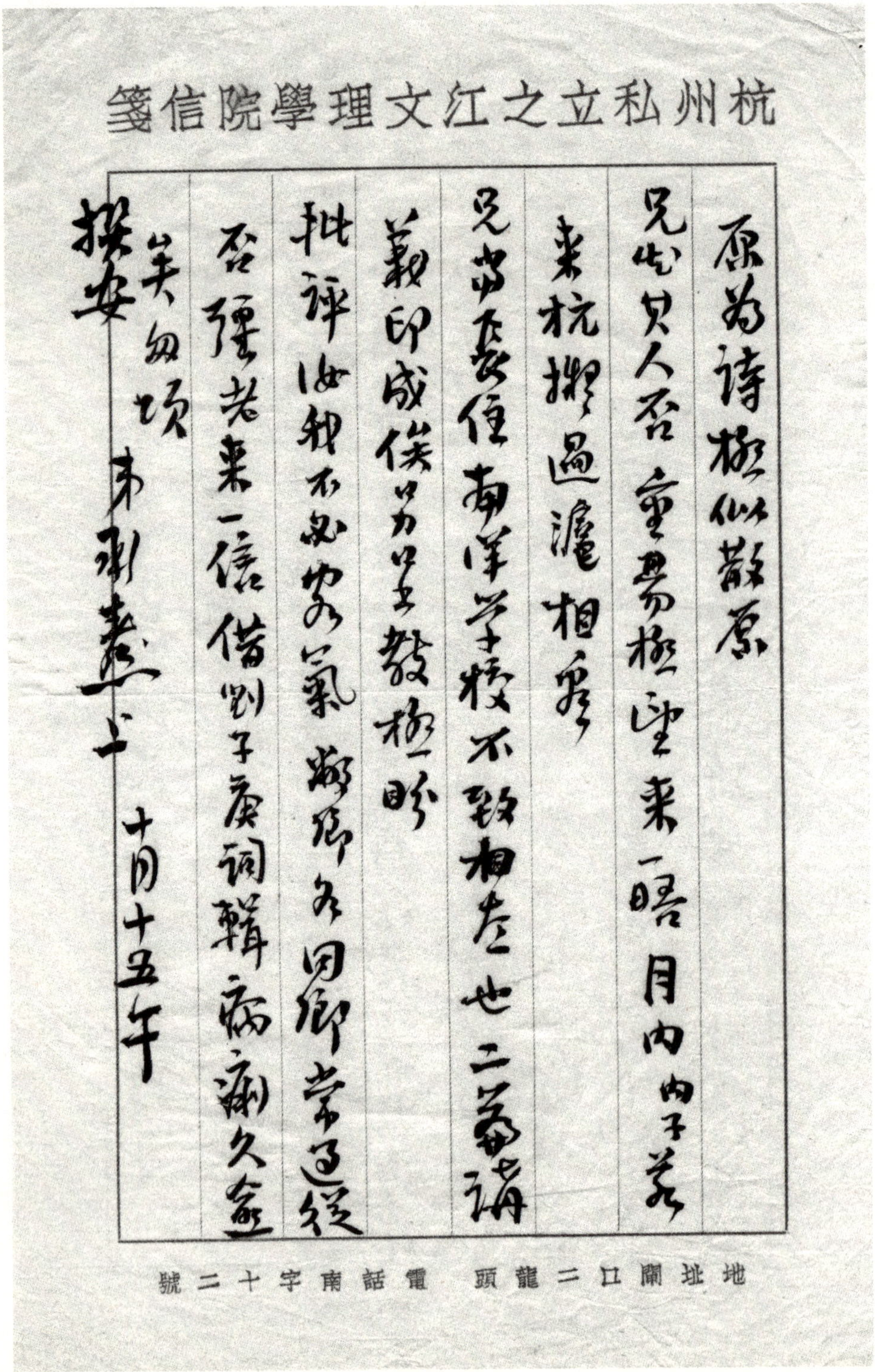

杭州私立之江文理學院信箋

原稿詩極似散原
兄也。其人否？重陽極望來一晤。月內內子若
來杭，擬過滬相訪。
兄尚在南洋學校，不致相左也。二篇講
義印成，俟少暇發，極盼
批評，此種不必客氣。擬約各同鄉常通從
否？隱老來一信，借劉子庚詞輯，病瘳久矣
笑。匆頌
撰安。承燾上　十月十五午

地址闌口二龍頭　電話南字十二號

释文：

玉岑吾兄：

九日手教诵悉。扇面写二诗奉教，诗与字皆甚恶，与兄留纪念耳。龙榆生兄不能书大字。杲明死后，弟交游中无他人能作书者。张幼任兄住杭州旗下西浣纱路六弄四号。

扇角未押印，欲乞兄为刻一小章（名或字听便）。若贵体未康复，则不敢劳神。兄擅此技，迟早当有见惠耳。

邵潭秋兄名祖平，南昌人，有《培风楼诗集》，从陈散原[2]为诗，极似散原。兄知其人否？重阳极望来一晤。月内内子若来杭，拟过沪相看。兄当长住南洋学校，不致相左也。二篇讲义，印成俟另呈教，极盼批评，汝我不必客气。敝乡各同乡常过从否？彊老来一信，借刘子庚《词辑》。病痢久愈矣。

匆颂

撰安

弟 承焘 上 十月十五午

注释：

1.《夏承焘集》，第五册，页153。

2.陈三立(1853－1937)，宁伯严，号散原，江西义宁(今修水县)人。陈宝箴长子，与谭嗣同、丁惠康、吴保初并称“维新四公子”，为“同光体”诗派代表性人物。光绪十五年（1889）进士，授吏部主事官职。光绪二十一年，其父任湖南巡抚，推行新政，往侍父侧，襄与擘划，在办时务学堂、算学馆、《湘报》、南学会等过程中效力较多。戊戌后，与父亲一起被清廷革职。后随父返江西，居西山“峭庐”。晚年居上海、杭州、南京，曾与沈曾植、朱祖谋、梁鼎芬等组织“超社”、“逸社”。一九三七年卢沟桥事变，愤而绝食。生前曾刊行《散原精舍诗》及其《续集》、《别集》，死后有《散原精舍诗文集》出版。其子陈衡恪为著名画家，陈寅恪为著名史学家。

三十四、夏承焘致谢玉岑

时间：一九三〇年十月卅一日
落款：十月卅一日
用笺：杭州私立之江文理学院信笺，八行红笺，单页
夏记：十月卅一日，发玉岑常州函，寄去题顾梁汾遗墨词。[1]
钱记：第十一封

今按：

顾贞观两阕《金缕曲》，为后人传诵不已，成为各种清诗选本无不采用的佳作。顾贞观生前曾多次为友人书写此词，其手泽历经三百多年，仍遗留世间。田家英“小莽苍苍斋”便藏有顾氏手书《金缕曲》扇面真迹，此扇共有五阕《金缕曲》，其中包括写给吴汉槎的两阕。顾贞观一生写了十多阕《金缕曲》，此五阕为其得意之作，故常录以赠送友人。

此信札中提到的胡汀鹭藏顾贞观书《金缕曲》墨迹扇面，即写给吴汉槎的两阕，曾刊于《词学季刊》第一卷第三号上。北京出版社后来出版的《弹指词笺注》一书，又将此扇刊于扉页。

一九二四年柳亚子曾作《题顾梁汾寄吴汉槎金缕曲为胡汀鹭赋》，后胡汀鹭又托谢玉岑转请夏承焘题此墨迹，夏承焘《天风阁词集前编》中有《金缕曲·胡汀鹭画家藏顾梁汾书寄吴汉槎金缕曲词箑

谢玉岑属题》词。（《夏承焘集》，第四册，页130。）

夏承焘当年十月廿五日的日记，亦可参看：

玉岑寄来无锡胡汀鹭影印顾梁汾书寄吴汉槎二词，纳兰容若书水调歌头题洞庭图二箑，小楷工秀，皆希世之宝。汀鹭得于汪静山处，后有裴睫庵（景福）、梁公约三诗一词，殊不甚工。玉岑为汀鹭介予题词，午后得金缕曲一阕。

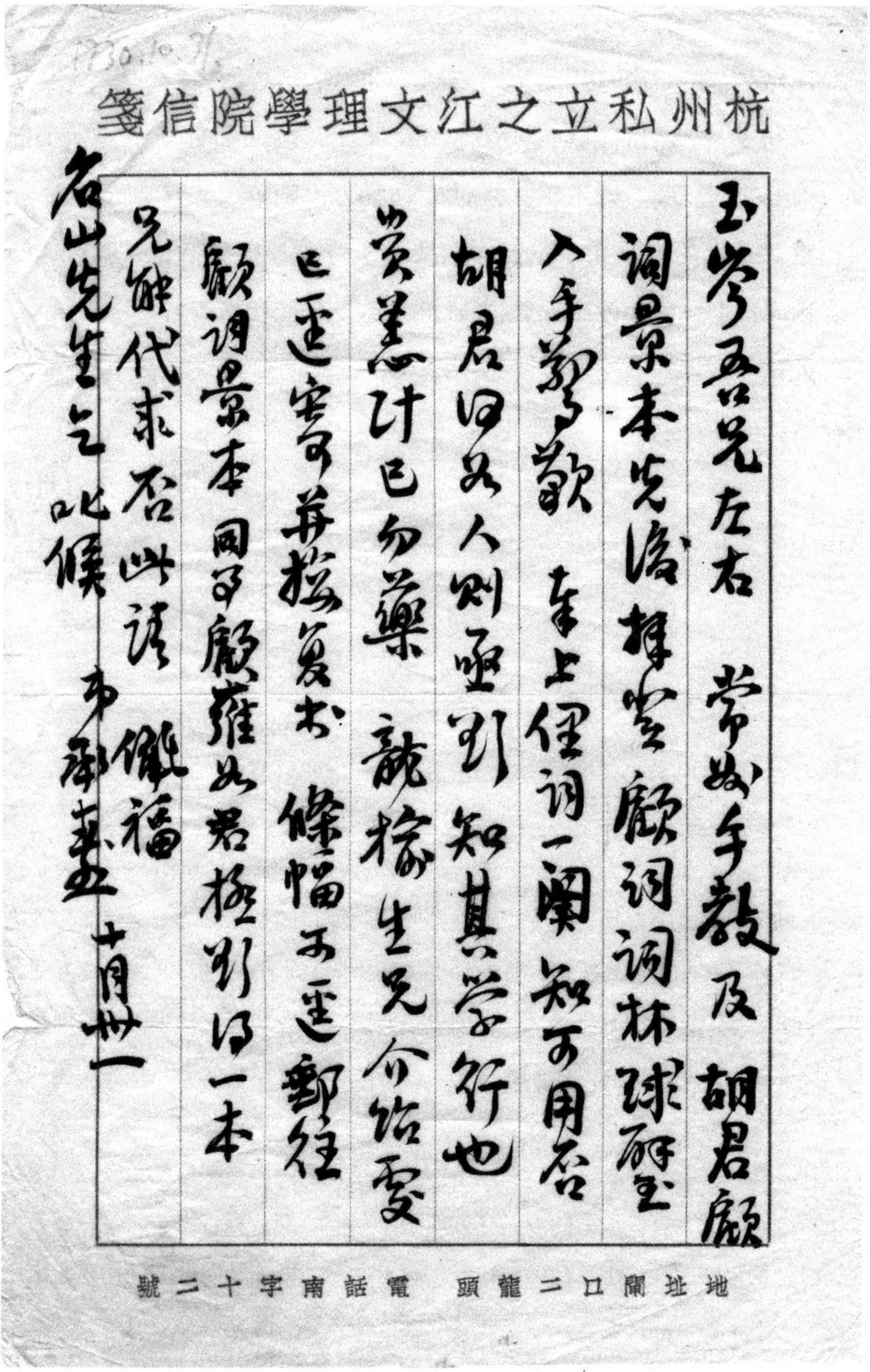

1930.10.31.

杭州私立之江文理學院信箋

玉岑吾兄左右 常承手教及胡君顧詞景本先後拜到 顧詞詞林球璧入手驚歎 來上俚詞一闋知可用否 胡君何如人則亟願知其學行也 與叢慧計已分藥 龍榆生兄介紹要已逕寄奉覆未 條幅可逕郵往 顧詞景本同可顧羅如君極欲得一本 兄能代求否 此請 儷福

名山先生乞叱候 承燾上 十月卅一

地址閘口二龍頭 電話南字十二號

释文：

玉岑吾兄左右：

常州手教及胡君顾词景本[2]，先后拜登。顾词词林球璧，入手惊叹。奉上俚词一阕，知可用否？胡君[3]何如人，则亟欲知其学行也。

贵恙计已勿药。龙榆生兄介绍处已迳寄，并接复书，条幅可迳邮往。顾词景本，同事顾雍如君[4]极欲得一本，兄能代求否？

此请

俪福

弟 承焘　十月卅一

名山先生乞叱候。

注释：

1.《夏承焘集》，第五册，页161。

2.顾贞观（1637–1714），原名华文，字远平、华峰，号梁汾，无锡人。东林党人顾宪成之曾孙。幼习经史，尤喜古诗词。少时便与江南名士吴伟业、陈维崧、严绳孙、秦松龄等人交往，著有词集《弹指词》。与陈维崧、朱彝尊并称清初“词家三绝”。康熙五年中举，任国史院典籍。其好友吴汉槎因丁酉科场舞弊案被株连而流放宁古塔。顾作《金缕曲》词两阕赠之，以词代书，哀怨情深，被称为“千古绝调”。

吴兆骞，字汉槎，吴江人，顺治十四年（1657）中举，因科场案发，于次年复试京城。殿试之日，大殿四周，环列武士，夹棍腰刀，森森密布。每一举人入殿，以两护军持刀夹送之。故吴汉槎殿试时手颤不能握笔，以致蒙受作弊之嫌，被革去举人之名，后又遭人诬陷，遂获罪谪戍宁古塔。吴兆骞被遣戍后，其友朋为他获释想方设法，其中最积极者为顾贞观。顾与吴私交甚厚，情同手足，为救吴奔走呼号、不遗余力。但此为“先帝”钦定的案子，翻案难度很大。

康熙十五年，大学士明珠慕顾贞观的才名，聘其为子纳兰性德授课。纳兰性德亦为清初著名词人，二人遂成忘年交。顾贞观在北京千佛寺大雪之夜写下了两阕词作《金缕曲》，被纳兰见之，认为此词可与李陵送别苏武的《别离诗》及向秀悼念亡友嵇康的《思旧赋》相媲美，三者都是抒写友情的千古绝唱。他为此深受感动，便对顾贞观说：“此事三千六百日中，弟当以身任之，不俟兄再嘱也。”顾贞观担心，塞外生存处境恶劣，汉槎能否挨过这十年，便对纳兰说道：“人寿几何，请以五载为期。”纳兰点头答应，也写了一阕《金缕曲》赠予顾贞观，词中写道“绝塞生还吴季子，算眼前，此外皆闲事”，表示了他的真切诚意。纳兰回到家中，恳求其父明珠相救。明珠乃当朝大学士、太子太傅，权重一时。康熙二十年（1681），经明珠、徐乾学、徐元文等朝廷重臣的援手相救，吴汉槎终于放归。吴汉槎回京后，不久因细故与顾贞观有些嫌隙，顾也不辩解。一天，明珠招汉槎到书房，但见墙壁上写有大字：“顾梁汾为松陵才子吴汉槎屈膝处。”吴汉槎不由心中大恸，羞愧难当。

附《金缕曲》：

顾梁汾：

“季子平安否？便归来，平生万事，哪堪回首？行路悠悠谁慰藉，母老家贫子幼。记不起，从前杯酒，魑魅搏人应见惯，总输他，覆雨翻云手。冰与雪，周旋久。

泪痕莫滴牛衣透，数天涯，依然骨肉，几家能够。比似红颜多命薄，更不如今还有。只绝塞，苦寒难受。廿载包胥承一诺，盼乌头马角终相救。置此札，君怀袖。”

“我亦飘零久。十年来，深恩负尽，死生师友。宿昔齐名非忝窃，试看杜陵消瘦。曾不减，夜郎僝僽。薄命长辞知己别，问人生，到此凄凉否？千万恨，为君剖。

兄生辛未我丁丑，共些时，冰霜摧折，早衰蒲柳。词赋从今须少作，留取心魂相守。但愿得，河清人寿。归日急翻行戍稿，把空名料理传身后。言不尽，观顿首。”

纳兰性德：《金缕曲·赠顾梁汾》

德也狂生耳！偶然间，缁尘京国，乌衣门第。有酒惟浇赵州土，谁会成生此意？不信道，遂成知己。青眼高歌俱未老，向尊前，拭尽英雄泪。君不见，月如水。

共君此夜须沉醉。且由他，蛾眉谣琢，古今同忌。身世悠悠何足问，冷笑置之而已！寻思起，从头翻悔。一日心期千劫在，后身缘恐结他生里。然诺重，君须记。

3.指胡汀鹭（1884–1943），名振，别号喑公、喑禅，晚号大浊道人，室名闹红精舍，江苏无锡人。曾先后在无锡县立女子师范、常州女子师范、江苏省立第三师范、南京美术专科学校、省立第四师范学校(今南京师范大学)教授美术。一九二四年与诸健秋等人创办无锡美术专科学校并任教务主任。一九二六年与贺天健等组织锡山书画社。一九三〇年执教于上海昌明艺专。一九三四年创办无锡振南国画学堂，次年任云林书画社社长。无锡沦陷后，蓄须明志，坚贞自守。擅画，并工诗词，兼研书法，时有“画诗书三绝”之誉。与同邑吴观岱齐名，为近代无锡画坛盟主，钱松嵒、杨建侯、陆俨少均出其门下。名山老人幼女钱悦诗亦拜胡氏为师。据说夏承焘也曾向胡氏讨教如何画荷。

与谢玉岑交好。谢殁后，作《画飞燕落花图于亡友谢玉岑书扇后》：“三月春深正花落，飞来燕子怨东风。池塘草色青如此，怎不相思忆谢公。”

4.指顾敦鍒（？–1998），字雍如，苏州人。曾任之江大学、燕京大学教授，为夏承焘忘年交。经夏承焘做媒，娶温州画家徐绮琴为妻。徐绮琴（1916–2004）师从徐堇侯、马公愚，工为老莲一派。顾氏夫妇后移居美国。

三十五、夏承焘致谢玉岑

时间：一九三〇年十一月三日
署款：十一月三日
用笺：杭州私立之江文理学院信笺，八行红笺，四页
夏记：十一月三日，复玉岑信，告近有兴为后村别调考证。附去姜词考证叙例等四份。[1]
钱记：第十二封

今按：

今夏回温，曾从温州图书馆古籍部检出《赌棋山庄集》一书。两册，十二卷。封面有“福州碧蕖遗赠东越□翁”。内页钤“陈氏烛见知斋藏书之印”与“温州图书馆藏”两方朱文印。此为陈黻宸旧物。

不知此书是否就是当年谢玉岑借阅的旧物？

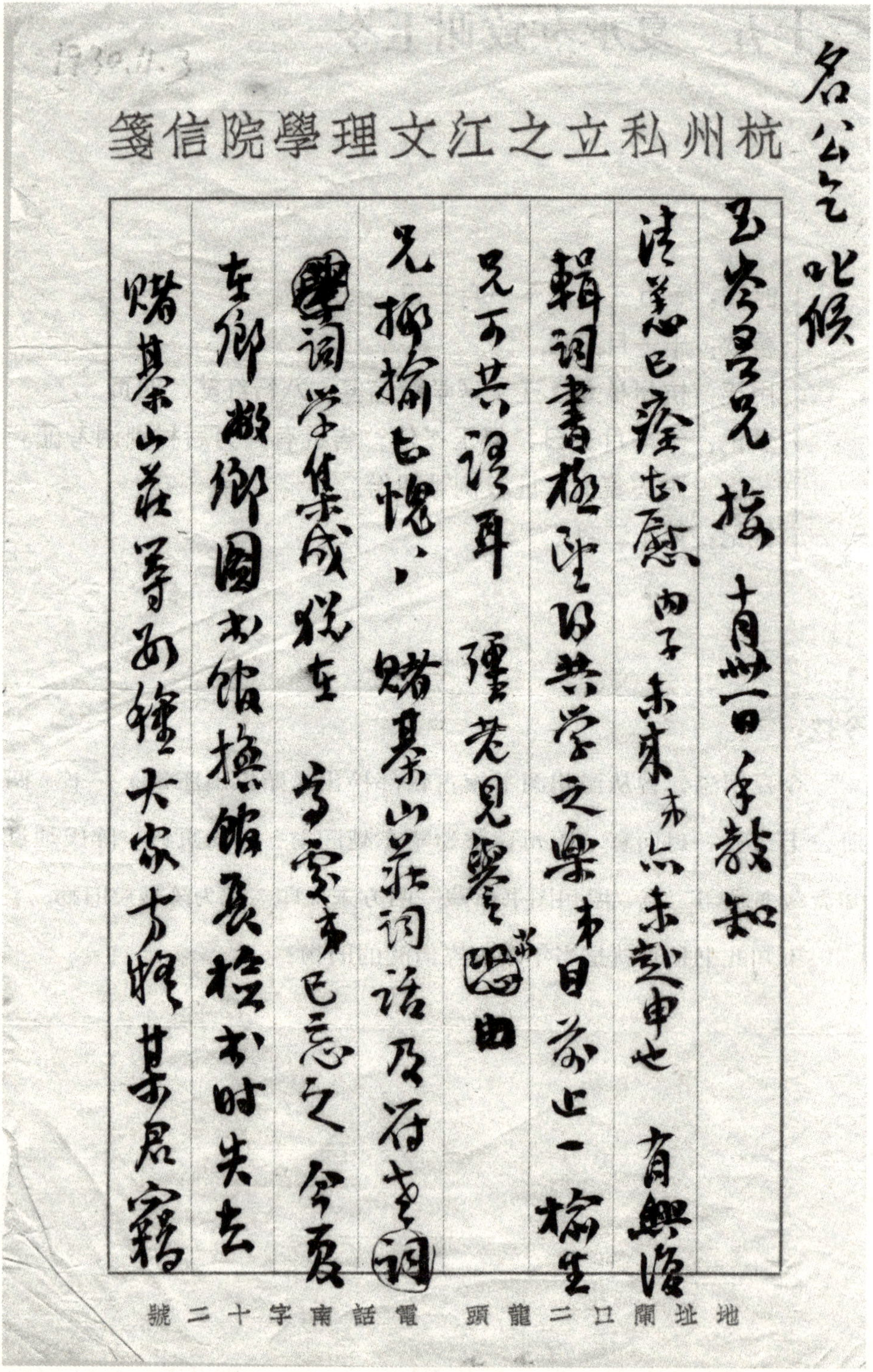
杭州私立之江文理學院信箋
地址閘口二龍頭 電話南字十二號

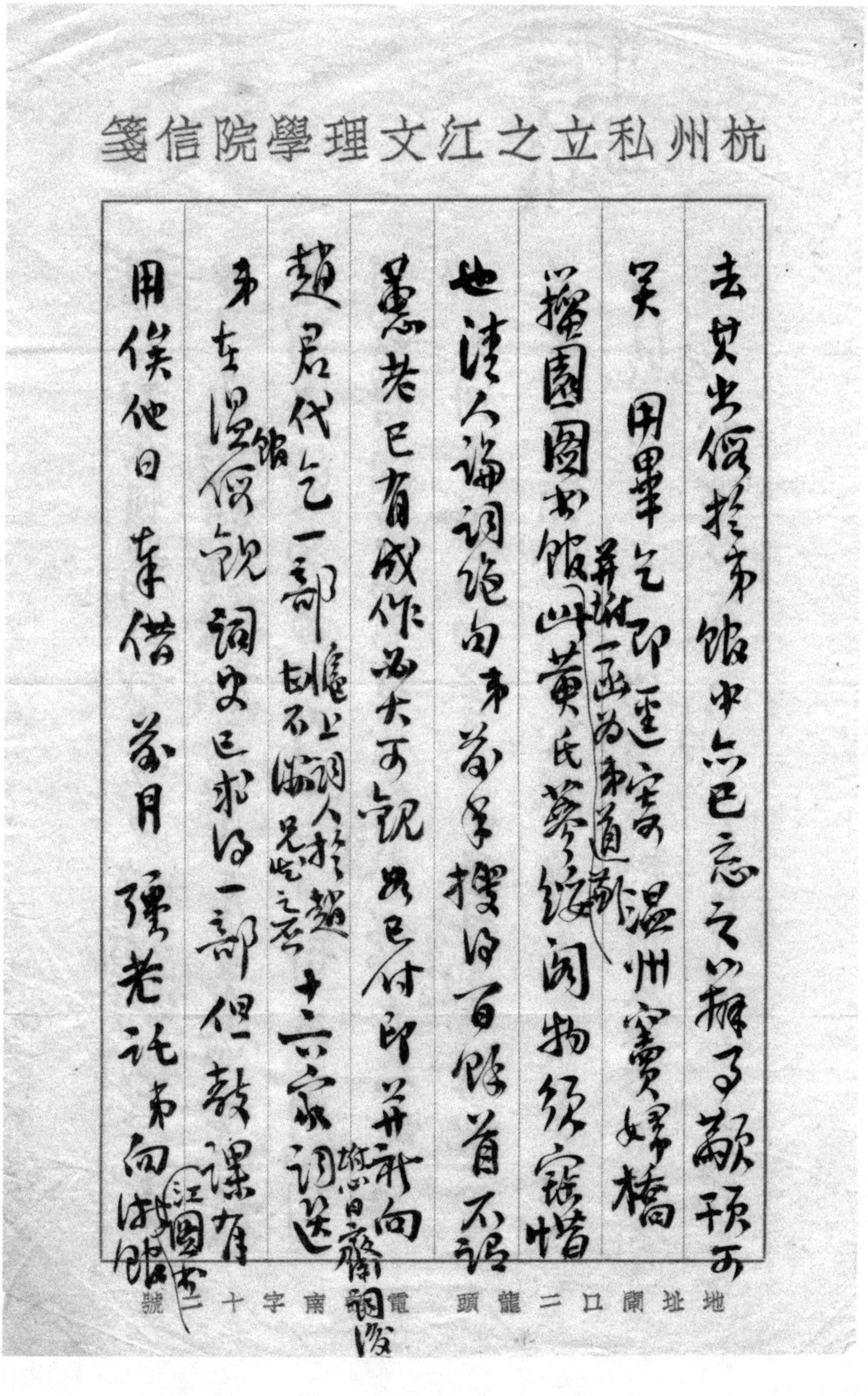

杭州私立之江文理學院信箋

去歲出假於弟館中亦已忘之以擬子蘇頌可矣

用畢乞即還寄溫州竇婦橋（并擬一函為弟道謝）

籀園圖書館此黄氏蔘綏閣物須寶惜

也清人論詞絕句弟蒐集得百餘首不識

蕙老已有成作否大可觀者已付印并新向（懃心日齋詞證）

趙君代乞一部（憶上詞人於趙昀不識兄曾見之否）十六家詞選

弟在溫館假觀詞史亟求得一部俾教課有

用俟他日奉借蒙月陳老託弟向浙江圖書館

地址閘口二龍頭　電話南字十二號

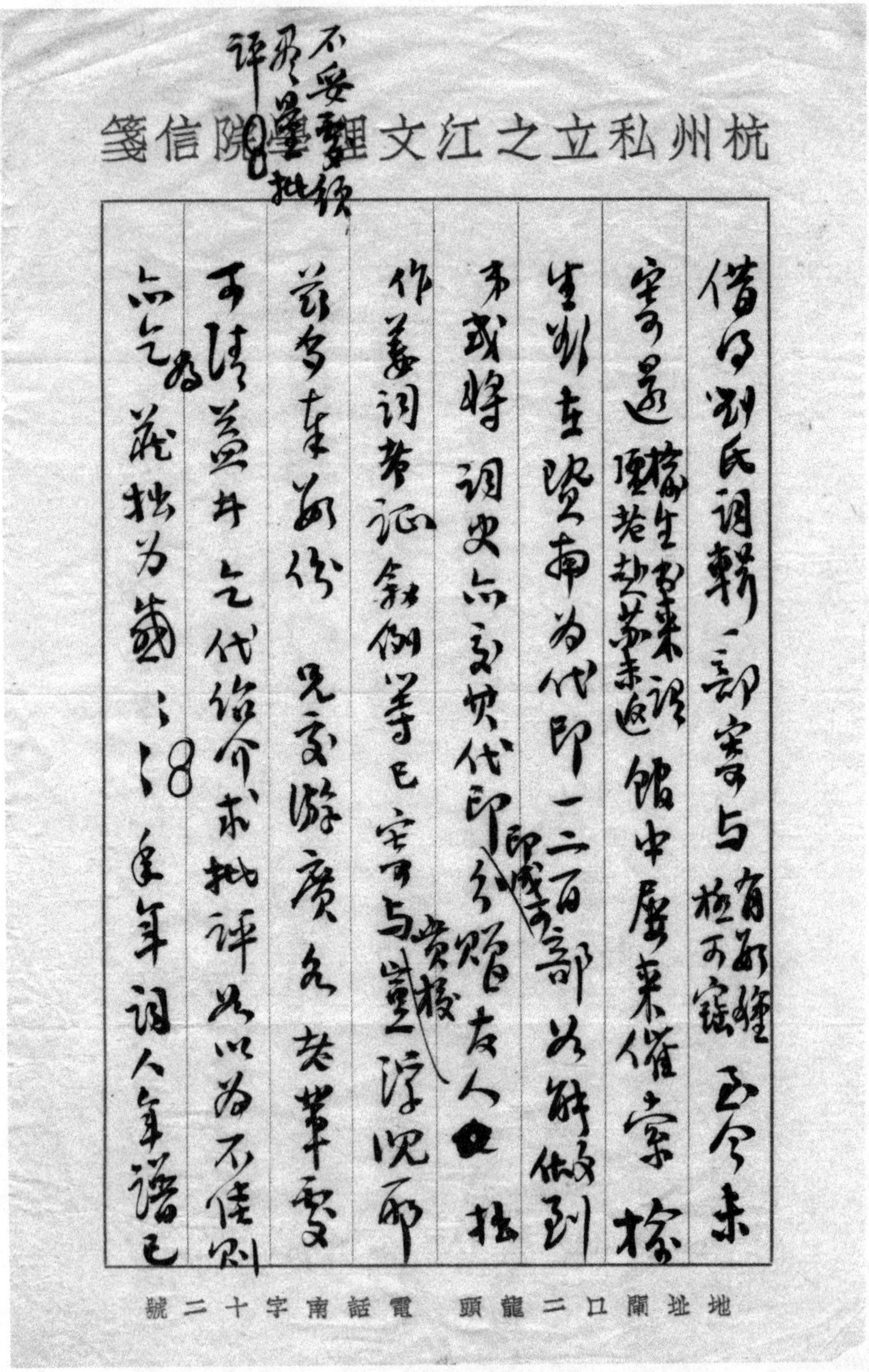
杭州私立之江文理學院信箋
地址閘口二龍頭　電話南字十二號

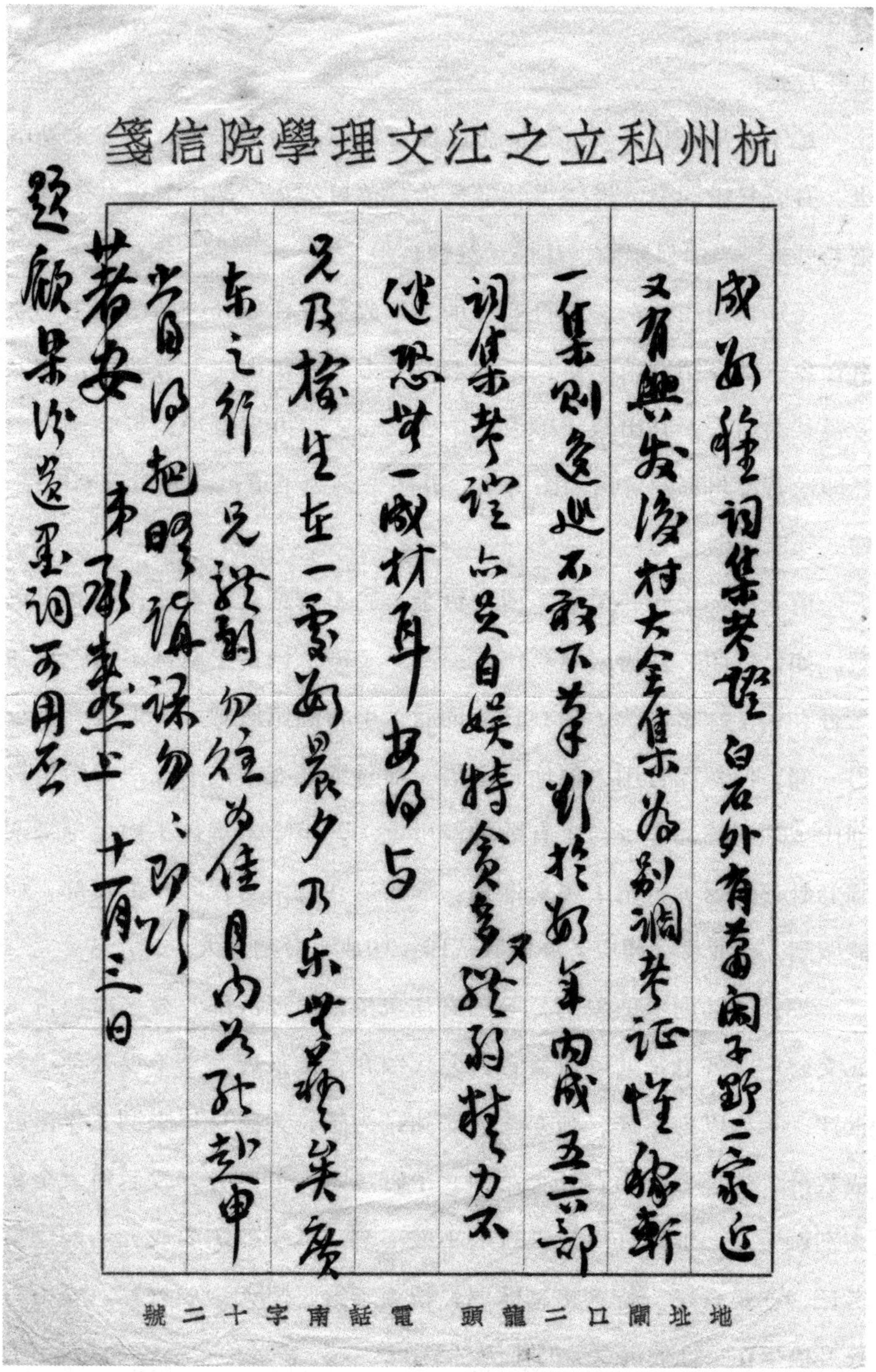

杭州私立之江文理學院信箋

成數種詞集考證 白石外有蒲江子野二家近
又有興安後村大全集爲刻詞考證 惟稼軒
一集則迄延不敢下筆 將於數年內成五六部
詞集考證 亦足自娛 特貪多又殊弱 精力不
繼 恐無一成材耳 如何 與
兄及榆生在一處 數晨夕乃樂無極矣 廣
東之行 兄殊謝勿往爲佳 月內若能赴申
當得把晤請謀勿勿 即頌
著安 弟承燾上 十月三日
題飲果從選墨詞可用否

地址闊口二龍頭 電話南字十二號

释文：

玉岑吾兄：

接十月卅一日手教，知清恙已痊，甚慰。内子未来，弟亦未赴申也。有兴复辑词书，极望得共学之乐。弟目前止一榆生兄可共语耳。彊老见誉，当由兄揶揄，甚愧，甚愧！

《赌棋山庄词话》及符老《词学集成》犹在尊处，弟已忘之。今夏在乡，敝乡图书馆换馆长，检书时失去《赌棋山庄》等数种，大家方疑某君窃去，其出假于弟，馆中亦已忘之。办事颟顸，可笑。用毕乞即迳寄温州窦妇桥籀园图书馆，并附一函为弟道歉。此黄氏蔘绥阁[2]物，须宝惜也。

清人论词绝句，弟前年搜得百余首，不谓蕙老已有成作，必大可观。如已付印，并祈向赵君代乞一部。（沪上词人于赵甚不满，兄知之否？）十六家词选（附心日斋词后）弟在温馆假观，《词史》已求得一部，但教课有用，俟他日奉借。前月彊老托弟向浙江图书馆借得刘氏《词辑》一部寄与（有数种极可宝），至今未寄还（榆生书来谓彊老赴苏未返），馆中屡来催索。榆生欲在暨南为代印一二百部，如能做到，弟或将《词史》亦交其代印，印成可分赠友人。

拙作《姜词考证叙例》等已寄与贵校，岂浮沉耶？兹多奉数份，兄交游广，各老辈处可请益者，乞代绍介，求批评。（不妥处须尽量批评。）如以为不佳，则亦乞为藏拙，为感，为感！年来词人年谱已成数种，词集考证白石外有萧闲、子野二家。近又有兴发后村大全集为别调考证，惟稼轩一集则逡巡不敢下笔。欲于数年内成五六部词集考证，亦足自娱。特贪多又体弱，精力不继，恐无一成材耳。安得与兄及榆生在一处数晨夕，乃乐无艺矣。

广东之行，兄体弱，勿往为佳。月内如能赴申，当得把晤。

讲课匆匆。即颂

著安

弟 承焘上 十一月三日

名公乞叱候。

题顾梁汾遗墨词可用否？

注释：

1.《夏承焘集》，第五册，页163。

2.蓼绥阁：黄绍箕藏书楼名。黄氏蓼绥阁与孙氏玉海楼、项氏水山亭合称为“瑞安藏书三大楼”。蓼绥阁藏书一千一百余部，珍本亦有百余种。黄绍箕逝后捐赠温州图书馆。

黄绍箕(1854−1908)，字仲弢，号鲜庵。浙江瑞安人。黄体芳子，少承家学，工骈体文，精鉴金石书画。光绪六年（1880）进士，散馆授编修，旋升侍讲。历任四川乡试考官、武英殿纂修，曾入张之洞幕。一八八八年与康有为识。甲午战起，国事濒危，乃有志经世。一八九五年参与上海强学会的发起工作，并与梁鼎芬等草拟章程。一八九八年授翰林院侍读学士，以湖广总督张之洞所著《劝学篇》进呈，奉命饬下各省督抚学政，广为刊行，实行劝导。戊戌后，韬晦以自全。后升左春坊庶吉士，派任京师大学堂总办，出为湖北提学使。一九〇六年赴日本考察，曾辑《中国教育史长编》。对史志目录深有研究，以二十年之力编成《汉书艺文志辑略》。并著有《广艺舟双楫评论》、《鲜庵遗集》等。

三十六、夏承焘致谢玉岑

时间：一九三〇年十一月廿四日
署款：十一月廿四
用笺：杭州私立之江文理学院信笺，八行红笺，四页
夏记：十一月廿四日，发玉岑复，托询陈慈首，附去西溪诗三绝。[1]
钱记：第十三封

今按：

今人多已不知赵叔雍，这位民国闻人，论家世，他是张之洞名幕赵凤昌的独子；论学问，他是况周颐的入室弟子；论财力，他是《申报》的大股东；论地位，陈公博任上海市长时，他是市府秘书长。

近年逐渐露出水面的陈巨来《安持人物琐记》，有一章专门记述赵叔雍，有兴趣者可找来一读。

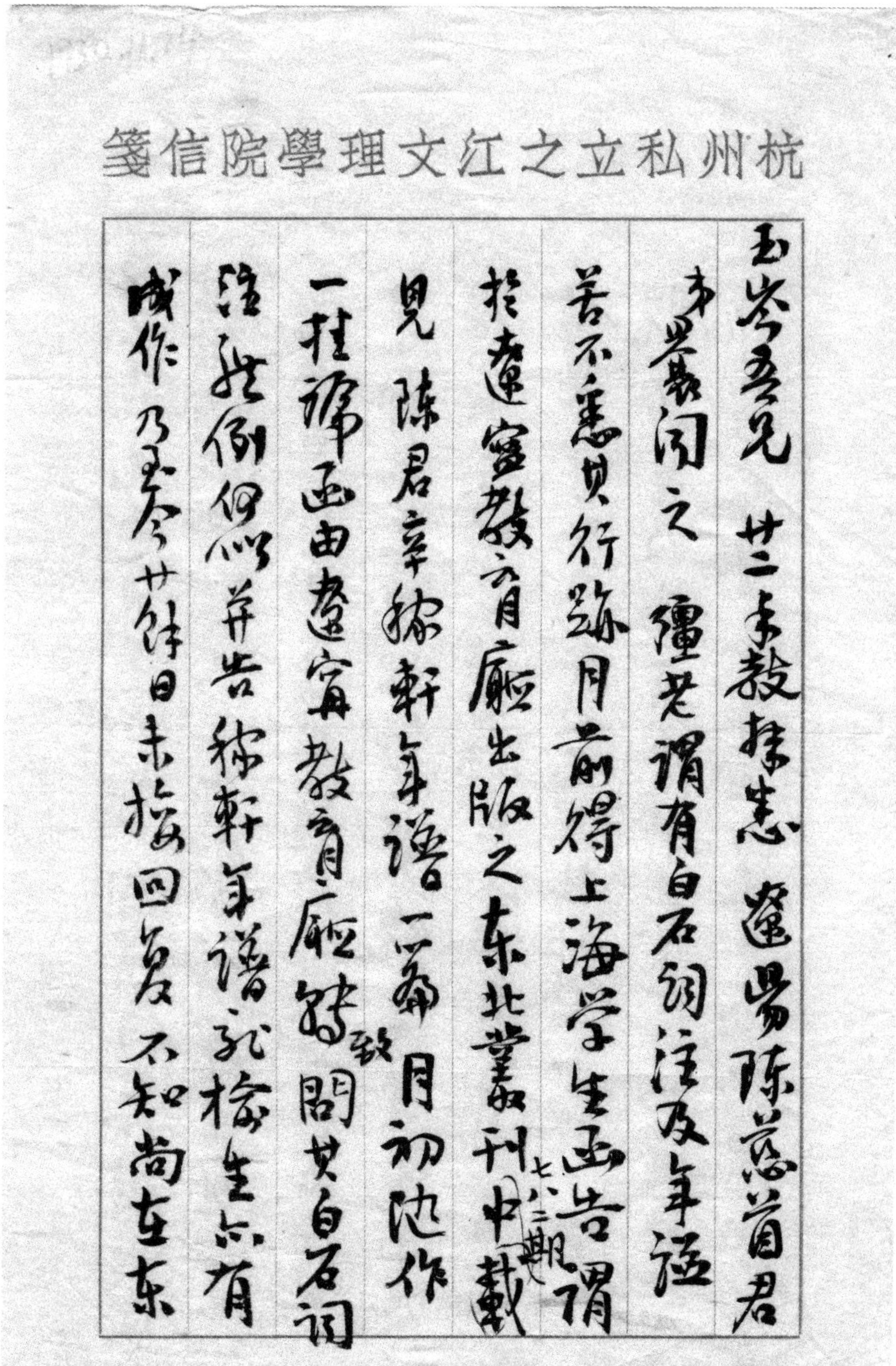

杭州私立之江文理學院信箋

玉岑吾兄 廿二來教拜悉 遂曷陈慈首君
手叢閱之 彊老謂有白石詞注及年譜
苦不悉其行蹤 月前得上海学生函告謂
於遼寧教育廳出版之東北叢刊中（七八三期）載
見陳君辛稼軒年譜一篇 月初即作
一掛號函由遼寧教育廳轉致 問其白石詞
注體例何似 并告稼軒年譜 託檢生亦有
成作 乃至今廿餘日未接回復 不知尚在東

地址關口二龍頭 電話南字十二號

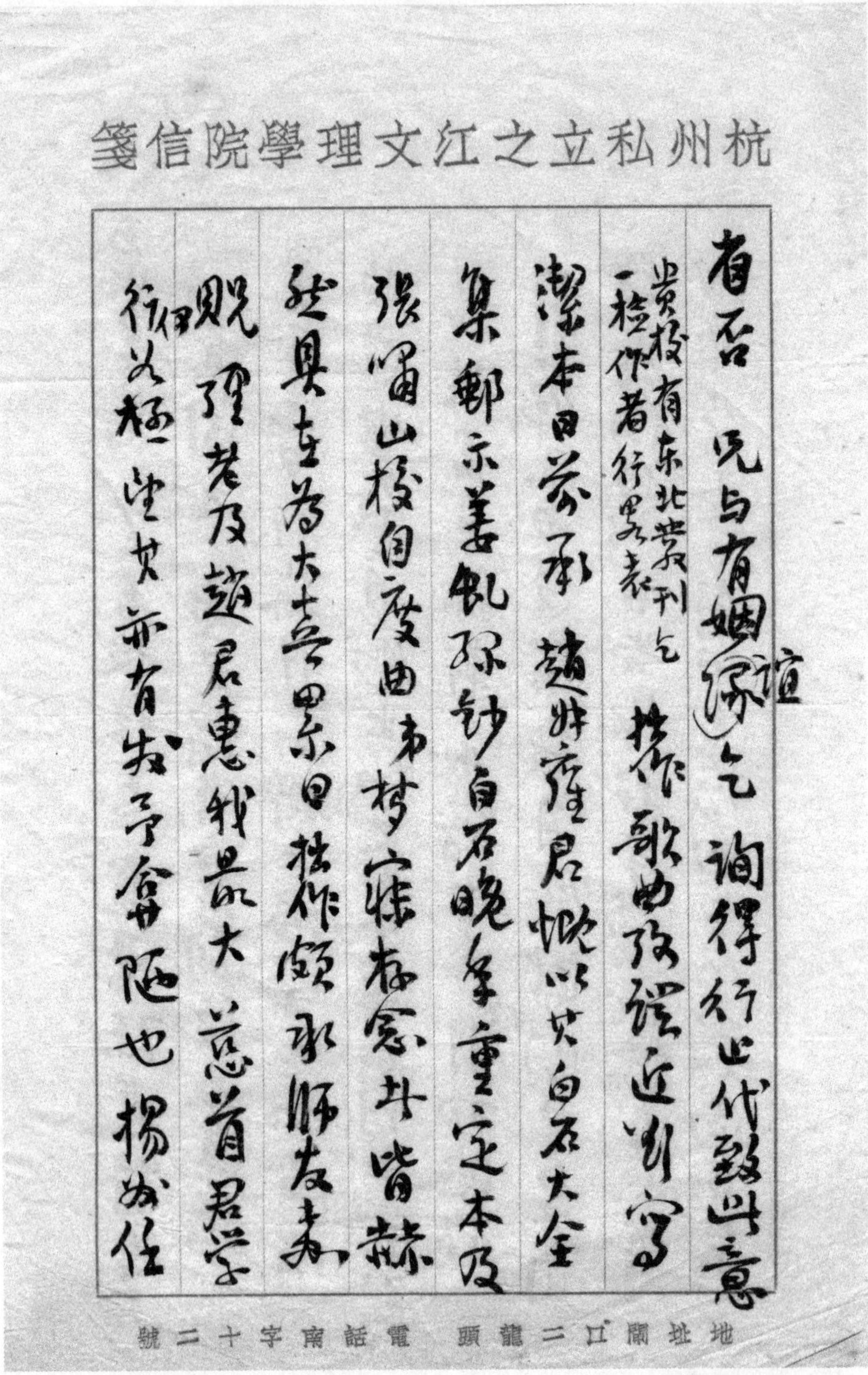

杭州私立之江文理學院信箋

省吾兄与有姻谊，乞询得行止，代致此意。

贵校有东北丛刊，乞一检作者行略表。

拙作歌曲斠律近刊写潔本，日前承赵斐云君惠以其白石大全集、鄭亦善钞孙钞白石晚年重定本及张啸山校自度曲本、梦窗稿本，并皆精然。其在为大喜，果尔日拙作颇承师友奖贶，理老及赵君惠我最大。蕙首君学行伊以极，望其亦有发予愈陋也。扬搉任

地址關口二龍頭 電話南字十二號

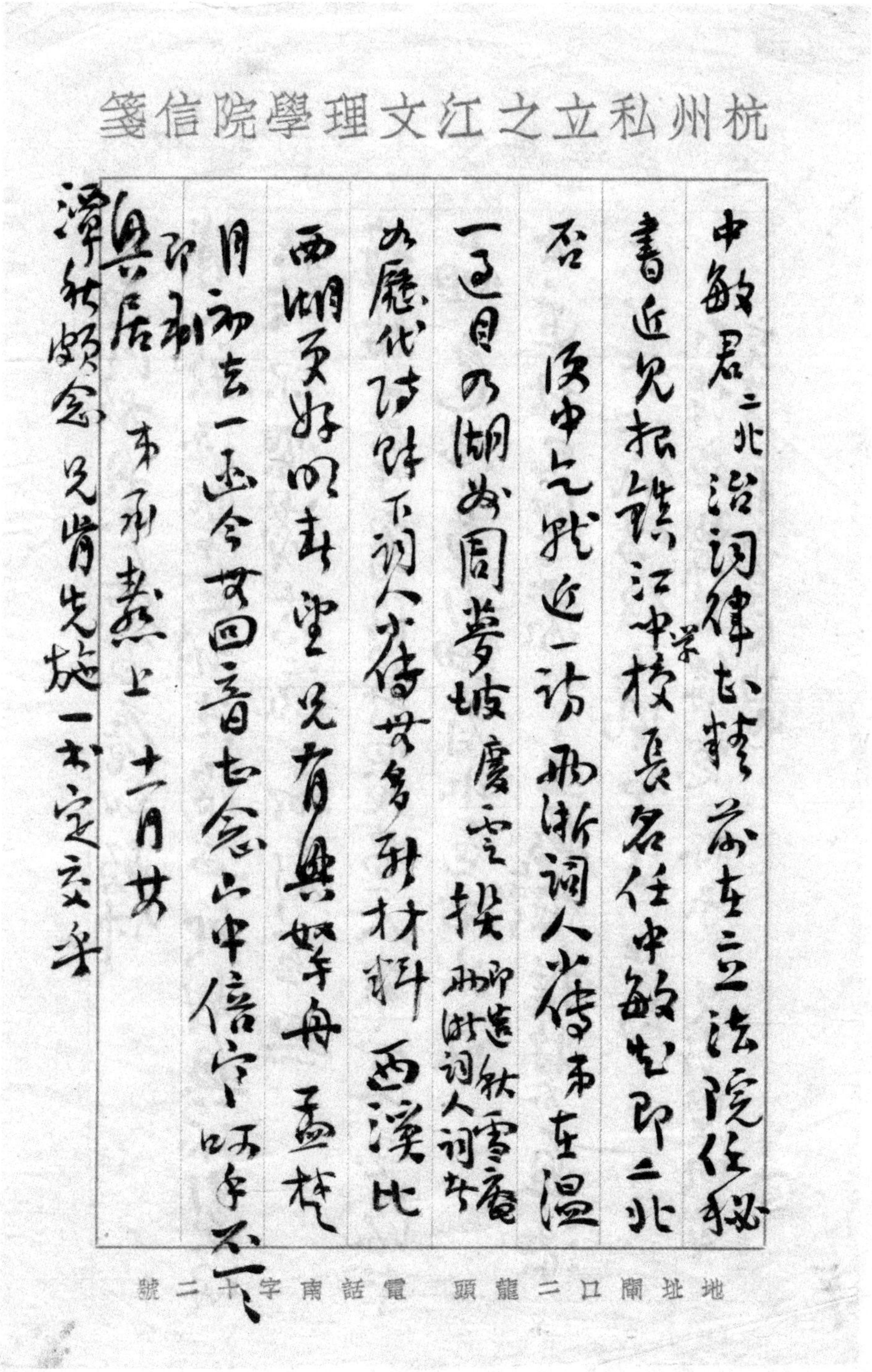

杭州私立之江文理学院信笺

中敏君（二北）治词律甚精，前在立法院任秘书，近兄招镇江中学校长名任中敏者，即二北否？便中乞兄就近一访。两浙词人小传弟在温一过目，乃湖州周梦坡庆云撰（即造秋雪庵两浙词人祠者），为历代诗余下词人小传，甚多新材料。西溪比西湖更好，明春望兄有兴买舟，孟楼月初去一函，今无回音也。念山中信宿，呀乎不一一。即颂

兴居

弟承焘上　十一月廿

泽秋颇念兄，肯先施一书定交乎

地址闸口二龙头　电话南字十二号

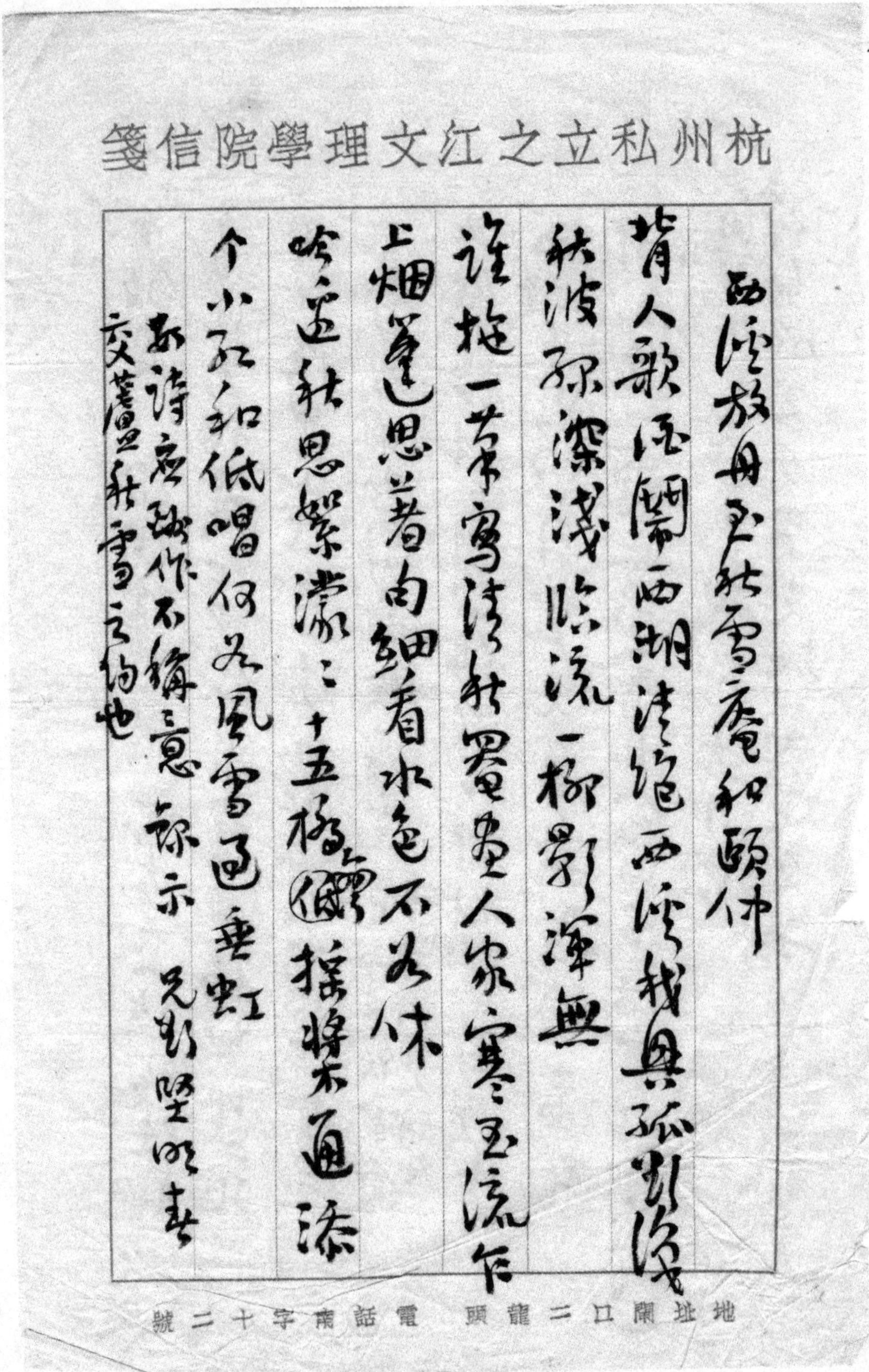

杭州私立之江文理學院信箋

西溪放舟至秋雪庵和頤仲

背人歌舞闌西湖清絕西溪我與孤山判淺秋波孫深淺臨流一柳影渾無誰拖一帶寫清秋畫里人家寒玉流下上烟篷思著向細看水色不成休吟邊秋思繁漪漪十五橋低撐將不過添個小紅和低唱何如風雪過垂虹

新詩應酬作不續意思錄示　兄默堅明春

交蘆與秋雪之倘也

地址閘口二龍頭　電話南字十二號

释文：

玉岑吾兄：

廿二手教拜悉。辽阳陈慈首君，弟曩闻之彊老，谓有白石词注及年谱，苦不悉其行迹。月前得上海学生函告，谓于辽宁教育厅出版之《东北丛刊》七、八二期中，见陈君《辛稼轩年谱》一篇。月初随作一挂号函，由辽宁教育厅转致，问其白石词注体例何似，并告稼轩年谱龙榆生亦有成作。乃至今廿余日未接回复，不知尚在东省否？兄与有姻谊，乞询得行止，代致此意。（贵校有《东北丛刊》，乞一检作者行略表。）

拙作歌曲考证，近欲写洁本。目前承赵叔雍[2]君慨以其《白石大全集》邮示，姜虬绿[3]抄白石晚年重定本及张啸山[4]校自度曲，弟梦寐存念者，皆赫然具在，为大喜累日。

拙作颇承师友嘉贶，彊老及赵君惠我最大。慈首君学行何如？极望其亦有发予弇陋也。扬州任中敏君（二北）治词律甚精，前在立法院任秘书，近见报，镇江中学校长名任中敏，知即二北否？便中乞就近一访。《两浙词人小传》弟在温一过目，乃湖州周梦坡（庆云）[5]撰（即选秋雪庵[6]两浙词人词者），如历代诗余下词人小传，无多新材料。西溪比西湖更好，明春望兄有兴拏舟。

孟楚月初去一函今无回音，甚念。山中倍寒，呵手不一一。

即承

兴居

弟 承焘 上 十一月廿四

潭秋颇念兄，肯先施一书定交乎？

西溪放舟至秋雪庵和颐仲

背人歌酒闹西湖，清绝西溪我兴孤，
欲识秋波绿深浅，临流一柳影浑无。
谁拖一笔写清秋，罨画人家寒玉流，
乍上烟篷思著句，细看水色不如休。
吟边秋思絮濛濛，十五桥弯摇桨通，
添个小红和低唱，何如风雪过垂虹。

数诗应酬作，不称意，录示兄，欲坚明春交芦[7]秋雪之约也。

注释：

1.《夏承焘集》，第五册，页169。

2.赵尊岳（1898—1965），字叔雍，别号珍重阁、高梧轩，江苏武进（今常州）人。晚清名幕赵凤昌之子，汪伪时任上海市政府秘书长。一九五〇年定居香港，一九五八年应新加坡大学聘任教授国学，一九六五年病故于新加坡。

早年进入《申报》馆，以捧梅兰芳著称。后师从词人况周颐，在《词学季刊》、《同声》等杂志发表过许多诗文，有声艺林。当年叶誉虎致力于清词，赵叔雍则专收明词，富甲天下。辑有《明词汇刊》，汇集明词二百六十八种，为迄今明词辑刻规模最大丛书。有《珍重阁词集》印行。

3.姜虬绿，字秋岛，自号苍弁山人，又号大海樵人。乌程人。为白石二十世孙。著有《漫遊草》，并编定灵鹣阁藏写本《白石道人集》。

4. 即张文虎。

5.周庆云（1864–1934)，字景星，号湘舲，别号梦坡。浙江乌程（今吴兴）人。秀才出身，其家浙江盐业富商。又先后投资经营丝、盐、矿等业，为近代著名资本家。书、画、金石，收藏颇富。能诗词，亦擅书画。曾与张宗祥等主持补抄文澜阁《四库全书》。著述有《节本泰西新史揽要》、《浔雅》、《浔溪诗征》、《浔溪诗征补遗》、《浔溪词征》、《浔溪文征》、《两浙词人小传》、《梦坡室获古丛编》、《金玉印痕拓本》、《琴史补》、《琴史续》、《梦坡室藏砚拓本》及《董夫人经塔石刻拓本》等。所著集成《梦坡室丛书》，凡四十五种计四百六十九卷。

6.秋雪庵：杭州西溪名胜，始建于宋，中间曾荒废四百多年，宋淳熙初年（1174）重建，初名"大圣庵"。明崇祯七年（1634），西溪沈应潮、沈应科兄弟重整建筑，延请名僧住持庵堂。陈继儒取唐人"秋雪蒙钓船"诗意题为"秋雪庵"。民国时，南浔名士周庆云重修，并设历代两浙词人祠堂，奉祀张志和、林逋、陆游等历代浙籍词人一千零四十四家。现已参照当时格局在原址重建。

7.交芦庵，杭州西溪名胜。

三十七、夏承焘致谢玉岑

时间：一九三〇年十二月六日
署款：十二月六日
用笺：杭州私立之江文理学院信笺，八行红笺，二页
夏记：暂未在日记中找到相关记录
钱记：第十四封

今按：

夏承焘在十一月卅日日记中这样写道："接玉岑贯华阁册并一笺，谓上海事结束，欲在京、浙谋一事。"于是夏承焘就给其友张幼任去信，请其代为留意。夏承焘很高兴，希望两人能在杭州谋共学之乐。

此信第一页前有一补注"附奉一滑稽诗"，现未见。

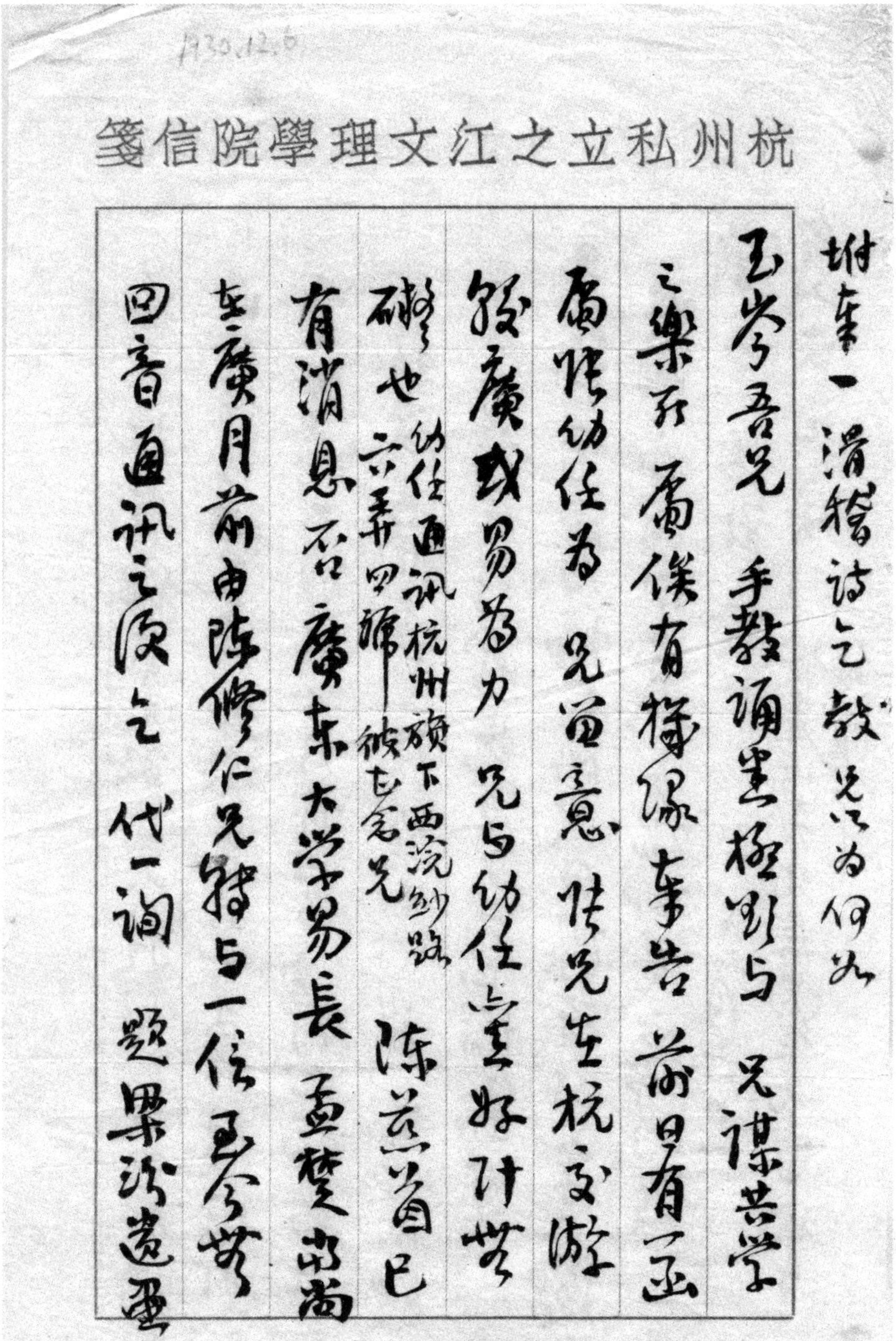

1930.12.6

杭州私立之江文理學院信箋

附來一滑稽詩乞教 兄以為何如

玉岑吾兄 手教誦悉極慰 與 兄謀共學之樂亦 屬僕有機緣奉告 前日有函屬作舫任為 兄留意 作兄在杭交游較廣或易為力 兄與舫任最好計共磋磋也（舫任通訊杭州旗下西浣紗路六弄四號祕長宅 兄）陳蒙菴已有消息否 廣東大學易長 孟楚前尚在廣 月前由陳修仁兄轉與一信 至今無回音 通訊之處乞 代一詢 題畢遂還

地址闸口二龍頭 電話南字十二號

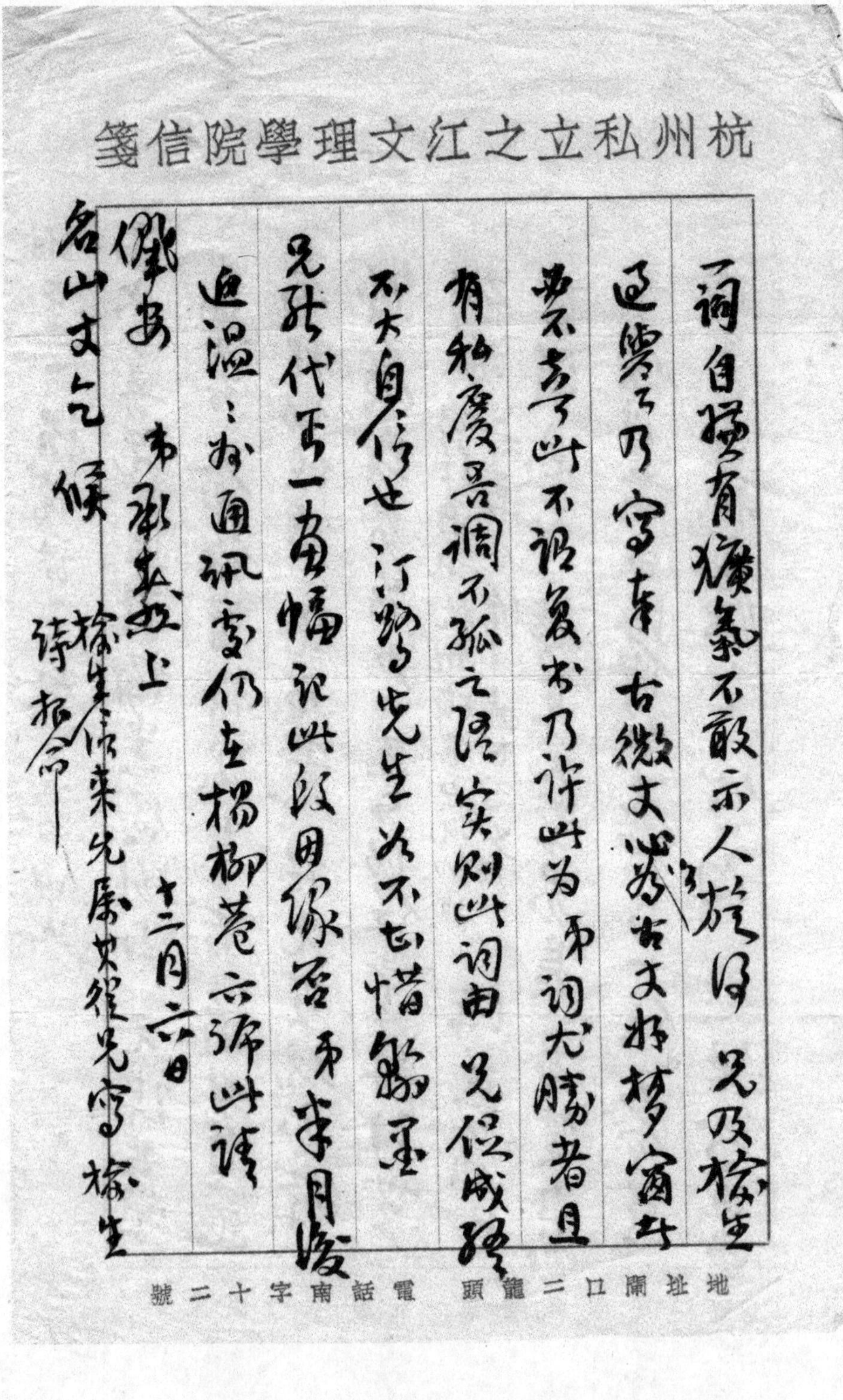

杭州私立之江文理學院信箋

詞自揣有獷氣，不敢示人，旋得兄及榆生
近製，乃守本古微丈必謂者，又將夢窗比
要不外此，不謂復者，乃許此為弟詞尤勝者，且
有私慶吾詞不孤之語，實則此詞由兄促成，殊
不大自信也。汀鷺先生為不知惜紙墨，
兄能代丐一畫幅，記此段因緣否？弟本月底
返溫，溫州通訊處仍在楊柳巷，亦併此請
儷安　弟承燾上　十二月六日
名山丈乞候
榆生、仲來先生處均賀先寄榆生
侍叔命

地址閘口二龍頭　電話南字十二號

释文：

玉岑吾兄：

手教诵悉。极欲与兄谋共学之乐，所属俟有机缘奉告。

前日有一函属张幼任为兄留意，张兄在杭交游较广，或易为力。兄与幼任旧好，计无碍也。（幼任通讯：杭州旗下西浣纱路六弄四号，彼甚念兄。）陈慈首已有消息否？广东大学易长，孟楚当尚在广。月前由陈修仁[1]兄转与一信，至今无回音。通讯之便乞代一询。

题梁汾遗墨一词，自嫌有犷气，不敢示人。旋得兄及榆生过誉，乃写奉古微丈。心以为古丈好梦窗者，必不喜此，不谓复书乃许此为弟词尤胜者，且有私庆吾调不孤之语，实则此词由兄促成，终不大自信也。汀鹭先生如不甚惜翰墨，兄能代丐一画幅，记此段因缘否？

弟半月后返温，温州通讯处仍在杨柳巷六号。

此请

俪安

弟 承焘上 十二月六日

名山丈乞候。

榆生信来允属其从兄写榆生诗报命。

附奉一滑稽诗乞教，兄以为何如？

注释：

1.陈修仁（1902–1968），永嘉（今温州）人。早年留学日本，曾任温州中学数学教师。抗战起与金嵘轩、王亦文在永嘉楠溪渠口创办济时中学，历任董事长、校长。精数学亦长诗文，与夏承焘交笃。据《读书桃源·温州旧闻杂志三四九》记载，陈对夏氏格律诗颇有微词，尝与人云：“瞿禅为词坛泰斗，但其诗我实不敢苟同。” 曾当面向夏指出，夏氏笑云：“你是数学家，数学的论证论据胜过文学的严密，所以用你的眼光看待文学，发现的毛病也就不少了。”

三十八、夏承焘致谢玉岑

时间：一九三〇年十二月十四日
署款：十二月十四午
用笺：杭州私立之江文理学院信笺，八行红笺，二页
夏记：十二月十四日，发玉岑函常州信，为潭秋求联。[1]
钱记：无记录

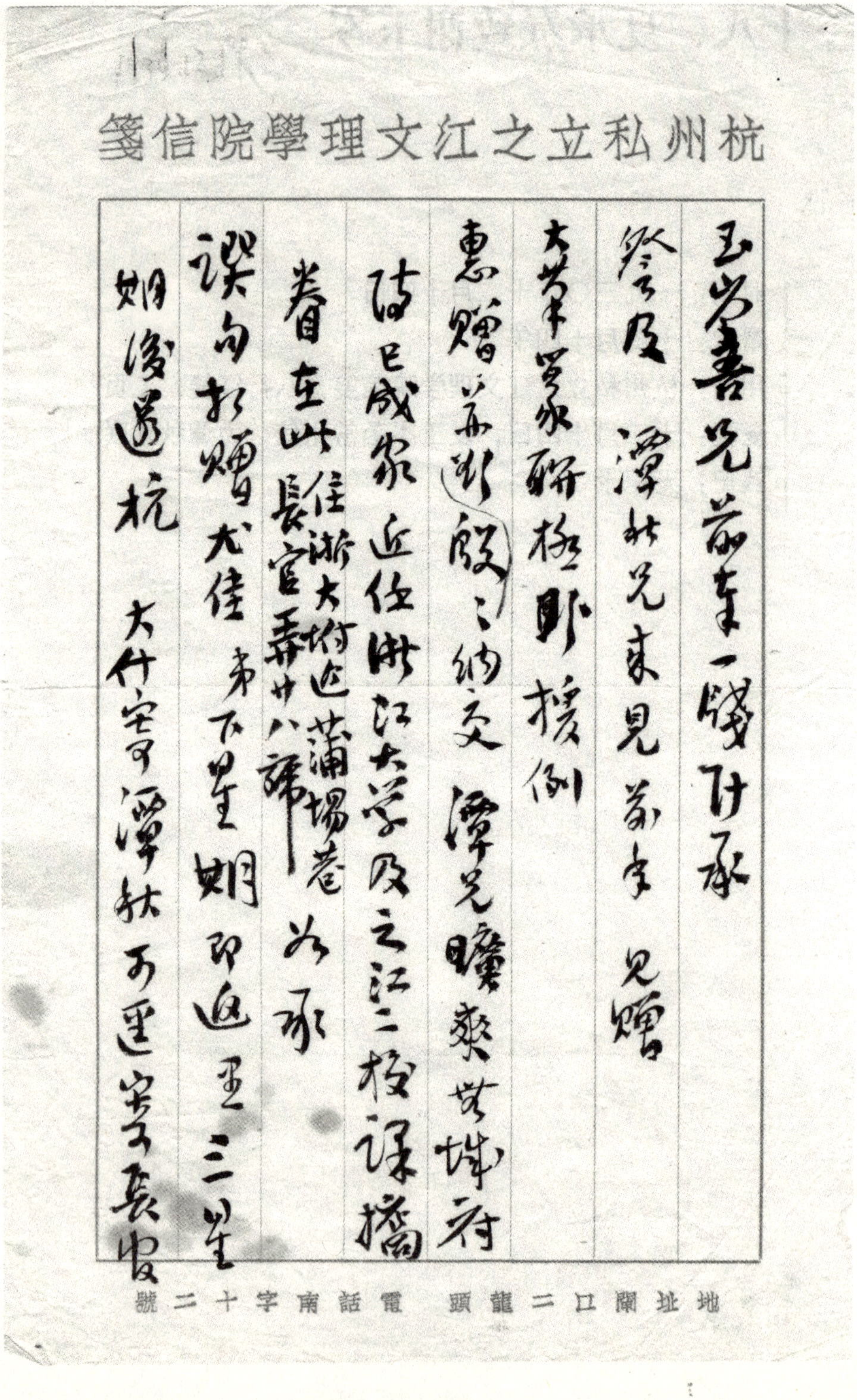

杭州私立之江文理學院信箋

玉岑吾兄前年一牋附承
答及潭秋兄來見示吾兄贈
大著四章瑰麗極即擬倒
惠贈并邀之納交潭兄曠棄世埒府
詩已成家近任浙江大學及之江二校講席
眷在此長官壽廿八歸（住浙大附近蒲場巷）爲承
謬句新贈尤佳弟下星期即返里三星
期後還杭大竹宦寧潭秋可逕寄宴衷安

地址閘口二龍頭　電話南字十二號

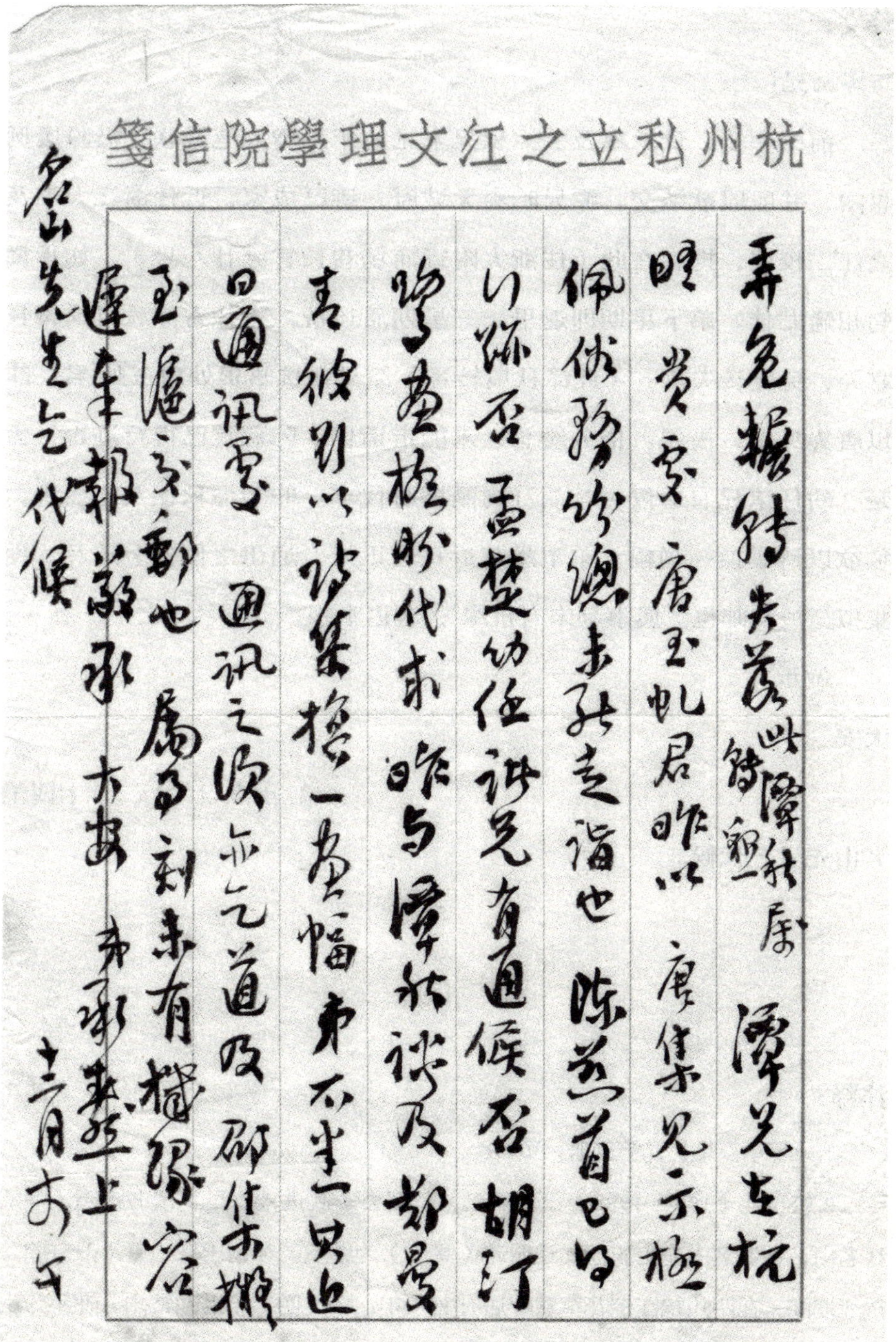

杭州私立之江文理學院信箋

壽兄振鐸先蒙（此瀞秋屬錢題）瀞兄左右：杭晤貴堂，唐玉虬君昨以庚集見示，極佩伏，務煩總其成者之論也。陳兆首已得以舊否？孟楚仿任訪兄，有通候否？胡汀鷺畫極盼代求，昨與瀞秋談及，鄭曼青彼刊以詩集換一畫幅，弗不坐一貝近日通訊處，通訊之處亦乞道及。邵伯楙玉庵之動也。屬予刻來有撫緣，容遲奉報。敬承大安。弟承燾上

十二月[illegible]午

名山先生乞代候

地址閘口二龍頭　電話南字十二號

释文：

玉岑吾兄：

前奉一笺，计承察及。潭秋兄来见前年见赠大笔篆联，极盼援例惠赠，并殷殷欲纳交。潭兄旷爽无城府，诗已成家，近任浙江大学及之江二校课，携眷在此（住浙大附近蒲场巷长官弄廿八号），如承撰句相赠尤佳。弟下星期即返里，三星期后还杭。大什寄潭秋可迳寄长官弄，免辗转失落。（此潭秋属转恳）潭兄在杭晤贵处唐玉虬[2]君，昨以唐集见示，极佩。俗务纷总，未能走诣也。陈慈首已得行迹否？孟楚、幼任诸兄有通候否？胡汀鹭画极盼代求。昨与潭秋谈及郑曼青，彼欲以诗集换一画幅，弟不悉其近日通讯处，通讯之便亦乞道及。邵集拟至沪交邮也。属事刻未有机缘[3]，容迟奉报。

敬承

大安

弟 承焘 上 十二月十四午

名山先生乞代候。

注释：

1.《夏承焘集》，第五册，页176。

2.唐玉虬（1894-1988），名鼎元，号髯公。武进人。早岁读书寄园，师从钱名山，并娶名山先生族侄女钱珊若（巽玉）为继室。与谢玉岑、夏承焘有旧。抗战期间，在四川锦江浣花草堂畔居有七八年，一九四六年返回常州。晚年为南京中医学院教授。著有《唐荆川先生年谱》、《五言楼诗草》、《国声集》、《入蜀稿》、《景杜集》、《怀珊集》等。

夏唐初识于一九三〇年三月二日。（详见《夏承焘集》第五册第191页及一九三一年三月二日致谢玉岑信）

3.估计是为谢玉岑在浙谋职之事。可参见当年十一月卅日日记：接玉岑寄贯华阁册并一笺，谓上海事结束，欲在京、浙谋一事。（《夏承焘集》，第五册，页173）

三十九、夏承焘致谢玉岑

时间：一九三〇年十二月廿二日

署款：无署款

用笺：杭州私立之江文理学院信笺，八行红笺，二页

夏记：十二月廿二日，接玉岑快函，告陈慈首通讯处……并嘱题其《鬻书图》。复玉岑书。[1]

钱记：第十五封

今按：

此信虽无署款，但根据日记，可定为一九三〇年十二月廿二日。

杭州私立之江文理學院信箋

玉岑吾兄左右：在杭臨行奉一
手教，承代乞介堪兄治章，抵里之次日又承
快函，告陳慈首逝訊，憂悼之至。陳君侯
返杭後去函請益，頃德之無暇也。
粥書圖曾讀，玉虬先生題詩極佩，不敢
勤草暇，或以一詞報命耳。訂鷺子先生
要及介堪印，三星期後寄杭不妨，
滬上又何須乞？示及。澤秋兄頃已去一函

地址關口二龍頭　電話南字十二號

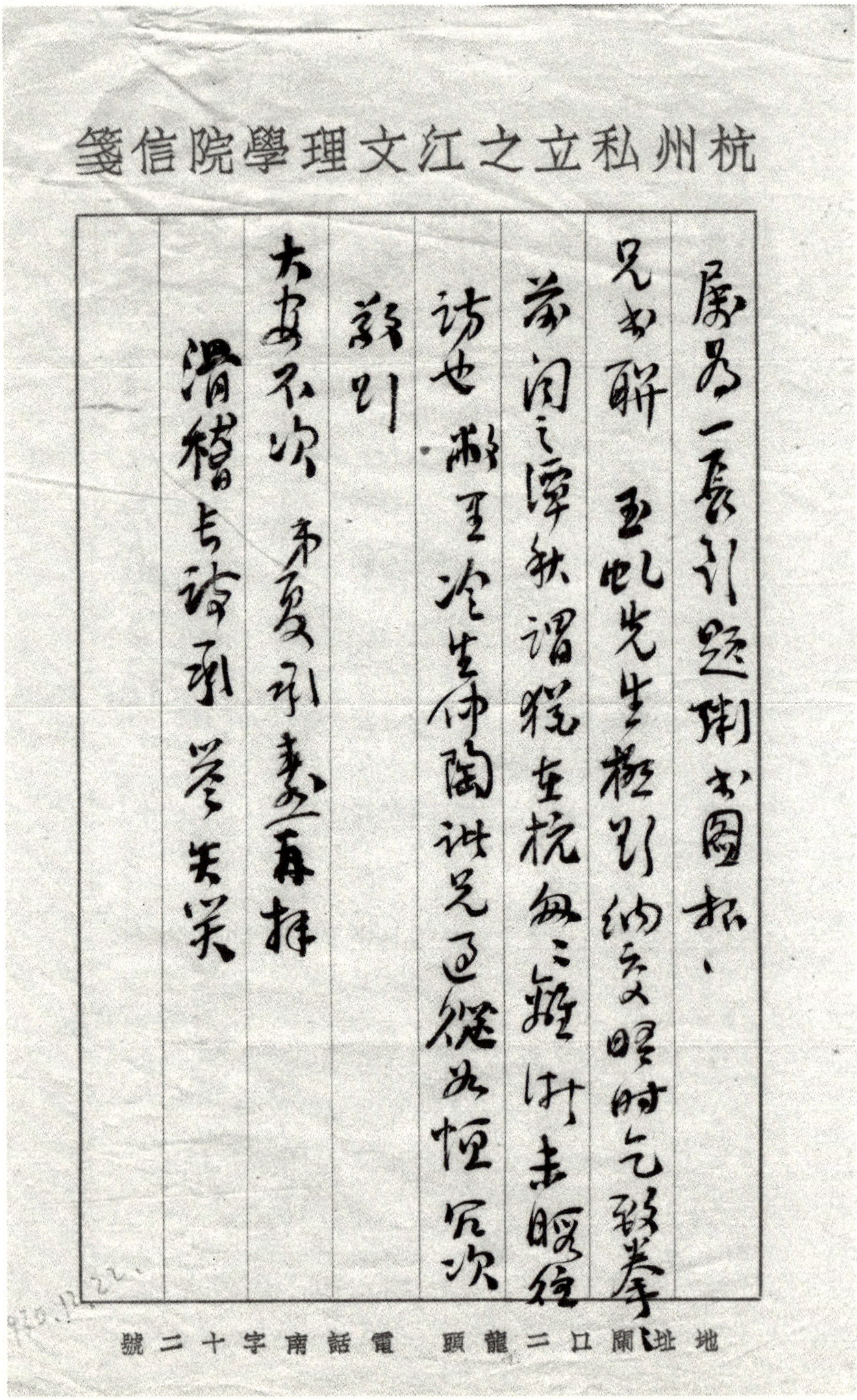

杭州私立之江文理學院信箋

屬為一萼紅題陶書圖拟、

兄書聯　玉虬先生擬別納交，暇時乞致拳

前聞之寧秋，謂猶在杭，無之難，惜未暇往

訪也。渺至冷生仲陶諸兄，亟從如恒，宜次

頌引

大安不次　弟夏承焘再拜

滑稽長詩承　譽，失笑

地址閘口二龍頭　電話南字十二號

释文：

玉岑吾兄左右：

在杭临行奉一手教，承代乞介堪兄治章。抵里之次日，又承快函告陈慈首通讯处，甚感，甚感！陈君俟返杭后去函请益，顷总总无暇也。《鬻书图》曾读玉虬先生题诗，极佩，不敢动笔，暇或以一词报命耳。汀鹭先生画及介堪印，三星期后寄杭不妨。

沪事如何，便乞示及。潭秋兄顷已去一函，属为一长歌题《鬻书图》，报兄书联。玉虬先生极欲纳交，晤时乞致拳拳。前闻之潭秋谓犹在杭，匆匆离浙未暇往访也。敝里泠生、仲陶诸兄过从如恒。

冗次。敬颂

大安不次

弟 夏承焘 再拜

滑稽长诗承誉失笑。[2]

注释：

1.《夏承焘集》，第五册，页178。

2. 参见一九三〇年十二月六日致谢玉岑信。

四十、夏承焘致谢玉岑

时间：一九三一年一月十九日

署款：无署款

用笺：杭州私立之江文理学院信笺，八行红笺，四页

夏记：一月十九日，发玉岑信，附去郑曼青信，为潭秋乞画，并附培风楼诗一册，姜词考证、白石石帚辨数纸。[1]

钱记：第十六封

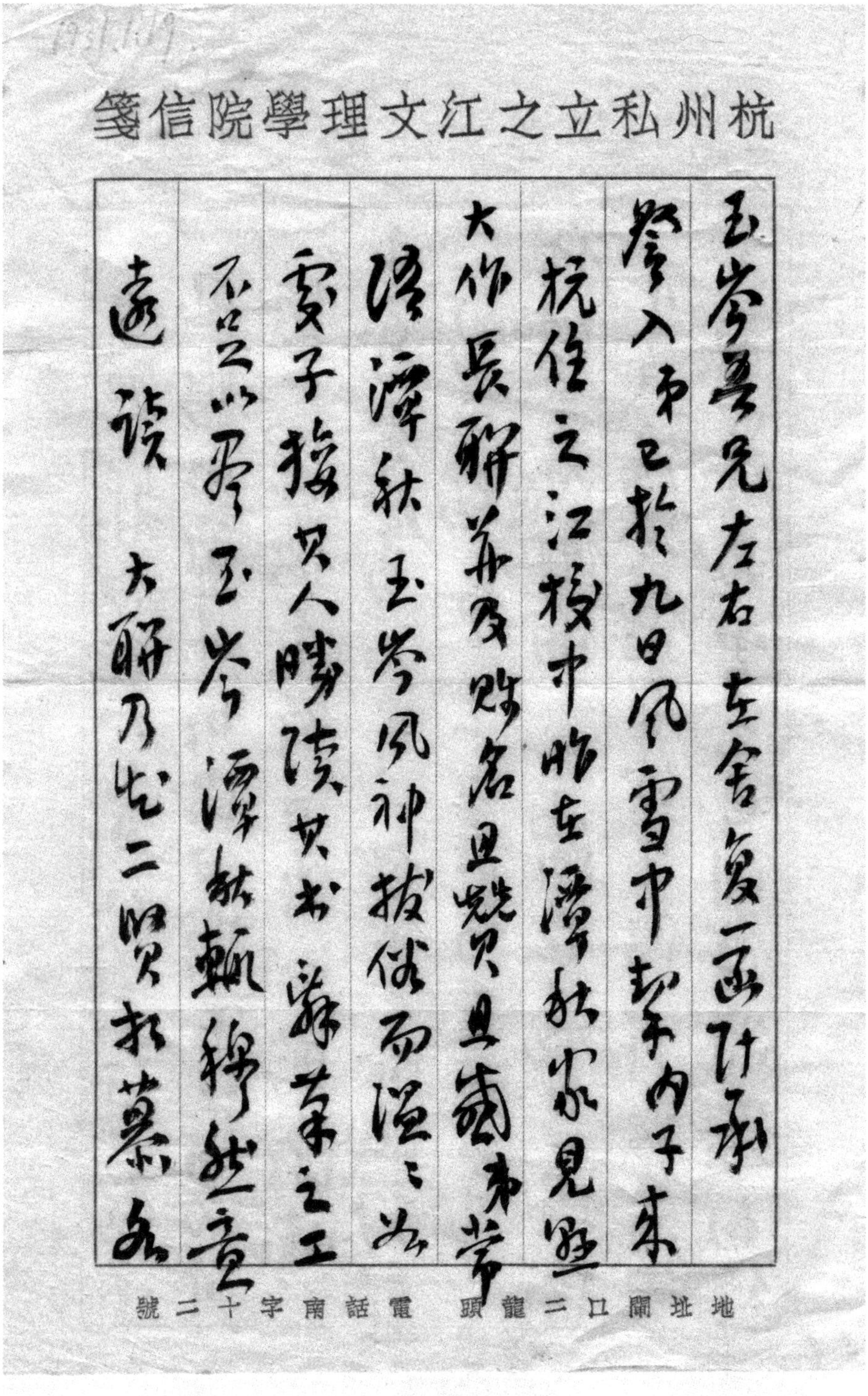

杭州私立之江文理學院信箋

玉岑吾兄左右：去冬復一函，計承
鑒入。弟已於九日風雪中挈内子來
杭，住之江校中。昨在潭秋家見
大作長聯，并及賤名，且贊且感。弟常
謂潭秋、玉岑風神拔俗，而溫溫如
處子，接其人，睹讀其書，蘇黄之工
不只以盡玉岑、潭秋，輒釋然意
遠讀
大聯乃悦二賢相慕系

地址閘口二龍頭　電話南字十二號

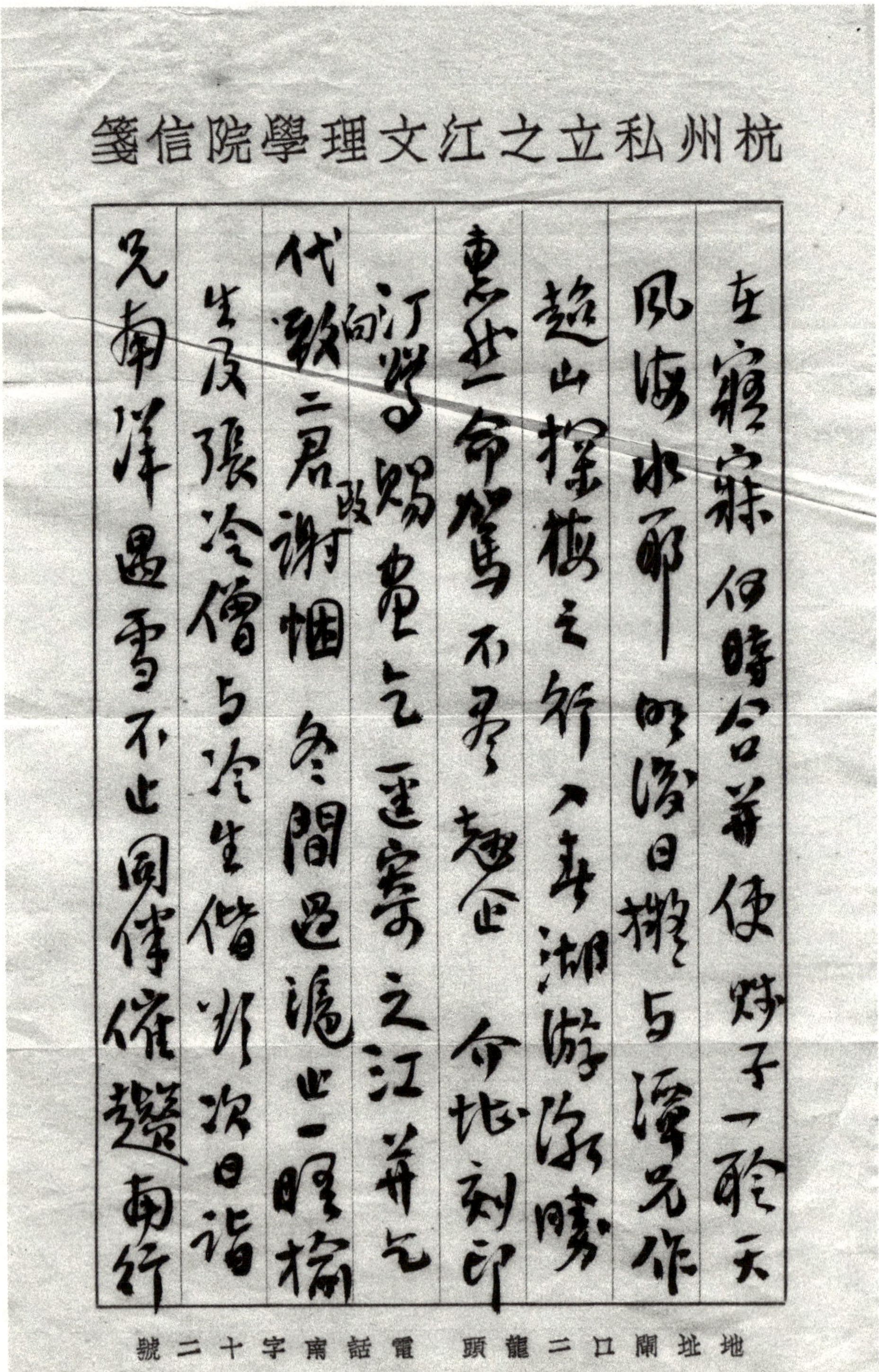

杭州私立之江文理學院信箋

在寂寞，何時合并，使炳子一聆天
風海水耶。明後日擬與潘兄作
超山探梅之行，入春湖游深曉
惠然一命駕不？甚企。命地刻印
汀翁賜書乞（向）重寫之江并乞
代致二君（改）謝悃。冬間過滬，一晤榆
生及張冷僧與冷生，偕鄭次日詣
兄南洋，遇雪不止，同伴催趕南行

地址閘口二龍頭　電話南字十二號

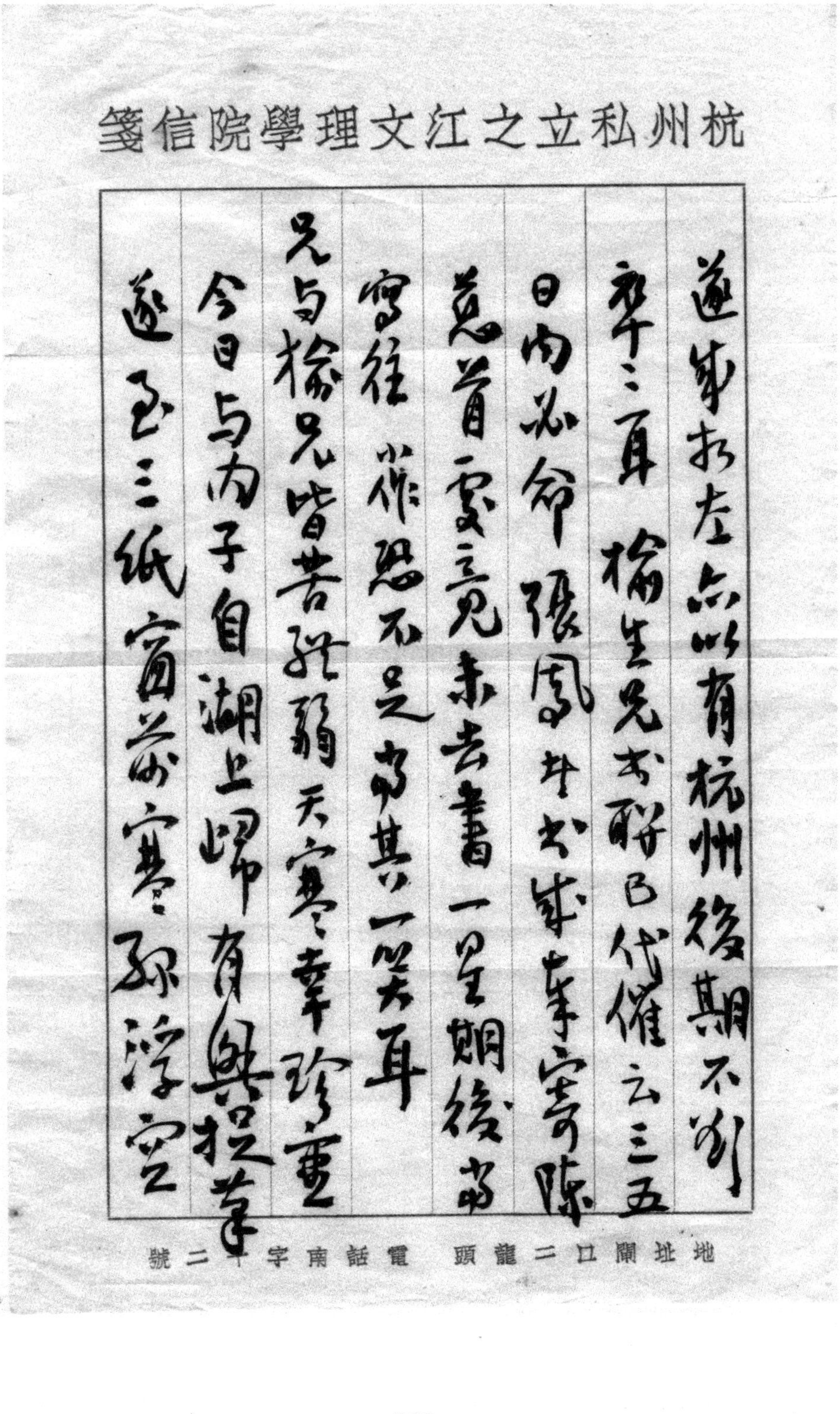

杭州私立之江文理學院信箋

遂笙教左：亦以有杭州後期不到

辭二耳。榆生先生聯已代催，云三五

日內必命張鳳舉書寄陳

慈首、叟二兄來去書一星期後當

寄往。小詞恐不足當其一笑耳。

兄與徐兄皆苦孱弱，天寒幸珍重。

今日與內子自湖上歸，有與握手。

遂笙三紙當並寄。承燾上

地址關口二龍頭　電話南字十二號

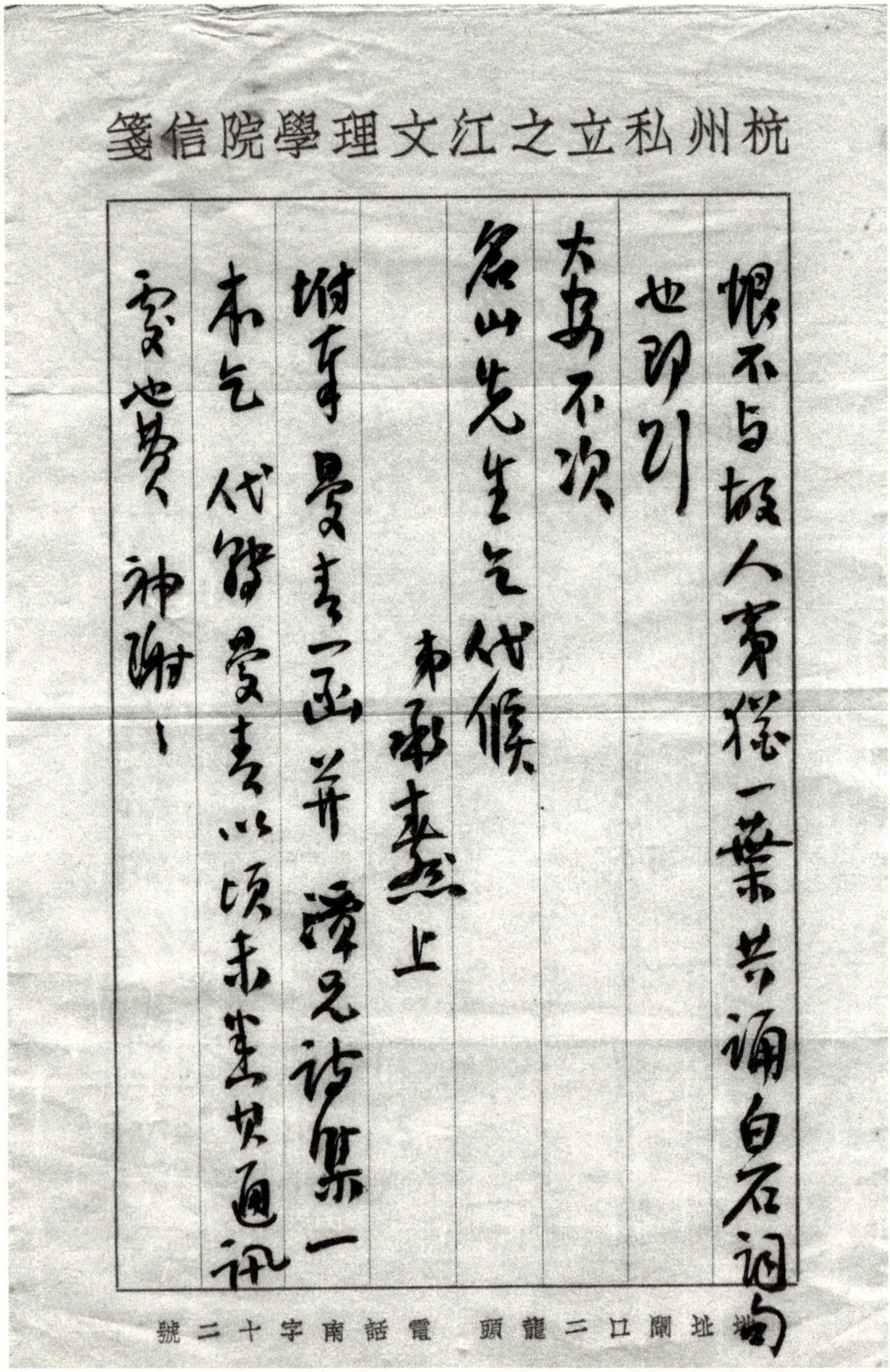
杭州私立之江文理學院信箋

恨不與故人商榷一葉，共誦白石詞句也。即頌
大安，不次。
名山先生乞代候。
弟承燾上
附奉曼青一函，并讀兄詩集一本，乞代致曼青，以頃未悉其通訊處也。費神，謝謝。

地址閘口二龍頭　電話南字十二號

释文：

玉岑吾兄左右：

在舍复一函，计承察入。弟已于九日风雪中挈内子来杭，住之江校中。昨在潭秋家见悬大作长联，并及贱名，且赞且感。弟常语潭秋“玉岑风神拔俗，而温温如处子，接其人胜读其书。辞笔之工，不足以尽玉岑”，潭秋辄穆然意远。读大联乃知二贤相慕，各在寤寐，何时合并，使贱子一聆天风海水耶。明后日拟与潭兄作超山[2]探梅之行。入春湖游渐胜，惠然命驾，不尽翘企。

介堪刻印、汀鹭赐画乞迳寄之江，并乞代向二君致谢悃。

冬间过沪，止一晤榆生与张泠僧[3]。与泠生偕欲次日诣兄南洋，遇雪不止。同伴催趱南行，遂成相左。亦以有杭州后期，不欲卒卒耳。

榆生兄书联已代催，云三五日内必命张凤[4]者书成奉寄。陈慈首处竟未去书，一星期后当写往，小作恐不足当其一笑耳。

兄与榆兄皆苦体弱，天寒幸珍重。今日与内子自湖上归，有兴捉笔，遂至三纸。窗前寒绿浮空，恨不与故人夷犹一叶[5]，共诵白石词句也。

即颂

大安不次

名山先生乞代候。

弟 承焘 上

附奉曼青一函[6]，并潭兄诗集一本，乞代转曼青，以顷未悉其通讯处也。费神，谢谢。

注释

1.《夏承焘集》，第五册，页183

2.超山位于浙江余杭塘栖镇，距杭州二十九公里，为江南赏梅胜地，有“十里香雪海”之誉。

3.指张宗祥。张宗祥(1882-1965)，名思曾，后慕文天祥为人，改名宗祥，字阆声，号冷僧，别署铁如意馆主。浙江海宁人。清光绪二十八年（1902）中举，宣统二年（1910）赴北京应试，得一等。辛亥后，在浙江军政府教育司工作，后任京师图书馆主任。一九二二年南返，任浙江教育厅厅长。鉴于文澜阁《四库全书》在战乱中受损，乃奔走募款，组织人力补抄。历时两年，抄得四千余卷，补齐残缺。一九二五年调任瓯海道尹。次年冬定居上海，专事抄校古籍。一九四九年后，历任浙江图书馆馆长、浙江省文史馆副馆长、西泠印社社长等。治学谨严，校勘古籍达三百多种，已出版的有《说郛》、《国榷》、《罪惟录》、《越绝书》等。亦擅书画，通晓医药。

4.张凤，曾任暨大文学院院长。

5.白石道人姜夔有《湘月》词，其中有句“五湖旧约，问经年底事，长负清景。瞑入西山，渐唤我、一叶夷犹乘兴。”

6.详见夏承焘一九三一年一月十九日致郑曼青函，两信可互参。

四十一、（附）夏承焘致郑曼青

日期：一九三一年一月十九日
署款：一月十九午
用笺：杭州私立之江文理学院信笺，八格红笺，三页
夏记：一月十九日，发玉岑信。附去郑曼青信，为潭秋乞画，并附培风楼诗一册，姜词考证、白石石帚辨数纸。[1]
钱记：无记录

今按：

夏承焘为邵潭秋求画，顺便也为自己要了一幅。有趣。

本信附于当日致谢玉岑信中，原信犹在，可参看。

杭州私立之江文理學院信箋

景青宗家吾兄 十七年不見并無一
字往復吾二人何脫略如所遇若
是耶常於玉岑冷生二兄許讀
新定一二詞吾
兄玉岑未婚賢者生不可測同里
諸子專藝精進不奪於外騖
者莫若吾
兄下睞錄之似亦不但宗居與詒已

地址閘口二龍頭　電話南字十二號

杭州私立之江文理學院信箋

矣友人江西詩人邵潭秋君久仰
盛聞將出資購
大作屬弟為介弟諾 曼青詞人寄
一詩集去勝萬金矣並乞
玉岑錄本 邵兄以詩篆如鄉海
花嚴原擬重印玉谿吾
兄以為甚是更需寶窮窘之求
當不僅弟為夢郎也 與同把手

地址閘口二龍頭 電話南字十二號

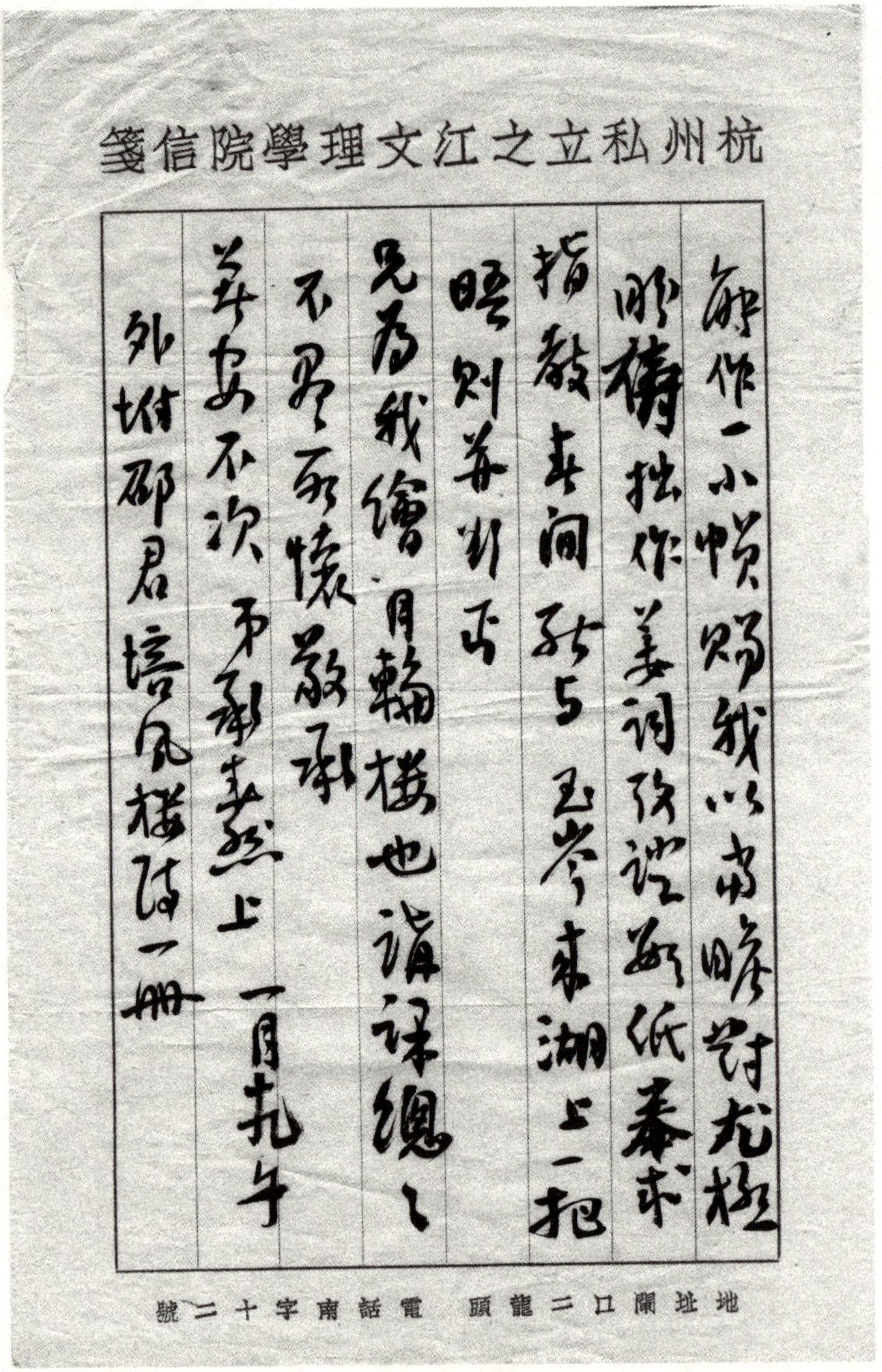

杭州私立之江文理學院信箋

所作一小幀貺我以當晤對尤極
感荷拙作姜詞跋語敬紙奉求
指教春間能与玉岑來湖上一把
晤則幸甚否
兄爲我繪月輪樓也請詳緫之
不盡所懷敬承
著安不次　弟承燾上　一月九午
外附邵君培風樓詩一冊

地址閘口二龍頭　電話南字十二號

释文：

曼青画家吾兄：

十年不见并无一字往复，吾二人何脱略形迹若是耶。常于玉岑、冷生二兄许审动定一二。知吾兄至今未婚，贤者真不可测。同里诸子专艺精进不夺于外骛者莫若吾兄。下视碌碌似弟，不但索居兴讼已矣。

友人江西诗人邵潭秋君久仰盛闻，欲出资购大什，属弟为介。弟谓曼青韵人，寄一诗集去胜黄金矣。兹并乞玉岑转奉。邵兄以诗盖其乡，海藏[2]、散原推重甚至，亦犹吾兄以画盖吾里。两贤窈窕之求，当不俟弟为曹邱也。兴到把笔，能作一小帧赐我，以当瞻对，尤极盼祷。

拙作姜词考证数纸奉求指教。春间能与玉岑来湖上一把晤，则并欲丐兄为我绘月轮楼[3]也。

讲课总总，不尽所怀。

敬承

著安不次

弟 承焘 上 一月十九午

外附邵君《培风楼诗》一册。

注释：

1.《夏承焘集》，第五册，页183。

2.郑孝胥（1860–1938），字苏龛（苏堪），一字太夷，号海藏，世称郑海藏。福建省闽侯县人。光绪八年（1882）举人，三赴会试不第。十五年考取内阁中书。旋改官同知，分发江南。十七年东渡日本，任驻日使馆书记官。次年升任东京领事，旋调神户、大阪总领事。二十年回国，又任张之洞自强军监司。一八九八年起历任总理各国事务衙门章京、京汉铁路南段总办兼汉口铁路学堂校长、广西边防督办等。宣统三年（1911）授湖南布政使。民国初，隐居上海，与诸遗老游。一九二三年奉溥仪之命入北京，次年受任总理内务府大臣。一九三二年伪满洲国建立，任伪国务总理兼伪军政部、文教部总长等职。工诗，为“同光体”倡导者之一。著有《海藏楼诗》、《骖乘日记》，又编有《孔教新编》。亦工书。

3.月轮楼，在杭州钱塘江边月轮山上，为之江大学宿舍。

四十二、夏承焘致谢玉岑

时间：一九三一年二月一日
署款：二月一夕
用笺：普通宣纸，二页
夏记：一月卅日，改寄玉岑诗；[1]二月三日，发玉岑常州函，寄七古诗。[2]
钱记：第十七封

今按：

夏承焘请谢玉岑刻印“我近中年惜友生”，印文为黄仲则诗句。黄仲则是清中期的名诗人，为谢玉岑同乡。才高命蹇，三十五岁即以贫病而终，为后人生出无数叹息。

郑逸梅在《回忆谢玉岑》一文中有如此的感叹：“常州二百年来，有三才人：一黄仲则，一吕绪承，一谢玉岑。所奇者此三人，人才相若、遭遇相若、早死相若，其可传者亦相若。当时即有人提议：‘一俟承平之世，当于吾乡辟地数弓，筑屋数楹，祀此三人，榜之曰常州三才人祠。’”

谢玉岑一九三五年去世，亦不过三十七岁。造物弄人，人何以堪！钱名山丧女后又丧半子，白发人送黑发人。他为谢玉岑写了多幅挽联，其中一联为：

斯人也，斯疾也；

天丧予，天祝予！

玉岑吾兄：奉一书未得复。瞿禅兄来，谓奉上诗屏亦未承报知，左右犹淹迟上海也。名山先生诗屏已由瞿兄转到钟君，乞代致谢意。昨早枕上得一七古奉怀，戏以宣楷写之，书诗皆不足示，一笑与兄别五载，聊申乡往。如有兴作和章，乞亦写一长屏也。培风楼诗寄覆者竟已转去否？敬承著安。不次。弟承焘　二月一夕

沪滨可属画印，乞寄杭州。

有暇乞为我刻一小印，曰"我近中年惜友生"。兄我好友，不必求他人也。

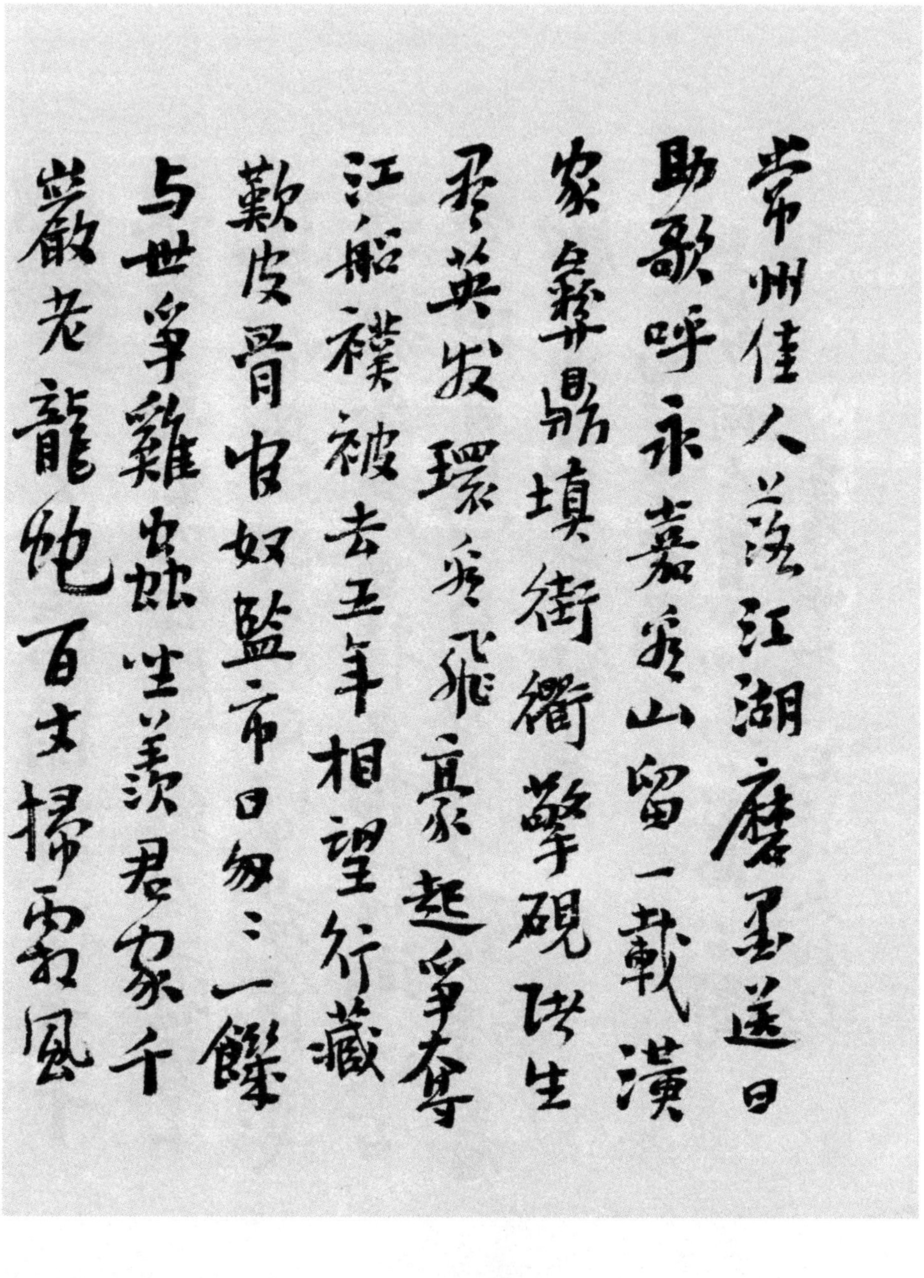
常州佳人羡江湖磨墨送日
助歌呼永嘉我山留一載漢
家彝鼎填街衢肇硯張生
君英發環我飛豪趙孚奪
江船襆被去五年相望行藏
歎皮骨甘奴監市日匆匆一餘
与世争雞蟲坐羡君家千
巖老龍絶百丈掃雲風

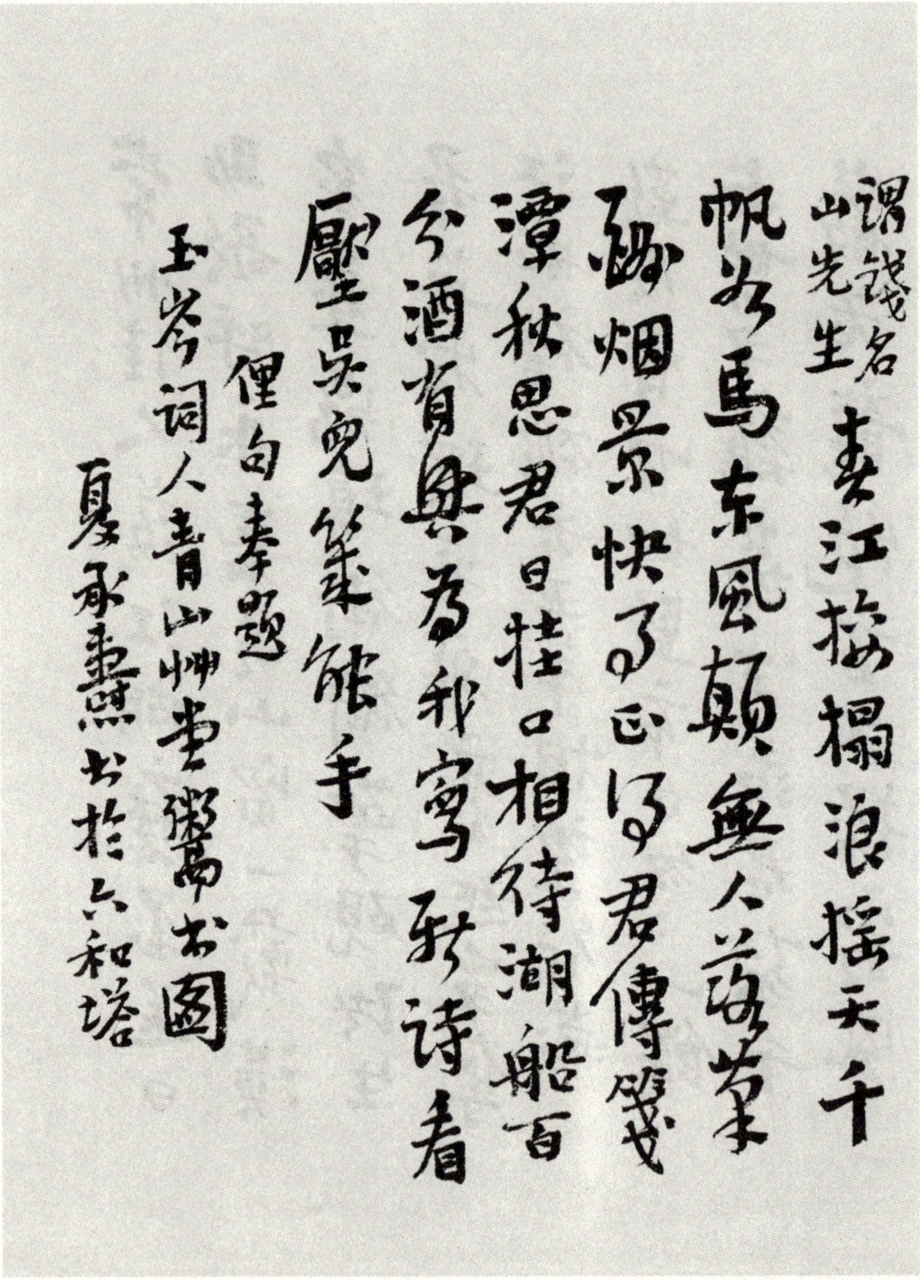
谓钱名山先生
春江按榻浪摇天千帆如馬东風颠無人為苕溪烟景快了正得君傳箋潭秋思君日挂口相待湖船百分酒肯與為我寫新詩看壓吳兒筆能手
俚句奉題
玉岑詞人青山艸堂鬻書圖
夏承燾書於六和塔

释文：

玉岑吾兄：

奉一书未得复。潭秋兄来谓奉上诗屏，亦未承报。知左右犹淹迟上海也。名山先生诗屏，已由潭兄转到，钟君乞代致谢悃。

昨早枕上偶得一七古奉怀，戏以宣楮写之，书诗皆不足当一笑。与兄别五载，聊申向往，如有兴作和章，乞亦写一长屏也。

《培风楼诗》寄曼青者已转去否？

敬承

著安不次

弟 承焘 二月一夕

汀鹭、介庵画印乞寄杭州。

有暇乞为我刻一小印，曰“我近中年惜友生”[3]。兄我好友，不欲求他人也。

常州佳人落江湖，磨墨送日助歌呼。
永嘉看山留一载，潢家彝鼎填街衢。
擎砚诸生尽英发，环看飞豪起争夺。
江船襆被去五年，相望行藏叹皮骨。
官奴监市日匆匆，一饥与世争鸡虫。
坐羡君家千岩老，龙蛇百丈扫霜风。（谓钱名山先生）
春江接榻浪摇天，千帆如马东风颠。
无人落笔酬烟景，快事正得君传笺。
潭秋思君日挂口，相待湖船百分酒。
有兴为我写新诗，看压吴儿几能手！

俚句奉题玉岑词人青山草堂鬻书图[4]

夏承焘书于六和塔

注释：

1.《夏承焘集》，第五册，页184。

2.《夏承焘集》，第五册，页185。

3.此为常州诗人黄仲则诗句，出自《与稚存话旧》：“身世无烦计屡更，鸥波浩荡省前盟。君更多故伤怀抱，我近中年惜友生。向底处求千日酒，让他人饱五侯鲭。颠狂落拓休相笑，各任天机遣世情。”

4.此诗题为《寄玉岑上海并题其青山草堂鬻书图》，夏承焘一九三一年一月廿九日日记：“晨枕上读山谷诗，有兴作一七古，题玉岑青山鬻书图，披衣起，点笔即成。”（《夏承焘集》，第五册，页184）

四十三、夏承焘致谢玉岑

时间：一九三一年三月二日
署款：三月二夕
用笺：杭州私立之江文理学院信笺，八行红笺，四页
夏记：暂未在日记中找到相关记录
钱记：第十八封

今按：

此信提到王春渠，两人共同的好友。谢玉岑殁后，玉岑遗稿得以留存，王春渠厥功甚伟。其“风义之高，更甚于洪北江收黄仲则之两当轩遗作”。

郑逸梅在《谢玉岑与王春渠》一文中还这样写道：“玉岑所著，多不存稿，曼士（即春渠）检于箧笥，询于朋俦，并搜之于积年报章，亲为校勘编次。前年郡城陷于锋镝，曼士检其家中之琳琅秘笈，皆不取，独抱玉岑稿，逾江淮，出徐泗，经汴郑，历湘汉，抵粤之九龙以放乎海，水陆数万里而至沪上，攘之戎马仓皇之间，夺之波涛蛟龙之窟，而卒付之剞劂。曼士于倚声，与玉岑有同好，固玉岑之钟期，而之为刊有此稿，又为玉岑之程婴与公孙杵臼也。”（《谢玉岑百年纪念集》，谢伯子画廊，京华出版社，2001年，页100）

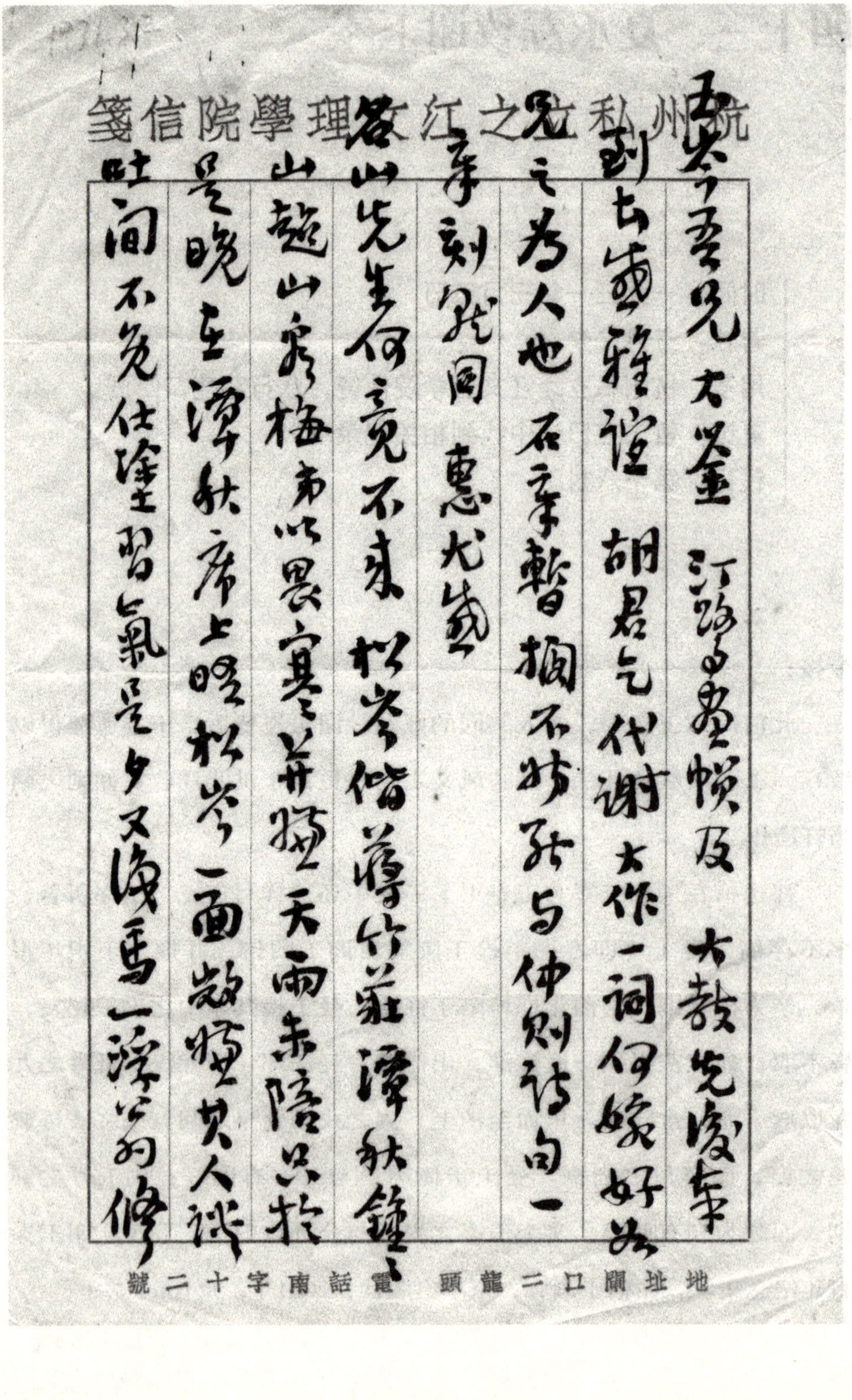

杭州私立之江文理學院信箋

玉岑吾兄大鑒：江頭二書暨大教先後奉
到，甚感雅誼。胡君乞代謝大作一詞，何婉好如
兄之為人也。石年暫擱不特孫與仲則詩句一
年刻我同，惠尤感。
谷山先生何竟不來？松岑偕蔣竹莊、譚秋鍾
山、超山探梅，弟以畏寒兼懶，天雨未陪，只於
是晚在譚秋席上晤松岑一面，數獨與人談
吐間不免仕途習氣，是夕又淺焉。一浮公自修

地址閘口二龍頭　電話南字十二號

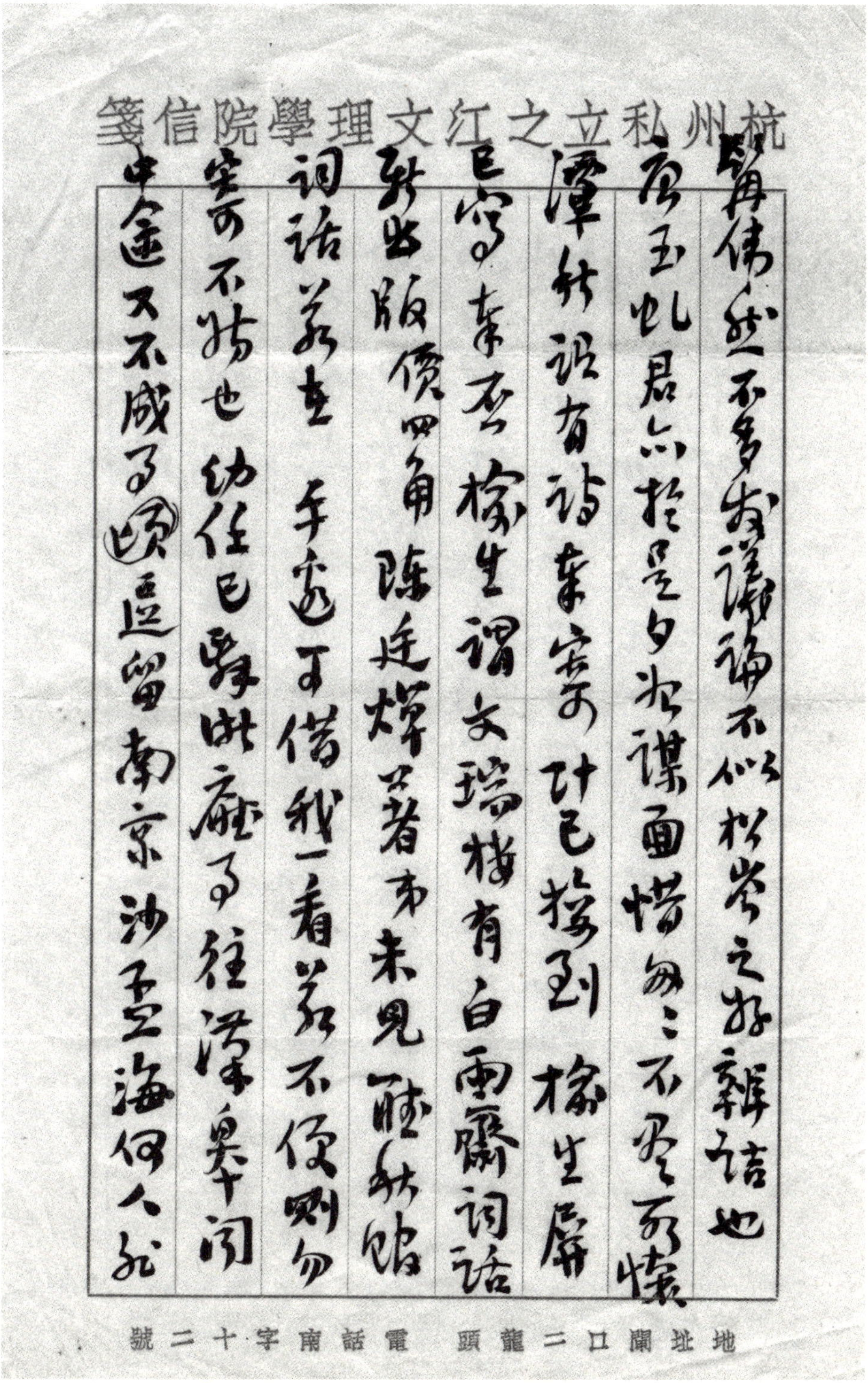

杭州私立之江文理學院信箋

稱儒然不免有議論，不似松岑之好雜話也。寅玉此君亦於是夕得謀面，惜匆匆不及所懷。潭秋語有詩來，寄葉已接到。榆生屏已寄來否？榆生謂文瑞樓有白雨齋詞話新出版，價四角，陳廷焯著，未見。疏秋館詞話兼塵手邊可借我一看，兼塵不便則勿寄，不急也。幼任已歸湖，擬即往潯、皋間，中途又不成，頃逗留南京。沙孟海何人知

地址閘口二龍頭　電話南字十二號

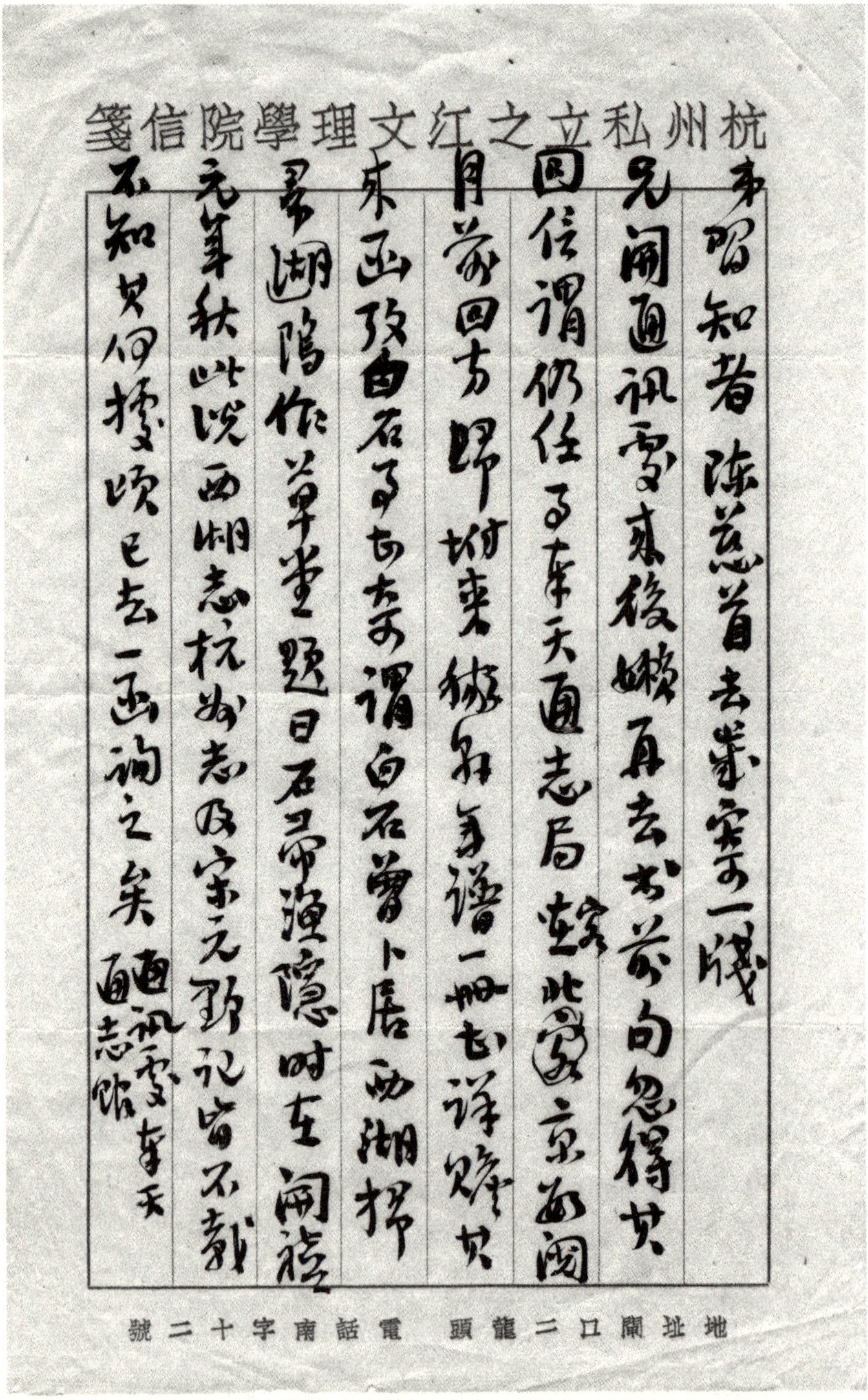
杭州私立之江文理學院信箋

承詢知者陳慈首去歲寄一箋
見詢通訊處,來後懶再去書,前向忽得其
回信,謂仍任奉天通志局,並寄北京海關
月前寄回方歸,附來徐氏年譜一冊,乞詳贈其
來函致白石子故事,謂白石曾卜居西湖,抑
嘗過隱作草堂,題曰白石帚漁隱,時在開禧
元年秋。此說西湖志、杭州志及宋元野記皆不載,
不知其何據。頃已去一函詢之矣。
通訊處奉天通志館

地址闌口二龍頭　電話南字十二號

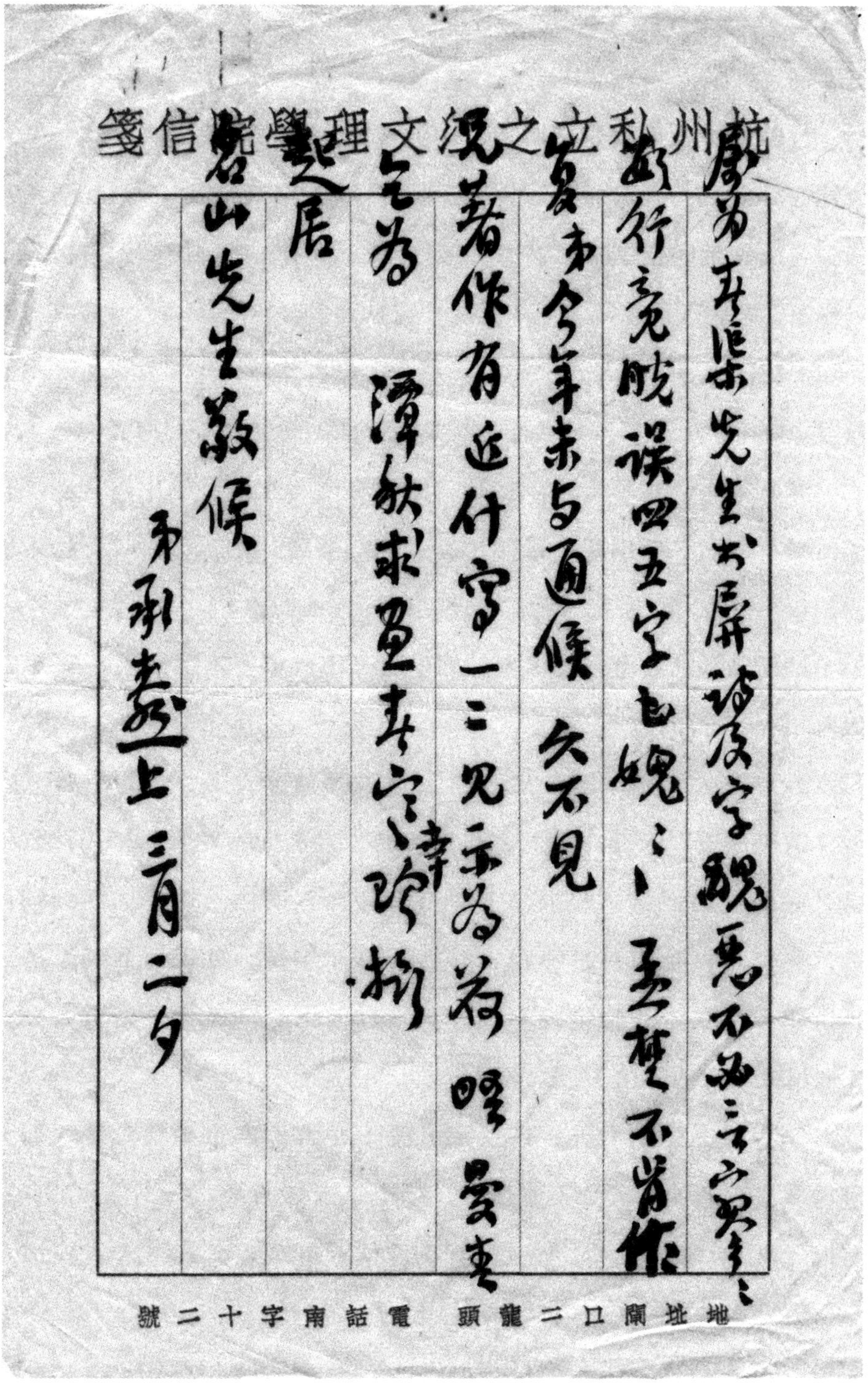
杭州私立之江文理學院信箋

屬為景深先生書屏，詩及字醜惡不必言，而寫
錯行竟脫誤四五字，已愧之。孟楚不肯作
書。弟今年未與通候，久不見
兄著作，有近什寫一二見示為荷。暇晏其
乞為譯歛求置其寓之韋玲櫥
起居
君山先生蔽候
弟承燾上　三月二夕

地址閘口二龍頭　電話南字十二號

释文：

玉岑吾兄大鉴：

汀鹭画帧及大教先后奉到，甚感雅谊。胡君乞代谢。大作一词，何婉好如兄之为人也。石章暂搁不妨，能与仲则诗句一章刻就同惠尤感。名山先生何竟不来？松岑偕蒋竹庄[1]、潭秋、钟钟山超山看梅，弟以畏寒，并嫌天雨未陪，只于是晚在潭秋席上晤松岑一面，微嫌其人谈吐间不免仕途习气。是夕又识马一浮翁，修髯伟然，不多发议论，不似松岑之好辨诘也。唐玉虬君亦于是夕始谋面，惜匆匆不尽所怀。

潭秋谓有诗奉寄，计已接到。榆生屏已写奉否？榆生谓文瑞楼有《白雨斋词话》新出版（价四角），陈廷焯著，弟未见。《听秋馆词话》若在手边，可借我一看。若不便则勿寄不妨也。

幼任已辞浙厅事，往汉皋，闻中途又不成事，逗留南京。沙孟海[2]何人，非弟习知者。

陈慈首去岁寄一笺，兄开通讯处来后懒再去书，前旬忽得其回信，谓仍任事奉天通志局，客北京数阅月，前回方归。附来《稼轩年谱》一册，甚详赡。其来函考白石事甚奇，谓白石曾卜居西湖扫帚坞，作草堂，题曰石帚渔隐，时在开禧元年秋。此说《西湖志》、《杭州志》及宋元野记皆不载，不知其何据。顷已去一函询之矣。（通讯处奉天通志馆）

属为春渠先生书屏，诗及字丑恶不必言，寥寥数行竟脱误四五字，甚愧，甚愧！孟楚不肯作复，弟今年未与通候。久不见兄著作，有近什写一二见示为荷。晤曼青乞为潭秋求画。

春寒幸珍摄

起居

名山先生敬候。

弟 承焘 上 三月二夕

注释：

1.蒋竹庄（1873-1958），名维乔，字竹庄，别号因是子，江苏武进（今常州）人。曾任国民政府教育部秘书长、江苏省教育厅长、东南大学校长等职，著述有《佛教浅测》、《道教概况》、《杨墨哲学》、《十年来中国之佛教》、《佛教概论》、《佛学纲要》、《中国近三百年哲学史》、《吕氏春秋汇校》、《宋明理学纳要》等。

2.沙孟海（1900-1992），原名文若、字孟海，号石荒、沙村、决明，宁波鄞县人。人以为“海内榜书，沙翁第一”，被尊为当代书法泰斗。治学严谨，对书法学、古文字学、篆刻学、金石学，考古学都有精深研究。著述有《近三百年的书学》、《印学概述》、《沙孟海论书丛稿》、《印学史》、《中国书法史图录》、《沙孟海书法集》、《兰沙馆印式》、《沙孟海写书谱》等，并主编有《中国新文艺大系·书法卷》。

四十四、夏承焘致谢玉岑

时间：一九三一年四月廿五日
署款：四月廿五夕
用笺：杭州私立之江文理学院信笺，八行红笺，四页
夏记：四月廿六日，复玉岑，寄词史及钟山二条幅，求书。[1]
钱记：第十九封

今按：

后人对谢玉岑的书法评价很高，常评之“可胜缶翁”，缶翁即吴昌硕。此誉原是钟钟山所言，我终于在此信中找到出处。

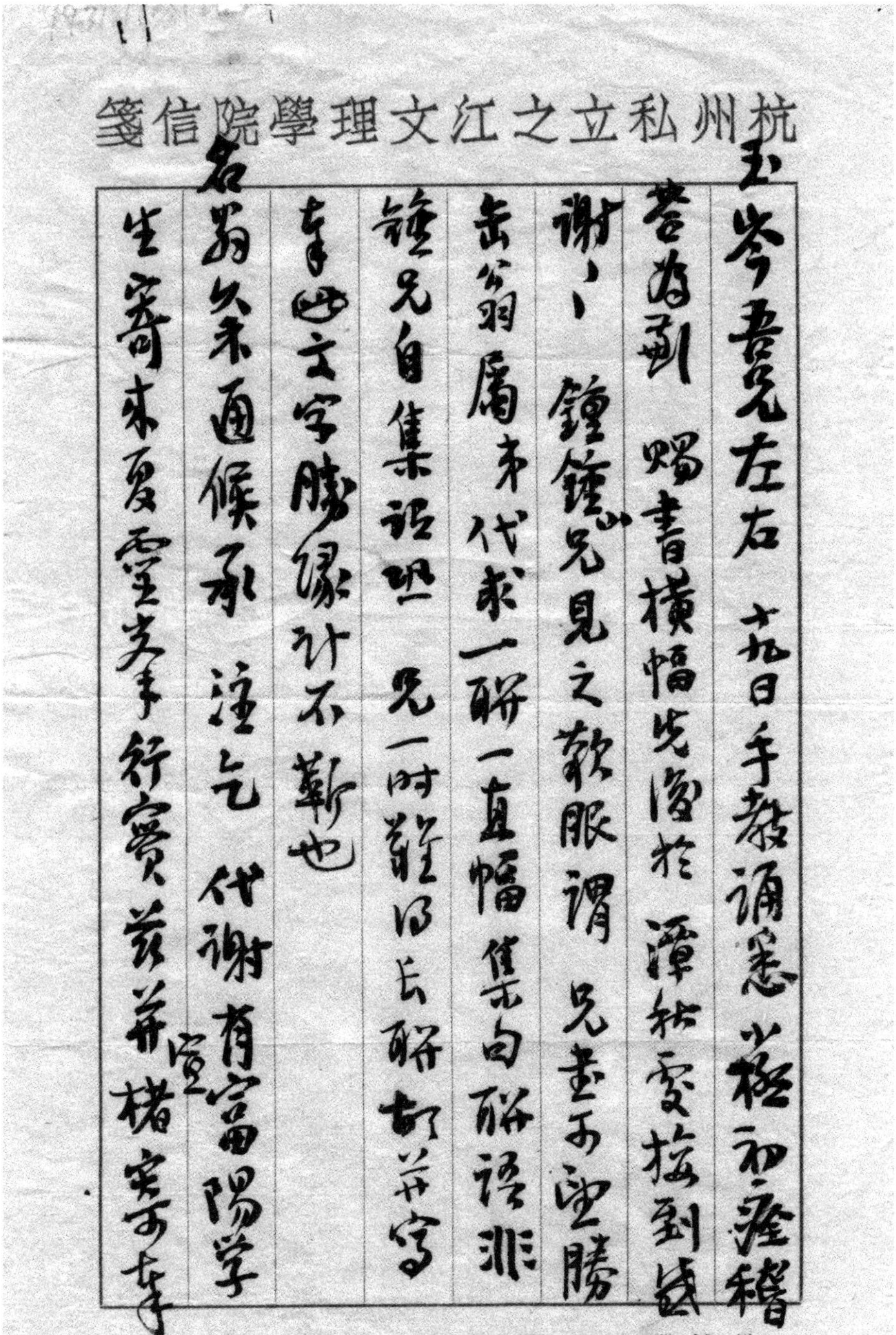
杭州私立之江文理學院信箋

玉岑吾兄左右　十九日手教誦悉　小樵初痊稽
答為歉　囑書横幅先留於　潭秋處按到試
謝謝　鐘山兄見之歎服謂　兄書可望勝
缶翁羽屬弟代求一聯一直幅集句聯語非
鐘兄自集語也　兄一時難得長聯即草寫
草也文字勝緣計不靳也
名翁久未通候承　注乞　代謝　有富陽學
生寄來夏靈峯先生行實　茲并覽　楮宷寄奉

地址關口二龍頭　電話南字十二號

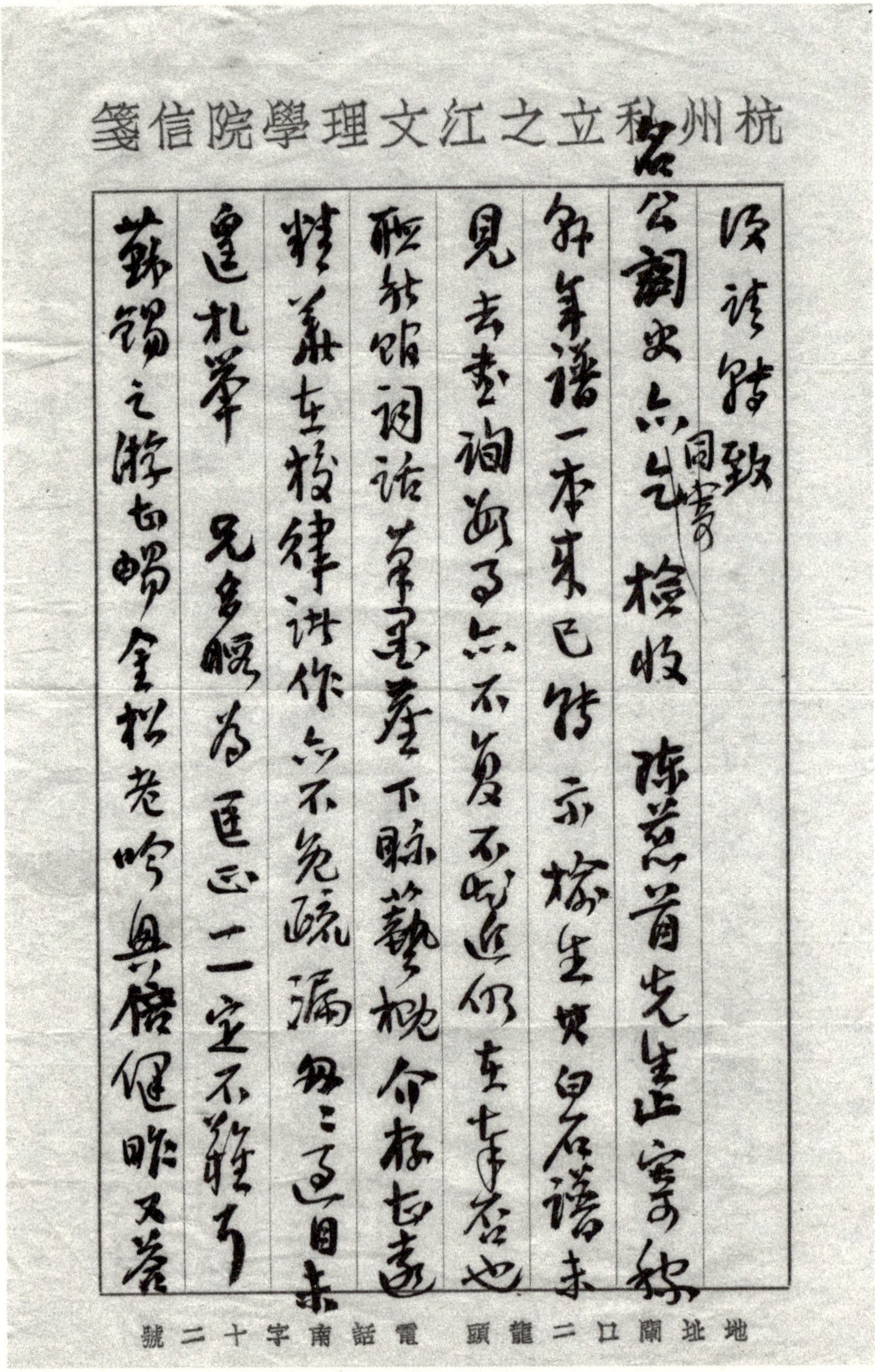

杭州私立之江文理學院信箋

頃讀轉致
名公劍史亦乞（同寄）檢收。陳慈首先生近寄稼
軒年譜一本來，已轉亦稼生。其白石譜未
見，去秋詢彼，云亦不復知近何在也。
飯牛館詞話草稿奉覽。下駟藝概，分存其遺
精義在校律，詩作亦不免疏漏，望之逐日來
還札筆。兄多暇，為匡正一二，定不難耳。
蘇錫之游，如暢金松老吟興倍健，昨又落

地址閘口二龍頭　電話南字十二號

杭州私立之江文理學院信箋

弟一詞論秋不悼和韻等則為長文化學 弟病
中為一詞寔塞責而已 熟讀白石慶宮春差
其音調諧婉為全集之最 而猶弟詞不足望玉田彭
慢蠟衛杏花天之和作於石帚無疑為後也
兄前書謂吳門畢君茂詞也當詢之松老不
出其人 當猶居吳否 論秋極韻與
兄一把照相在書懷之什者 書稿訊矣 爰以
大安不具 弟承燾上 四月廿五夕

地址閘口二龍頭 電話南字十二號

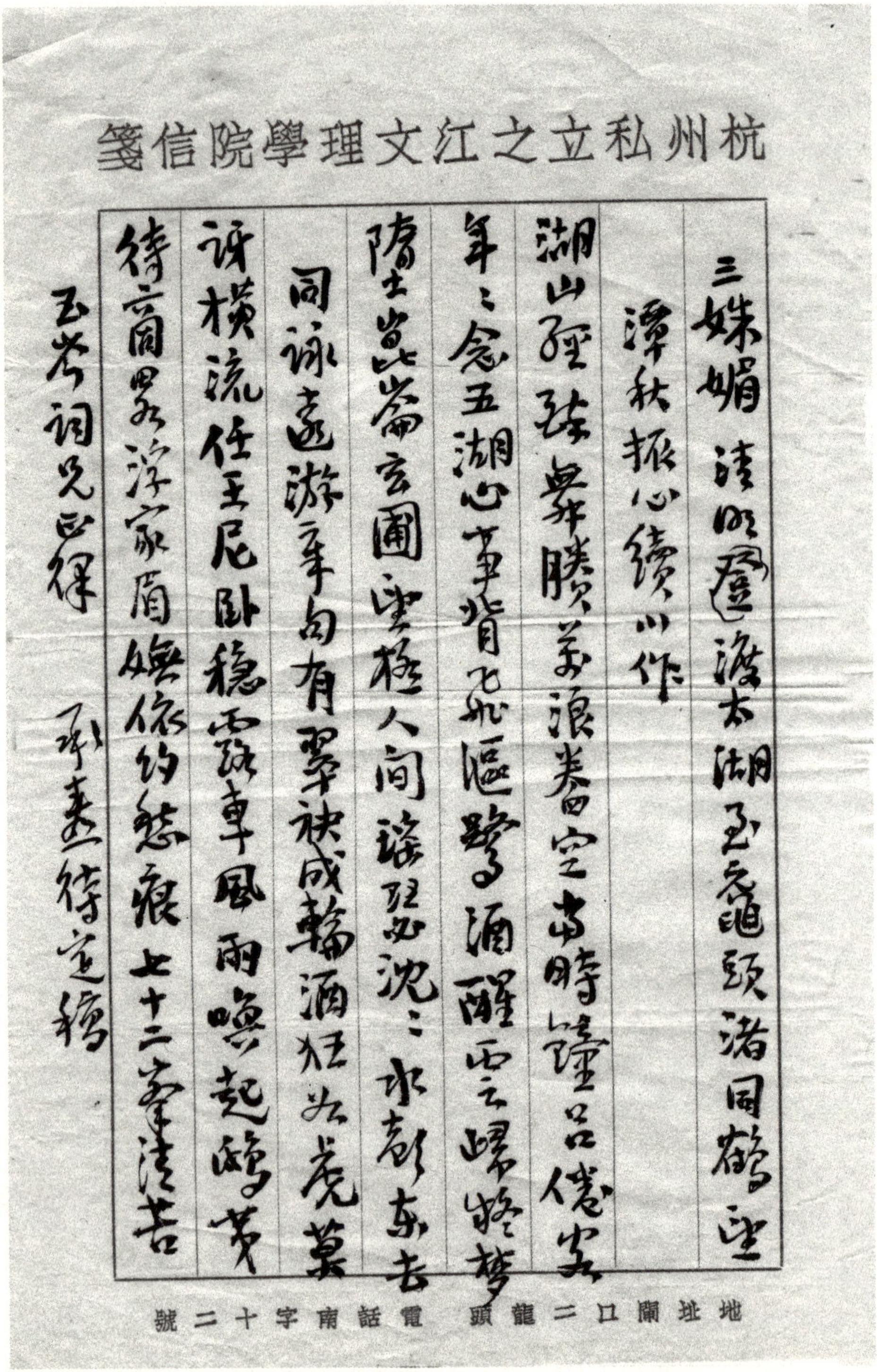
杭州私立之江文理學院信箋

三姝媚 清明登遊太湖至黿頭渚同鶴望
瀞秋振心續川作
湖山經眼路舞勝萬浪卷空當時鐘呂儻寄
年年念五湖心事背飛鷗鷺酒醒雲歸蛟夢
隋崖嵐圍雲極人間謠琶沈沈求彭東去
同詠遨遊年年向有翠袂成輪酒狂如虎莫
訴橫流任玉尼臥穩露車風雨喚起鷗黃
待商量浮家眉娛依約愁痕七十二峯清苦
玉岑詞兄正律 承燾待定稿

地址關口二龍頭 電話南字十二號

释文：

玉岑吾兄左右：

十九日手教诵悉。小极（疾）初痊，稽答为歉。赐书横幅，先后于潭秋处接到，感谢，感谢。钟钟山兄见之叹服，谓兄书可望胜缶翁[2]。属弟代求一联、一直幅。集句联语，非钟兄自集，谓恐兄一时难得长联，故并写奉。文字胜缘，计不靳也。

名翁久未通候，承注乞代谢。有富阳学生寄来夏灵峰[3]行实，兹并宣楮寄奉，便请转致名公。《词史》亦同寄，乞检收。陈慈首先生止寄《稼轩年谱》一本来，已转示榆生。其白石谱未见，去书询数事亦不复，不知近仍在奉否也？《听秋馆词话》笔墨尘下，视《艺概》[4]、介存[5]甚远，精华在校律诸作，亦不免疏漏，匆匆过目，未遑札举。兄多暇，为匡正一一定不难耳。

苏锡之游甚畅。金松老吟兴倍健，昨又答弟一词。潭秋不惮和韵，并欲为长文记游。弟病中为一词，塞责而已。效颦白石《庆宫春》，爱其音调谐婉，为全集之最，而弟词不足望玉田[6]《声声慢·蛾术》、《杏花天》二和作，于石帚[7]无能为役也。兄前书谓吴门毕君藏词甚富，询之松老，不知其人，知犹居吴否？

潭秋极欲与兄一把晤，相左甚怅，甚怅。计有书相讯矣。

复颂

大安不尽

弟 承焘上 四月廿五夕

三姝媚　清明渡太湖至鼋头诸同鹤望潭秋振心续川作[8]

湖山经醉舞，賸万浪春空，当时钟吕。倦客年年，念五湖心事，背飞沤鹭。酒醒云归，疑梦堕、昆仑玄圃。望极人间，瑶瑟沉沉，水声东去。

同咏远游章句，有翠袂成轮，酒狂如虎。莫讶横流，任王尼卧稳，露车风雨。唤起鸱夷，待商略、浮家眉妩。依约愁痕七十，二峰清苦。

玉岑词兄正律。

承焘待定稿

注释：

1.《夏承焘集》，第五册，页200。

2.缶翁，即吴昌硕，近代书画大家。

3.夏震武（1854-1930），原名震川，字伯定，号涤庵，又号灵峰，富阳灵峰人。清同治十二年(1873)中举，次年成进士。光绪六年(1880)朝考二等，授工部营缮司主事。认为讲西学，倡洋务是“用夷乱夏”，倍加抨击。戊戌时，又奏请对维新派康有为、梁启超等“立诛无赦”。八国联军攻陷北京后，上《应诏进言，谨陈中兴十六策》，未被重用。后因和议已决，遂告病回乡。宣统元年（1909），选为浙江教育总会会长，旋兼任浙江两级师范学堂监督。因主张尊孔读经，鄙视科学，遭到鲁迅等人的反对，学生亦相继罢课。被迫离校，转任北京京师大学堂教席。辛亥后南归故里，以遗老自居。晚年在故里筑“灵峰精舍”，聚徒讲学，先后慕名从学之士甚众。日本、朝鲜、越南学者亦不远千里而来。著述有《人道大义录》、《灵峰先生集》、《悔言》、《悔言辨正》、《衰说考误》、《窹言质疑》、《〈资治通鉴后编〉校勘记》、《大学衍义讲授》、《论语讲义》、《孟子讲义》等。

4.《艺概》，刘熙载著。刘熙载（1813–1881），字伯简，号融斋，晚号寤崖子，江苏兴化人。道光二十四年（1844）进士。曾官广东提学使，主讲上海龙门书院。于经学、音韵学、算学有较深入研究，旁及文艺，被称为“东方黑格尔”。《艺概》为作者平时论文谈艺的汇编，成书于晚年。

5.指周济（1781–1839），字保绪，一字介存。参见一九二七年十二月廿一日信之注解。

6.南宋词人张炎，号玉田。

7.南宋姜夔，号白石道人，又号石帚。夏承焘曾专门著文《姜石帚非姜白石辨》，认为石帚另有其人。

8.此词与后入《夏承焘集》之定稿（第四册，页291）有差异。特录定稿于下：

三姝媚　清明渡太湖至鼋头诸同金松岑冯振心李续川邵潭秋

烟光摇缥缈。正万顷浮空，悄无风雨。天外褰裳，念五湖人往，冷鸥谁语。酒醒云归，疑醉我、昆仑玄圃。瑶瑟沉沉，愁抱都空，浪声东去。

同诵远游章句，有翠袂成轮，酒狂如虎。石室寻花，恨未邀坡老，后车琴女。唤起鸱夷，待商略、浮家眉妩。剩有霜蟾照我，归帆如舞。

四十五、夏承焘致谢玉岑

时间：一九三一年七月八日
署款：七、八
用笺：杭州私立之江文理学院信笺，八行红笺，单页
夏记：暂未在日记中找到相关记录
钱记：第二十封

今按：

夏承焘在当年七月七日的日记中写道："接玉岑信，嘱写题鬻书图。"这封信，便是及时的回复。

在上年十一月三日的信中，夏承焘就提起借自温州籀园图书馆的《赌棋山庄词话》，希望他早还。没想到，到次年七月，这本书还没有还去。

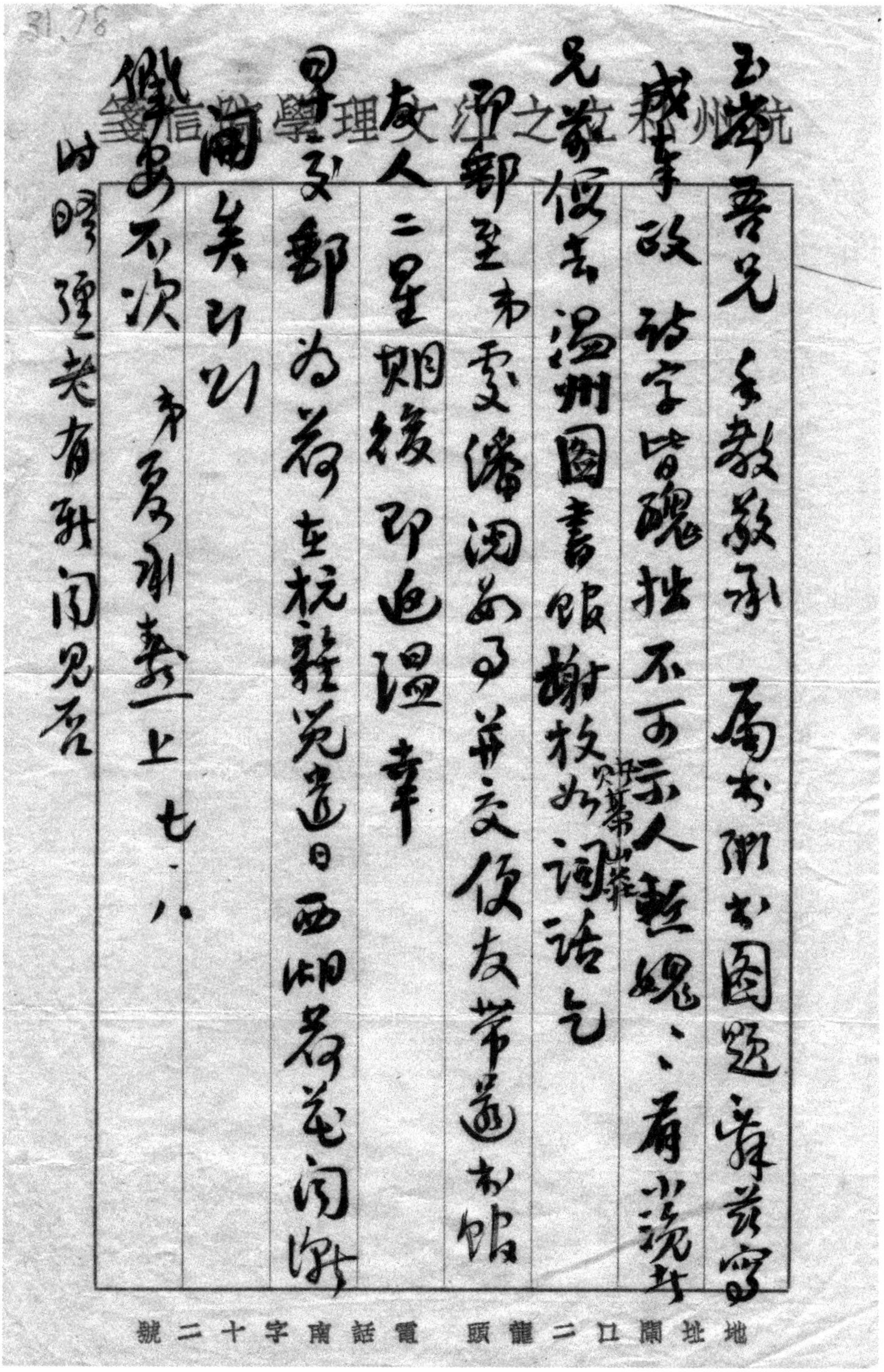

31.78

杭州私立之江文理學院信箋

玉岑吾兄：手教敬承。属书附书图题辞敬写
感事改诗，字皆丑拙，不可示人，惭愧惭愧。有小说并
兄处，便去温州图书馆，谢枚如《赌棋山庄词话》乞
迎郑至弟处借阅为了，并交便友带还书馆。
友人二星期后即返温，幸
早交郑为荷。在杭杂览遣日，西湖荷花开澈
尚美，可以
慰也。不次。弟夏承焘上　七、八
时晤□老，有新闻见否

地址閘口二龍頭　電話南字十二號

释文：

玉岑吾兄：

手教敬承。属书《鬻书图》题辞，兹写成奉政。诗字皆丑拙，不可示人。惭愧，惭愧！有小浼者：兄前假去温州图书馆谢枚如[1]《赌棋山庄词话》，乞即邮至弟处，翻阅数事，并交便友带还书馆。友人二星期后即返温，幸早交邮为荷。

在杭杂览遣日，西湖荷花闻渐开矣。

即颂

俪安不次

弟 夏承焘 上 七、八

时晤彊老有新闻见否？

注释：

1.谢枚如，字章铤。《赌棋山庄词话》作者。

四十六、夏承焘致谢玉岑

时间：一九三一年九月三日
署款：九月三日
用笺：杭州私立之江文理学院信笺，八行红笺，单页
夏记：暂未在日记中找到相关记录
钱记：第二十一封

今按：

这封信提到一九三〇年四月的沪上相左，夏承焘常在信中引以为憾，并在致谢玉岑的信中，多次期待早日相会。

没想到的是，谢玉岑不幸于一九三五年四月英年夭逝，这对好友再也无缘相见。

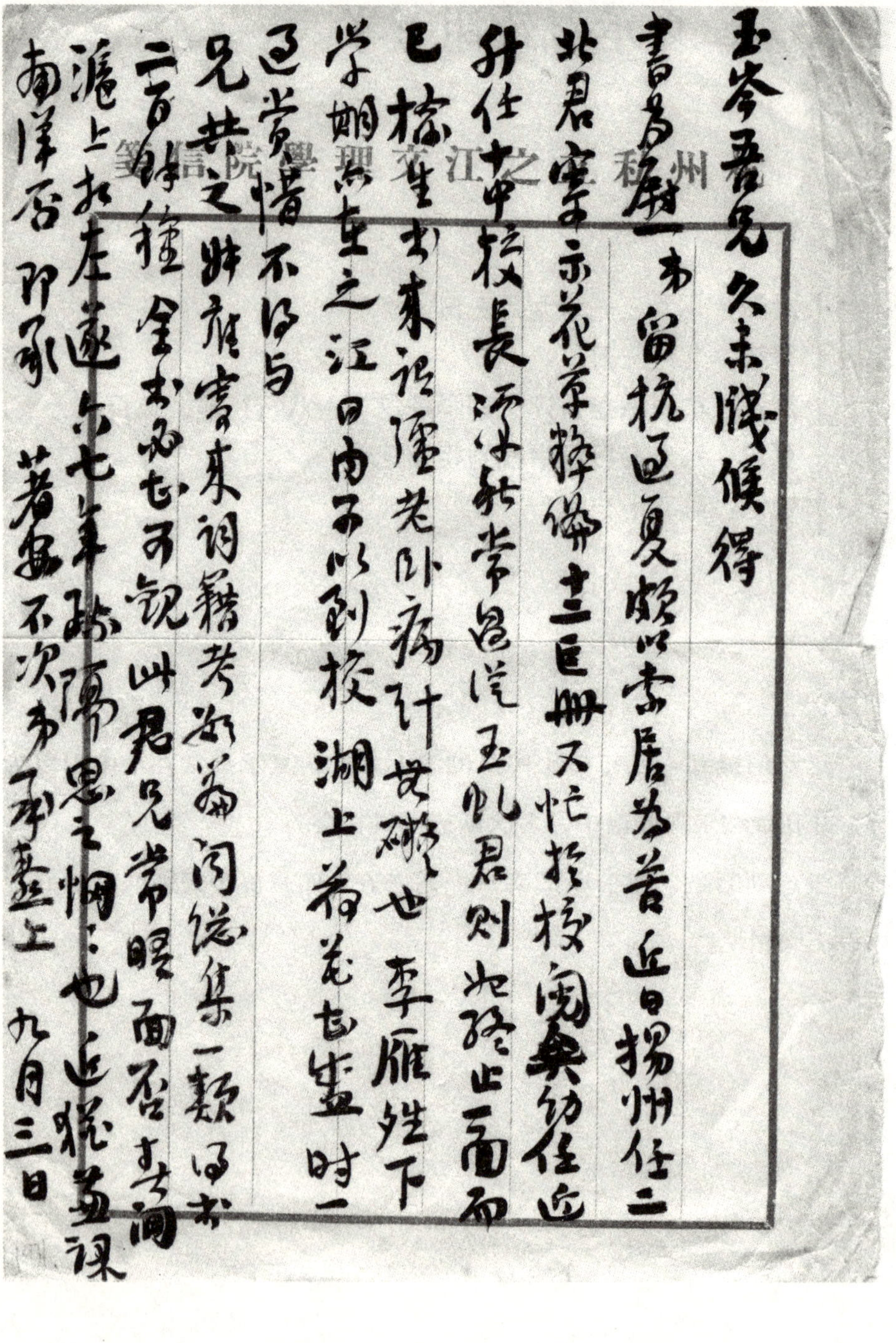

杭州私立之江文理學院信箋

玉岑吾兄：久未牋候，得
書為慰。弟留杭過夏，頗以索居為苦。近日揚州任二
北君寄示花草粹編十二巨册，又忙於校閱矣。約任近
升任中校校長，沤尹翁常過從。玉虬君則如路止一面而
已。榆生書來，謂彊老臥病，計無礙也。李雁晴下
學期亦來之江，日內可以到校。湖上荷花盛時，一
過，嘗惜不得與
兄共之。[illegible]處書來謂韓孝[illegible]籌開總集一類，得書
二百餘種，全書而也可觀。此君兄嘗晤面否？[illegible]
滬上[illegible]今七年，[illegible]思之惘惘也。近從[illegible]
南洋否？即承
著安。不次。弟承燾上　九月三日

释文：

玉岑吾兄：

久未笺候，得书为慰。弟留杭过夏，颇以索居为苦。近日扬州任二北君寄示《花草粹编》[1]十二巨册，又忙于校阅矣。

幼任近升任十中校长，潭秋常过从，玉虬君则始终止一面而已。榆生书来谓彊老卧病，计无碍也。李雁晴下学期亦在之江，日内可以到校。湖上荷花甚盛，时一过赏，惜不得与兄共之。

叔雍寄来词籍考数篇，闻总集一类得书二百余种，全书必甚可观。此君兄常晤面否？春间沪上相左[2]，遂六七年疏隔，思之惘惘也。近犹兼课南洋否？

即承

著安不次

弟 承焘上 九月三日

注释：

1.《花草粹编》，明万历十一年（1583）陈耀文编选之大型词选，收词三千二百八十余首。选源突破了明代其他选本取材于《花间集》、《草堂诗余》的局限，而从唐宋金元笔记小说、诗话词话著作中广泛搜辑，录存了不少散佚词什。后人编选词集、词谱，多据之辑录。

另可参见一九三一年八月十五日日记：早接任中敏镇江中学十三日书，寄来《花草粹编》十二大厚册。依明本钞，而校以金绳武活字本。前有中敏编分人目录，甚有用。惟中敏以原序有延祐陈良弼署名，疑为元人作而陈耀文攘为已有，则大误。予有四、五据可定为耀文作，当复函告之。中敏书约予廿一日同会吴门吴瞿安处，畏天热不欲往。（《夏承焘集》，第五册，页227）

2.春间沪上相左：指夏承焘一九三〇年四月赴沪，未能见谢玉岑一面。

四十七、夏承焘致谢玉岑

时间：一九三一年十二月十七日
署款：十二月十七日
用笺：杭州私立之江文理学院信笺，八行红笺，单页。
夏记：十二月十七日，接玉岑信，知陈慈首自辽来阳羡。即复一函，并致慈首笺，告作词源疏证，并问唐立厂。[1]
钱记：无记录

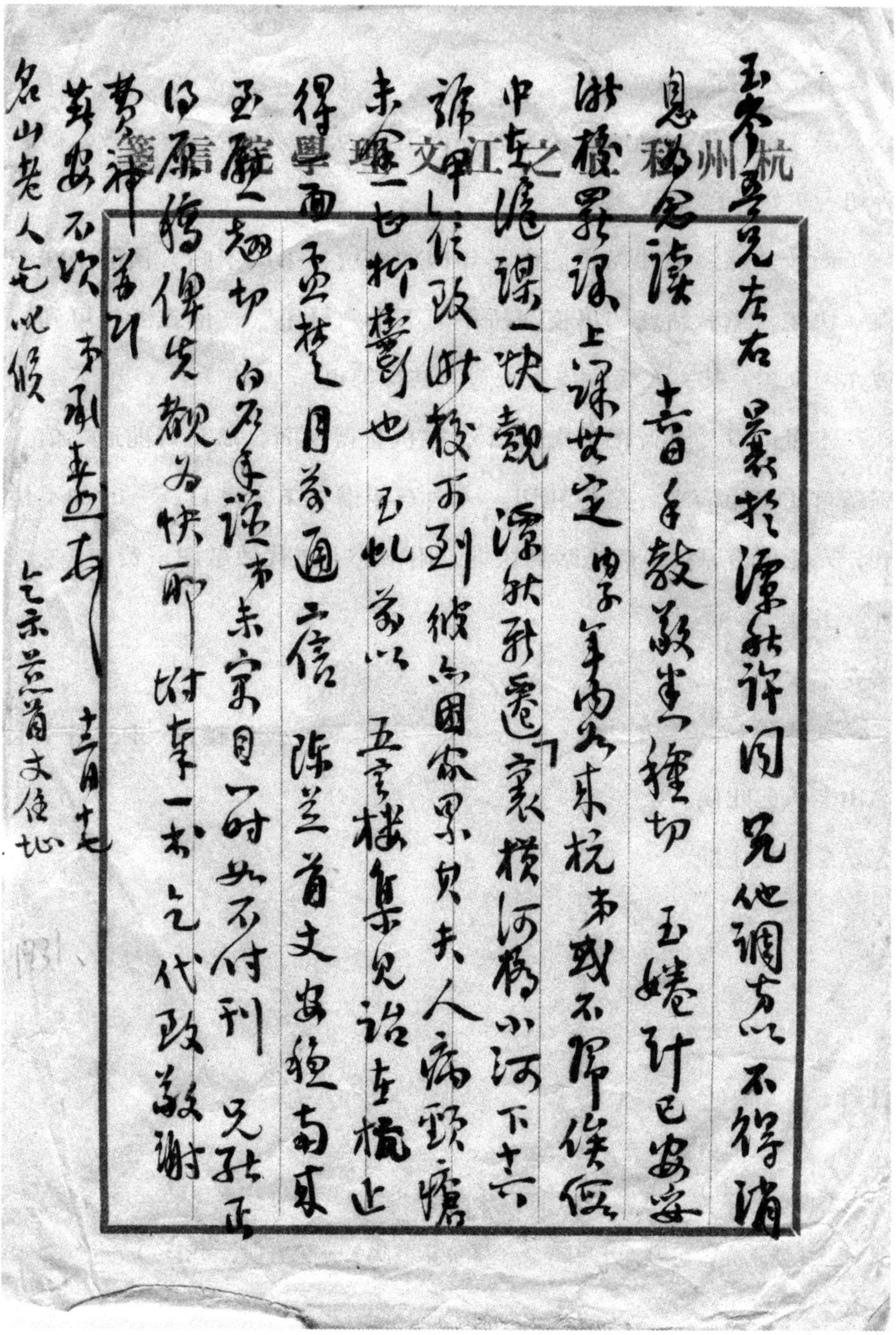

杭州秦望山之江文理學院信箋

玉岑吾兄左右：曩於潭秋許聞兄他調，恚不得消
息，甚念。頃讀手教，敬悉一一种切。玉嫂計已安妥。
浙校累課，課上課甚定。由子年前來杭，未或不得候遇。
中左總課一快覩。潭秋新遷寓橫河橋小河下十六
號。中政浙校可到彼，以國家累貝夫人病頸瘡
未愈也。柳壽也。玉虬前以五言樓集見詒，在杭止
得一面。孟楚月前通一信。陈兰甫文安通有真
孟劬一趣切。白石年譜未定，目前如不付刊，
以原稿俾先觀為快耶。附奉一本，乞代政，敬謝
勞神。并叩
著安。不次。弟承燾頓首 十二日
名山老人乞代候
乞示兰甫文住址

1931

释文：

玉岑吾兄左右：

曩于潭秋许闻兄他调，方以不得消息为念。读十六日手教，敬悉种切。玉姥计已安妥。

浙校罢课，上课无定。内子年内如来杭，弟或不归。俟假中在沪谋一快觌。潭秋新迁"里横河桥小河下十六号甲"，信致浙校可到。彼亦困家累，其夫人病颈疮，未愈，甚抑郁也。

玉虬前以《五言楼》集见诒[2]，在杭止得一面。孟楚月前通二信。陈慈首丈安稳南来，至慰翘切。《白石年谱》弟未寓目，一时如不付刊，兄能丐得原稿，俾先睹为快耶。附奉一书乞代致敬谢，费神。

并颂

著安不次

弟 承焘 顿首　十二月十七

名山老人乞叱候。

乞示慈首丈住址。

注释：

1.《夏承焘集》，第五册，页256。

2.参见夏承焘一九三一年十一月廿三日日记：唐玉虬赠《五言楼诗草》二册。玉虬诗未纯，可删去十四五。（《夏承焘集》，第五册，页249）

四十八、夏承焘致谢玉岑

时间：一九三二年一月十二日
署款：正月十二日
用笺：杭州之江大学校笺，八行红笺，三页
夏记：一月十二日，复玉岑函，约十四早同会榆生处，看彊公遗著。[1]
钱记：第二十二封

今按：

晚清四大词家之一的朱孝臧一九三一年十二月三十日去世，卒年七十五。夏承焘第二日便从报上得此噩耗。在三十日的日记中他这样写道："予于先生止数面，函札往复八、九次。月前往一书，彼已迁居或竟不达矣。"第二日，夏承焘作挽词，后又有《征召》词，凭吊彊老之丧。

夏承焘的好友龙榆生是朱孝臧的嫡派传人，对彊老了解颇多。彊老殁后，龙榆生给夏承焘去了一信，对朱孝臧临终事记述甚详。夏承焘在一九三二年一月十日日记中札录该信，此笔记录让我们从一个侧面看见一代词家不为人知的家室伤心史。

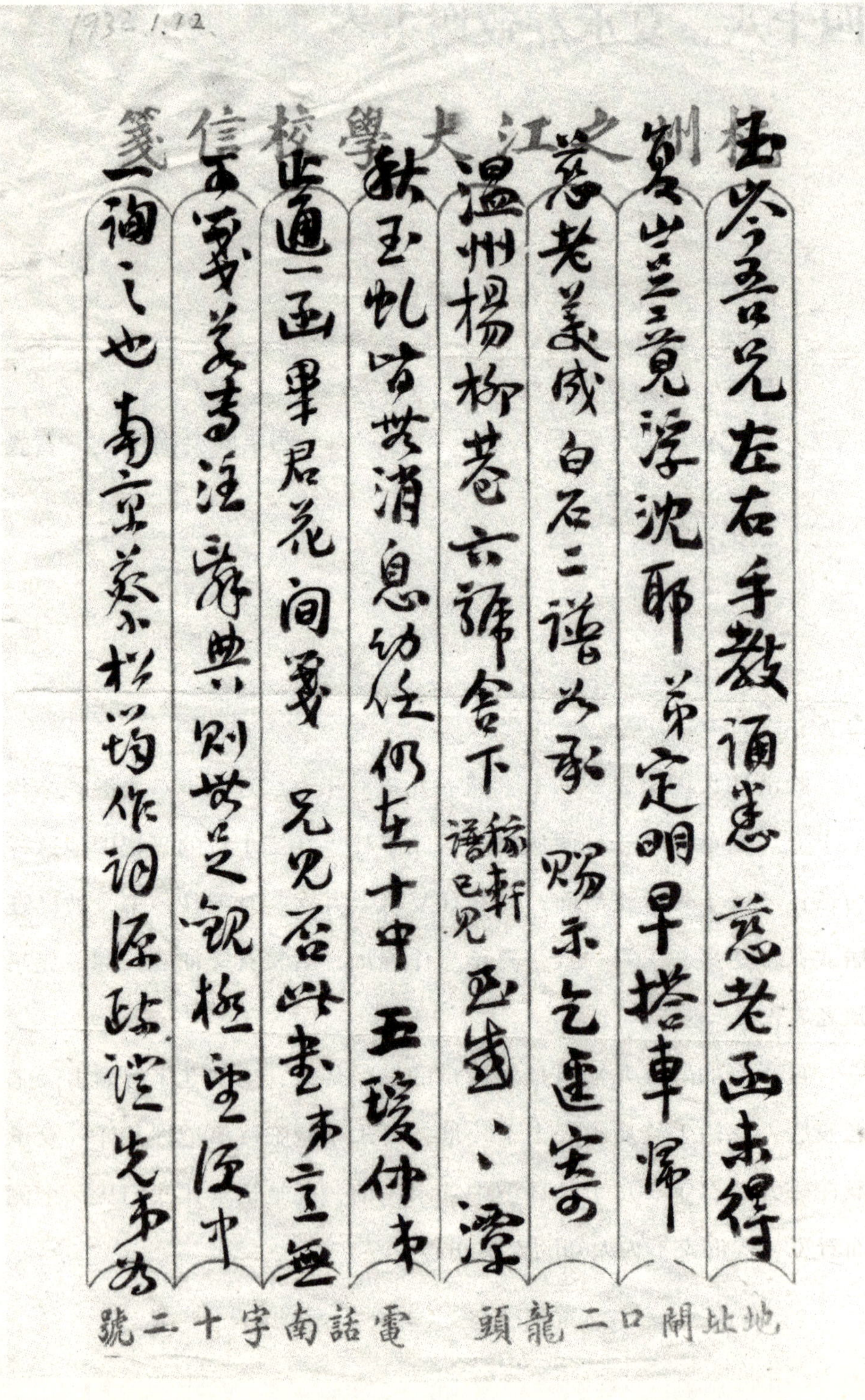

1932.1.12

杭州之江大學校信箋

玉岑吾兄左右手教誦悉慈老函未得
見豈竟浮沈耶弟定明早搭車歸
慈老美成白石二譜如承賜示乞逕寄
溫州楊柳巷六號舍下稼軒譜已見函盛、、潔
秋玉帆皆無消息幼任仍在十中五瓊仲未
止適一函畢君花間箋兄見否此書未言無
不覓若為青注箋典則無足觀極望從中
一詢之也南京蔡松筠作詞源疏證先為

地址閘口二龍頭　電話南字十二號

杭州之江大學校信箋

向蒙寄來凡例，已詳讀。滬寓竟未嘗晤君也。彊老之喪，榆生函來詳述其家室傷，及吾兄函，不勝悼。遺著皆交榆生。弟準下星期四十四日早晨往真茹暨南大學訪榆生，兄如到看彊老遺著，屆時在榆生處相會。弟當待兄函。午時弟在滬時向多促，且不淺談，或不能往候兄也。在舍約半月，夏正向此來杭。

弟準住四馬路雲南路香賓旅館。六文、嫈軒同舟。

地址閘口二龍頭　電話南字十二號

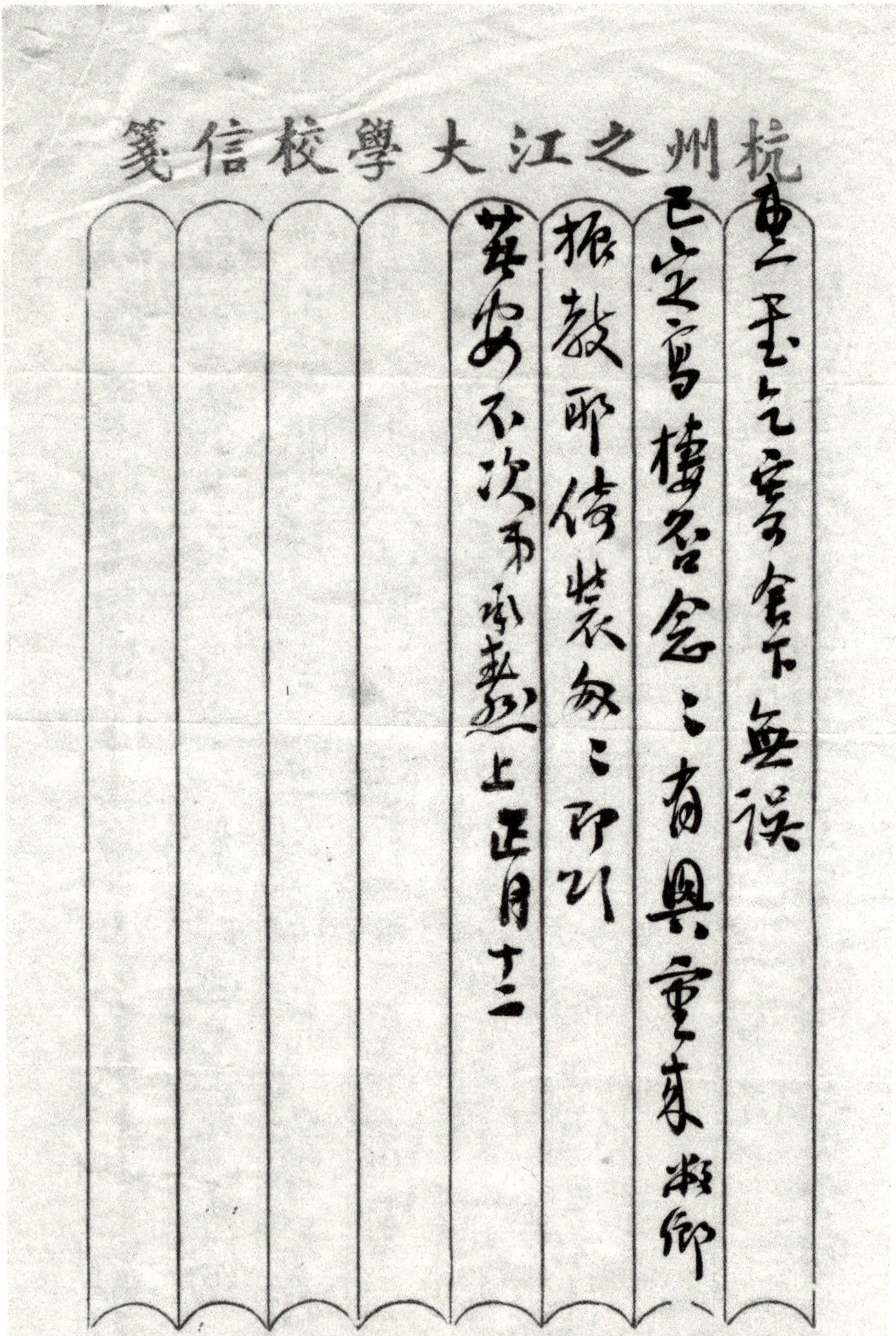

杭州之江大學校信箋

重之丢乞寄奉下無誤

已定寫樓名念念有興寫來濡仰

振教耶倚裝匆匆即頌

著安不次弟承燾上正月十二

地址閘口二龍頭　電話南字十二號

释文：

玉岑吾兄左右：

手教诵悉[2]。慈老函未得复，岂竟浮沉耶？弟定明早搭车归。慈老美成白石二谱如承赐示，乞迳寄温州杨柳巷六号舍下（稼轩谱已见）。至感，至感！

潭秋、玉虬皆无消息，幼任仍在十中，王瑗仲[3]弟止通一函。毕君花间笺，兄见否？此书弟意无可笺，若专注辞典则无足观。极望便中一询之也。南京蔡松筠[4]作《词源疏证》，先弟为之，旬前寄来凡例，甚详赡，从前竟未尝闻名也。

彊老之丧，榆生函来详述其家室伤心史[5]，至可悲悼。遗著皆交榆生[6]。弟准星期四（十四日）早晨往真茹暨南大学访榆生，兄如欲看彊老遗著，届时在榆生处相会。弟当待兄至午时。弟在沪时间匆促，且不识路，或不能往候兄也。在舍约半月，夏正开岁来杭。

惠书乞寄舍下无误。

已定高栖否？念念，有兴重来敝乡振教耶？

倚装匆匆。即颂

著安不次

弟 承焘上　正月十二

弟准住四马路[7]云南路香宾旅馆，亦文、嵘轩[8]亦同舟。

注释：

1.《夏承焘集》，第五册，页266。

2.参看一九三二年一月八日日记：接玉岑上海函，谓陈慈首未有复书，其《稼轩年谱》、《周清真年谱》将出书。（《夏承焘集》，第五册，页265）

3.王瑗仲（1900–1989），名蘧常，别号明两、涤如、欣欣老人，浙江嘉兴人。毕业于无锡国学馆，曾执教无锡专门国学院、复旦大学中文系。曾任上海国学专修学校教务长，无锡中国文学院副院长。一九五二年后任复旦大学哲学系、中文系教授。主要著作有《诸子学派要诠》、《先秦诸子书答问》、《严几道年谱》、《沈寐叟年谱》、《国学讲演稿》、《国耻诗话》、《王蘧常章草艺术》、《中国历代思想家传记汇诠》（主编）、《诸子新传》、《荀子新传》、《秦史》等。亦工书。

4.蔡松筠（1888–1950前后），名桢，字嵩云，号柯亭，江西上犹人。早年曾问学于郑文焯、况周颐、吴梅等，三十年代初任河南大学教授。抗战后隐居扬州竹西江村多年。主要著述有《词源疏证》、《乐府指迷笺释》、《柯亭长短句》等。曾校《词源》，校本收入唐圭璋《词话丛编》。

5.参看一九三二年一月十一日日记。（《夏承焘集》，第五册，页266）该则日记摘录龙榆生之信，对朱孝臧临殁事记述甚详。

6.朱孝臧临终前，将遗稿及校词朱墨双砚授龙榆生。龙氏终身服膺彊村之学，并将它发扬光大。

7.今上海福州路。

8.金嵘轩（1887–1967），原名桐熙，又金嵘，浙江瑞安人。早年留学日本，一九二四年归国后任浙江省立第十中学（今温州中学）校长，后又应商务印书馆之邀任《教育杂志》编辑。任职省教育厅科长期间，因省立十中负债累累，毅然变卖家产良田偿还校债。从浙江省教育厅离任后，先后在江苏省立镇江中学、浙江瑞安中学、浙江温州师范学校、福建省立师范学校任职。一九三八年七月发起创办永嘉县私立济时中学，受聘为校长。一九四九年后出任温州市副市长。

四十九、夏承焘致谢玉岑

时间：一九三二年三月廿七日
署款：三月廿七日
用笺：杭州私立之江文理学院笺，八行红笺，四页
夏记：三月廿七日，上午作白石道人歌曲旁谱说。发玉岑信，附去陈慈首信，乞其白石年谱载之江学报。另纸写琐窗寒词。[1]
钱记：第二十三封

今按：

此信后两页为词作《琐窗寒》，记携友访榆园之事，该词与《夏承焘集》中所录略有不同，后者应为定稿。[2]

今春，我曾将此札发给现居澳洲的徐家祯老师看，徐老师是海上名宿徐定戡先生哲嗣。榆园民国时曾归徐家所有，他的童年时代便是在该园度过的。徐老师收信后，即拿信给徐定戡老先生看，并引出一段佳话：

夏承焘和谢玉岑先生家父都认识。昨天我去看他，告诉他你寄来的夏承焘的信。我还没有说完是写给“谢玉岑”的，只说了“姓谢的一位先生”，他就说“是谢玉岑”。还说他是常州人。我真的很有点吃惊，因为他现在很多人和事都已忘记，连平时常谈起的亲戚朋友都

不知道了，竟然记得几十年前有过来往的谢玉岑！我问他记不记得夏承焘、谢玉岑和郑晓沧先生去娱园的事情。他说记得的，但是详情已经说不清了。

二〇〇九年五月一日，徐定戡先生逝于澳大利亚，享年九十三岁。

1932.2.25

杭州私立之江文理學院信箋

玉岑吾兄：滬上相左，耿耿至今。弟前月由甬而越，迂道來杭，在潭秋許一見尊札長箋，注存。敝校本學期刊之江學報一冊，刻校內教員及外來稿件，兄有大著，賜教否？慈首先生今在何處？客冬接一來函，遂阻音問。坿奉一函，煩乞轉致。費神，謝謝。滬上稅局事近猶兼任否？昨

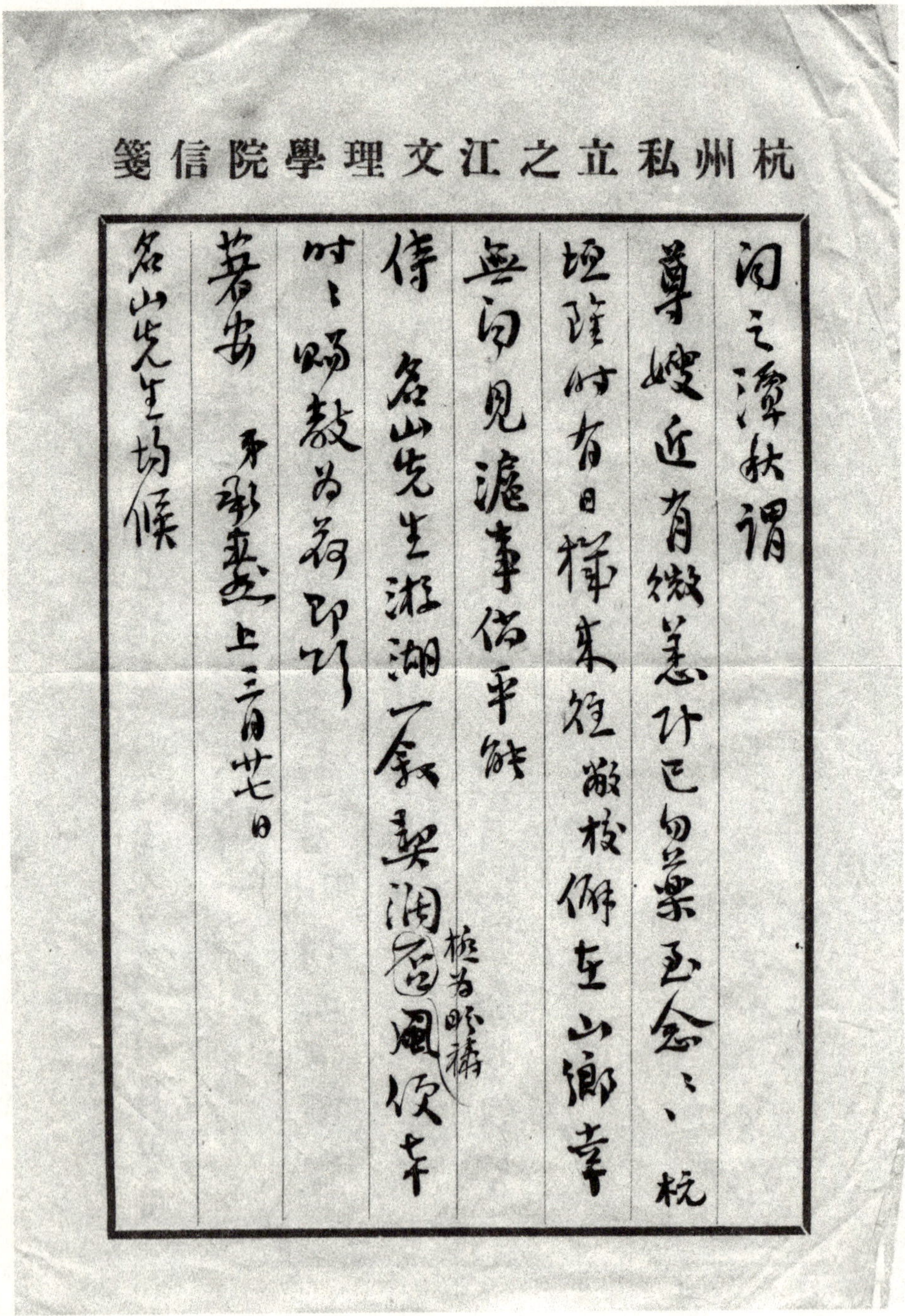

杭州私立之江文理學院信箋

聞之濬秋謂
尊嫂近有微恙，計已勿藥，至念至念。杭
垣雖時有日機來往，敝校僻在山鄉，幸
無所見。滬事倘平，能
侍名山先生游湖一敘，契闊[?]風便，幸（極為[?]盼禱）
時時賜教為荷。即頌
著安
弟承燾上 三月廿七日
名山先生均候

杭州私立之江文理學院信箋

瑣窗寒　偕鍾山雁姓曉滄游許氏榆園玉玲瓏館

我花石涸殘名戰訊暫息不廢嬉春誦宋人句待

何時是太平之句百感惘惘也

種柳人歸吹篴伴散故家吟社滄桑掛眼麻麻孫陰

亭榭似風前茶彭未消晚濤正鬧松窗罅剩度湖

坐月重簾幽楯無人如畫　入夜寒鐘打縱嗔起吟

魂重來夜說憑高倦眼蒼蒼春愁疑宵遍狂螢

障扇自歸說鶴又送寒吹下待移螢枒石來瞪

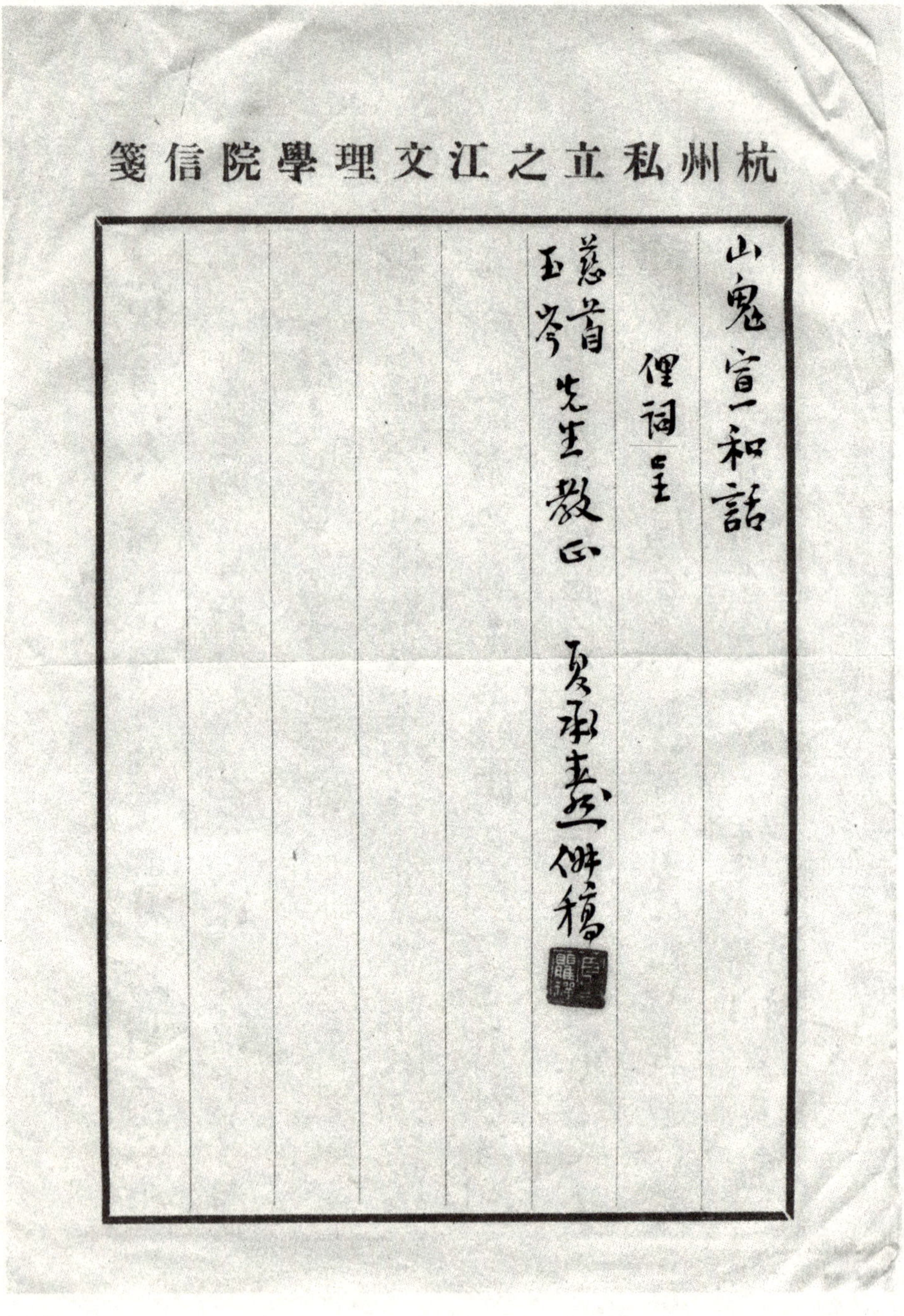

杭州私立之江文理學院信箋

山鬼宣和詞

俚詞呈

慈首

玉岑先生教正 夏承燾拜稿

释文：

玉岑吾兄：

沪上相左，耿耿至今。弟前月由甬而越，迂道来杭，在潭秋许一见尊札，甚感注存。敝校本学期刊《之江学报》一册，载校内教员及外来稿件，兄有大著赐教否？慈首先生今在何处？客冬接一来书，遂沮音问。附奉一函，便乞转致。费神，谢谢。

沪上税局事近犹兼任否？[3]昨闻之潭秋谓尊嫂近有微恙，计已勿药，至念，至念！杭垣虽时有日机来往，敝校僻在山乡，幸无闻见。沪事倘平，能侍名山先生游湖，一叙契阔，极为盼祷。风便幸时时赐教为荷。

即颂

著安

弟 承焘 上 三月廿七

名山先生均候。

琐窗寒

偕钟山、雁晴、晓沧[4]游许氏榆园[5]玉玲珑馆，看花石纲残石[6]。战讯暂息，不废嬉春。诵宋人“更待何时是太平”之句，百感惘惘也。

种柳人归，吹箫伴散，故家吟社，沧桑挂眼，历历绿阴亭榭。似风前茶声未消，晚涛正闹松窗罅。剩度湖旧月，重帘幽楯，照人如画。

入夜，寒钟打，纵唤起吟魂，重来应诧。凭高倦眼，莽莽春愁难写。避狂尘障扇自归，乱鸦又送寒吹下。待移灯扪石来听，山鬼宣和话。

俚词呈慈首、玉岑先生教正。

夏承焘俶稿

注释：

1.《夏承焘集》，第五册，页280。

2.《夏承焘集》，第五册，页278。

3.谢玉岑在上海时曾任职于税局。

4.郑晓沧（1892 -1979），原名宗海。浙江海宁人。一九一四年毕业于清华学校文科。一九一八年获美国哥伦比亚大学教育学硕士学位。回国后，历任南京高等师范学校教授，浙江大学教授、教育系主任、师范学院院长、研究院院长、代理校长。一九四九年后任浙江师范学院院长、杭州大学教授。专于外国教育史和浙江地方教育史，译有《柏拉图论教育》、《西方资产阶级教育论著选》（合译）及美国作家奥尔珂德的著名教育小说《小妇人》、《好妻子》、《小男儿》等。

5.指许增。许增（1824-1903），字迈孙，号益斋，浙江仁和（今杭州）人。《中国美术家人名辞典》称其“喜勘订书籍，所校刻《唐文粹》精核无比，性尤爱书画，收藏既富，偶一涉笔，便自不凡，最善画佛。”《浙江古今名人大词典》称其“另辑有《白石诗词评论》。著有《榆园丛书》、《娱园日记》《娱园遗稿》。”同治初年奉母还里，住榆园。榆园又名娱园，在杭州金洞桥，今已不存。民国时该园归商人徐吉生所有，海上名诗人徐定戡为徐吉生后人。

6.可参看夏承泰当年三月二十日日记。（《夏承焘集》第五册，页277）

五十、夏承焘致谢玉岑

时间：一九三二年五月十九日
署款：五月十九日
用笺：杭州私立之江文理学院信笺，八行红笺，三页
夏记：五月十九日，发玉岑上海函，寄《踏莎行》词去，并问陈慈首通讯处。[1]
钱记：第二十四封

今按：

上一封信，夏承焘即提到谢玉岑夫人。据其日记，其实早在三月二十日，夏承焘便听说“玉岑悼亡”。只是未能证实，于是在该信中有意问之。

谢玉岑夫人钱素蕖为钱名山长女，名亮远，生于庚子年（1900）六月廿四日。是日旧称荷花生日，据说谢夫人堕地时，池中适开一朵白莲花，硕茂异常，于是她又字素蕖。

谢玉岑就学寄园时，名山以为贤，妻之以女。据时人回忆，钱素蕖能作北魏汉隶，喜诵《葩经》及司马《通鉴》，温淑好礼，为戚党所称。玉岑夫妇伉俪情深，玉岑亦自号白菡萏室主，以与夫人之名相联系。

素蕖不幸于一九三二去世，谢玉岑哀悼异常。他请好友张大千画

荷花百幅，并请方介堪刻一印章：孤鸾室发愿供养大千居士百荷。从此，谢玉岑自号孤鸾，并言：欲报外舅，惟有读书；欲报吾妻，惟有不娶。

《玉岑遗稿》收《孤鸾词》一卷，多悼亡之作。自此谢玉岑词风大变，长调短阙，务为苦语。夏承焘后来在《玉岑词序》中说："……素蕖，先玉岑三年卒，自是益肆力于词，缠绵沉至，周之琦、项廷纪无以过。"

1932.5.17

杭州私立之江文理學院信箋

玉岑吾兄 展诵長函及 锦製箴詞 情文並
生使人增伉俪之重 删繁使觀玉深歎仰
尊夫人生天雖早 託茲不朽矣
屬題蕙漠圖 茲成一小詞應
命另紙呈 教 潭秋將來 隨只侍黄則
紙兄未能著其字也 榆生仍執教暨南
家法罷講辭 近設 一三二五 課音樂專科
學校 陳蕊巷通訊處乞

地址閘口二龍頭　電話南字十二號

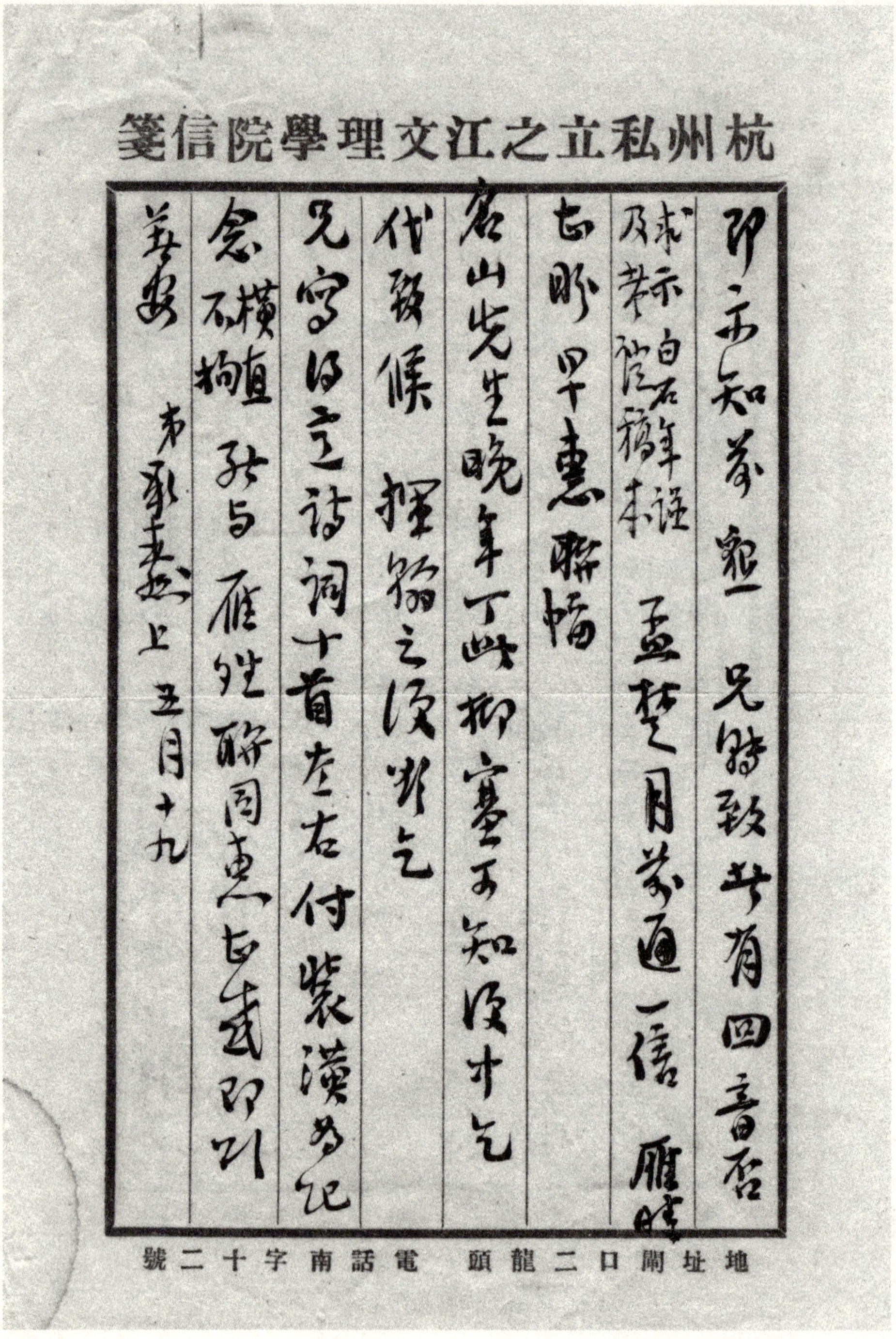

杭州私立之江文理學院信箋

印丞知交鑒：兄歸後并有四書啓

承示白石年譜及考證稿本

孟楚月前通一信，雁晴

也盼早惠聯幅

君山先生晚年丁此抑塞，不知復[illegible]乞

代致候。擇錄之須[illegible]乞

兄寫得之詩詞十首左右，付裝潢為紀

念。橫直不拘。琴與雁晴聯同惠，也或即以

箋安

承燾上 五月十九

地址閘口二龍頭　電話南字十二號

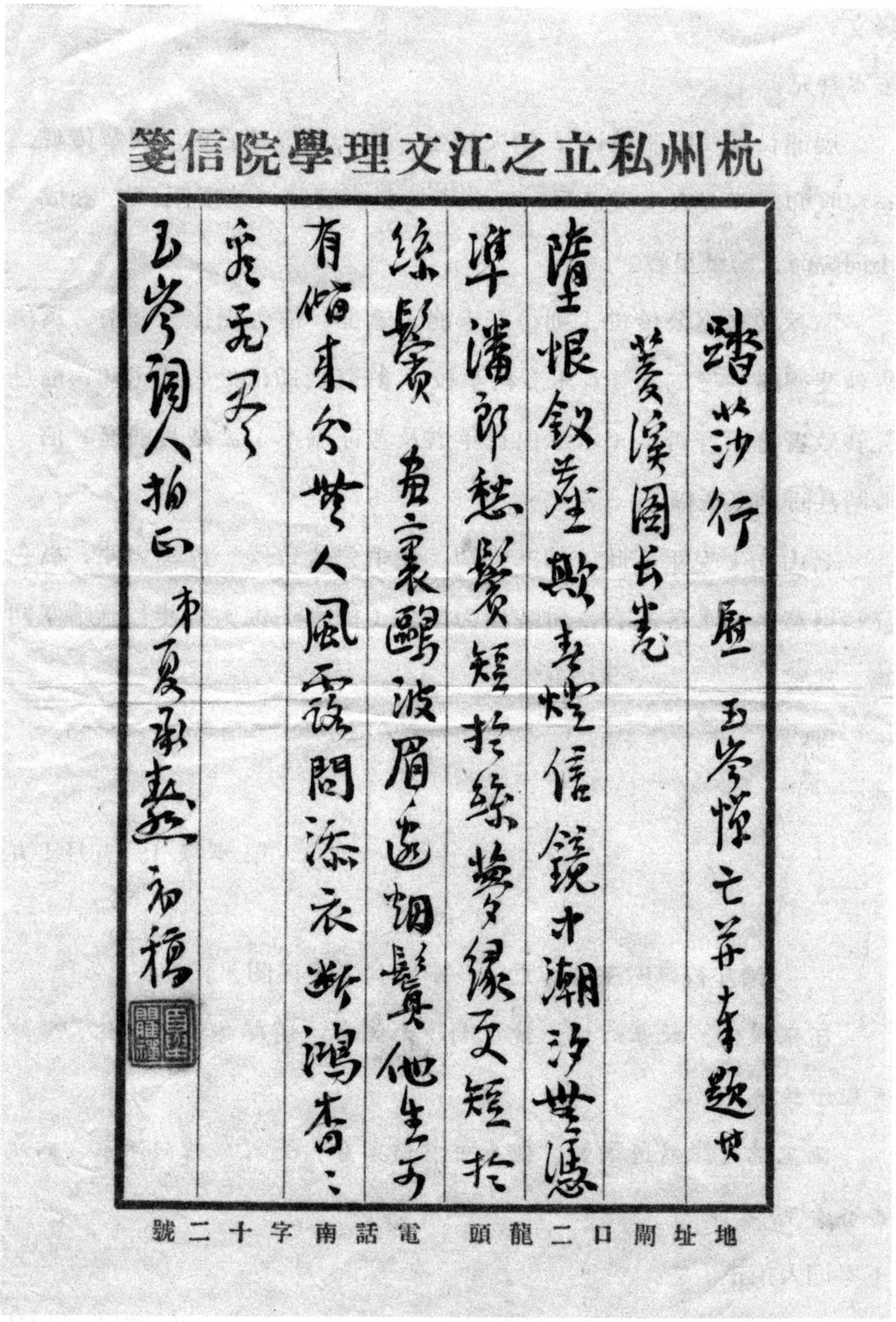

杭州私立之江文理學院信箋

踏莎行　[illegible]玉岑悼亡并奉題

菱溪圖長卷

墜恨釵塵，歎春燈信鏡，才潮汐。世憑

準潘郎愁鬢短，於絲夢緣更短於

絲鬢。　南裏鷗波，眉邊烟鬟，他生可

有倩來分。世人風露問添衣，斷鴻杳杳

飛無羽。

玉岑詞人拍正　弟夏承燾初稿

地址閘口二龍頭　電話南字十二號

释文：

玉岑吾兄：

展诵长函及锦制数词[2]，情文相生，使人增伉俪之重。朋辈传观，至深叹仰。尊夫人生天虽早，托兹不朽矣。属题《菱溪图》[3]，兹成一小词应命，另纸呈教。

潭秋转来赵公传赞，则纷冗未能著笔也。榆生仍执教暨南，寓法界辣斐德路一三二五号音乐专科学校[4]。陈慈老通讯处乞即示知，前恳兄转致者有回音否？（求示白石年谱及考证稿本）孟楚月前通一信，雁晴甚盼早惠联幅。

名山先生晚年丁此，抑塞可知，便中乞代致候。挥翰之便，欲乞兄写得意诗词十首左右，付装潢为纪念（横直不拘）。能与雁晴联同惠，甚感。

即颂

著安

弟 承焘 上　五月十九

踏莎行　慰玉岑悼亡，并奉题其《菱溪图》长卷。

堕恨钗尘，欺春灯信，镜中潮汐无凭准。潘郎愁鬓短于丝，梦缘更短于丝鬓。

画里鸥波。眉边烟黛，他生可有偕来分？无人风露问添衣，断鸿杳杳看飞尽。

玉岑词人拍正。

弟 夏承焘 初稿

注释：

1.《夏承焘集》，第五册，页292。

2.参见夏承焘当年五月九日日记：接玉岑上海函，寄来悼亡词六首，皆哀感悱恻。属予为题其《菱溪图》长卷，纪其送素君夫人葬也。录一首于后：

《木兰花慢》（二月廿三日至上海，方知是日为清明也。）谢玉岑

断肠才送别，又携泪，客中行。换瘦影春衫、过潮单舸，梦里平生。他乡乍惊花烂，掷流光、不信便清明。璚笛愁心欲碎，钿车广陌初尘。簾旌。梁庑与追寻。人海剩飘零。算余生担得，青山埋骨，白日（二字未定）招魂。愔愔夜台钗燕，蹴筝弦、眉样可成春。百岁几禁回首，长宵开眼从今。（《夏承焘集》，第五册》，页289）

3.谢玉岑请郑午昌绘《菱溪图》，以纪夫人钱素蕖之逝。菱溪为素蕖墓地，亦是谢玉岑读书处。

4.一九三二年"一二八"事变后，暨大真如校舍遭毁。龙榆生挈儿女避居上海法租界辣斐德路音乐专科学校。辣斐德路（Route Lafayette）即今上海复兴中路，一九四三年前用此旧名。

五十一、 夏承焘致谢玉岑

时间：一九三二年六月六日
署款：六月六日
用笺：杭州私立之江文理学院信笺，八行红笺，单页
夏记：暂未在日记中找到相关记录
钱记：第二十五封

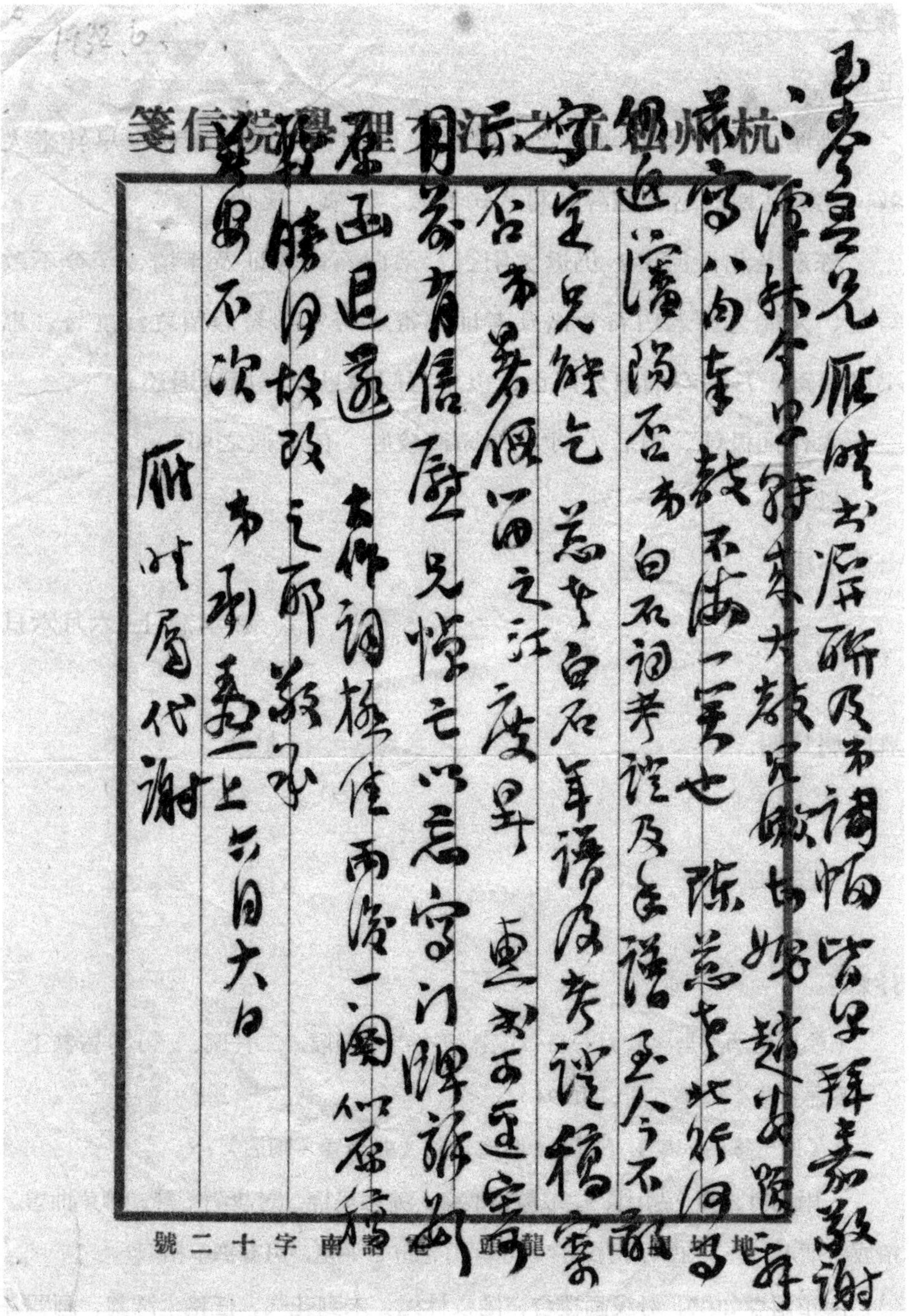

杭州私立之江文理學院信箋

地址閘口龍頭宅語南字十二號

释文：

玉岑吾兄：

雁晴书屏联及弟词幅皆早拜嘉[1]，敬谢，敬谢。潭秋今早转来大教，冗懒甚愧。赵翁题辞兹写八句奉教，不满一笑也。

陈慈老北行何事？仍返沈阳否？弟白石词考证及年谱，至今不敢写定，兄能乞慈老白石年谱及考证稿寄示否？弟暑假留之江度暑，惠书可迳寄。月前有信慰兄悼亡，以忘写门牌号数，原函退还。

大作词极佳，雨后一阕[2]，似原稿较胜，何故改之耶？

敬承

著安不次

弟 承焘 上 六月六日

雁晴属代谢。

注释：

1.参见夏承焘当年六月一日日记：玉岑寄来词幅，二长调、一小令皆甚工。（《夏承焘集》，第五册，页294）

2.《谢玉岑诗词集》（页40）收有这首《曲游春·雨后》：

一雨长宵，骤念故山、应报梅钿狼藉。笼袖吴棉，怎凄阴不禁，柳芽抽碧。帘放新烟入，愁又在、清明寒食。守屏山、盼尽平芜，可有钿车相识？

海市嬉春如织。对浅画楼台，倦妆林樾。未到花飞，任艳尘溅麝，画罗斗靨。弦管催啼鴂，天自把、年芳轻掷。只寂寥、瘦沈腰围，争教护惜？

五十二、（附）夏承焘致钱仲联

时间：一九三二年六月十五日
署款：六月十五
用笺：八行红格笺，二页
夏记：暂未在日记中找到相关记录
钱记：无记录

今按：

早在《词学季刊》创刊前一年，夏承焘便代龙榆生四处约稿，因此初步可推断此信写于一九三二年。

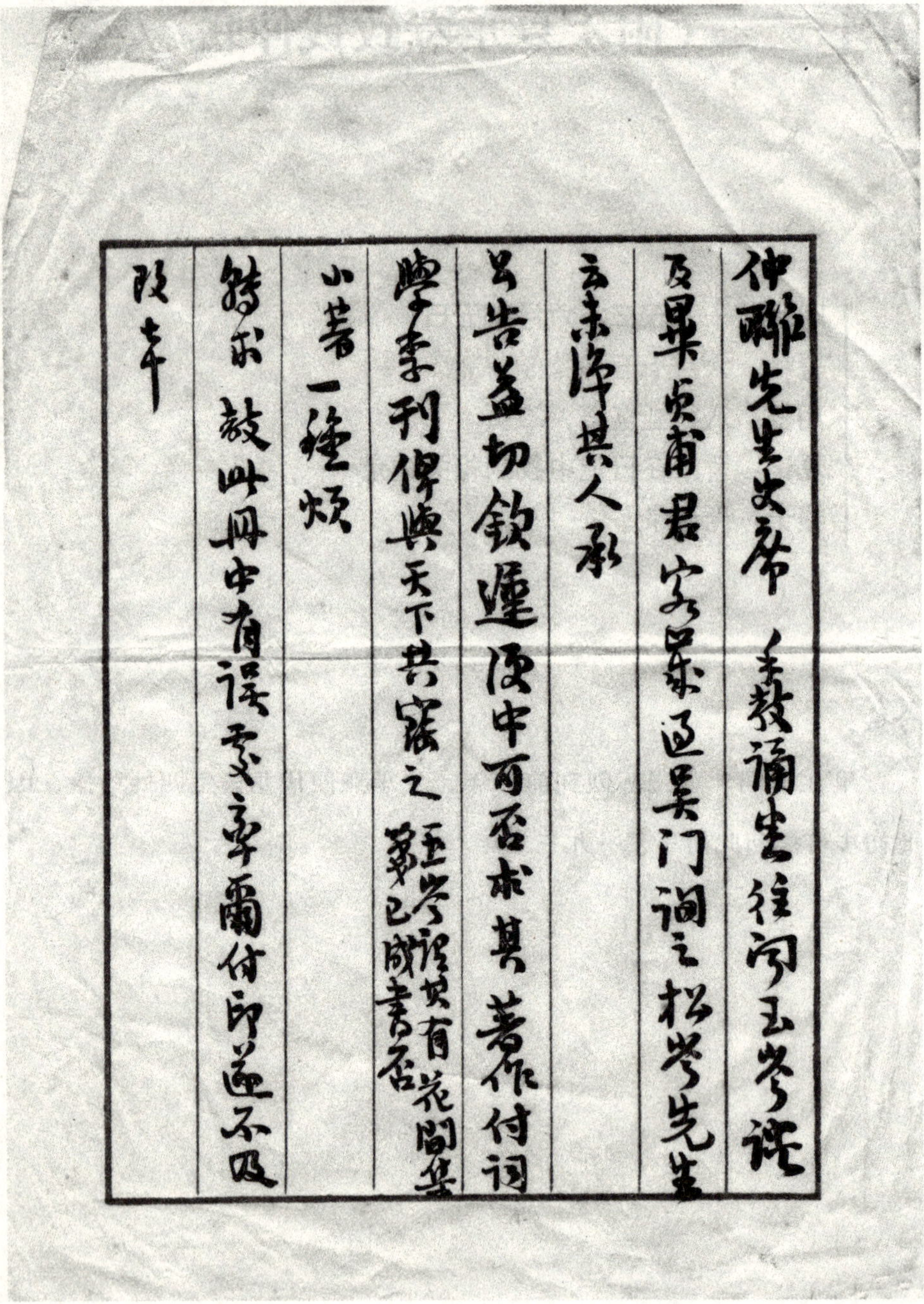

仲聯先生史席　手教誦悉　往詢玉岑詞
及杲貞甫君家果返吳門詢之松岑先生
亦未得其人　承
示告益切欽遲　便中可否求其　著作付詞
學季刊　俾與天下共賞之　玉岑聞其有花間集箋已成書否
小箋　一種　煩
轉求　教此冊中有誤處字爾付印遂不及
改本

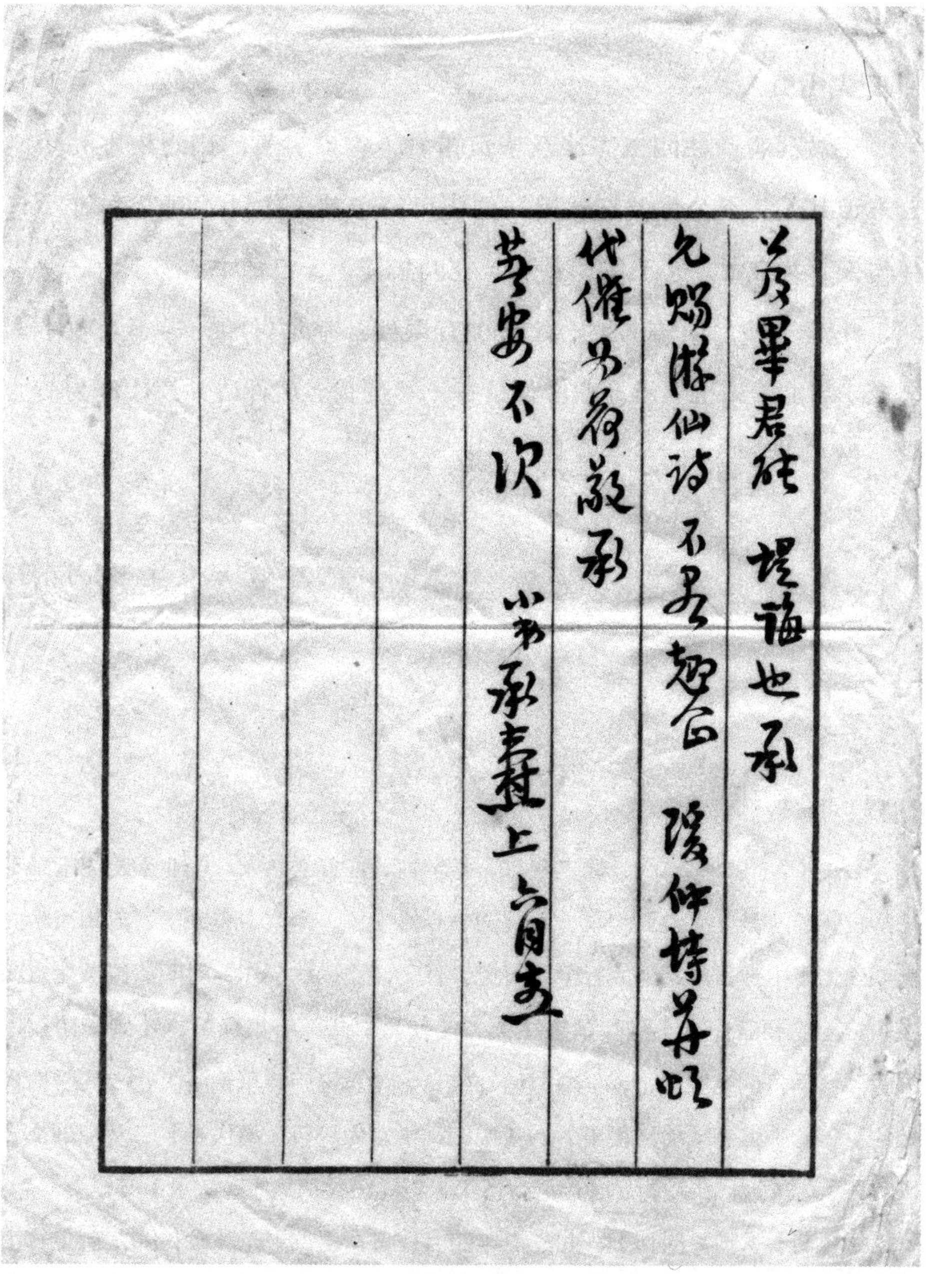

萼孫君硯 提福也承
允賜游仙詩 不勝感召 張仲炘[illegible]
代催另為敬承
著安不次 小弟承燾上 六月五日

释文：

仲联[1]先生史席

手教诵悉。往闻玉岑谈及毕贞甫君，客岁过吴门询之松岑先生，云未识其人。承公告益切钦迟，便中可否求其著作付《词学季刊》[2]，俾与天下共宝之。（玉岑谓其有《花间集笺》，已成书否？）

小著一种，烦转求教。此册中有误处，率尔付印，遂不及改本。公及毕君能諟诲也。承允赐游仙诗，不尽翘企。瑗仲诗并烦代催为荷。

敬承

著安不次

小弟 承焘 上 六月十五

注释：

1.钱仲联(1908–2003)，原名萼孙，号梦苕，江苏常熟人。毕业于无锡国学专修学校，曾任教上海大夏大学、无锡国学专修学校、南京中央大学、苏州大学。长期致力于中国古典文学的教学与研究，长于诗文词赋创作，对明清诗文尤有深湛研究。主要著作有《鲍参军集注》、《韩昌黎诗系年集释》、《剑南诗稿校注》、《后村词笺注》、《吴梅村诗补笺》、《人境庐诗草笺注》、《沈曾植集校注》等。主编有《清诗纪事》、《中国文学家大辞典·清代卷》、《中国文学大辞典》、《近代诗钞》、《广清碑传集》、《历代别集序跋综录》等。

2.《词学季刊》创刊于一九三三年四月一日，主编者龙沐勋，即龙榆生，由上海民智书局出版发行，因属专业性很强的"曲高和寡"刊物，销行不畅，故自第二卷起移交开明书店继续出版，至第三卷第三期停刊，计出十一期。此刊在当时是第一份，亦是唯一一份词学专门刊物，广受关注，作者队伍几乎囊括了当时词学界所有中坚力量。

五十三、夏承焘致谢玉岑

时间：一九三二年八月十九日
署款：八月十九
用笺：杭州私立之江文理学院信笺，八行红笺，三页
夏记：暂未在日记中找到相关记录
钱记：第五十四封

今按：

根据文中内容，可推断此信写于一九三二年。现刊于《夏承焘集》中的当年八月日记，只有八条，十九日当日无记录。不过，从前后几则日记，可知信中内容的前后经过：

七月廿八日：接榆生片，谓《词学杂志》决于秋间著手，先出彊村专号，嘱予与圭璋各撰一文，并问蔡松筠君，盼予早写定词例。

八月廿五日：接玉岑复，谓在常州曾寄来陈慈首先生《白石词考证》及《白石年谱》二厚册，嘱予为校阅，迄今未到。另有《清真年谱》、《浣花年谱》，不知较静安清真遗事如何？毕贞父（寿颐）有花间集笺、花间何待笺耶？

八月廿八日：早接玉岑寄来陈慈老《白石词疏证》、《白石年谱》二厚册，甚喜。疏证考事不斠律，尚多疏漏处；年谱极精审，多与疏证重出，只存年谱可矣。年谱较予旧作详，惟有伤繁处。今日札其疏证数事予所未及者，入斠证中。

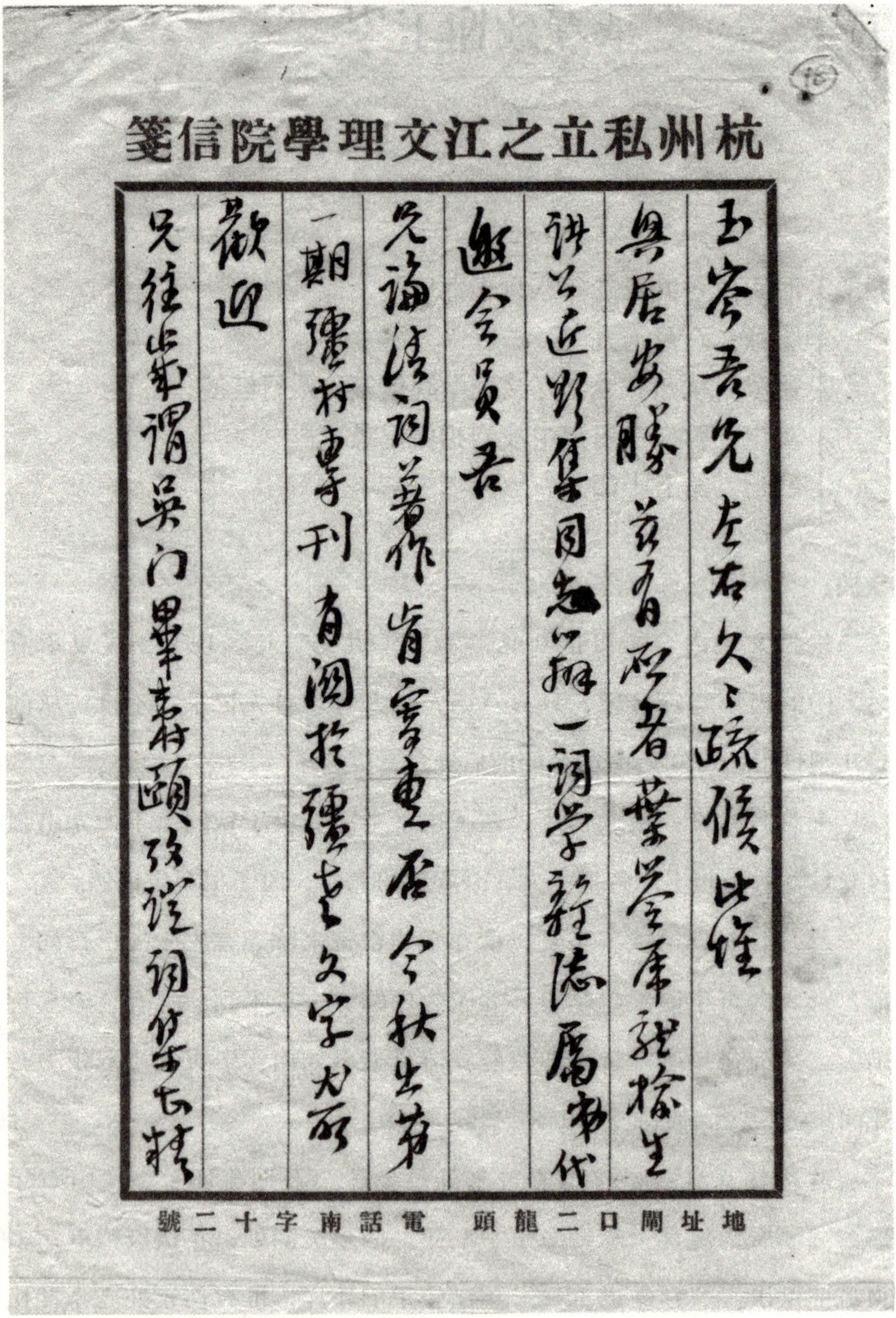

杭州私立之江文理學院信箋

玉岑吾兄左右：久久疏候，比維

興居安勝。茲有啓者，葉譽虎、龍榆生

諸公近發集同志以辦一詞學雜誌，屬弟代

邀會員。吾

兄論清詞著作皆宜重若。今秋出第

一期彊村專刊，有關於彊老文字尤所

歡迎。

兄往歲謂吳門畢壽頤玫瑳詞集尤精

地址閘口二龍頭　電話南字十二號

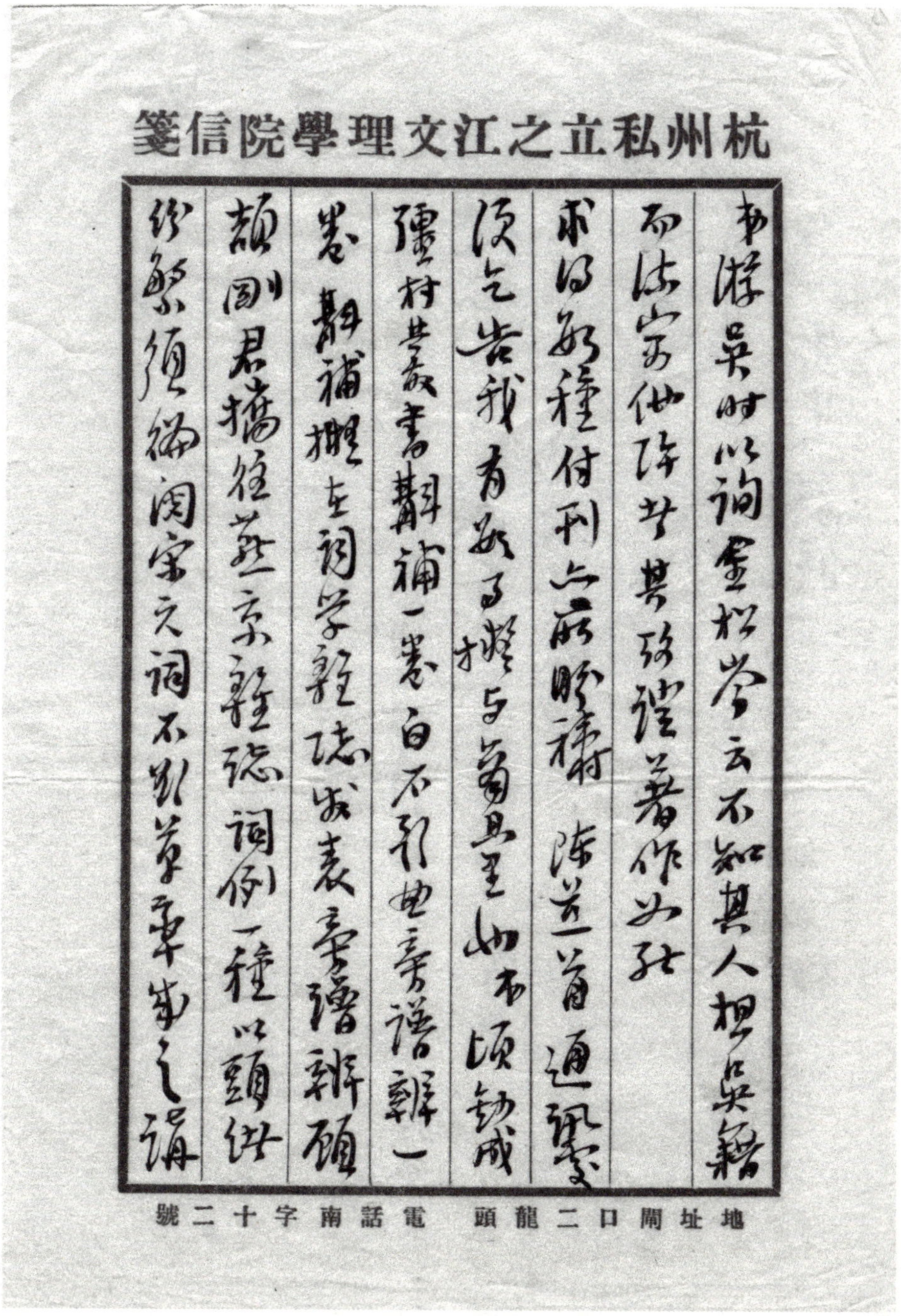
杭州私立之江文理學院信箋

來游吳時以詢金松岑，云不知其人，想是吳籍
而流寓他處者，其殘稿著作如能
求得數種付刊，亦[illegible][illegible]之[illegible]。陳[illegible]一首通訊
須乞告我。有數子擬與箋且呈，如不須，敬成
彊村叢書斠補一卷，白石不能旁譜辨一
卷，斠補擬在詞學雜誌發表；旁譜辨頗
類剛君擴往燕京雜誌。詞例一種，以頭緒
紛繁，須編閱宋元詞，不能草草定論

地址閘口二龍頭　電話南字十二號

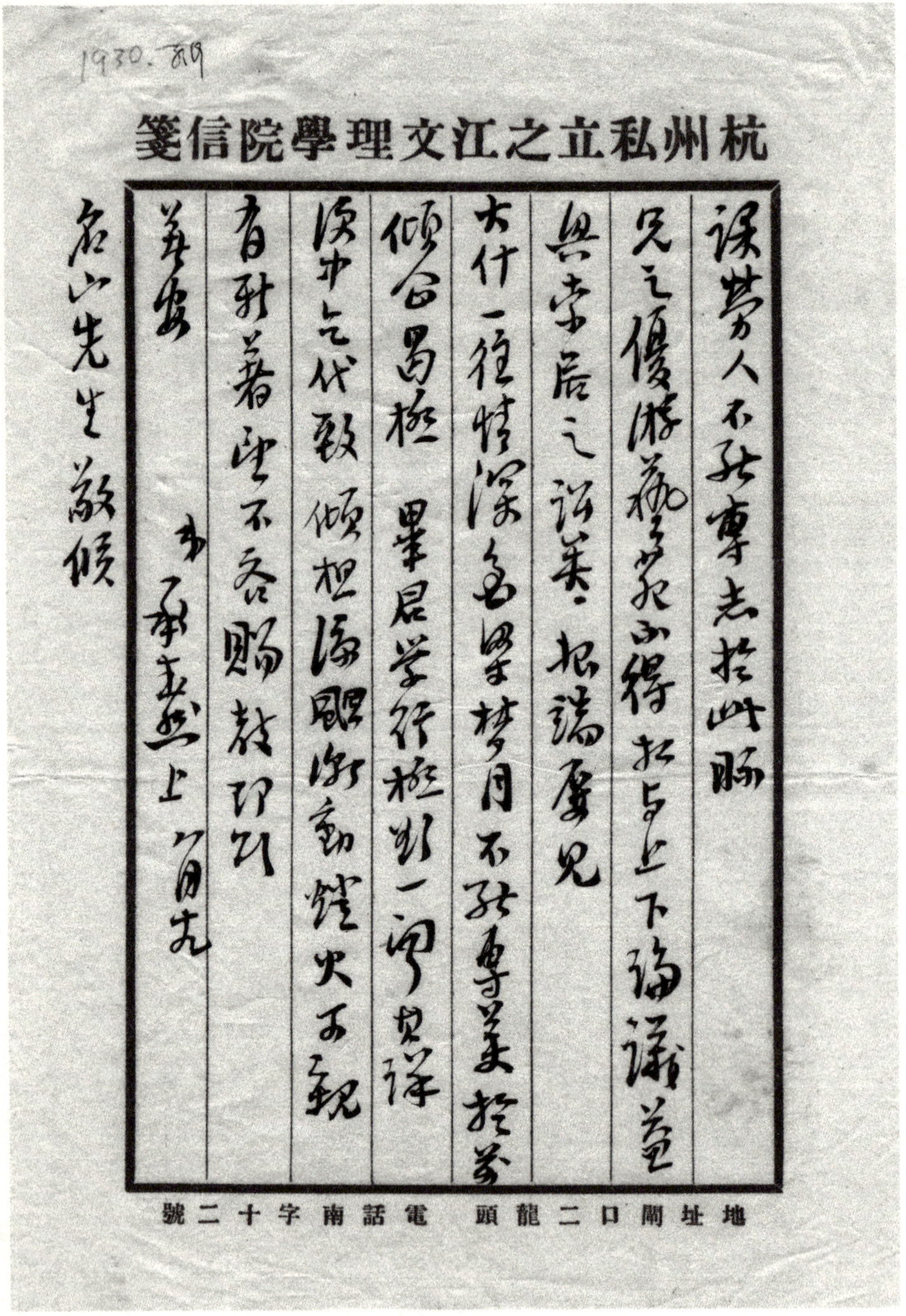
1930.秋

杭州私立之江文理學院信箋

課勞人不能專志於此，昕
兄之優游藝苑而得從上下論議，蓋
與寄居之誼矣。頃誦虞兄
大什，一往情深，多與夢月不能專美於前
傾佩罔極。畢君學行極好，一向具詳
凍中乞代致傾想。漏眠衝動，暇火不見
有剩著述，不吝賜教，即此
華安
弟承燾上 頓首
名山先生 敬候

地址閘口二龍頭 電話南字十二號

释文：

玉岑吾兄左右：

久久疏候，比惟兴居安胜。兹有启者：叶誉虎[1]、龙榆生诸公近欲集同志办一词学杂志，属弟代邀会员。吾兄论清词著作，肯寄惠否？今秋出第一期彊村专刊，有关于彊老文字，尤所欢迎。

兄往岁谓吴门毕寿颐考证词集甚精，弟游吴时以询金松岑，云不知其人，想吴籍而流寓他许者。其考证著作如能求得数种付刊，亦所盼祷。陈慈首通讯处便乞告我，有数事拟与商量也。弟顷钞成《彊村丛书斠补》一卷、《白石歌曲旁谱辨》一卷。斠补拟在《词学杂志》发表，旁谱辨顾颉刚君携往《燕京杂志》。词例一种以头绪纷繁须编阅宋元词，不欲草率成之。讲课劳人，不能专志于此。视兄之优游艺苑，不得相与上下论议，益兴索居之讼矣。报端屡见大什，一往情深，《金梁梦月》[2]不能专美于前，倾企曷极。

毕君学行极欲一闻其详，便中乞代致倾想。凉飔渐动，灯火可亲，有新著望不吝赐教。

即颂

著安

弟 承焘上 八月十九

名山先生敬候

注释：

1.叶誉虎（1881–1968），即叶恭绰，号遐翁、遐庵，晚年别署矩园，广州番禺人，清末翰林叶兰台之孙。清末历任邮传部路政司主事、员外郎、郎中等职。民国后，历任路政司司长、交通部次长、总长、交通部长，并兼理交通银行、交通大学。一九四九年后，任北京中国画院首任院长，中国文字改革委员会常务委员，中央文史研究馆副馆长、代馆长等职。于诗文、考古、书画、鉴赏无不精湛。致力艺术运动五十余年，至老不倦，搜藏历代文物，品类颇广，至为丰富。著有《遐庵诗稿》、《遐庵清秘录》、《遐庵词》、《遐庵谈艺录》、《遐庵汇稿》、《矩园余墨》、《历代藏经考略》、《梁代陵墓考》、《交通救国论》、《叶恭绰书画选集》、《叶恭绰画集》等。另编有《全清词钞》、《五代十国文》、《广东丛书》、《清代学者像传合集》等。

2.周之琦词集名。

五十四、夏承焘致谢玉岑

时间：一九三二年九月二日
署款：九月二日
用笺：杭州私立之江文理学院信笺，八行红笺，二页
夏记：九月二日，夜发玉岑函，附陈慈老书，于其白石年谱，甚致倾佩。[1]
钱记：第二十六封

今按：

几经催促，夏承焘终于收到了梦寐以求的陈慈首书稿。当日日记，他写得特别详细：

接榆生片，谓梦窗谱改作遗事考较妥当。凡不能确定生卒或事实过少者，皆不必用年谱，后笺有数条可删。叔雍欲以词学杂志交书局出版，谓可长久维持。榆生属介陈慈首先生入社。陈述叔仍住广州多宝南横巷二号。

夜发玉岑函，附陈慈老书，于其白石年谱，甚致倾佩。告疏证不必与年谱并刊，举予斠笺旧稿为陈考所遗者数十事示之。并转致榆生邀入社意。慈老考索极详，而下笔不休，是其一病。年谱生年条引礼记十年幼学为解，不大妥，有附会太过者，如解观灯口号幻出曹公大战年为指开熙二年襄阳之役，后车多少尽婵娟为韩侂胄姬妾，拟仿

前人刊荆公年谱例，为删节一过，虽玉岑书致慈老语，亦有此意。终恐有轻议前辈之嫌，不敢动笔耳。（《夏承焘集》，第五册，页303-304。）

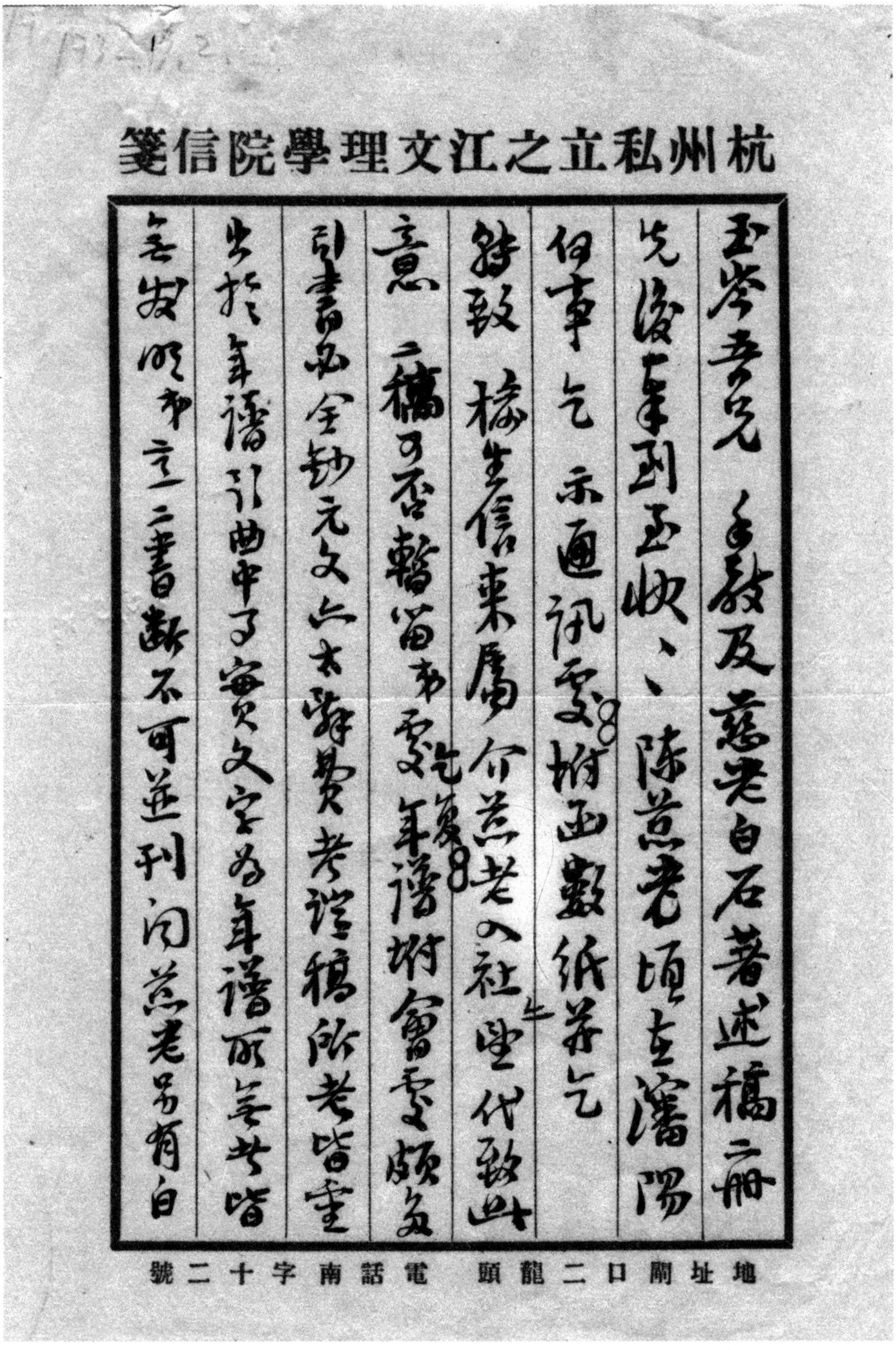

杭州私立之江文理學院信箋

玉岑吾兄：手教及蕙老白石著述稿二册

先後奉到，函收。陳蒿老頃在溧陽

何事？乞示通訊處，擬函數紙並乞

轉致。榛生信來屬介蒿老入社，望代致此

意。二稿可否暫留弟處？年譜擬會處頗多，

引書必全鈔元文，亦太費考證。稿所考皆當

出於年譜引曲中了，實只文字爲年譜所無者皆

無安，則弟之二書斷不可並刊，聞蒿老另有白

地址閘口二龍頭　電話南字十二號

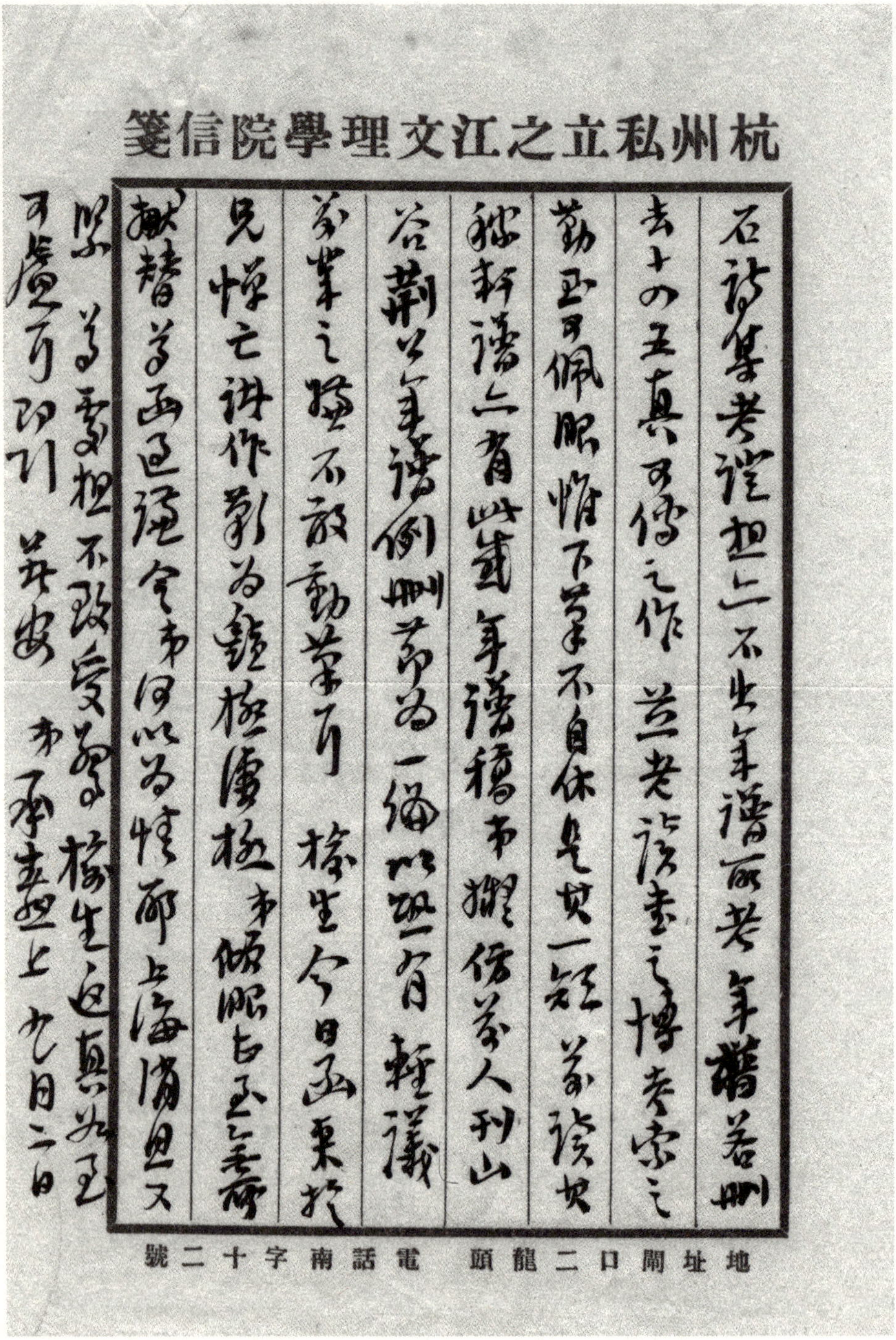

杭州私立之江文理學院信箋

地址閘口二龍頭　電話南字十二號

释文：

玉岑吾兄：

手教及慈老白石著述稿二册，先后奉到[2]，至快，至快！陈慈老顷在沈阳何事？乞示通讯处。附函数纸并乞转致。榆生信来属介慈老入社，亦望代致此意。二稿可否暂留弟处？乞复。年谱附会处颇多，引书必全抄元文，亦太辞费。考证稿所考皆重出于年谱，歌曲中事实文字为年谱所无者，皆无发明。弟意二书断不可并刊。闻慈老另有白石诗集考证，想亦不出年谱所考。年谱若删去十四五，真可传之作。慈老读书之博，考索之勤，至可佩服。惟下笔不自休，是其一短。前读其稼轩谱，亦有此感。年谱稿弟拟仿前人刊山谷、荆公年谱例，删节为一编。以恐有轻议前辈之嫌，不敢动笔耳。

榆生今日函来，于兄悼亡诸作，叹为艳极凄极。弟倾服甚至，无所献替。尊函过谦，令弟何以为情耶。上海消息又紧[3]，尊处想不致受惊。榆生返真如[4]，至可虑耳！

即颂

著安

弟 承焘上　九月二日

注释：

1.《夏承焘集》，第五册，页303。

2.参见当年八月廿八日日记，“早接玉岑寄来陈慈老《白石词疏证》、《白石年谱》二厚册，甚喜。”（《夏承焘集》，第五册》，页303）

3.一九三二年，“一·二八事变”后，上海陷入乱中。

4.一九三二年七月，暨南大学迁回真如，龙榆生携家眷回暨南新村四号居住。

五十五、夏承焘致谢玉岑

时间：一九三二年十一月一日
署款：十一月一日
用笺：杭州私立之江文理学院笺，八行红笺，三页
夏记：暂未在日记中找到相关记录
钱记：第二十七封

今按：

现收入《夏承焘集》中的《天风阁学词日记》，缺一九三三年初至一九三四年九月十一日前之日记，不知何故？此段缺佚为确证此信之时间增加了难度。

另，该信中提到《之江学报》及《词学季刊》都无稿费，此可补史料。

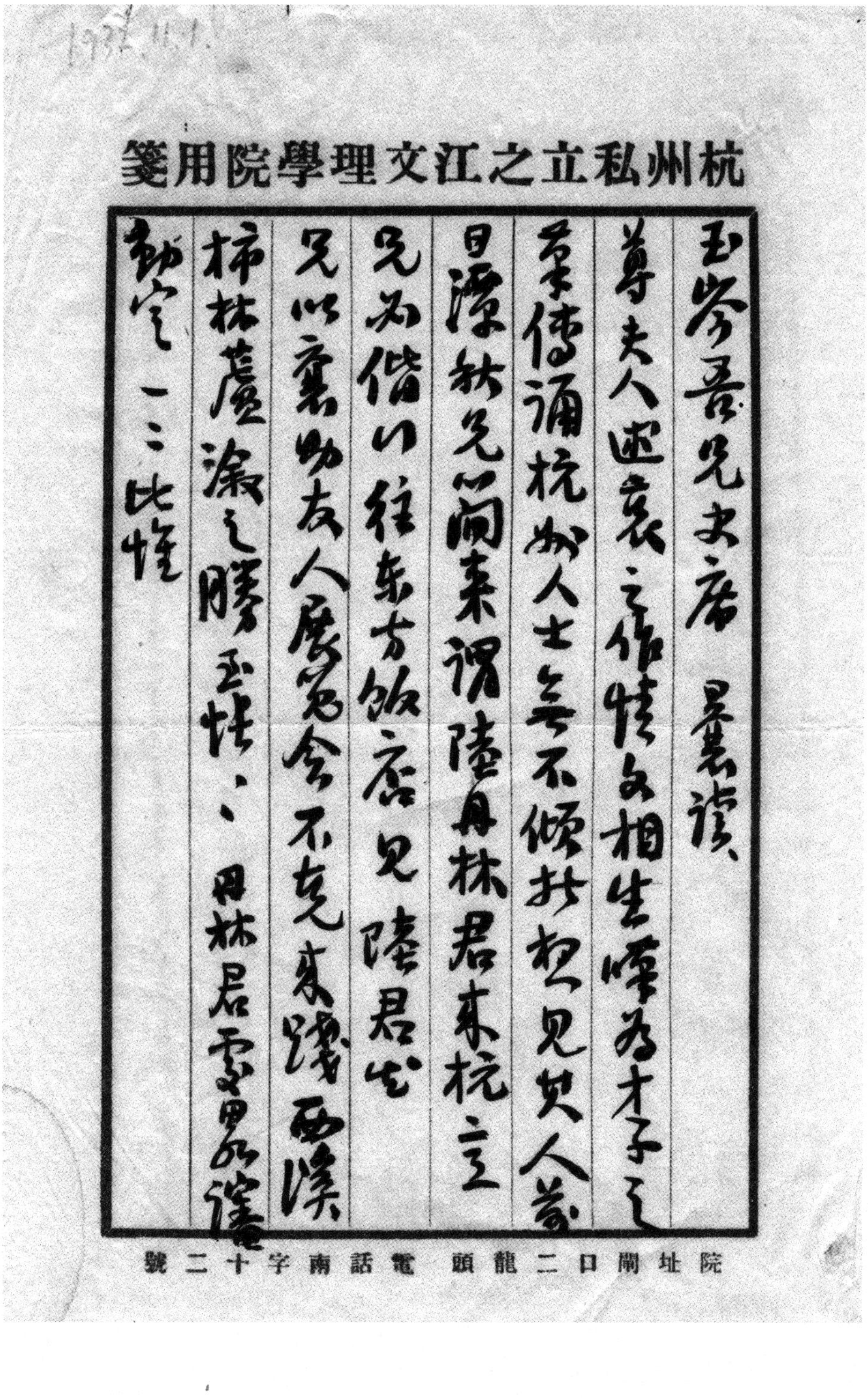

1932.11.1

杭州私立之江文理學院用箋

玉岑吾兄史席　昨讀
尊夫人述哀之作情文相生嘆為才子之
筆傳誦杭州人士無不傾於想見其人嘗
日潭秋兄函來謂陸丹林君來杭之
兄為偕以往東方飯店見陸君也
兄以襄助友人展覽會不克來踐西溪
柿林蘆漵之勝至悵悵　丹林君云過此諒
勛定一二　比惟

院址閘口二龍頭　電話南字十二號

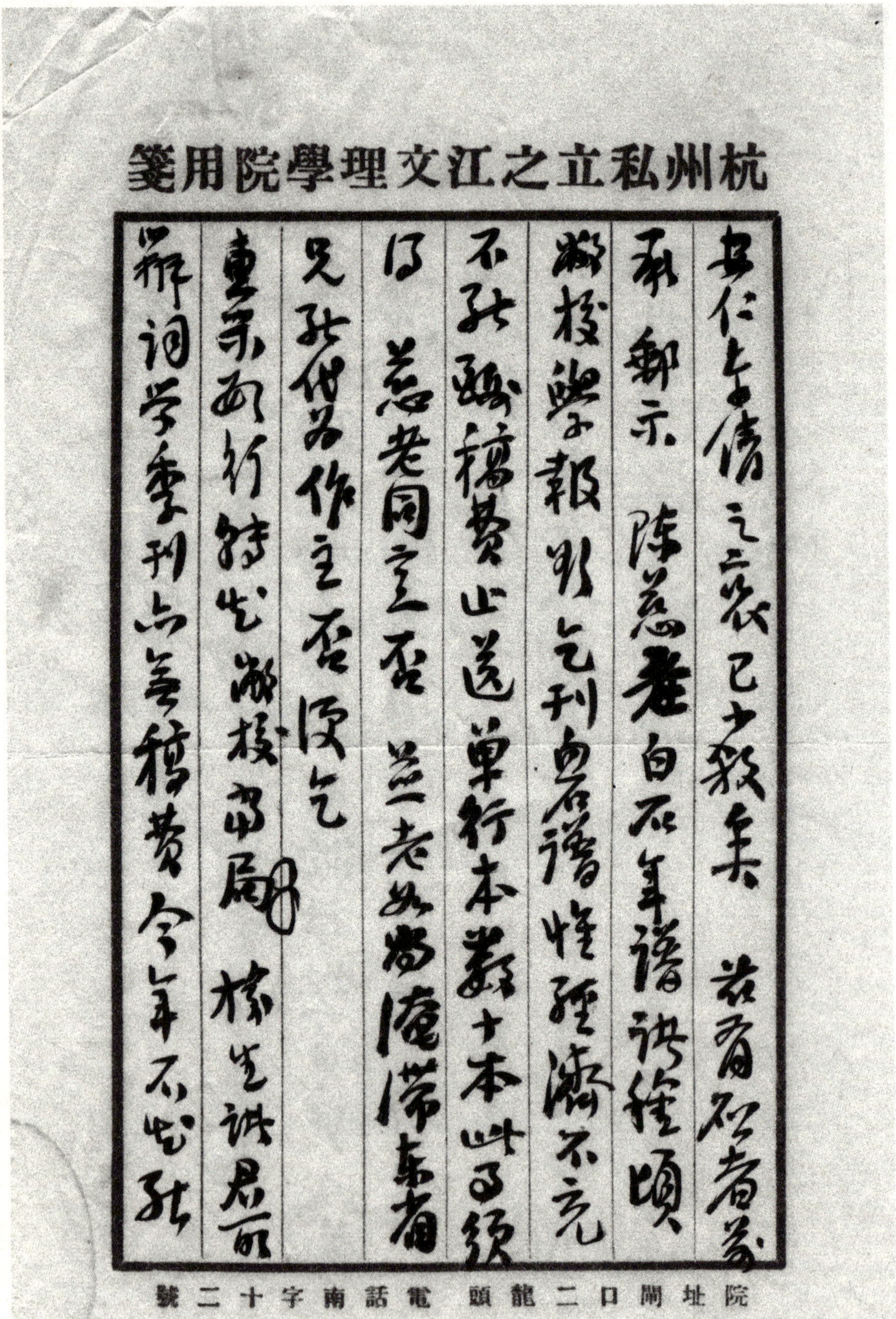

杭州私立之江文理學院用箋

安仁年谱之二卷已收集　若有不合者并
承　郑示　陈蕙老自在年谱读经颂
敝校学报别乞刊由谱惟经济不充
不能致稿费止送单行本数十本以了须
仍　蕙老同意否　蕙老如需俺带来者
兄能代为作主否便乞
惠示为行转告敝校当局　榆生诚君前
嘱词学季刊亦无稿费今年不能能

院址閘口二龍頭　電話南字十二號

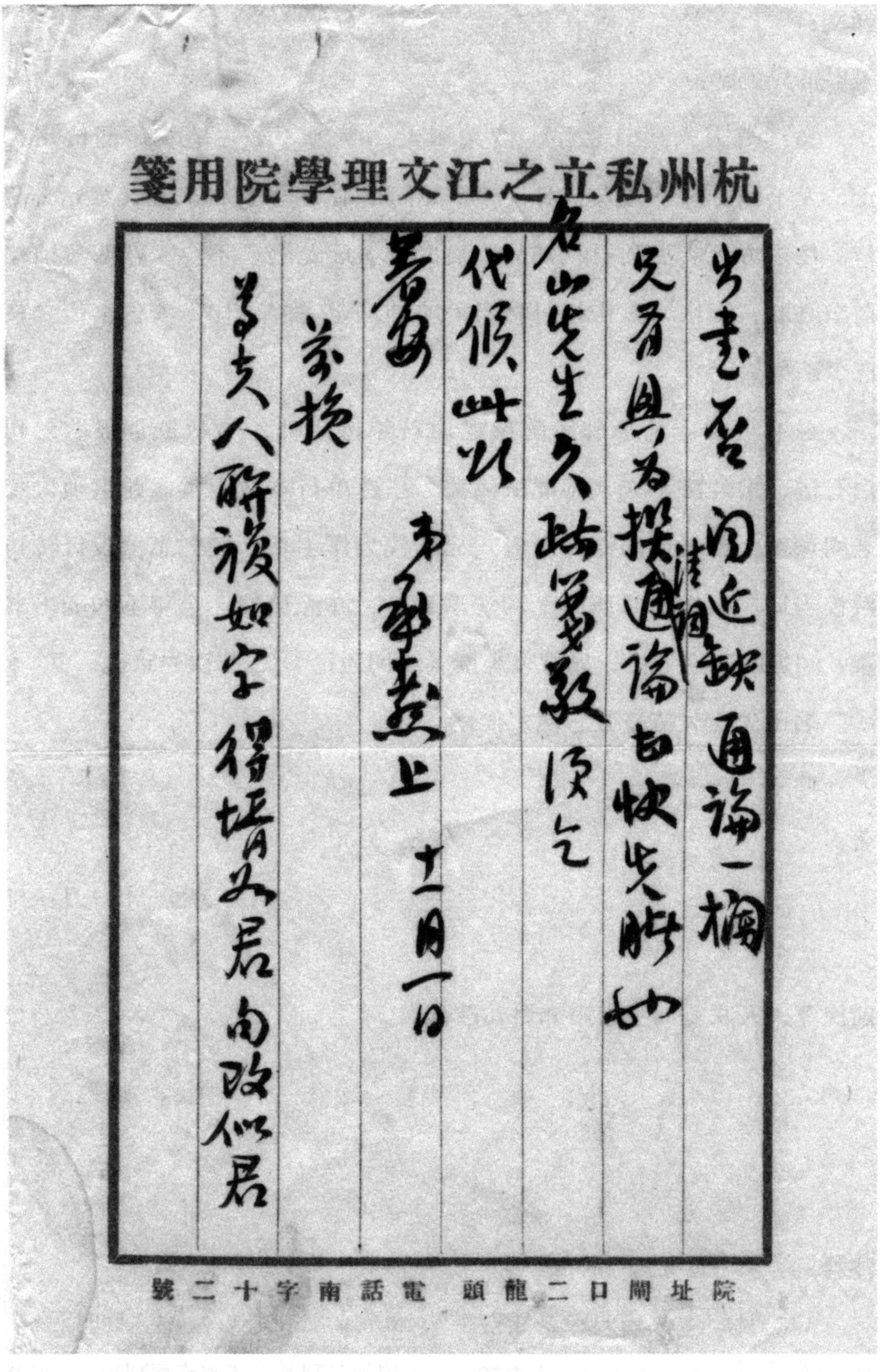

杭州私立之江文理學院用箋

出書否 聞近録通論一編

兄有興為撰詞通論 甚快先睹如

名山先生久疏箋敬 煩乞

代候 此頌

著安 弟承燾上 十一月一日

茶換

尊夫人聆後如字得婿又君 南政似君

院址閘口二龍頭 電話南字十二號

释文：

玉岑吾兄史席：

曩读尊夫人述哀之作，情文相生，叹为才子之笔，传诵杭州人士，无不倾折想见其人。前日潭秋兄简来谓陆丹林[1]君来杭，意兄必偕行。往东方饭店见陆君，知兄以襄助友人展览会，不克来践西溪柿林芦溆之胜，至怅，至怅！丹林君处略谛动定一二。比惟安仁奉倩之哀已少杀矣。

兹有启者：前承邮示陈慈老白石年谱诸种，顷敝校学报欲乞刊白石谱，惟经济不充，不能酬稿费，止送单行本数十本。此事须得慈老同意否？慈老如尚淹滞东省，兄能代为作主否？便乞惠示数行转知敝校当局。榆生诸君所办《词学季刊》，亦无稿费。今年不知能出书否？闻近缺通论一栏，兄有兴为撰《清词通论》[2]，甚快先睹也。

名山先生久疏笺敬，便乞代候。

此颂

著安

弟 承焘上 十一月一日

前挽尊夫人联复如字得婿如君句改似君。[3]

注释：

1.陆丹林（1896-1972），字自在，号非素，广东三水人。曾入同盟会。后赴上海，加入南社。主编有《人之初》、《国画月刊》、《蜜蜂画刊》、《道路月刊》等，一九三七年初接编《逸经》。为大东书局撰写《从兴中会组织到国共合作》，其中颇多珍闻秘事。所编《道路月刊》，出版十六年，每期封面刊登书家及名人墨迹。还编有《中国美术年鉴》。抗战爆发后，赴香港，编辑《大风》期刊，曾刊载郁达夫的《毁家诗记》。所藏书画文物，生前捐献给广东三水图书馆。著有《革命史谭》、《革命史话》、《孙中山在香港》等。

陆丹林亦是谢玉岑的好友。谢殁后，陆参与张罗后事。

2.谢玉岑曾有撰《清词通论》的想法，后因去世，未果。

3.参见九月廿二日日记（《夏承焘集》第五册，页305）：写玉岑夫人挽联。

万口诵情文，得婿似君，应不数饮水忆云梦月。

千山满戈申，伤心此别，问何如新婚垂老无家。

上联中的《饮水词》、《忆云词》、《梦月词》皆是悼亡名篇，分别出自纳兰容若、项廷纪、周之琦之手。《新婚别》、《垂老别》、《无家别》为杜甫名篇。

五十六、夏承焘致谢玉岑

时间：一九三二年十一月廿六日
署款：十一月廿六日
用笺：杭州私立之江文理学院用笺，八行红笺，四页
夏记：暂未在日记中找到相关记录
钱记：第二十八封

今按：

此信自言身体不佳，疑患肺病。现收入《夏承焘集》中的《天风阁学词日记》该年最后一季日记甚少，可能也是因病。

1932.11.24.

杭州私立之江文理學院用箋

玉岑吾兄 手教奉誦久之，昨方接
榆兄回書，謂菱溪圖題辭匯早寄南
以報命，屬先致候。 弟作挽素嫂聯
初不甚得，三易稿
兄乃達觀矣，亦自珍重矣。承
詢宋詞樂律書籍，弟何足語此，嘗輯
白石詞、陳蘭甫、張嘯山、凌次仲、謝家書外
宋人著作，除陳暘樂書、玉田詞源、碧鷄漫

院址閘口二龍頭　電話南字十二號

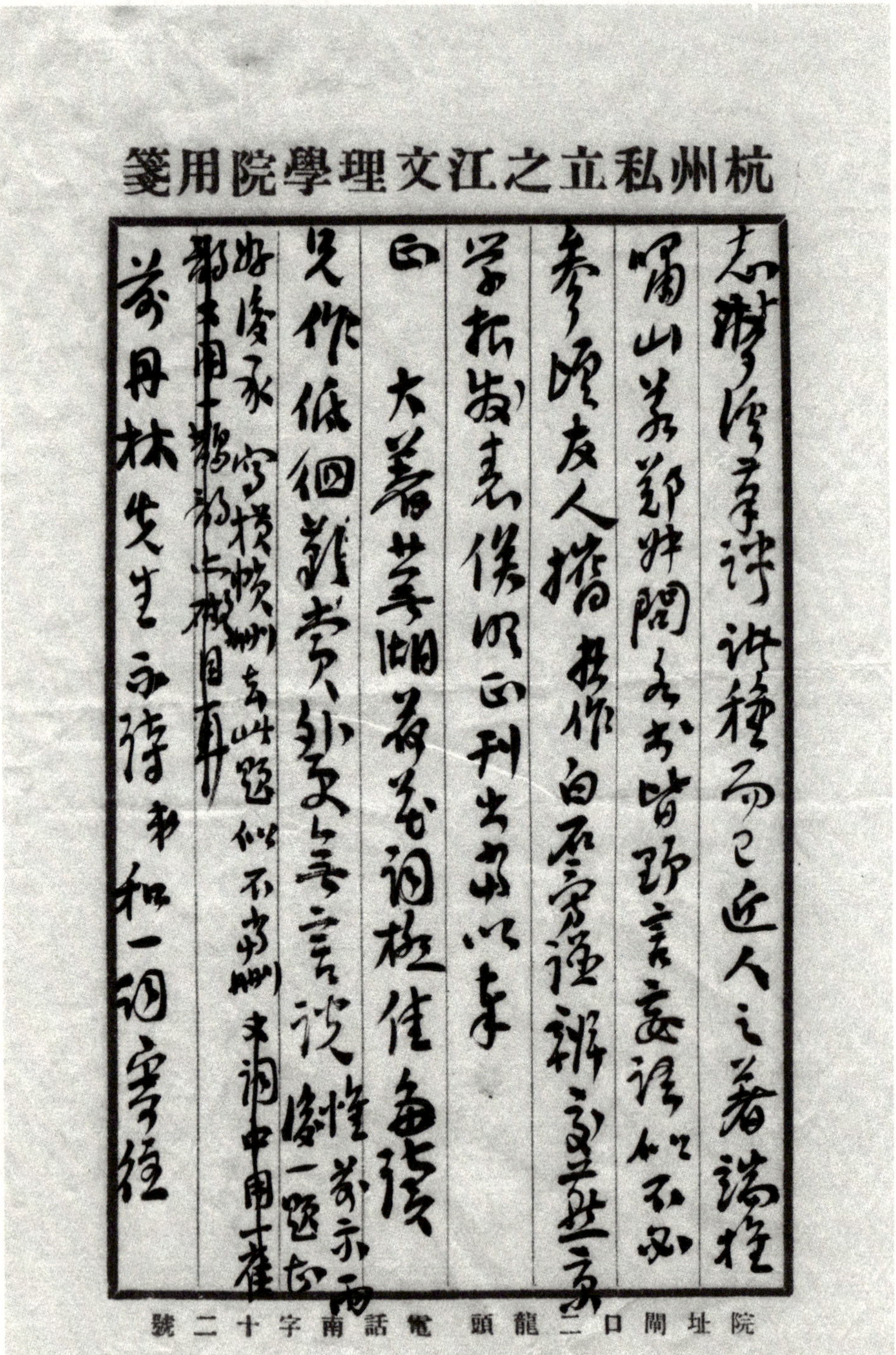
杭州私立之江文理學院用箋

志澂論詩諸種而已近人之著論詞者
惟山東鄭叔問文焯皆詞言無謂似不必
參閱友人楊鐵夫作白石考證辨證甚多
學報發表後俟改正刊出當以奉
正　大著芸湖蒼詞極佳無張
兄作低徊觀者當以夫爲言試以一題　惟前亦兩
姚後承寄橫塘去此題似不宜來詞中用十韻
郁木用十錫韻上入微目有异
前丹林先生承讀和一詞寄往

院址閘口二龍頭　電話南字十二號

杭州私立之江文理學院用箋

克兄及哲嫂、惠鑒：譚抄僅成之，不
足云他人如。蔡注詞源已具成稿，南京
蔡嵩雲君書來，謂此稿為之近則再參
他書，改作詞樂條考，分考源、考調、考譜、
考拍，許以篇首例於叢東考源。惟危國難，
大文若稿務不必思慮為之耳。近多暴
書，頗覺胸腔不舒，自疑罹肺疾，將屏置
一切，當續詞例成一年上，留待他年。榆生

院址閘口二龍頭　電話南字十二號

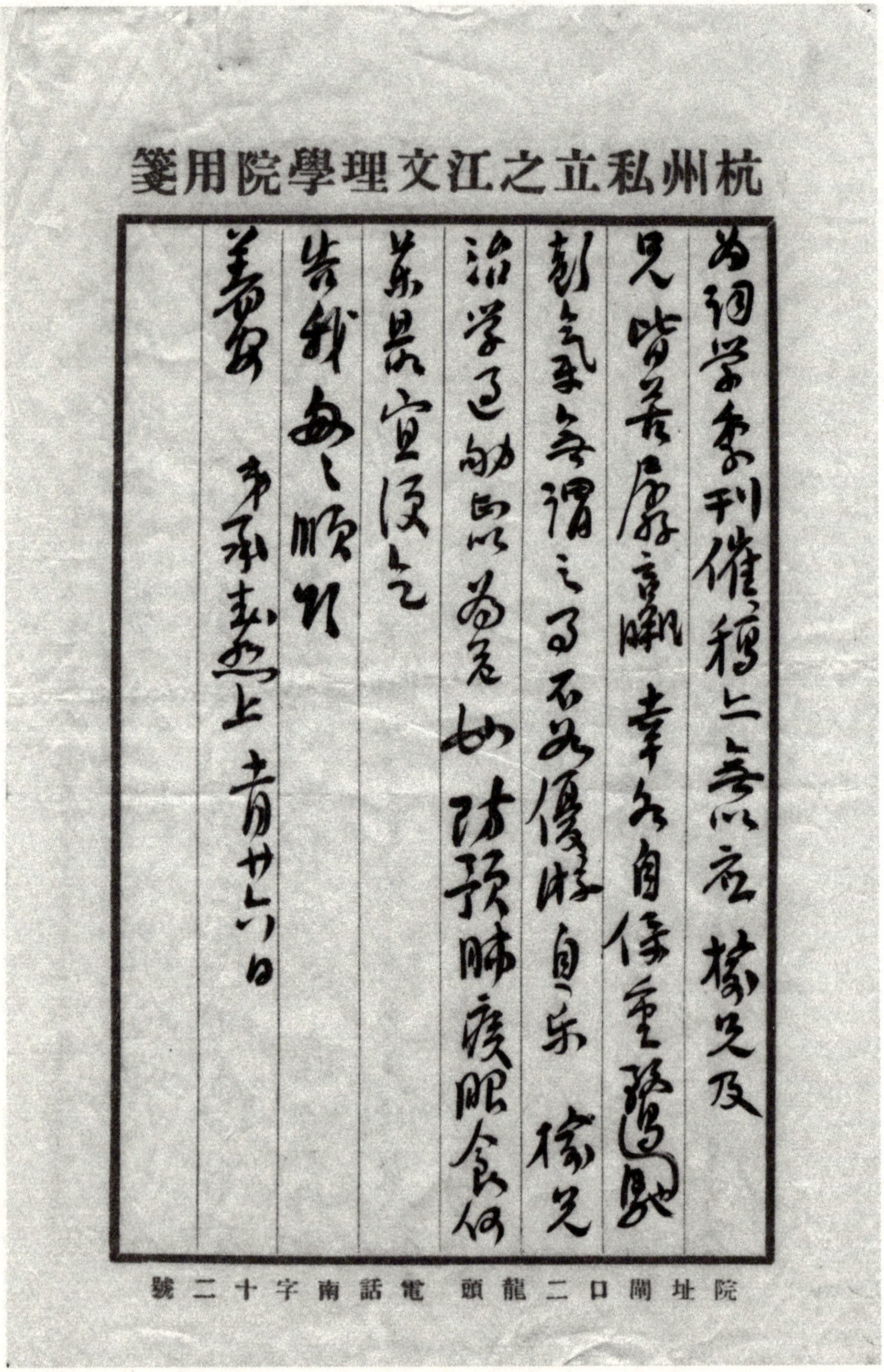

杭州私立之江文理學院用箋

為詞學季刊催稿之急以應榆生及
兄皆善處謝幸勿自係重譴
彭氣年年謂之為不如優游自樂榆兄
論學之勤以為是如陳頊晦疾眼食何
茶具宜復之
告我無〻順頌
著安 弟承燾上 十月廿六日

院址閘口二龍頭 電話南字十二號

释文：

玉岑吾兄：

手教奉诵久久。昨方接榆兄回书，谓《菱溪图》题辞迟早当有以报命，属先致候。弟作挽尊嫂联，初不甚得意，荷兄过奖，亦自珍重矣。

承询宋词乐律书籍，弟何足语此。旧斠白石词，陈兰甫、张啸山、凌次仲[1]诸家书外，宋人著作陈晹《乐书》[2]、玉田《词源》、《碧鸡漫志》、《梦溪笔谈》诸种而已。近人之著，端推啸山，若郑叔问[3]各书，皆野言妄语，似不必参。

顷友人携拙作《白石旁谱辨》交《燕京学报》发表，俟明正刊出，当以奉正。大著芜湖荷花词极佳。每读兄作，低徊叹赏外更无言说。（惟前示雨后一题甚好，后承写横帧，删去此题，似不当删。）前丹林先生示诗，弟和一词寄往，兄见及否？草草急就，潭秋催促成之，不足示他人也。前注《词源》已具成稿，南京蔡嵩云君书来，谓先我为之。近欲再参他书，改作词乐条考，分考源、考调、考谱、考拍诸篇，体例仿《燕乐考原》，惟范围较大，又苦体弱，不欲匆遽为之耳。近多看书辄觉胸腔不舒，自疑罹肺疾，欲屏置一切。旧稿词例成一半，亦留待他年。榆兄为《词学季刊》催稿，亦无以应。榆兄及兄，皆苦孱羸，幸各自保重。驰骛声气无谓之事，不如优游自乐。榆兄治学过劬，甚以为危也。防预肺疾，服食何药最宜？便乞告我。

匆匆。顺颂

著安

弟 承焘上 十一月廿六日

注释：

1.凌次仲，即凌廷堪。

2.陈暘，北宋福建闽清人，所著《乐书》为中国史上较早一部带有音乐百科性质之著作。此书编纂历时四十年，于建中靖国元年（1101）进献于宋徽宗赵佶。全书分《训义》、《乐论图》两部分，篇章达一千一百廿四条之多。

3.即郑文焯。

五十七、夏承焘致谢玉岑

时间：一九三二年十二月廿四日
署款：十二月廿四
用笺：杭州私立之江文理学院用笺，八行红笺，四页
夏记：十二月廿四日，覆玉岑函，告予旧作白石考证，比慈老注羡三之二，或可并行。慈老白石谱，应删去数条，作一跋还之。附去寄慈老诗。今日于新出《当代画海》中，见玉岑画一便面甚佳，不知此君近能绘事也。[1]
钱记：第二十九封

今按：

夏承焘病了，而谢玉岑已久病成医，于是嘱夏服牛乳鸡蛋，并戒看书静摄。但对于嗜书如命的夏承焘而言，戒看书岂是轻易可以做到的。书人之病，只是以书医之。夏承焘自己开出的药方是“读佛经及儒家哲理书药之”。

其实谢玉岑也做不到戒书静摄，当时他已进入生命的暮年。也就在此信中，他还冒出新的目标，撰写《悼亡诗话》。一九三五年春，谢玉岑英年早逝，此书没有写成。

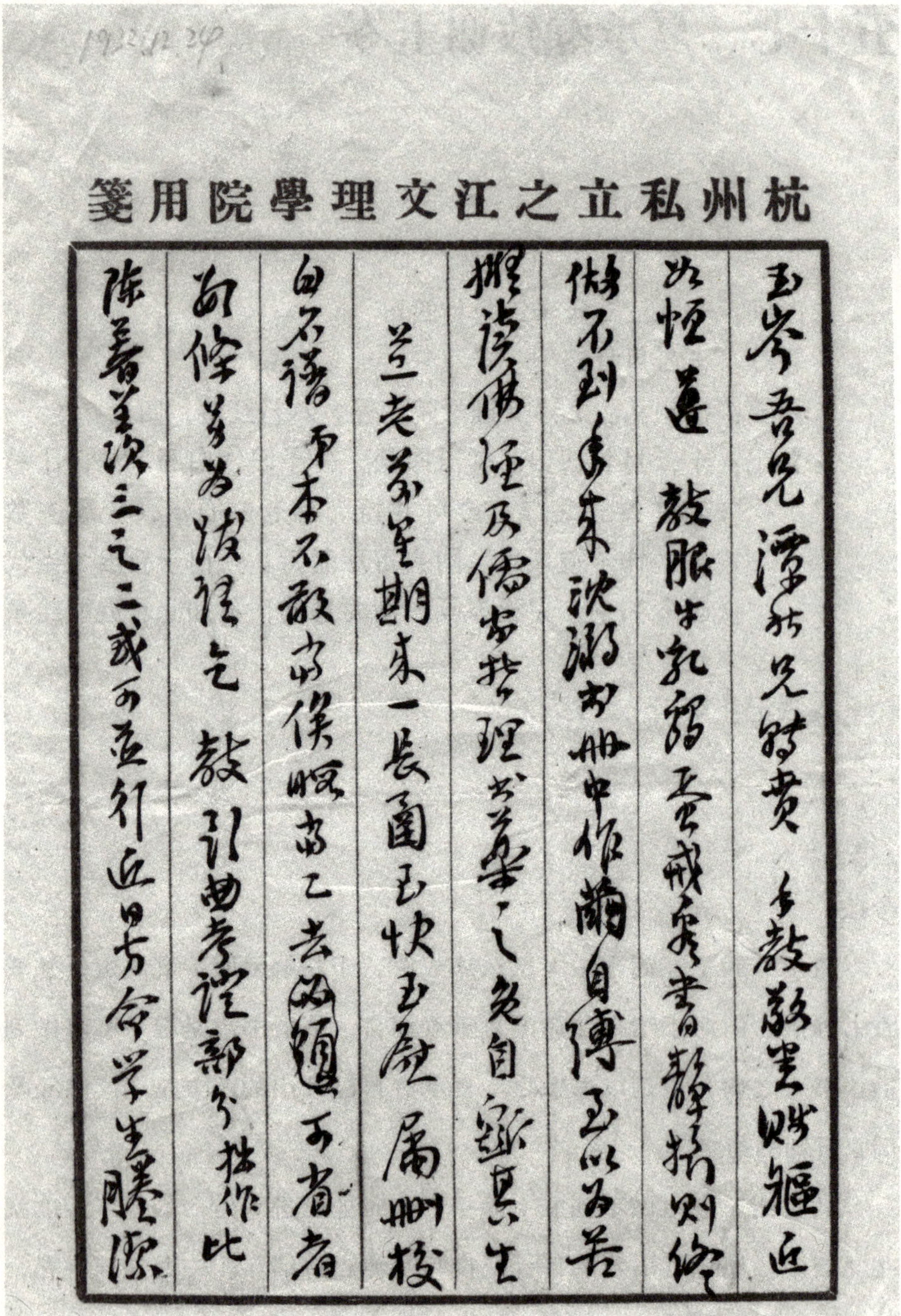

1932.12.24

杭州私立之江文理學院用箋

玉岑吾兄淨於兄轉責 手教 敬悉 賤軀近
如恒 遣 教 脈生氣弱 至感 愛書静接則終
做不到 手示 沈淵刻冊中作簡自傳 玉以為善
擇談佛經及儒家哲理若筆之 免自鋸其生
並老弟筆期來一長函 玉快玉慰 屬刪校
自不諳 事本不敢 容俟暇為之 去為頌可省者
何條若為撥諸 乞 教 詞曲考證部分擬作比
陳善送三之二 或可並行 近日方令學生騰深

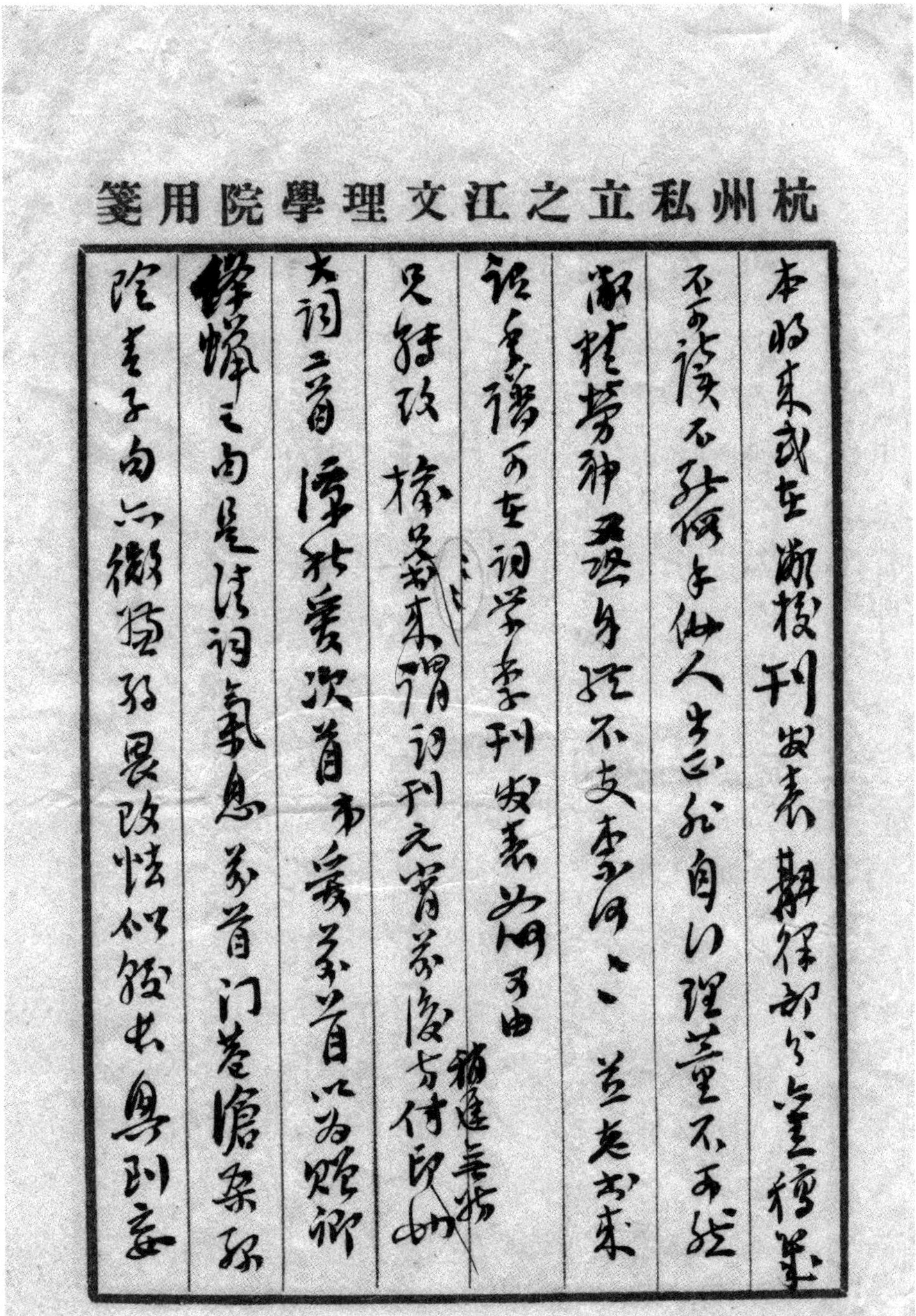

杭州私立之江文理學院用箋

本將來或在浙校刊發表其餘部分全稿[illegible]
不可讀不能使人生意然自以理董不可能
浙校勞神又迷多終不支奈何奈何茲走書來
語言禪可在詞學季刊發表如何乞由
兄轉致榆生兄前來謂詞刊元宵前後方付印 補遺無妨
大詞二首浣溪沙次首末幾第首以為賦卻
鋒燭之句是清詞氣息第首門巷滄桑[illegible]
陰甚子句亦徽猛弱最改恬似鈕出粵到安

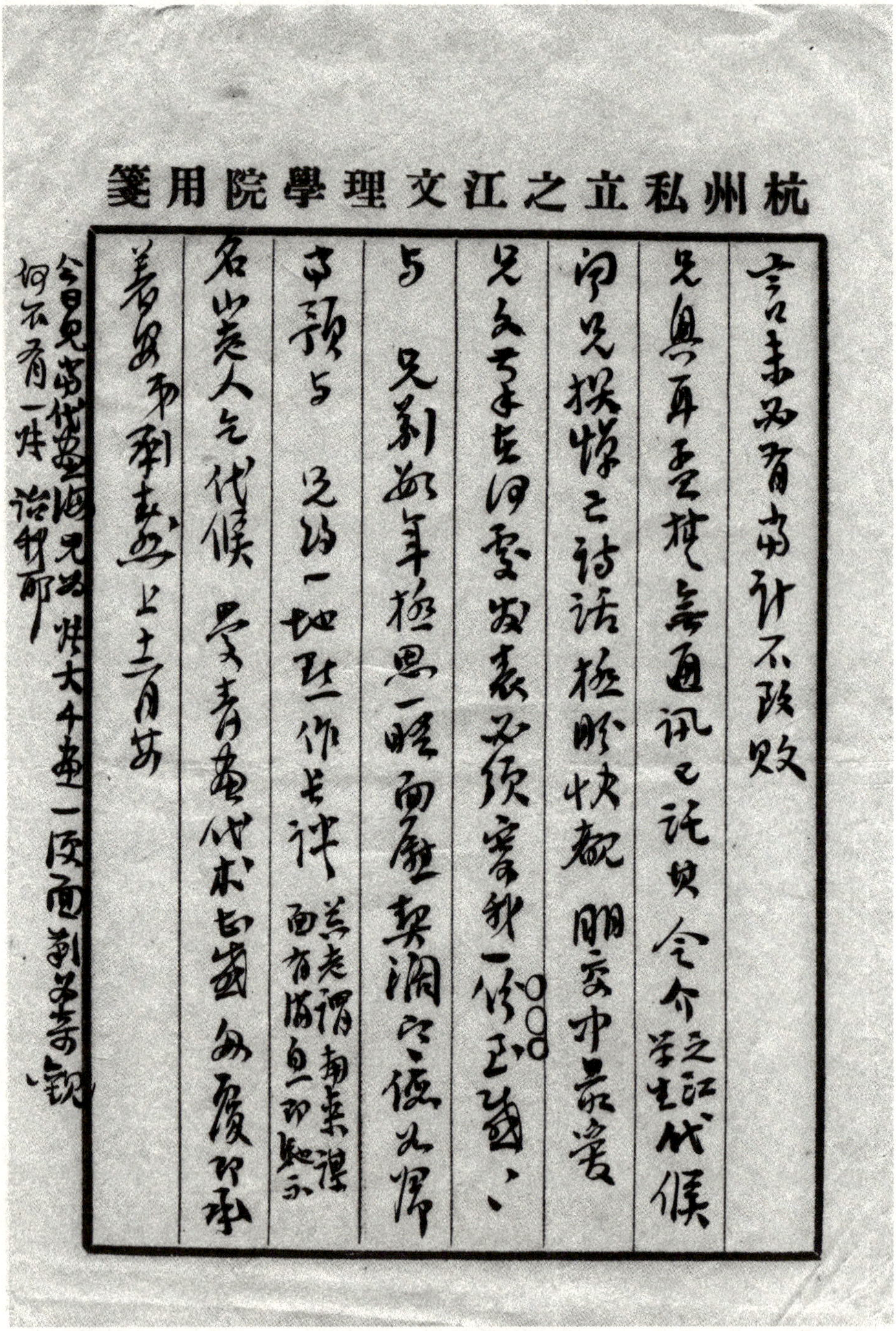
杭州私立之江文理學院用箋

言來兩首所計不致敗

兄與再堂擬無通訊已託其令介之江學生代候

聞兄撰惺之詩話極盼快觀朋友中最愛

兄文字在何處發表必須寄我一份至感、、

與兄別數年極思一晤面罄契闊後如歸

南頌與兄均一地點一作長談 荒老謂南來課面有消息乞即知示

名山老人乞代候 夏青畫代本書 無屢即承

著安 弟承燾上 十二月廿

公兄常代登滬見兄為洪大千畫一段面刺兄寄欽

何不寄一件詒我耶

杭州私立之江文理學院用箋

得陳蒼虬先生奉天書

紉安不耐渡遼船狼大巫閭又隔年

入海軍聲來白雁江湖詞筆送蕭顛

買田罷墨歸先晚疊簡居山世孰傳

歸來中州公莫議令威城郭意茫然

小詩呈

玉岑道兄教正　弟承燾併稿

释文：

玉岑吾兄：

潭秋兄转贳手教敬悉。贱躯近如恒，遵教服牛乳鸡蛋。戒看书静摄，则终做不到。年来沉溺书册中，作茧自缚，至以为苦。拟读佛经及儒家哲理书药之，免自斫其生。

慈老前星期来一长函，至快，至慰！属删校白石谱[2]，弟本不敢当，俟暇当乙去可省者数条，另为跋语乞教。歌曲考证部分，拙作比陈著羡三之二，或可并行。近日方命学生誊洁本，将来或在敝校刊发表。斠律部分，旧稿几不可读，不能假手他人出正，非自行理董不可。然敝精劳神，又恐身体不支，奈何，奈何！慈老书来谓年谱可在《词学季刊》发表，如何？可由兄转致榆兄。榆兄书来谓《词刊》元宵前后方付印，稍迟无妨也。大词二首，潭秋爱次首，弟爱前首，以为“赠卿绛蜡”之句是清词气息，前首“门巷沧桑，绿阴青子”句亦微嫌弱，“畏”改“怯”似较长。兴到妄言，未必有当，计不致败兄兴耳。

孟楚无通讯，已托其令介（之江学生）代候。闻兄撰《悼亡诗话》，极盼快睹。朋交中最爱兄文笔，在何处发表？必须寄我一份。至感，至感！与兄别数年，极思一晤，面慰契阔。寒假如归，当预与兄约一地点作长谈。（慈老谓南来谋面，有消息即驰示。）

名山老人乞代候，曼青画代求甚感。

匆覆。即承

著安

弟 承焘上 十二月廿四

今日见《当代画海》，兄为张大千画一便面[3]。叹为奇观！何不有一张诒我耶？

得陈慈首先生奉天书：

幼安不附渡辽船，狼火巫闾又隔年。

人海军声来白雁，江关词笔送华颠。

买田罨画归非晚，叠简藏山世孰传？

野史中州公莫让，令威城郭意茫然。

小诗呈玉岑道兄教正。

弟 承焘 假稿

注释：

1.《夏承焘集》，第五册，页308。

2.参见一九三二年十二月廿二日日记：潭秋转来玉岑一书，属删校慈首白石年谱，寄申付印。（《夏承焘集》第五册，页308）

3.便面：扇子。

五十八、夏承焘致谢玉岑

时间：一九三三年一月七日
署款：一月七日
用笺：杭州私立之江文理学院用笺，八行红笺，四页
夏记：暂未在日记中找到相关记录
钱记：第五十五封

今按：

此信最后提到谢月眉，这是夏承焘第一次看见她的画，因其上有钱名山之题诗，便推测她为谢家人。

谢月眉是谢玉岑的胞妹，擅工笔，其笔下花鸟宁静端庄，别致韵味。常州钱谢两家，文人墨客众多。谢氏三兄妹，谢玉岑、谢稚柳、谢月眉，都是近代著名画家。

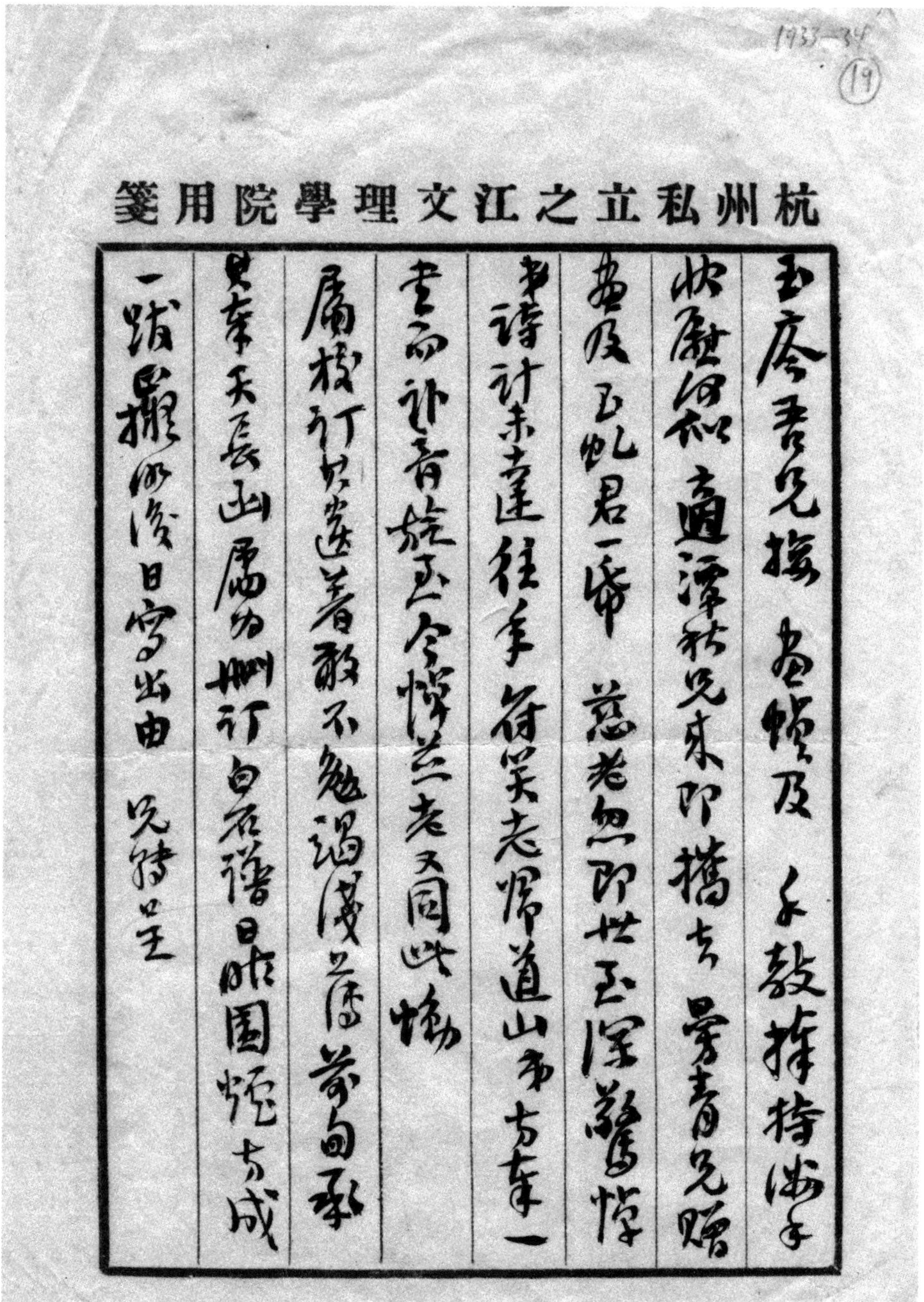

1933-34

(19)

杭州私立之江文理學院用箋

玉岑吾兄撰 畫幀及 手教拜持謝
收歷何知，適澤秋兄來，即攜去，景青兄贈
畫及玉虬君一幅，蕙老忽即世，至深驚悼，
寄詩計未達，往年曾笑老歸道山，而方年一
書而補寄，旋亦令悼，蕙老又同此慟。
屬校訂其遺著，敢不勉竭淺薄，第自承
見寄天長函，屬爲刪訂白石譜，日昨圍爐方成
一號，羅擬於後日寄出，由 兄轉呈

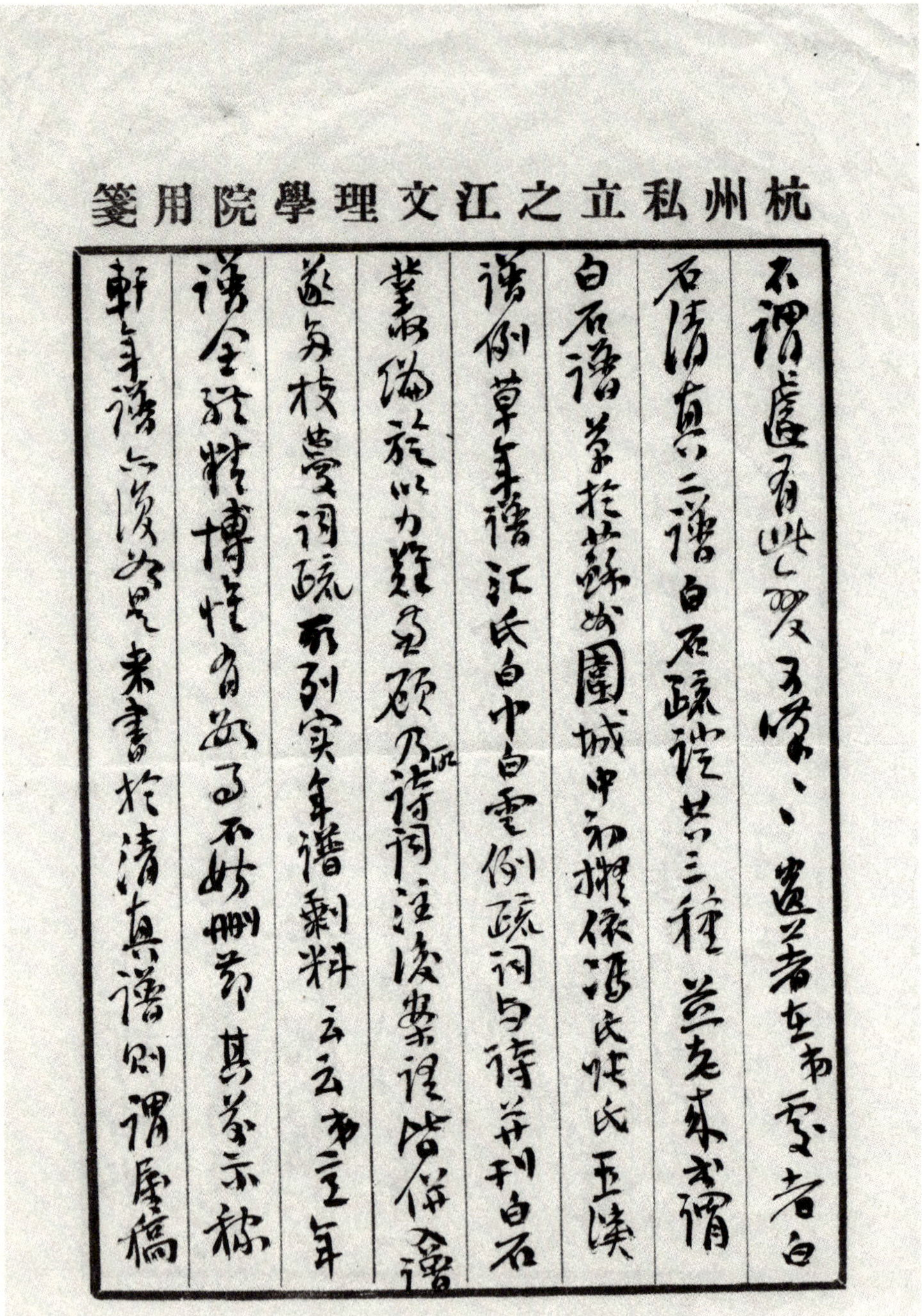

杭州私立之江文理學院用箋

不謂遺有此叟子晉、、遺著在市賣者白

石清真二譜白石疏證共三種並老來求續

白石譜第於蘇州圜城中初擬依馮氏陳氏王谿

譜例草年譜江氏白中白雲例疏詞与詩並刊白石

叢殘論旋以力難為碩乃詩詞注後案語皆併譜

遂多枝葉詞疏所列实年譜剩料云云本三年

譜全録精博惟首為之不妨刪節其第亦稼

軒年譜亦復如是來書於清真譜則謂屬稿

杭州私立之江文理學院用箋

未定，切勿示人。弟前函告以王靜安清真遺事，來書

謂兄王書本成譜之後，尚須改作，弟有暇擬之為

作一跋，稍加補充。詞學雜誌可先發表白石譜，第

曾与孫生談及，以兄欲交商務出版，故遲之未

寄。若先發表而出版無妨礙，固大佳。如近忙於

考試，月半後決當手錄檢遺稿，弟与兆老之

一函，來書謂先下速為之識語印之。

兄編之二卷，聊為之僕役，弟必須

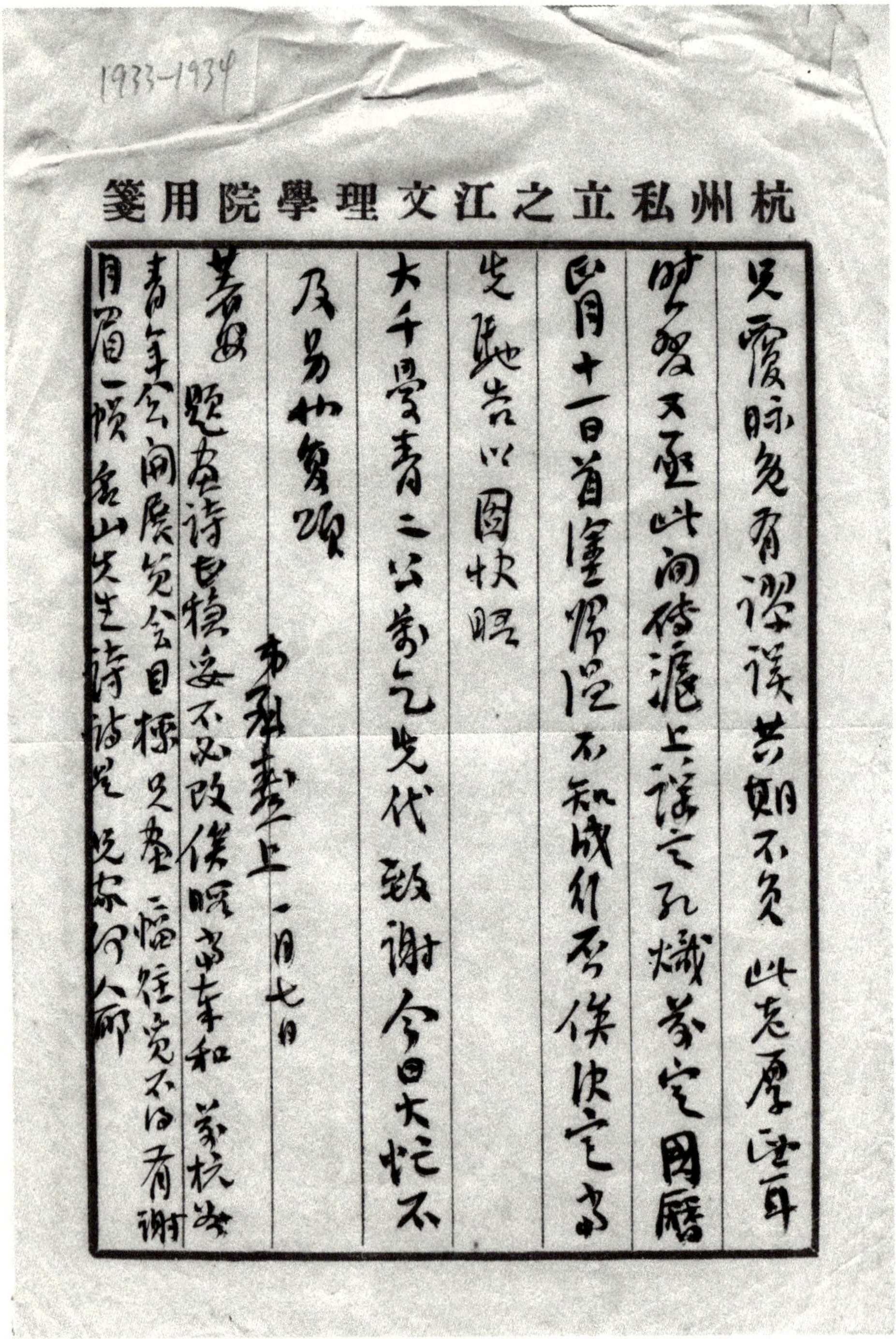

1933-1934

杭州私立之江文理學院用箋

玉霞昨免寄谬误共期不负 此老厚意耳

昨复大函此间传沪上谣言孔炽务定国历

四月十一日首涂归里不知成行否俟决定当

先驰告以图快晤

大千学青二公并乞先代致谢今日大忙不

及另致复颂

著安　　弟承焘上　一月七日

题画诗已稳妥不必改俟晤当奉和　弟校安

青年会向展览会目标只叠二幅往览不得看谢

月眉一幅眉山先生诗话见示何人邪

释文：

玉岑吾兄：

接画帧及手教，捧持满手，快慰何似。适潭秋兄来，即携去曼青兄赠画及玉虬君一纸。慈老忽即世，至深惊悼。弟诗计未达。往年符笑老归道山，弟方奉一书而讣音旋至。今悼慈老，又同此恸。属校订其遗著，敢不勉竭浅薄。前旬承其奉天长函，属为删订《白石谱》。日昨围炉方成一跋，正拟明后日写出，由兄转呈，不谓遽有此变，可叹，可叹！遗著在弟处者：白石、清真[1]二谱，白石疏证，共三种。慈老来书谓“白石谱草于苏州围城中，初拟依冯氏、张氏玉溪谱例草年谱，江氏白（山）中白云例疏词与诗，并刊白石丛编。旋以力难兼顾，乃取诗词注后案语皆并入谱，遂多枝蔓。词疏所列实年谱剩料”云云。弟意年谱全体精博，惟有数事不妨删节。其前示《稼轩年谱》亦复如是。来书于清真谱则谓属稿未定，切勿示人。弟前函告以王静安《清真遗事》[2]，来书谓见王书在成谱之后，尚须改作。弟有暇拟亦为作一跋，稍加补充，《词学》杂志可先发表。白石谱前曾与榆生谈及，以兄欲交中华出版，故迟迟未寄。若先发表与出版无妨碍，固大佳也。[3]

近忙于考试，月半后决着手整顿遗稿。弟与慈老无一面，来书谦光下逮，为之感动。即无兄嘱，亦甚愿为之。俟断手必须兄覆视，免有谬误，共期不负此老厚望耳。

时变又亟，此间传沪上谣言孔炽。前定国历正月十一日首涂［途］归温，不知成行否？俟决定当先驰告，以图快晤。

大千、曼青二公万乞先代致谢，今日大忙，不及另也。

复颂

著安

弟承焘上 一月七日

题画诗甚稳妥，不必改。俟暇当奉和。前杭州青年会开展览会，目标兄画一幅，往觅不得。有谢月眉一帧，名山先生诗[诗]，是兄家何人耶？

注释：

1.周邦彦（1056–1121），字美成，号清真居士，钱塘（今杭州）人。宋代词坛最有影响的大家之一。词集名《清真集》，后人改名《片玉集》。

2.王国维对周邦彦推崇备至，曾作《清真先生遗事》，认为“词中老杜，则非先生不可”，“两宋之间，一人而已”。

3.《龙榆生先生年谱》（张晖著，学林出版社，2001年版，45页）刊谢玉岑一九三三年三月十七日致龙榆生信，可参。函曰：“榆生吾兄阁下：前复计达，典签闻常来得请，大著钦佩之至。陈慈首先生《白石词疏证》副本已寄沈阳。原稿粘缀错误，兹托友人移录，先寄去五张，乞发稿，以后陆续寄上。书名《白石道人歌曲疏证》，惟以前两卷皆乐府，与词无涉。恐杂志不收，故自第三卷录起，而仍用《歌曲》名。如兄以为不妥，则改《白石词疏证》可矣。友人郑午昌办一印刷厂，欲将彊村老人选之《宋词三百首》及《彊村语业》翻成仿宋发行，而由著作人抽版税，不知彊老后人是否情愿？知兄最关怀彊老遗著流传事，因敢奉次，希便代一问见覆。惟《语业》以后未刊之稿，宜亦附入，俾成全集也。弟碌碌欲读书而未得，思访叶誉虎先生一谈，亦未能也。兹颂著安！弟谢玉岑顿首，十七午。友人陆丹林欲求大著一册，乞赐寄为盼。”

五十九、夏承焘致谢玉岑

时间：一九三三年一月卅日
署款：一月卅
用笺：杭州之江大学校笺，八行红笺，单页
夏记：暂未在日记中找到相关记录
钱记：第五十六封

今按：

此信仅署款一月卅日，云《白石谱》已成一跋，并加注。对照夏翁一九三二年十二月卅日日记：“阅陈慈首《白石年谱》，为作一跋，并为删去几条还之。”可推测此信写于一九三三年。

信末云“寄奉小诗一首乞政”，今未见。

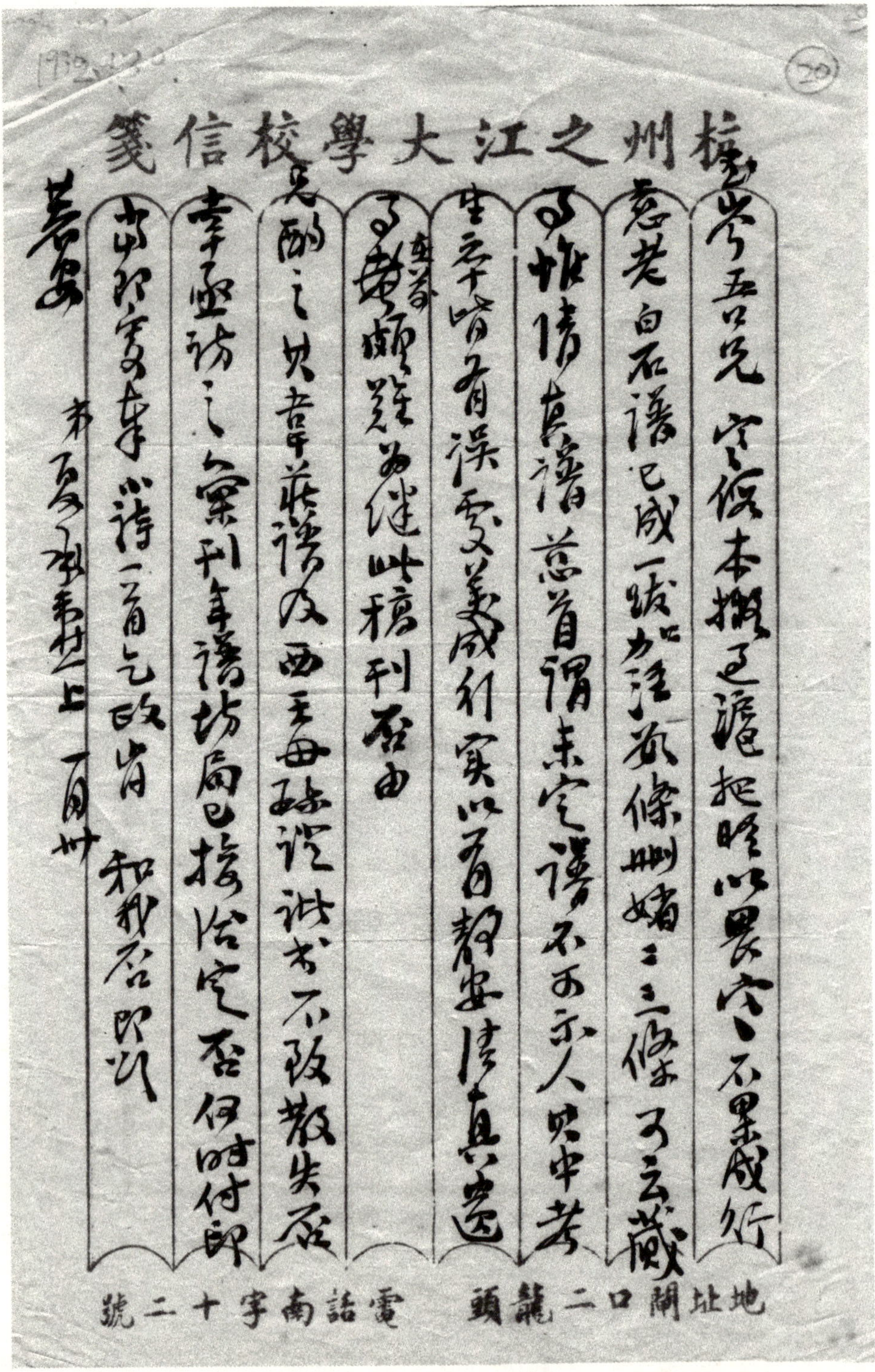

杭州之江大學校信箋

玉岑吾兄：前夜本擬過滬把晤，以畏寒不果成行。
惠老白石譜已成一綫，加注數條，刪[illegible]二三條，可云藏事。
可惟清真譜，蕙首謂未定，譜不可示人。其中考
生平皆有誤，[illegible]文美成行實以首靜安清真遺
事[illegible]顛[illegible]雖為繼此稿刊否由
見酬之。其吾華[illegible]譜及西王母[illegible]說，誠恐不致散失否，
幸亟訪之。宗刊年譜，坊局已接洽定否？何時付印，
亦即寄奉。小詩一首乞政，肯和我否？即叩
暮安
弟夏承燾頓首上　一月廿

地址關口二龍頭　電話南字十二號

释文：

玉岑吾兄：

寒假本拟过沪把晤，以畏寒不果成行。慈老《白石谱》已成一跋，加注数条，删省二三条，可云蒇事。惟《清真谱》，慈首谓未定谱，不可示人，其中考生卒皆有误处。美成[1]行实以有静安《清真遗事》在前，颇难为继。此稿刊否，由兄酌之。其《韦庄谱》及《西王母疏证》诸书，不致散失否，幸亟访之。汇刊年谱，坊局已接洽定否？何时付印？当即寄奉。

小诗一首乞政，肯和我否？

即颂

著安

弟 夏承焘上 一月卅

注释：

1.周邦彦字美成。

六十、夏承焘致谢玉岑

时间：一九三三年十月十四日
署款：十月十四
用笺：普通宣纸，单页
夏记：暂未在日记中找到相关记录
钱记：第五十八封

今按：

此信仅署款十月十四日，信中问谢玉岑新到商学院近况。按谢玉岑年谱，他于一九三三年秋季到上海商学院任课，因此可断此信写于一九三三年之后。

据夏承焘于一九三四年十月十七日日记：“夜读玉岑词，有李峤真才子之叹。久无往复，作一词询之。”（《夏承焘集》，第五册，页328。）据“久无往复”，可推断该信不可能写于一九三四年十月十四日。

因此定此信写于一九三三年十月十四日。

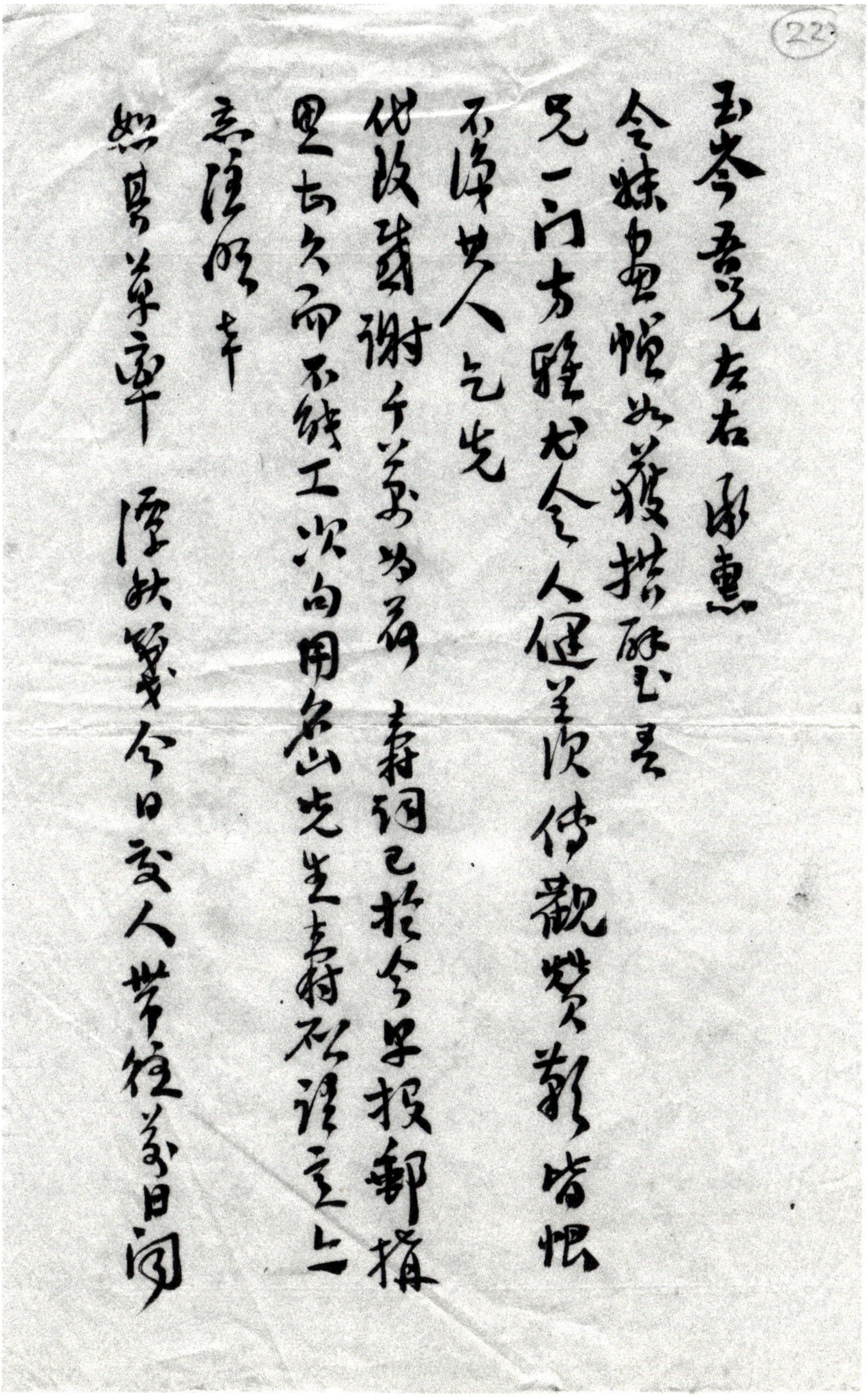

玉岑吾兄左右 惠函

令妹畫幅此獲拜觀 甚

兄一門方雅尤令人健羨 傳觀贊歎 皆恨

不得其人 乞先

代致數謝 千萬為荷 壽詞已於今早投郵 損

思太久而不能工 次句用兔山先生壽莊語 亦上

亦注明 幸

恕其草率 瞿禪箋 今日交人帶往蒙日閱

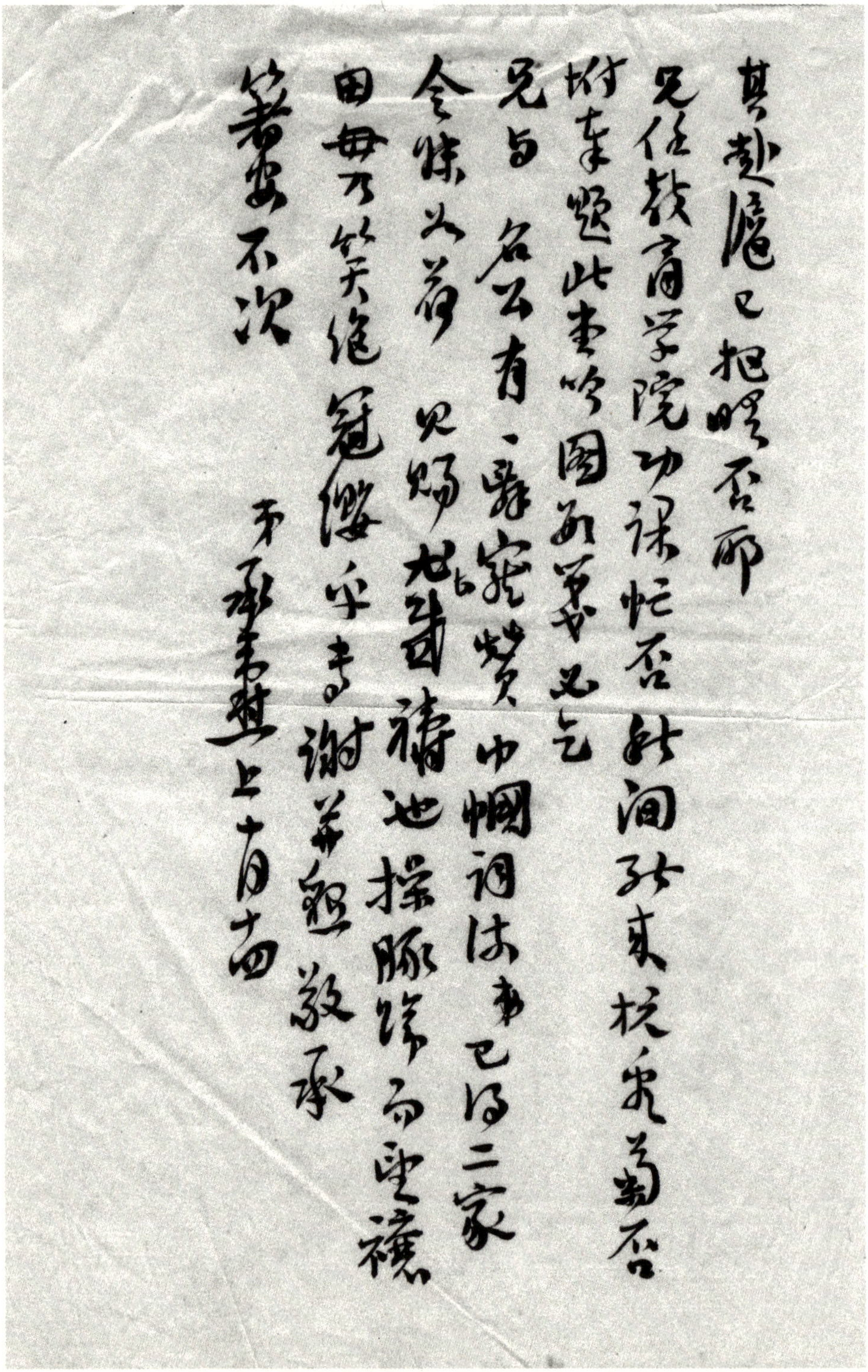
其赴滬已抵暇否耶
兄任教育学院功课忙否 秋间孙来杭乞为写否
树棠题此书吟图为第七兄乞
兄与 名公有、壽窦赞 巾帼词流者已得二家
令妹以前 见赐长诗请池操脉络而望赐
田毋乃欲笑绝冠缨乎专谢并颂 敬承
箸安不次
弟承焘拜上 十月廿四

释文：

玉岑吾兄左右：

承惠令妹画帧，如获拱璧。吾兄一门方雅，尤令人健羡。传观赞叹，皆恨不识其人。乞先代致感谢千万为荷。

寿词已于今早投邮，构思甚久而不能工，次句用名山先生寿启语意，亦忘注明，幸恕其草率。潭秋笺今日交人带往，前日闻其赴沪，已把晤否耶？兄任教商学院[1]，功课忙否？秋间能来杭看菊否？

附奉题《北堂吟图》[2]数笺，必乞兄与名公有一辞宠赞。巾帼词流，弟已得二家，令妹如荷见赐，尤感祷也。操豚蹄而望禳田[3]，毋乃笑绝冠缨乎？

专谢并恳。敬承

著安不次

弟 承焘 上 十月十四

注释：

1.按谢玉岑年谱，他于一九三三年秋季到上海商学院任课。

2.夏承焘请谢玉岑、谢月眉等绘《北堂吟韵图》，参见一九三四年十月十七日及一九三五年一月十九日致谢玉岑信。

3.豚蹄禳田，比喻与人者少而望厚报。典出《史记·滑稽列传》：（淳于）髡曰："今者臣从东方来，见道旁有禳田者，操一豚蹄，酒一盂而祝曰：'瓯窭满篝，污邪满车，五谷蕃熟，穰穰满家。'臣见其所持者狭而所欲者奢，故笑之。" 禳田：禳除灾荒祈祷丰收之祭。公元前三四九年，楚伐齐，齐王使淳于髡携金百斤，车马十驷，赴赵求救。淳于髡认为齐所持者少而欲得者多，故用"豚蹄禳田"为喻，以感悟齐王。齐王从而大大增加礼物，其赴赵才请得救兵，解除了楚兵压境之危难。

六十一、夏承焘致谢玉岑

时间：一九三四年六月十五日
署款：六月十五日
用笺：八行红笺，二页
夏记：暂未在日记中找到相关记录
钱记：第五十七封

今按：

此信仅落款六月十五日，信中言《词刊》第四期刊《韦端己年谱》。据《夏承焘教授学术活动年表》记载：一九三四年一月，夏承焘作《韦端己年谱》；四月，刊于《词学季刊》一卷四期。由此可推断此信作于一九三四年。

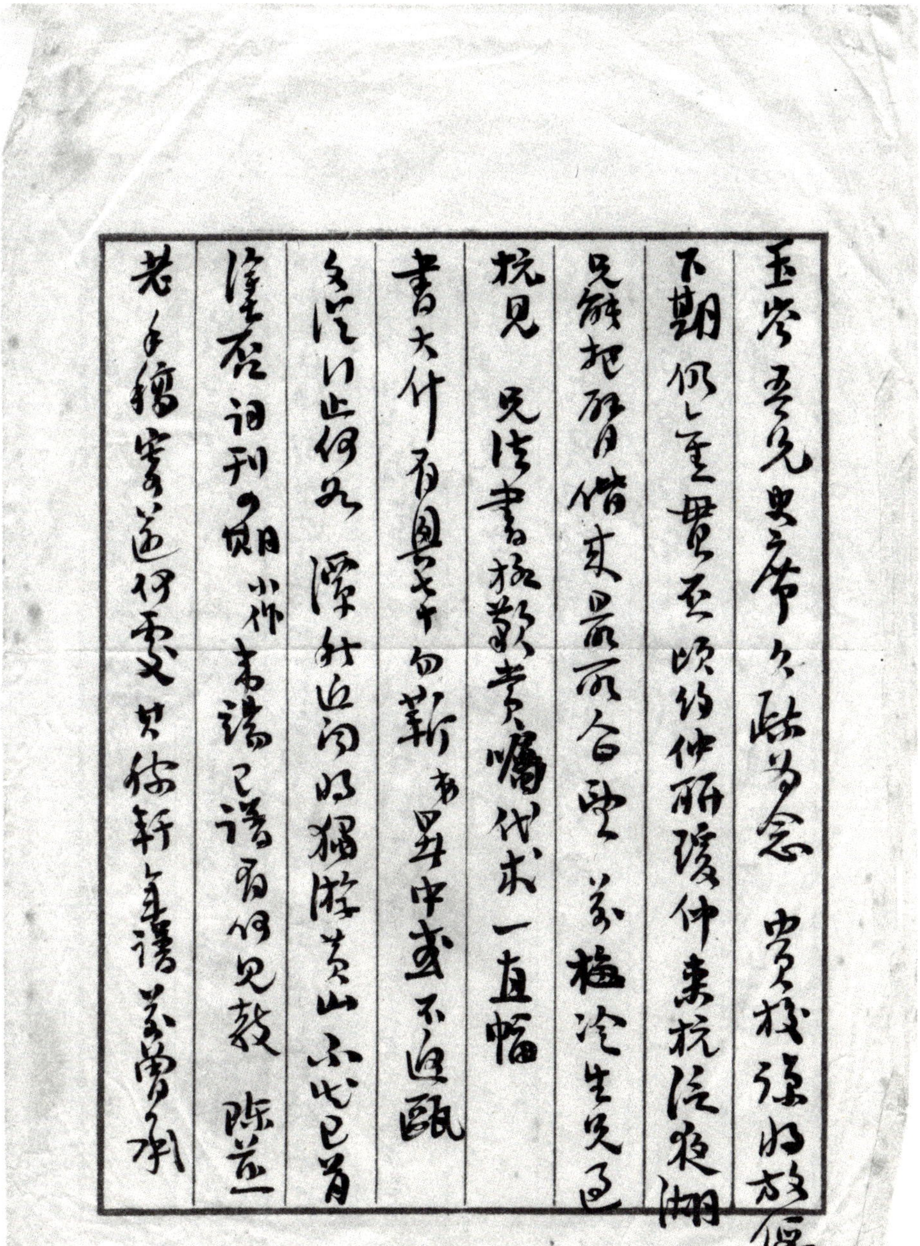

玉岑吾兄史席：久疏为念。贵校几时放假

下期仍重费否？顷约仲联、瑗仲来杭泛夜湖，

兄能把臂偕来，最所企望。弟梅冷生兄亦

杭见。兄法书杭敷贵嘱代求一直幅，

书大什有寿七十句，新春吴中盛不逊瓯。

近况何如？深秋近间的独游黄山，小诗已有

读否？词刊两期小作未读已读，有何见教？陈益

若手稿寄送何处，其徐轩年谱。弟夏承

只允赐 榱生借去小照

兄解学事再求一册可否言奖谱之极 眈眈收诸史

宋有印威邈著丰少代宗向怅孤藕女士 曼云

主杭艺术学校任教未间可访去陵

台虑讲兄计京畏而及帆

代假大夏以故便仲解嘱云田

兄畔贵神谢～郇承

著安

申承焘上六月廿二

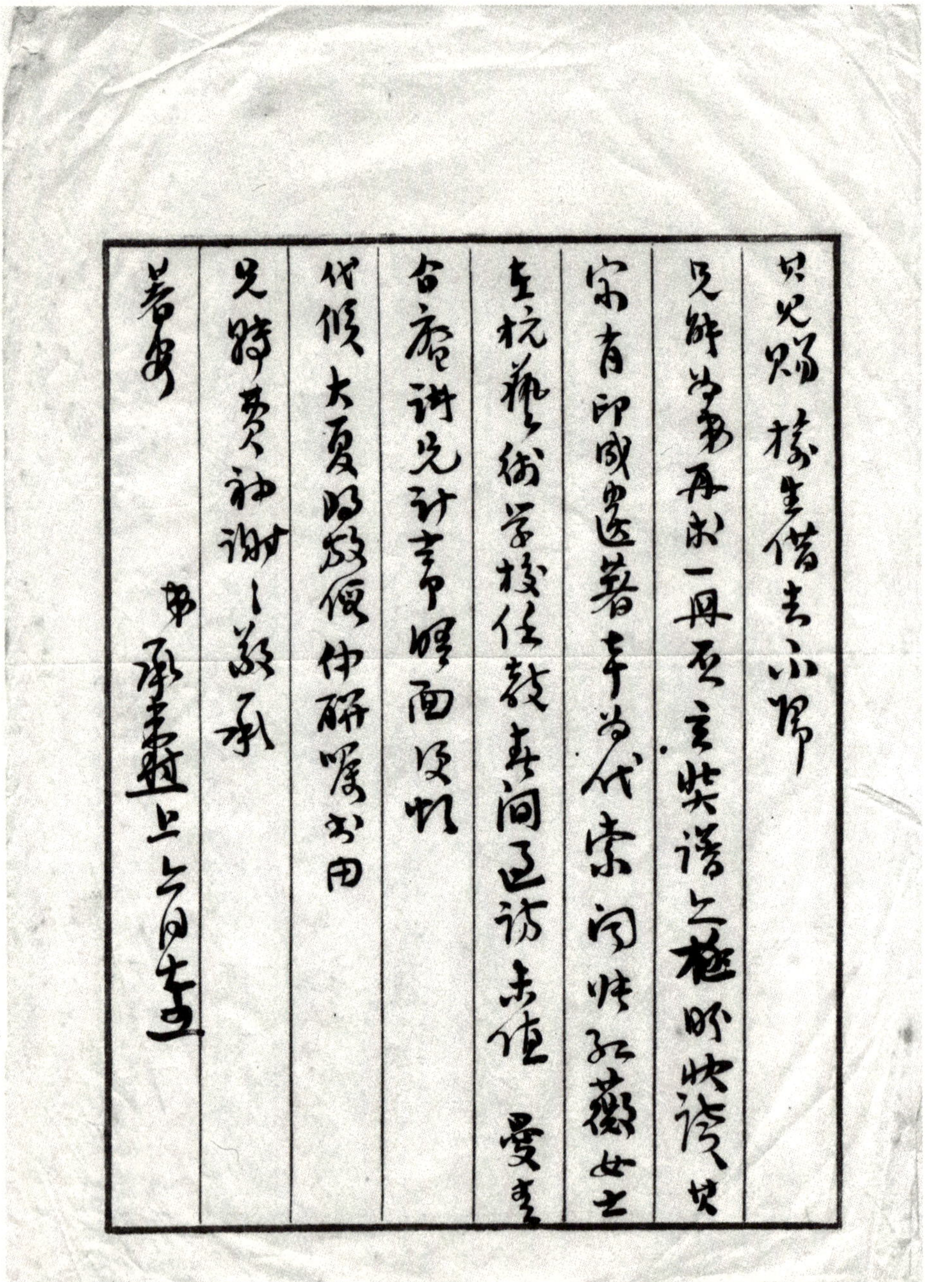

释文：

玉岑吾兄史席：

久疏为念。贵校谅将放假，下期仍旧贯否？顷约仲联、瑗仲来杭泛夜湖，兄能把臂偕来，最所企望。前梅冷生兄过杭，见兄法书极叹赏，嘱代求一直幅，书大什，有兴幸勿靳。

弟暑中或不返瓯，文从行止何如？潭秋近闻将独游黄山，不知已首涂否？《词刊》四期小作《韦端己谱》，有何见教？陈慈老手稿寄还何处？其《稼轩年谱》，前曾承其见赐，榆生借去不归，兄能为弟再求一册否？《玄奘谱》亦极盼快读。其家有印成遗著，幸为代索。闻张红薇[1]女士在杭艺术学校任教，春间过访未值。曼青、介庵诸兄计常晤面，便烦代候。

大夏将放假，仲联嘱书由兄转，费神，谢谢！

敬承

著安

弟 承焘上 六月十五

注释：

1.即张光。张光(1878−1970)，字德怡，晚号红薇老人，永嘉城区(今温州鹿城区)人。幼年从兄朗西学诗，从汪如渊习绘事。嫁瑞安章献猷（味三）。历任广东省立女子师范、私立洁芳女子师范监督，民国初年，随夫赴京，考入北京女子师范，毕业后历任上海美术专科学校讲师、北京艺术专科学校教授、杭州艺术专科学校教授，垂三十年，桃李满天下。平生交游甚广，与徐悲鸿、张大千、吴湖帆、黄宾虹、郑午昌、唐云、谢稚柳等过从甚密。“八一三”事变后，滞留南京，未几形势危急，避难安徽九华山。沪、宁沦陷后，举家几经辗转抵达陪都重庆。一九四八年，以古稀之年在上海举办个人画展。一九五二年，受聘为上海市文史馆馆员，后又受聘上海画院老年画师，加入中国美术家协会。晚年将其珍藏《百花长卷》奉献国家。遗著有《红薇吟馆诗集》、《忘忧书屋诗钞》、《红薇老人书画集》。

谢玉岑殁后，章味三撰挽联：

奚囊觅句，才得名家，那堪长吉呕心，玉版丹文悲促召；

院柳垂条，人怀旧梦，忍令惠连抱痛，池塘春草为谁生。

六十二、夏承焘致谢玉岑

时间：一九三四年十月十七日
署款：十月十七
用笺：八行红笺，单页
夏记：十月十七日，夜读玉岑词，有李峤真才子之叹。久无往复，作一词询之。[1]
钱记：第三十封

今按：

谢玉岑之才，夏承焘深表叹服，此信中称其为李峤才子。查夏氏当日日记，亦有此叹。

李峤为唐代诗人，少有才名。七言歌《汾阴行》写盛衰兴亡之感，最为当时传诵。据说唐玄宗于安史乱起逃离长安前，登花萼楼，听到歌者唱这首诗的结尾四句“山川满目泪沾衣，富贵荣华能几时？不见又今汾水上，唯有年年秋雁飞”时，即引起情感上强烈的共鸣，悲慨多时，并赞叹作者是“真才子”。

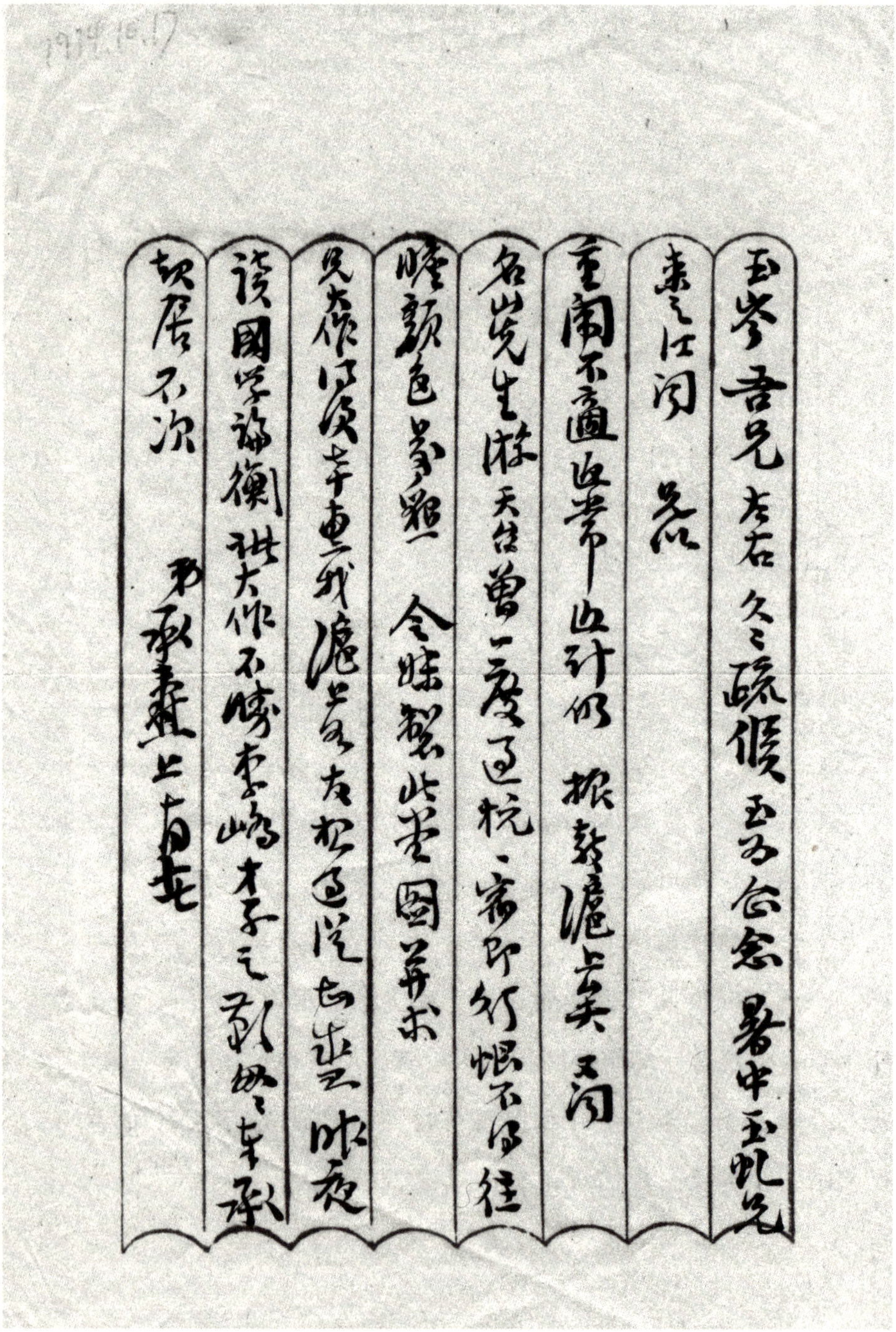
1934.10.17
玉岑吾兄左右 久之疏候 至为念念 暑中玉虬兄
来之江闻 知
重闱不適 近常返計 仍挈眷滬上矣 又聞
名岑先生游天台 曾一度过杭，寓即行 惜不得往
暌颜色 屡罷一 令妹婿此書圖華否
见大作何贞辛重 我滬上友枚道览尤甚 昨夜
读国学论衡 诸大作 不啻东峤才子之刻 然之本承
起居不次 弟承焘上 十七

释文：

玉岑吾兄左右：

久久疏候，至为企念。暑中玉虬兄来之江，闻兄以重闱[2]不适返常，近计仍振教沪上矣。又闻名山先生游天台，曾一度过杭，一宿即行，恨不得往瞻颜色。前恳令妹制《北堂图》，并求兄大作，得便幸惠我。沪上各友想过从甚盛。昨夜读《国学论衡》诸大作，不胜“李峤才子”[3]之叹。

匆匆奉承

起居不次

弟 承焘 上 十月十七

注释：

1.《夏承焘集》，第五册，页328。

2.重闱：旧称父母或祖父母。一九三四年五月，谢玉岑祖母在常州逝世，曾奔丧返常。

3.李峤（645−714），字巨山，赵州赞皇（今属河北）人。二十岁时擢进士第，累官监察御史。前与王勃、杨炯相接，又和杜审言、崔融、苏味道并称“文章四友”。其诗绝大部分为五言近体，风格近似苏味道而词采过之。唐代曾以汉代苏武、李陵比苏味道、李峤，亦称“苏李”。明人辑有《李峤集》。全唐诗中有其作五卷。

六十三、 夏承焘致谢玉岑

时间：一九三四年十一月十日
署款：十一月十日
用笺：八行红笺，单页
夏记：十一月十一日，发玉岑复，示减兰西溪词。[1]
钱记：第三十一封

今按：

这封信又写到友人求谢玉岑的书法。谢氏书法，传世不多，近年偶有露面于拍卖会，旋以善价为识者所夺。

谢玉岑工于书，四体皆能，尤擅钟鼎金文。其金文书法，极具金石气和书卷气，古雅绝俗，堪称妙品。朱大可有诗赞："要寻仓颉之间趣，不作斯冰以后书。我爱青山谢居士，子云识字似相如。"（《近代书林品藻录》，王家葵撰，山东画报出版社，2009年，页199。）谢玉岑的篆隶虽取法吴昌硕，但时论以为"可胜缶翁"，今日再看，仍非虚誉。

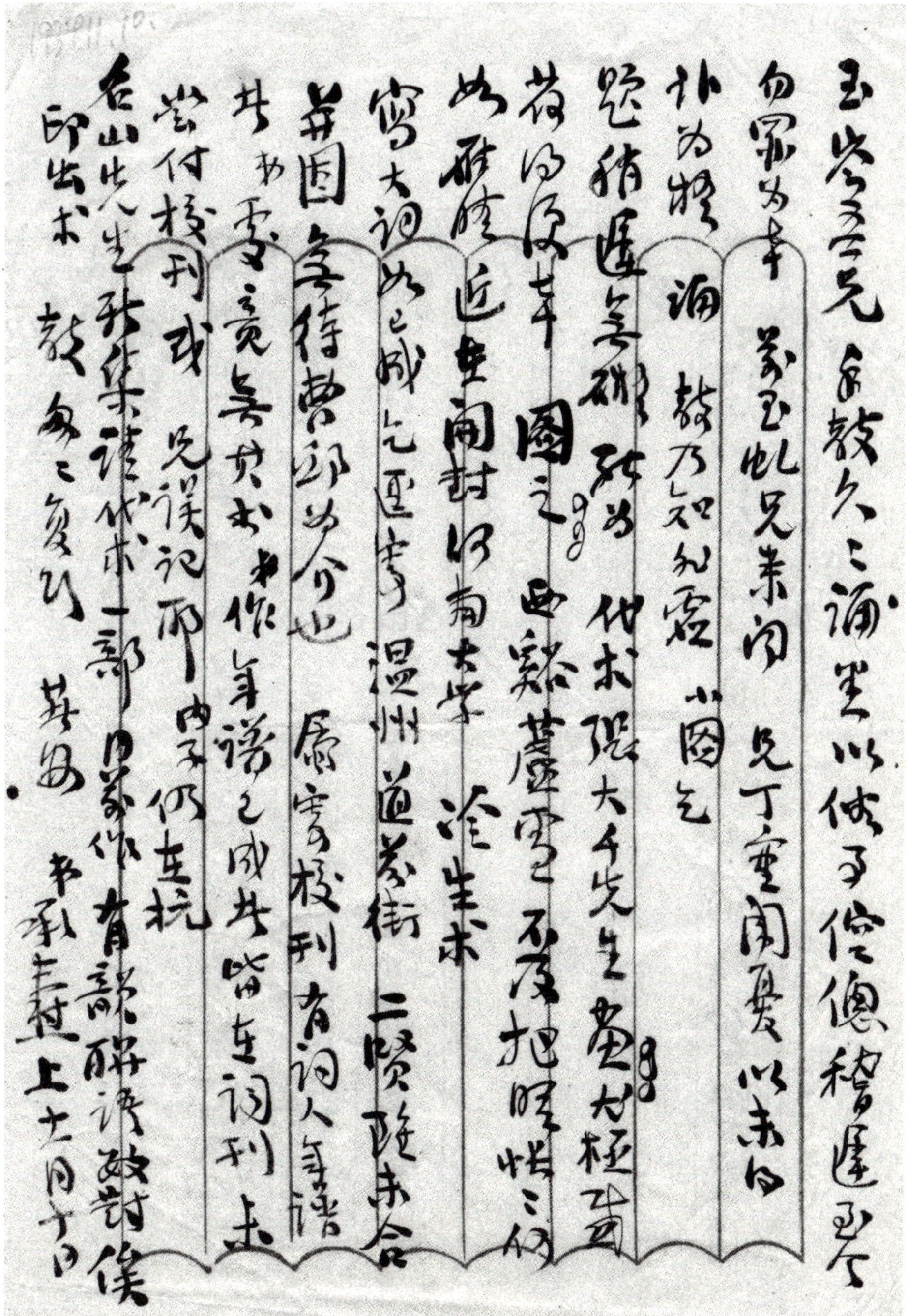
玉岑吾兄先生：承教久之，诵笔以作手，俾息稽迟至今，
负罪为年。蒙玉虬兄来间，兄丁重闱忧，以未白
扑为怅。诵教乃知兄即爱。小图已
题结，遥寄矣。孙为代求张大千先生画太极图，
荷仍后年图之。西泠莫逃，不及把晤，怅之何
如。惠函近由何处封寄，为大学沈生来
寄大词，如已成，乞迳寄温州道前街二号，暨来合
并图集待发，即如分也。属寄校刊首词人年谱
并如云竟无贵本，敝作年谱已成者，皆在词刊，未
尝付校刊。我兄谈记所收何在拟
石山先生孙集请代求一部，闻蒙作有考解，请致谢候。
印出否？教多之复。并颂
著安。弟承焘上 十月十日

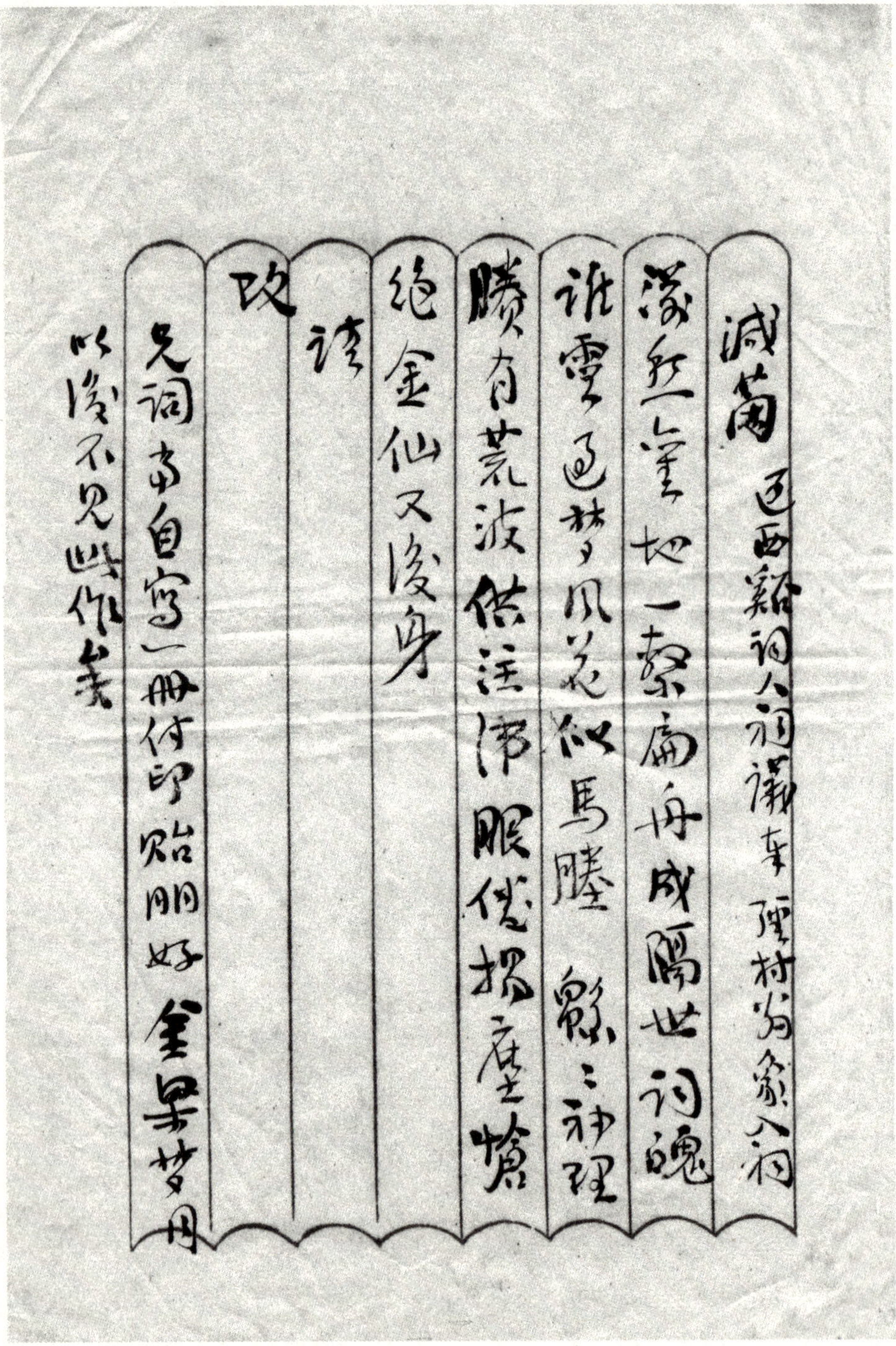

减兰　过西溪词人祠谒朱陈村为翁八祠
溪红一叶，也一孥扁舟成隔世。词魂
说雪过梦，风花似马蹊，颢之神理
犊有荒波，供注沸眼，倦摇屋檐
绝金仙又后身
请
改
兄词亦自写一册付印贻朋好　金巢梦丹
以后不见此作矣

释文：

玉岑吾兄：

手教久久诵悉，以俗事倥偬，稽迟至今，勿罪为幸。

前玉虬兄来，闻兄丁重闱忧[2]，以未得讣为疑，诵教乃知非虚。小图乞题，稍迟无碍。能为代求张大千先生画，尤极感荷，得便幸图之。西溪芦雪不及把晤，怅怅何如。

雁晴近在开封河南大学。冷生求写大词，如已成乞迳寄温州道前街。二贤虽未合并，固无待曹邱为介也。属寄校刊有词人年谱者，弟处竟无其书。弟作年谱已成者皆在《词刊》，未尝付校刊，或兄误记耶。

内子仍在杭。名山先生新集，请代求一部。月前作有韵联语数对，俟印出求教。

匆匆。复颂

著安

弟 承焘上 十一月十日

减兰（过西溪词人祠，议奉彊村翁像入祠。）

湔愁旧地，一系扁舟成隔世。词魄谁灵？过梦风花似马塍。

绵绵神理，赚有荒波供注涕。眼倦扬尘，怆绝金仙又后身。

请改。兄词当自写一册付印贻朋好，《金粱梦月》以后不见此作矣。

注释：

1.《夏承焘集》，第五册，页334。

2.参见一九三四年十月廿六日日记：接玉岑复，丁重闱忧后，时时多病，谓近读乙部书。玉岑不幸，其妻、其祖母相继病故。（《夏承焘集》，第五册，页331）

六十四、夏承焘致谢玉岑

时间：一九三五年一月十九日
署款：一月十九日
用笺：白纸，钢笔，单页
夏记：一月十九日：发玉岑复。[1]
钱记：第三十二封

今按：

当年一月十二日，夏承焘接谢玉岑一快函，当日日记写道："属写扇，谓在里大病二月，以此为枚生之发。"

这封信是夏承焘给予的回复，夏氏还像往常一样与他谈词。他没想到，谢玉岑此时已病入膏肓。

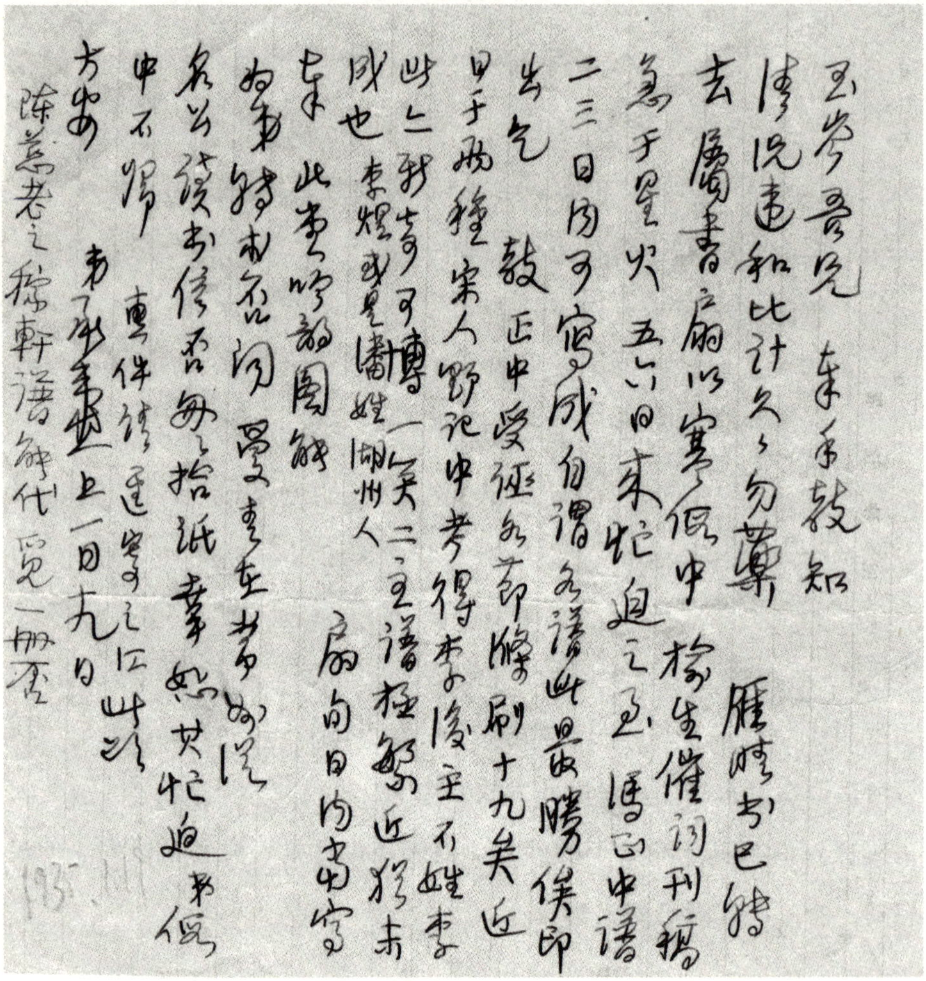

玉岑吾兄　来示敬知
使况速和比计久久勿药　雁晴书已转
去属书之扇以寄纵中　榆生催词刊稿
急于星火　五六日来忙迫之至　冯正中谱
二三日内可写成　自谓为谱此最胜　俟即
出乞　敬正　中受延之节修刷十九矣　近
日于两种宋人野记中考得李后主不姓李
此亦新奇可喜　一笑　二主谱极繁　近将未
成也　来燕或是谢姓　湖州人
东　此本吟翁图解　扇面日内当写
为言转求邑问　觅吴吉士梦如况
名公读书传否　务乞拾纸事如其忙迫　弗纵
中不得　惠件续还寄之江　此作
方安　弟承焘上　一日九日
陈慈老之稼轩谱能代觅一册否

释文：

玉岑吾兄：

奉手教知清况违和，比计久久勿药。

雁晴书已转去，属书扇。以寒假中榆生催《词刊》稿急于星火，五六日来忙迫之至。《冯正中谱》二三日内可写成，自谓各谱此最胜，俟印出乞教。正中受诬各节涤刷十九矣。近日于两种宋人野记中考得李后主不姓李，此亦新奇，可博一笑。二主谱极繁，近犹未成也。（李煜或是潘姓，湖州人。）

扇旬日内当写奉。《北堂吟韵图》能为弟转求否？闻曼青在常州从名公读书[2]，信否？

匆匆拾纸，幸恕其忙迫。弟假中不归，惠件请迳寄之江。

此颂

大安

弟 承焘 上一月十九日

陈慈老之《稼轩谱》能代觅一册否？

注释：

1.《夏承焘集》，第五册，页357。

2.郑曼青上世纪三十年代曾就学于寄园。

六十五、夏承焘致谢玉岑

时间：一九三五年二月二日
署款：二月二日
用笺：八行红笺，单页
夏记：二月一日，接玉岑片，云有联赠予。[1]二月二日，玉岑函来，嘱书联，灯下书成，甚自憎。[2]
钱记：第三十三封

今按：

谢玉岑在病中还应夏承焘之请为他书写一联，并寄杭州。

这时，夏承焘应谢氏之请，给著名词人吴梅与杨铁夫各去一推荐信。现日记中，尽管没说推荐信的内容，但从保存下来的资料看，估计是为谢求扇。谢玉岑晚年四方求文人书扇，以打发病中时光。

玉岑兄：顷奉手教，云有联柬方壶（手片已寄去。词于白石、梦窗皆未用心，自视犹洲行半，再承蔡正娩）惠我瑶函，顷接沪函，乃索弟恶札，皇恐皇恐。姑不涂鸦，即取撕去。姑写上以博吴笑，兄勿示人（此联最好，兄自书之）。贵笺二句，集某如肯重一联以为晤对，不胜翘荷（须兄自撰，或自集者）。承询某作楹联（弘德集）事，内不足歉，有暇弟当遵教为之。圭璋词话弟已去函告之，云须俟展期至二月底，稍缓当好也。松岑宗文来，属据笔谈。兄三词如藐姑仙子，可羡不可企。自惭不作此（尘语）土苴矣。匆匆顺颂（林许御诗碑印夹在小箸中）俪安。

弟承焘上　二月六日

圭璋不能出版，恐不终

吴县苏州沧浪林巷
吴姆通讯处如下
杨上无锡国学专修学校

释文：

玉岑兄：

读手教云有联来，方喜惠我琅玕。接次函乃索弟恶札，惶恐，惶恐。灯下涂就，即欲撕去，姑寄上以博一笑。万乞勿示人。（此联最好兄自书）贵恙勿药。如肯惠一联以当瞻对,不胜感荷。（须兄自撰或自集者）

承询前作拙联，非纯集辛句，不足观，有暇当遵教为之。圭璋[4]词话，前已去函告之，云预约展期至二月底，稍缓无妨也。松岑寄来《文艺捃华》[5]，读兄三词，如藐姑仙子[6]，可羡不可企。自视所作，真尘垢土苴矣。

（手片已悉。弟词于白石、梦窗皆未用心，自视龙洲[3]行辈耳，承誉至愧。）

匆匆。顺颂

炉安

弟 焘上 二月二日

圭璋不能书，晓湘弟不识。

林许徵诗启即夹在小著中。

吴杨通讯处如下：吴[7]，苏州双林巷；杨[8]，无锡国学专修学校。

注释：

1.《夏承焘集》，第五册，页360。

2.《夏承焘集》，第五册，页360。

3.龙洲指宋词人刘过。刘过，字改之，号龙洲道人。太和人，一说庐陵人。流落江湖间，曾从辛弃疾游。其词风格豪放，有《龙洲词》。

4.唐圭璋（1901—1990），字季特，满族。生于南京。一九二二年考进国立东南大学中国文学系，从师吴梅学习词曲，与任中敏、卢前合称“吴门三杰”。一九二八年毕业，先任教于江苏省第一女子中学，转任中央军校国文教官。历任中央大学、金陵大学、南京大学、东北师范大学、南京师范大学中文系教授，兼国务院古籍整理出版规划小组顾问，中国韵文学会会长，中华诗词学会名誉会长，《词学》主编。与龙榆生、夏承焘并称“现代词学三大家”。著有《宋词三百首笺注》、《南唐二主词汇笺》、《宋词四考》、《元人小令格律》、《词苑丛谈校注》、《宋词纪事》、《词学论丛》等。编著有《全宋词》、《全金元词》、《词话丛编》、《唐宋词鉴赏辞典》等。

5.《文艺捃华》：月刊，金松岑主编。

6.藐姑仙子：传说中的女神名。

7.指吴梅。

8.指杨铁夫。杨铁夫（1869—1943），名玉衔，字懿生，广东香山人，晚清举人，官至粤西知府，后弃官历游欧亚诸国。曾从朱祖谋学梦窗，后即以笺释吴文英《梦窗词》扬名词坛，曾有“当代南国词坛第一人”之盛誉。著述有《抱香词》、《双树居词》、《五厄词》、《吴梦窗词笺释》、《清真词选笺释》等。

六十六、夏承焘致谢玉岑

时间：一九三五年三月二日
署款：三月二日
用笺：八行红笺，单页
夏记：三月二日，发玉岑函，附去钱名山先生函，告有意治南宋史。前曼青传名山语，劝予勿琐琐为白石词谱也。附曼青函，寄一诗。[1]
钱记：第三十四封

今按：

温州名士、寄园弟子郑曼青是个奇人。一九三五年二月十五日，他到杭州见夏承焘竟然是骑着高头大马而去。夏承焘在当日日记中这样写道："午后郑曼青跨马来访，十五六年不见，丰采如旧。其学生戚君坚邀其赴梵村五云小学。曼青以二马来，以其一乘予，教予踞鞍按辔，缓步江边。"（《夏承焘集》，第五册，页365。）

郑曼青的到来给书生夏承焘带来了阳刚之气。第二日，郑曼青还教夏承焘太极拳。那几天，这两个久别的青年人常在一起。事后，夏承焘写了首《郑曼青以两骑枉过与试跨至梵村》诗，以志盛况。

不过，郑曼青带来钱名山先生的批评，也让夏承焘心中不安。"曼青传名山语，谓予治白石旁谱，学问范围太狭也。""劝予勿琐琐为白石词谱也。”经过几天的思考，他将心中的想法向名山先生说明。这封信应附在给谢玉岑的信中，并乞转交，惜今不见此信。十日后接名山先生函，知“曼青所云非实”。

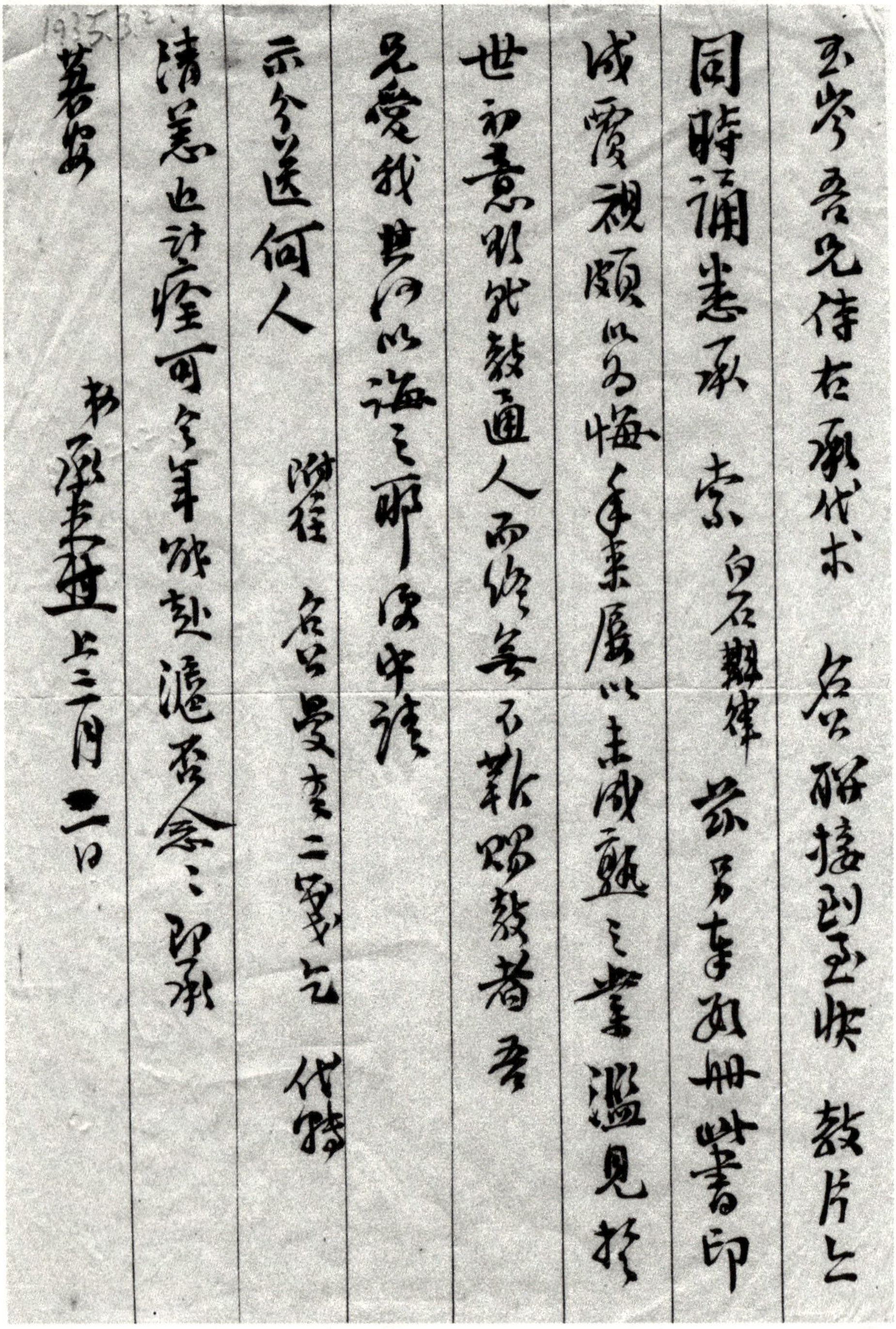

1935.3.2

玉岑吾兄侍右：承代求名公联，接到至快。数片上
同时诵悉。承索白石斠律，容另奉两册。此书印
成，覆视颇以为悔。年来屡以未成熟之业滥见于
世，初意欲就教通人，而终无一肯赐教者。吾
兄爱我甚，何以诲之耶？深望详
示。今送何人？　附往　名公曼青二笺，乞　代特
清恙近计痊可，今年能赴沪否？念念。即承
暮安　弟承焘上　二月二日

释文：

玉岑吾兄侍右：

承代求名公联，接到至快[2]。教片亦同时诵悉。承索《白石斠律》，兹另奉数册。此书印成覆视，颇以为悔。年来屡以未成熟之业滥见于世，初意欲就教通人，而终无不靳赐教者。吾兄爱我，其何以诲之耶。便中请示分送何人。

附往名公、曼青二笺，乞代转。清恙近计痊可，今年能赴沪否？念念。即承

著安

弟 承焘 上 三月二日

注释：

1.《夏承焘集》，第五册，页368。

2.参见一九三五年三月一日日记：接玉岑片，寄来名山先生联。（《夏承焘集》，第五册，页368）

六十七、夏承焘致谢玉岑

时间：一九三五年四月九日
署款：四月九日
用笺：八行红笺，单页
夏记：四月九日：接玉岑函，附来疑庵[1]题《北堂图》。[2]四月十日，发玉岑函，附去民甫、容希白、唐圭璋三函，为玉岑求书扇。[3]
钱记：第三十五封

今按：

谢玉岑在病榻之上发愿集词人翰墨，夏承焘积极助之，并为出谋划策。

附在此信中的夏承焘致容庚、曹民甫、唐圭璋为谢求扇之信，致容庚之信尚在。

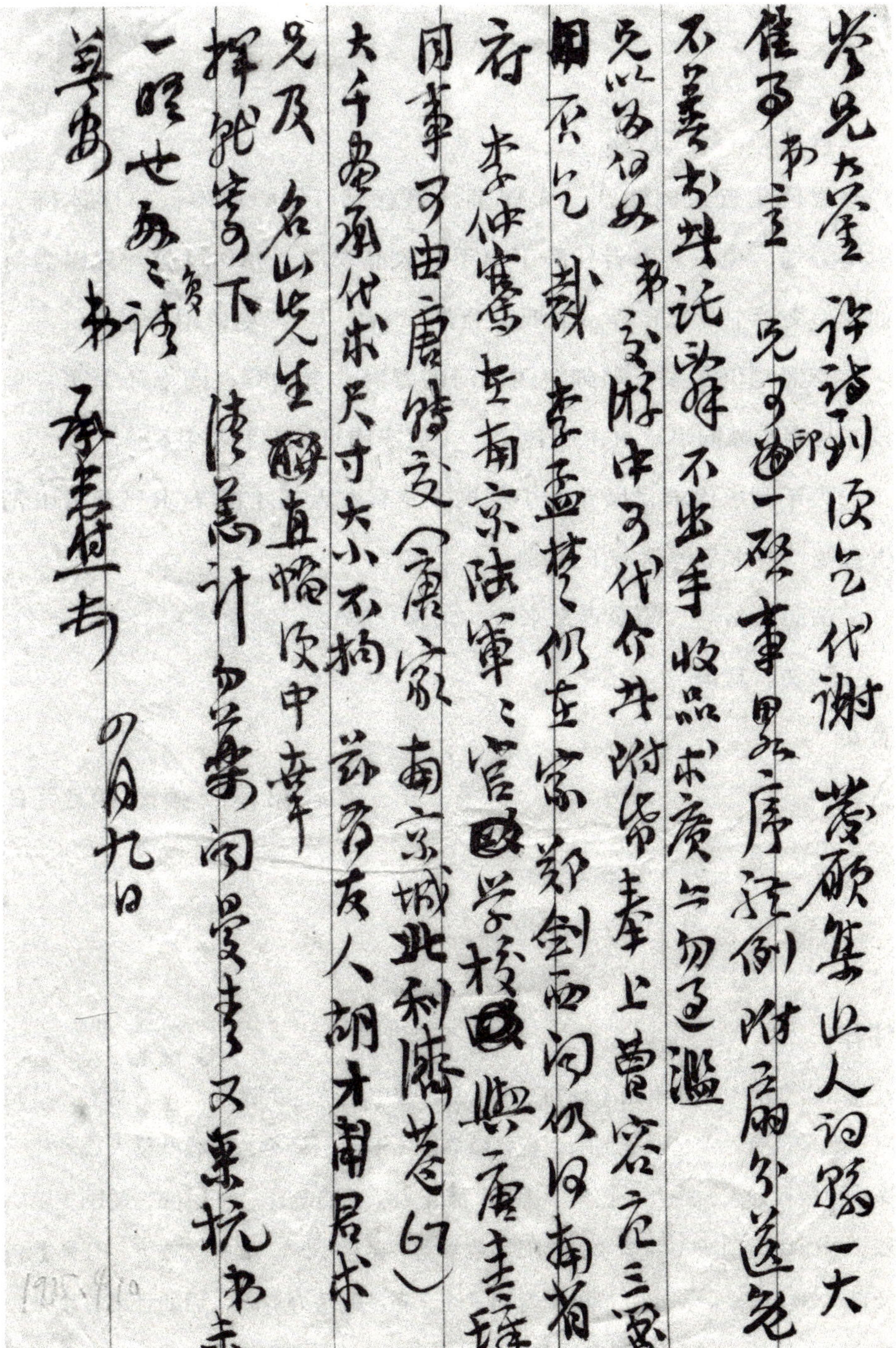

岑兄大鉴：许诸刊须先代谢。蒙顾箧中人词稿一大
佳事。弟主印先生一碑事，累年序注例附之扇分送苑
不善书此托，辞不出手，收品求广，乞勿邀滥
兄以为何如？弟交游中可代介并附呈奉上。曹容庵三家
开须兄裁。李孟楚仍在宁，郑剑西闻仍往南者
存。李仲骞在南京陆军军官学校，与广东主任
同事，可由唐转交（唐家南京城北利济巷67）
大千画须代求尺寸大小不拘。苏有友人胡才甫居求
兄及名山先生题直幅须中率
挥就寄下，侯益计如蒙寄，闻曼青又东杭，弟未
一晤。世务之多，读
著安。弟承焘上　四月九日

1935.4.10

释文：

岑兄大鉴：

许诗到，便乞代谢。

发愿集近人词翰，一大佳事。弟意兄可印一启事，略序体例，附扇分送，免不善书者托辞不出手。收品求广，亦勿过滥，兄以为何如？弟交游中可代介者，附纸奉上曹[4]、容[5]、唐[6]三笺，用否乞裁。

李孟楚仍在家，郑剑西闻仍河南省府。李仲骞在南京陆军军官学校，与唐圭璋同事。可由唐转交。（唐家南京城北利济巷67）

大千画承代求，尺寸大小不拘。兹有友人胡才甫[7]君求兄及名山先生直幅，便中幸挥就寄下。

清恙计勿药。闻曼青又来杭，弟未一晤也。

匆匆。复请

著安

弟 承焘 顿首 四月九日

注释：

1.指许承尧。许承尧（1874—1946），曾单名芚，字际唐，一字讷生，号疑庵，晚号芚叟，室名眠琴别圃、晋魏隋唐四十卷写经楼等，安徽歙县人。幼孤，光绪甲午科举人，一九〇四年中进士，点翰林、为庶吉士，任编修、兼国史馆协修。旋返里，创新安中学堂、紫阳师范学堂、敬宗小学、端则女校等，开徽歙新教育风气。辛亥后，应皖督柏文蔚聘，任全省铁路督办等职，后随甘肃督军张广建入陇，任甘肃省府秘书长、甘凉道尹、兰州道尹、省政务厅长等职。一九二四年辞官返歙，从此绝迹仕途，在家乡以著述终老。与黄宾虹、张善子兄弟等友善，常相往来，尝主修《歙县志》，著有《疑庵诗》、《歙县闲谭》、《歙故》等。

谢玉岑殁，许承尧挽：

交友尚真诚，遗墨分明犹在几；

赏音叹沦逝，老怀黯淡久无诗。

2.《夏承焘集》，第五册，页378。

3.《夏承焘集》，第五册，页378。

4.指曹民甫。

5.指容庚。

6.指唐圭璋。

7.胡才甫，浙江建德人，著有《诗体释例》、《沧浪诗话笺注》，是严羽研究的代表人物。

六十八、（附）夏承焘致容庚

时间：一九三五年四月九日
署款：四月九日
用笺：红格八行笺，单页
夏记：四月十日，发玉岑函，附去民甫、容希白、唐圭璋三函，为玉岑求书扇。[1]
钱记：无记录

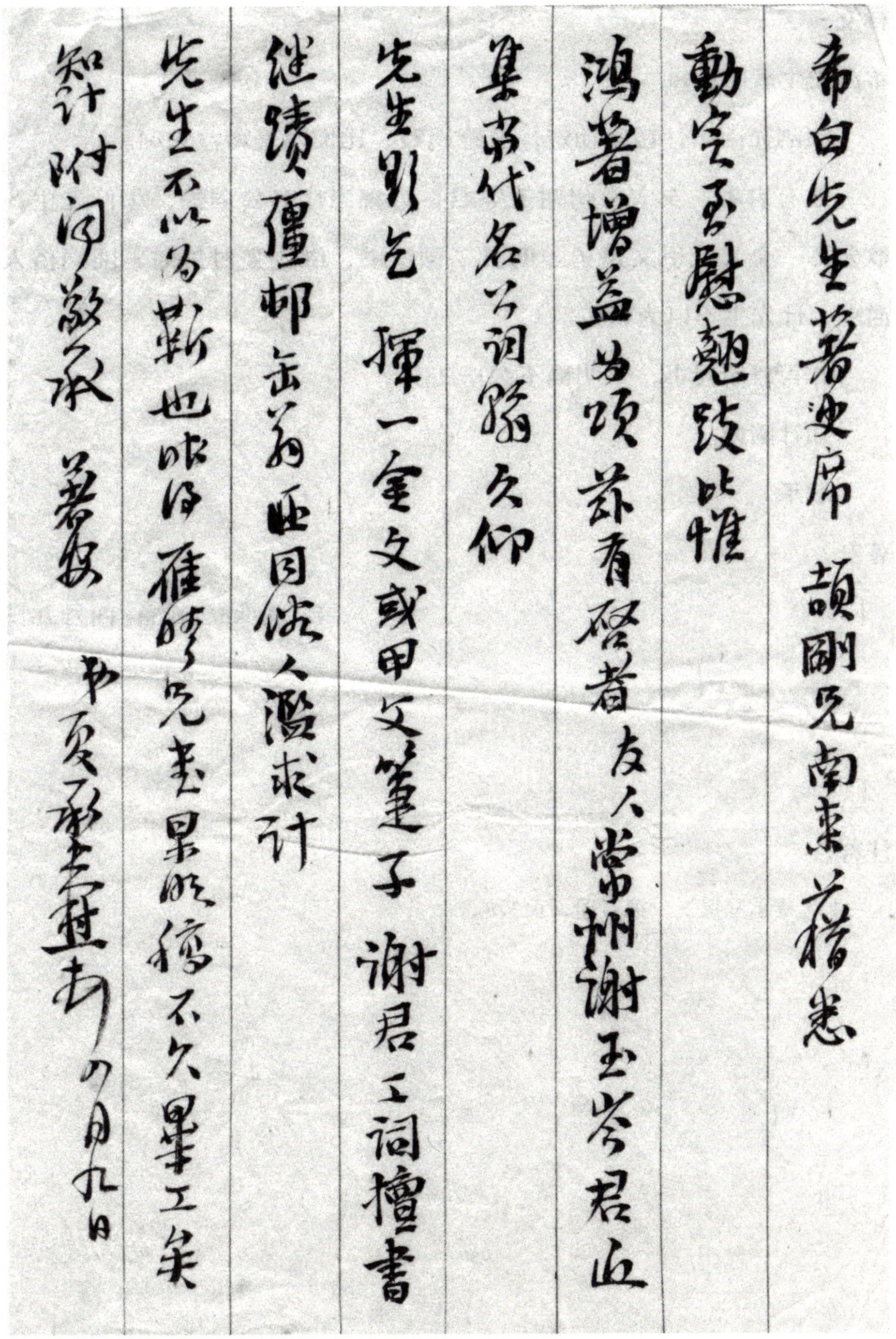

希白先生著安席　頡剛兄南來藉悉
動定至慰翹跂此惟
鴻著增益爲頌　茲有啓者友人常州謝玉岑君近
集宋代名公詞翰久仰
先生影乞　揮一金文或甲文箑子　謝君工詞擅書
繼續彊邨無爲匹因從人徵求計
先生不以爲嶄也收得雁時先惠墨跡務不久畢工矣
知計　附問敬承　著安　弟夏承燾頓首　四月九日

释文：

希白先生著席：

颉刚兄南来，藉悉动定，至慰翘跂，比惟鸿著增益为颂。

兹有启者：友人常州谢玉岑君，近集当代名公词翰，久仰先生，欲乞挥一金文或甲文箑子。谢君工词擅书，继迹彊村缶翁，匪同俗人滥求，计先生不以为靳也。

昨得雁晴兄书，杲明稿不久毕工矣。

知计附闻。

敬承

著安

弟 夏承焘 顿首 四月九日

注释：

1.《夏承焘集》，第五册，页378。

六十九、夏承焘致谢玉岑

时间：一九三五年四月十五日
署款：四月十五
用笺：八行红笺，单页
夏记：四月十五日，接玉岑函，属再作介绍信写扇，即复一函，附去胡小石[1]、顾颉刚[2]、刘子植[3]、张孟劬[4]四函。作纕蘅[5]函，为玉岑求书扇，并附去一诗一词。[6]
钱记：第三十六封

今按：

此为这批致谢玉岑的手札中写信时间最晚的一封。

这封信于无意中透露了文坛诸多逸事：马一浮有习气，郁达夫字不成字。这些当时圈内人的评价，似乎让今人看见了更多真实的人与事。

夏承焘随信附去的致张孟劬、顾颉刚、胡小石、刘子植四信，今仍在。估计是谢玉岑尚未将这几信寄出，便撒手人寰了。

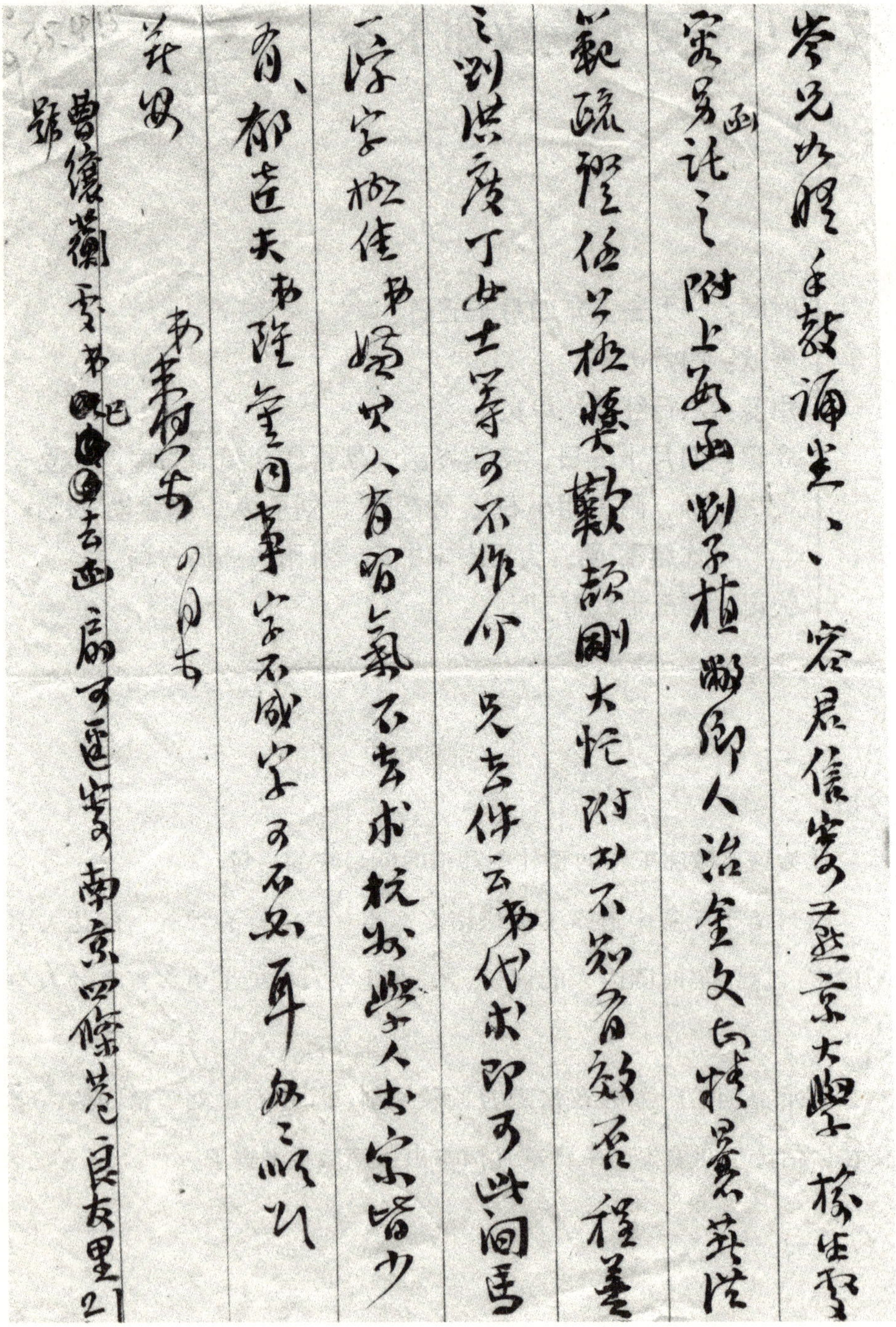

释文：

岑兄如晤：

手教诵悉。容君信寄燕京大学。榆生处容另函托之。附上数函：刘子植敝乡人，治金文甚精，曩著《洪范疏证》，任公[7]极奖叹；颉刚大忙，附书不知有效否？程善之[8]、刘洪度[9]、丁女士[10]等，可不作介，兄去件云弟代求即可。此间马一浮字极佳，弟嫌其人有习气，不去求。杭州学人书家皆少有。郁达夫弟虽旧同事，字不成字，可不必耳。

匆匆。顺颂

著安

弟 焘 顿首　四月十五

曹纕蘅处弟已去函，扇可迳寄南京四条巷良友里21号。

注释：

1.胡小石（1888–1962），名光炜，号倩尹，又号夏庐，晚号沙公。浙江嘉兴人。毕业于两江师范，师从李瑞清。后历任北京女高师、武昌高师、东南大学、中央大学、金陵大学教授。一九四九年后任南京大学教授、文学院院长、图书馆长，兼任江苏省文物管理委员会主任。长期从事古文字声韵训诂、经、史籍、诸子、佛典道藏、金石书画之研究与教学，造诣精深。著有《说文古文考》、《胡小石论文集》等。

2.顾颉刚(1893–1980)，原名诵坤，字铭坚，江苏吴县（今苏州）人。一九二〇年毕业于北京大学，后历任燕京大学、云南大学、齐鲁大学、中央大学等校教授，曾任中央研究院院士，一九四九年后任复旦大学教授、中国社会科学院历史研究所研究员和学术委员，是我国“古史辨”学派的创始人，也是我国历史地理学和民俗学的开创者。著有《古史辨》、《汉代学术史略》、《两汉州制考》、《郑樵传》等，主编《中国历史地图》，主持标点《资治通鉴》和二十四史等。

3.刘节（1901–1977），原名翰香，字子植，浙江永嘉（今温州）人。永嘉学派著名学者刘景晨之子。早年毕业于永嘉省立十中，后考入清华国学研究院，师从陈寅恪、王国维等人。毕业后先后任教于天津大学、河南大学、燕京大学、大夏大学、浙江大学、金陵大学、重庆大学等。一九四六年赴广州中山大学任教，从此一直担任该校历史系教授（曾兼任历史系主任）。中国古文字学、古地理学、考古学、古代思想史和史学史，尤其对先秦诸子学术思想的考证最为著名，著有《楚器图释》、《群书叙录》、《古史考存》、《中国史学史稿》、《续修四库全书总目提要》等。

4.指张尔田（1874—1945），一名采田，字孟劬，号遁庵、遁庵居士，浙江杭州人。曾中举人，官刑部主事、知县、候补知府。居上海时，与王国维、孙德谦齐名，时人目为“海上三子”。一九一四年参与撰写《清史稿》，主撰乐志。后任北大教授，晚年为燕京大学国学总导师。著有《史微》、《槐后唱和》、《遁庵乐府》、《遁庵文集》、《蛮书校注》、《钱大昕学案》、《玉溪生年谱会笺》、《蒙古源流笺证》。

5.曹经沅（1891—1946），原字宝融，后字纕蘅，四川绵竹人。十八岁乙酉科拔贡。入京朝考，分发礼部，任主事。民国后，复就读于中华大学，获法学士学位。历任北京政府内务部科长、秘书。后摄安徽省政务厅厅长。一九三二年任安徽省政府秘书长，后任行政院佥任秘书、参事，蒙藏委员会总务处处长。一九四二年任立法院常务委员。嗣后主持国民大会代表联谊会，并主编《国大周刊》。南社社员，著有《借槐庐诗集》。

6.《夏承焘集》，第五册，页379。

7.梁启超，号任公。

8.程善之(1880—1942)，名庆余，以字行，居扬州。十六岁补博士弟子员，旋邀同人结社讲学，研究历代政治。后入同盟会和南社。辛亥时，任《中华民报》编辑。民国二年(1913)讨伐袁世凯之役，任孙中山秘书。后回扬州从事教育，倡导成立扬州学生会，声援五四学生运动。民国十五年与弟子包明叔创办《新江苏报》，任主编。民国二十一年被聘为国难会参议员。著有《沤和室诗存》、《残水浒》、《宋金战纪》、《四十年闻见录》、《清代割地谈》、《印度宗教史论略》、《沤和室文存》、《骈技余话》等。

9.刘洪度，著有《柯园诗草》。

10.指丁宁（1902–1980），字怀枫，生于镇江，后随父迁居扬州。八岁时即能作小诗，十一岁已积稿盈寸。二十六岁时词名已著，三十一岁成《昙影词》一卷，隔年为上海《词学季刊》刊载，从此蜚声江浙一带。一九四九年后就职于安徽省图书馆。著有《还轩词存》《还轩词全集》等

夏承焘对其颇推崇。一九三二年五月二十九日日记有这样的记录：接程善之先生复。谓丁宁女士幼丧父，十三能吟咏，二十能散文，三十善击剑， 至其身世，颇类袁素文，恨无简斋为兄耳。附来丁女士一笺，自谓身世之畸零，非楮墨所能尽。早离椿荫，忧患备经。长适不良，终致离异。孑然一身，依母以活。数年来受种种之摧折，神经激刺，几欲成癫。近乃从善之学佛，稍除昏扰云云。（《夏承焘集》，第五册，页294）

七十、（附）夏承焘致胡小石

时间：一九三五年四月十五日
署款：四月十五
用笺：红格八行笺，二页
夏记：四月十五日，接玉岑函，属再作介绍信写扇，即复一函，附去胡小石、顾颉刚、刘子植、张孟劬四函。作纕蘅函，为玉岑求书扇，并附去一诗一词。[1]
钱记：无记录

今按：

这封信写给胡小石，胡小石也是钱璱之先生的老师。钱老晚年有文回忆乃师，特录于后，以识前辈学人风范。

我1947年进中大外文系时，胡先生正任中文系主任。有一次，教我们国文课的游老师，不知怎么了解到我的家世，便带我到办公室去见胡先生。胡先生很和蔼，也很热情，说他从李梅庵先生那里知道我的祖父（我祖父与李氏有交往，我现在还留存他《与李梅庵书》的底稿）……其他的话却已记不清了。那时我刚进中大，又读的是外文，没有机会听胡先生的课，只能偶然去旁听胡先生为中文系高年级开的楚辞。我不仅震惊于他讲课的精深渊博，而且醉心于他的粉笔板书，铁画银钩，刚健潇洒，那同样是书法艺术！简直叫人舍不得眼看着擦去。而最可惜的是，我本来有缘求他的墨宝（书扇），却竟然交臂失之。

1948年暑假后，我在老师、同学的怂恿下，转读中文系。胡先生仍旧是系主任。记得他曾亲自带了全系师生到中山陵、明孝陵游览。我虽不曾趋前请益，但望着他与老师凭阑谈笑，觉得仿佛晋宋间人，还带着“六朝烟水气”……

20世纪50年代，我曾去南京参加省文代会，看到胡先生在大会上精神镬铄，慷慨陈词，就未敢去求书。有一次，我供职的学校，组织上要了解我的“政历”情况，特别是解放前在“学运”中的表现，派了一位同志去南大向胡先生调查。这位同志后来告诉我说：胡先生平易近人，记忆清楚，送别时挥手致意，‘“真是教授风度！”不幸在20世纪60年代初，他就去世——我的遗憾再也无法补偿了。（《青毡杂记》之十七《忆胡小石先生》，原载《书法导报》2008年9月3日。）

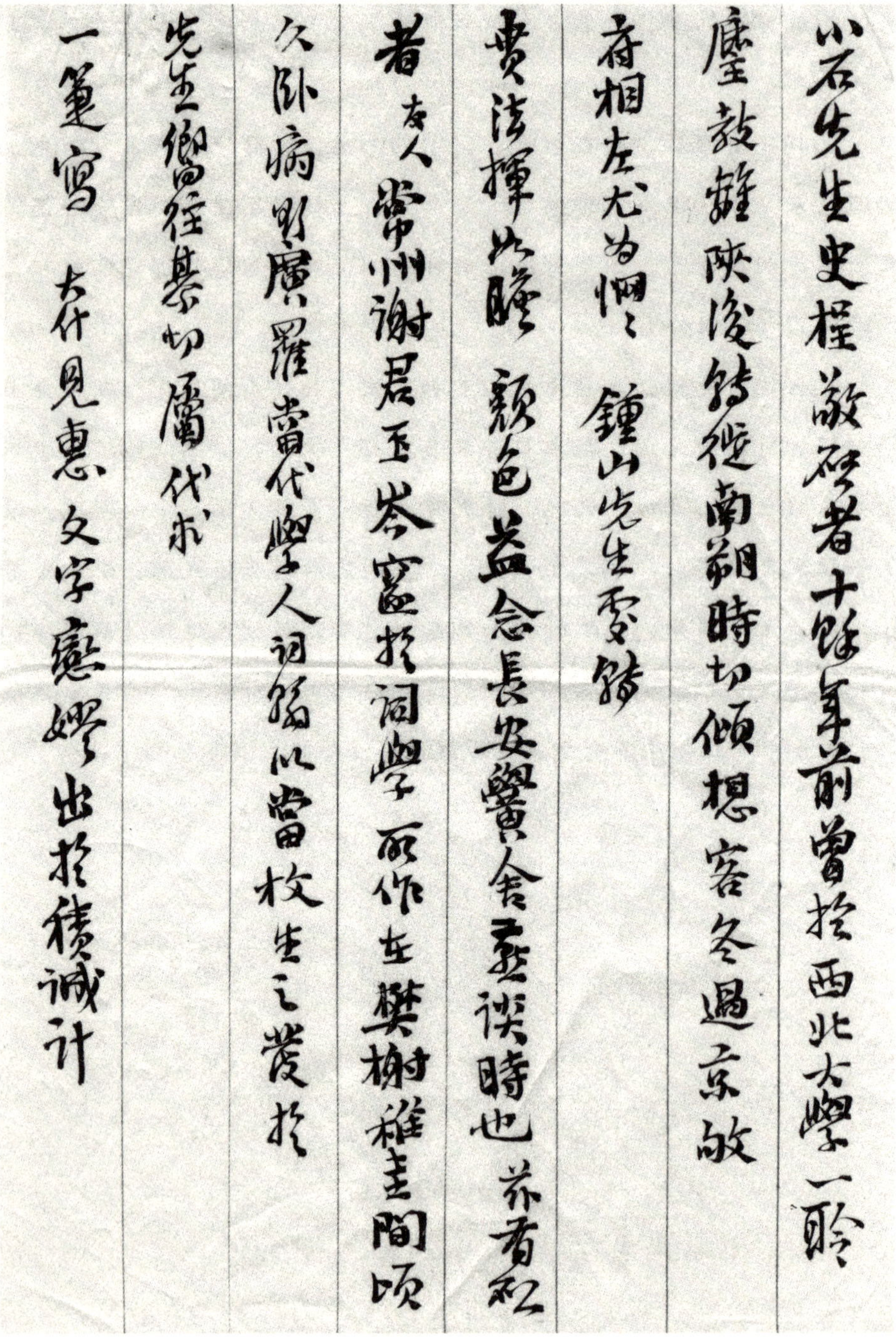

小石先生史席：敬啟者，十餘年前曾於西北大學一聆
麈教，離陝後雖從南翔，時切傾想。客冬過京，敬
齋相左，尤為悵悵。鍾山先生雲錦
貴法揮灑，顏色益念長安賚會晤談時也。茲者紅
者友人常州謝君玉岑寄於詞學，所作在樊榭稚圭間。頃
久臥病，影廣羅當代學人詞稿，以當校生之費，於
先生鄉邑往集切屬代求
一箋寫大作見惠，文字因緣，出於積誠，計

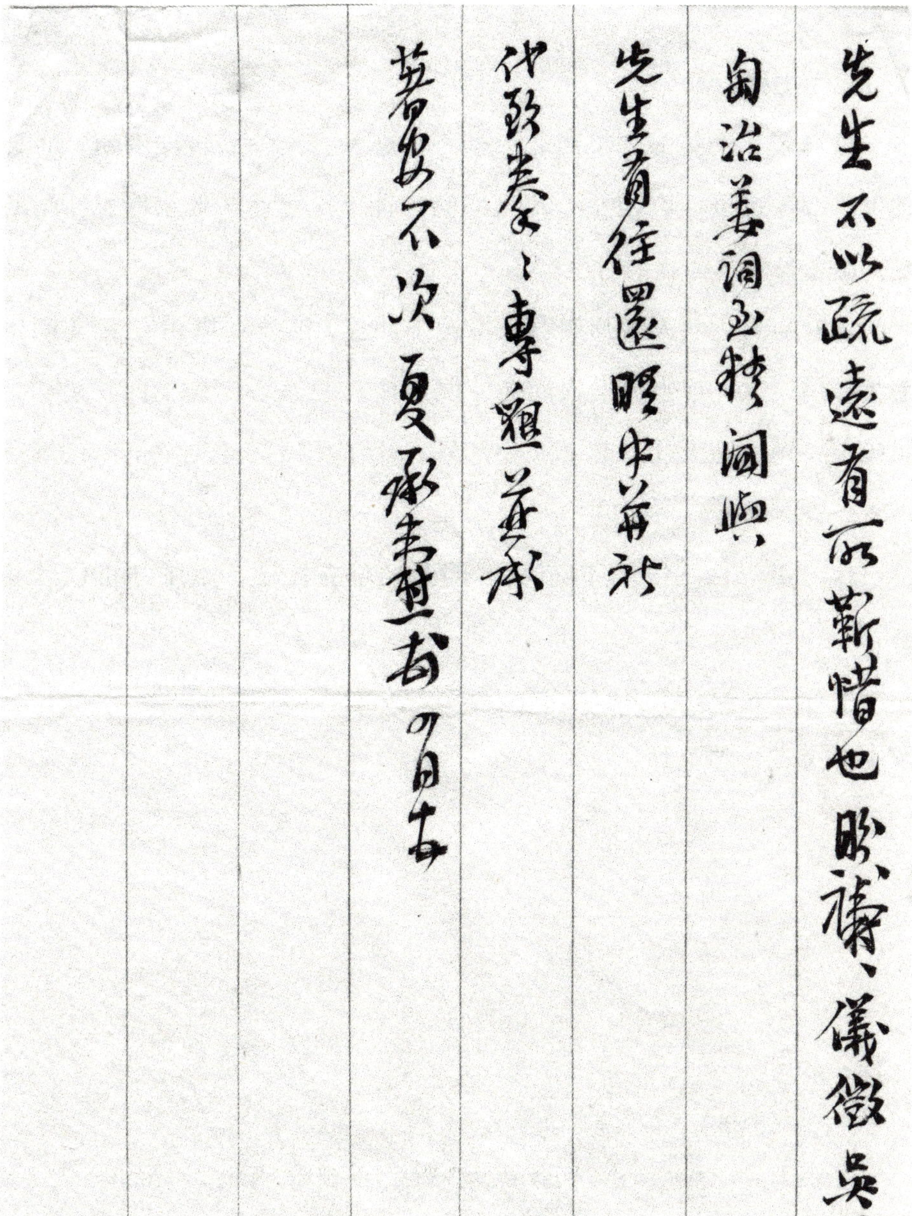
先生不以疏遠有所靳惜也盼禱、儀徵吳君白
匋治姜詞至精，聞與
先生有往還，照片并祈
代致。拳拳專肅，並承
著安。不次。夏承燾上言 四日夜

释文：

小石先生史程：

敬启者：十年前曾于西北大学一聆麈教，离陕后转徙南朔，时切倾想。客冬过京叩府相左，尤为惘惘。钟山先生处转贳法挥，如瞻颜色，益念长安黉舍宴谈时也。

兹有启者：友人常州谢君玉岑邃于词学，所作在樊榭[2]、稚圭间，顷久卧病，欲广罗当代学人词翰，以当枚生[3]之发。于先生向往綦切，属代求一箑，写大什见惠。文字恋嫪，出于积诚，计先生不以疏远有所靳惜也。盼祷，盼祷！

仪征吴君白匋[4]治姜词至精，闻与先生有往还，晤中并祈代致拳拳。

专恳。并承

著安不次

夏承焘 顿首　四月十五

注释：

1.《夏承焘集》，第五册，页379。

2.指厉鹗。厉鹗（1692—1752），字太鸿，号樊榭。钱塘（今杭州）人。康熙举人，乾隆元年（1736）举鸿博不赴。性嗜书，尝馆扬州马曰琯小玲珑山馆数年。著《宋诗纪事》，《南宋院画录》、《玉台书史》诸书。诗自成一家，著《樊榭山房集》。

3.枚乘(? 一前140年)，西汉著名辞赋家，字叔，淮阴人。《七发》为其名篇。

4.吴白匋 (1906–1993)，江苏扬州人，金陵大学毕业并留校执教，先后任多所大学的教授，有《风褐庵诗词集》四卷。一九四九年后先后担任江苏省文化局戏曲审定组组长、文化局副局长、省剧协名誉主席等职。曾主持创作、改编过三十余种戏曲作品，其中有锡剧《双推磨》、《庵堂相会》、《红楼梦》，扬剧《袁樵摆渡》、《百岁挂帅》等。晚年复返教坛，任南京大学戏曲史专业教授，有《无隐室剧论选》行世。

七十一、（附）夏承焘致刘节

时间：一九三五年四月十五日

署款：无

用笺：红格八行笺，单页

夏记：四月十五日，接玉岑函，属再作介绍信写扇，即复一函，附去胡小石、顾颉刚、刘子植、张孟劬四函。作纕蘅函，为玉岑求书扇，并附去一诗一词。[1]

钱记：无记录

子植吾兄著席：前承惠 大著《楚器图释》，曾有函申
谢，计承察及。邵君去岁犹上到蕺翁、、前又有双者友人谢君
玉岑，常州词家，书承此函近影，广罗前代学人乡邦遗以前贤
对联乞
兄书一笺，入金石学家作品之林。谢君久病，更生情，此为校生之
茂书与玉岑交谊相慰幸，
兄推爱无所靳惜，因无甚他也。任公年谱到否？并乞
代图续续奉渎。玉刻、、敬承 著安不次 弟承焘顿首

释文：

子植吾兄著席：

前承惠大著《楚器图释》，曾有函申谢，计承察及。邵君书籍亦到，感荷，感荷！

兹又有启者：友人谢君玉岑，常州词家，弟所北面。近欲广罗当代学人翰墨，以当瞻对。拟乞兄书一箑，入金石学家作品之林。谢君久病更生，恃此为枚生之发。弟与至交，无以相慰，幸兄推爱无所靳惜，同感无既也。任公辛谱到否？并乞代图。

琐琐奉渎，至歉，至歉！

敬承

著安不次

弟 承焘 顿首

注释：

《夏承焘集》，第五册，页379。

七十二、（附）夏承焘致顾颉刚

时间：一九三五年四月十五日

署款：无

用笺：红格八行笺，单页

夏记：四月十五日，接玉岑函，属再作介绍信写扇，即复一函，附去胡小石、顾颉刚、刘子植、张孟劬四函。作纕蘅函，为玉岑求书扇，并附去一诗一词。[1]

钱记：无记录

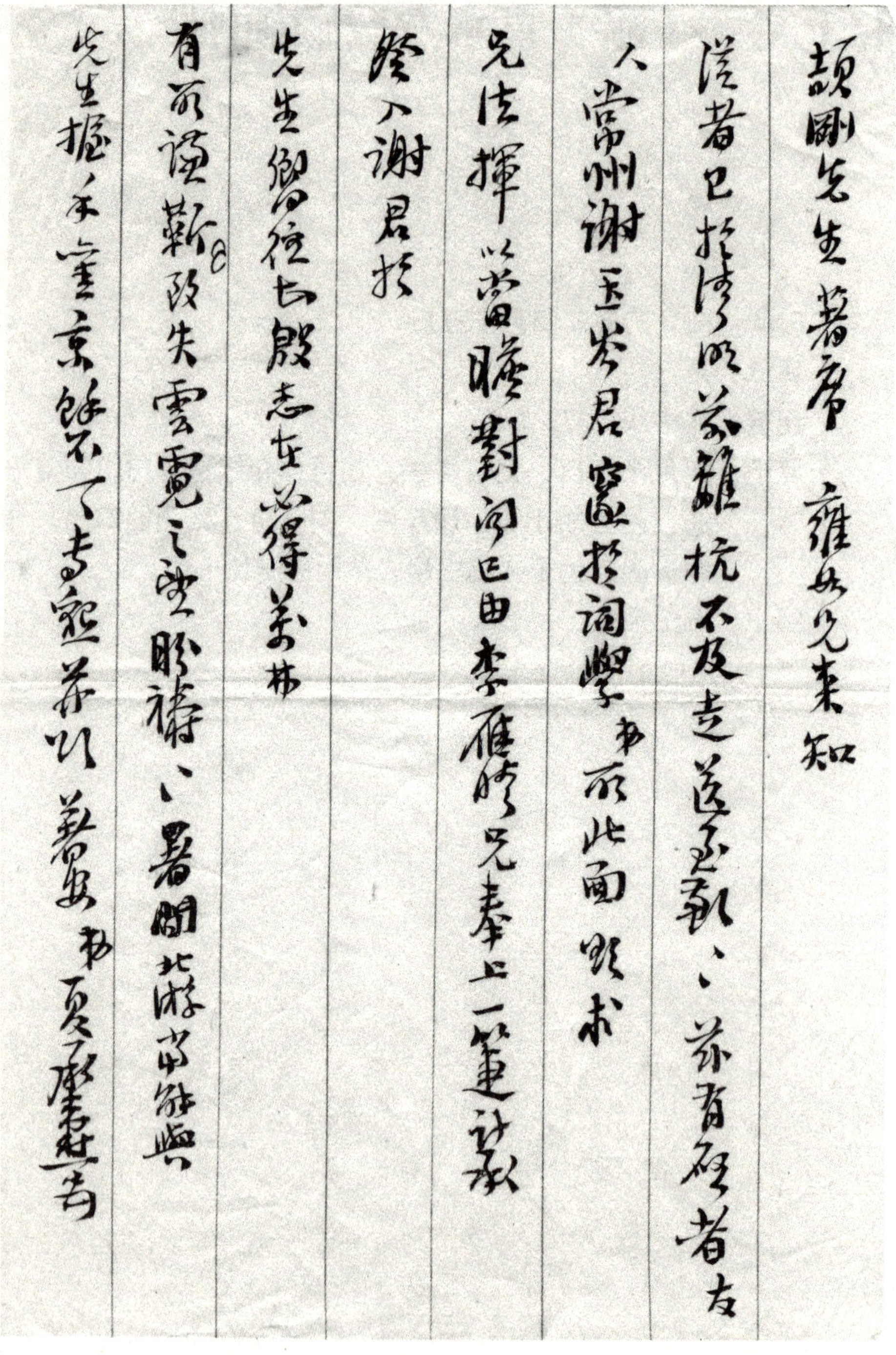
颉刚先生著席　雍如兄来知
从者已抵沪滨，欲过杭不及走送为歉歉。兹有友
人常州谢玉岑君，富于词学，亦欲此面谒求
先生挥以当胜对，闻已由李雁晴兄奉上一笺绍介
径入。谢君于
先生乡往已殷，志在必得英林
有所请益，藉致失云霓之望，盼祷盼祷。暑间北游京师，能与
先生握手，金京能不下去就茶以　著安　弟夏承焘再拜

释文：

颉刚先生著席：

雍如兄来，知从者已于清明前离杭，不及走送，至歉，至歉！

兹有启者：友人常州谢玉岑君，邃于词学，弟所北面，欲求兄法挥，以当瞻对。闻已由李雁晴奉上一箑，计承察入。谢君于先生向往甚殷，志在必得，万弗有所谦靳，致失云霓之望。盼祷，盼祷。

暑间北游，当能与先生握手旧京。余不一一。

专恳。并颂

著安

弟 夏承焘 顿首

注释：

1.《夏承焘集》，第五册，页379。

七十三、（附）夏承焘致张孟劬

时间：一九三五年四月十五日
署款：无
用笺：红格八行笺，单页
夏记：四月十五日，接玉岑函，属再作介绍信写扇，即复一函，附去胡小石、顾颉刚、刘子植、张孟劬四函。作纕蘅函，为玉岑求书扇，并附去一诗一词。[1]
钱记：无记录

今按：

张孟劬为词坛前辈，出身于官宦世家。祖父张之杲，著有《初日山房诗集》、《泰州保卫记》。父张上龢，曾从蒋春霖受词学。弟张东荪，著名哲学家。

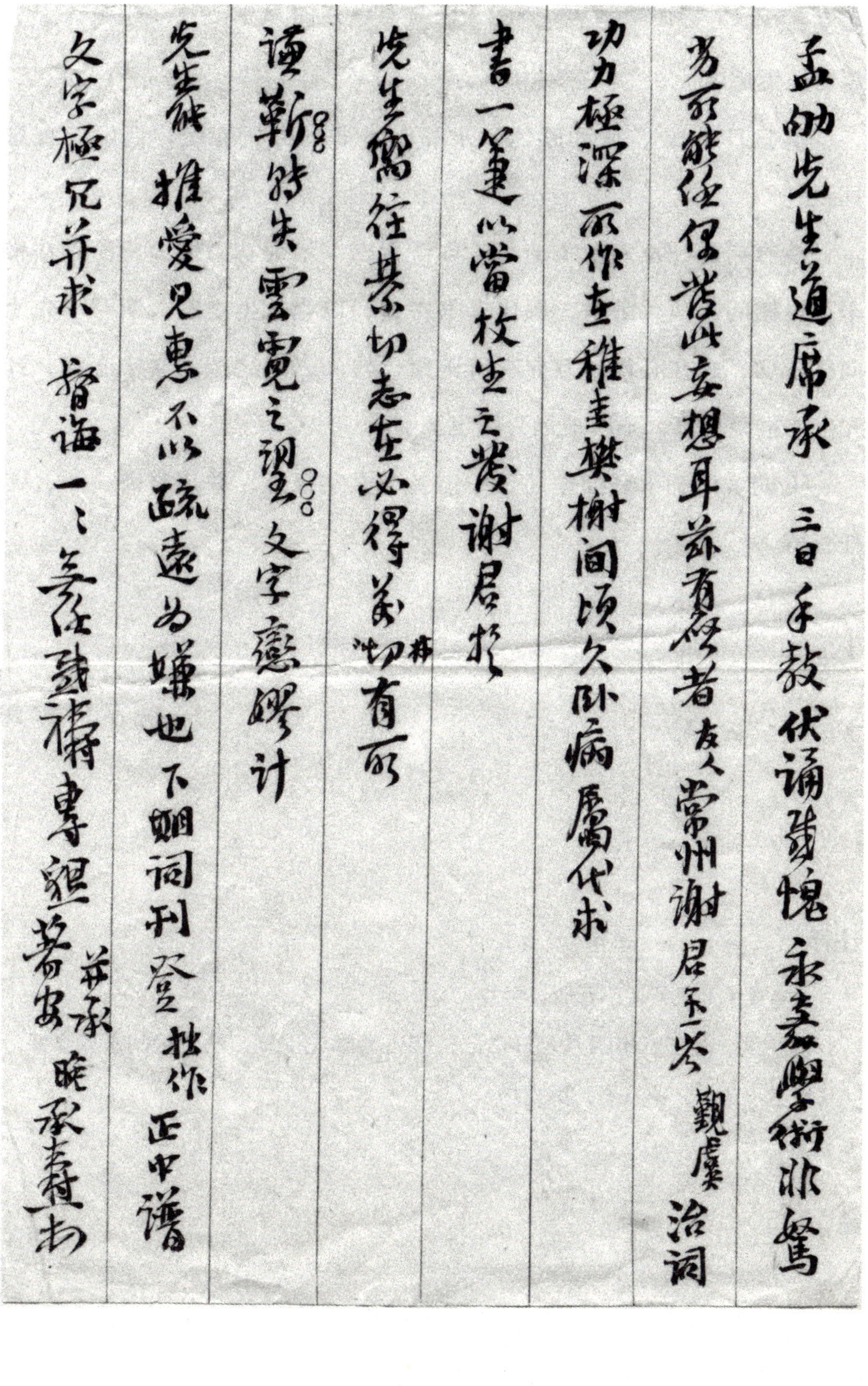
孟劬先生道席：承三日手教，伏诵殊愧。永嘉学术非笃力所能任，但发此妄想耳。亦有修者，友人常州谢君玉岑觐虞，治词功力极深，所作在稚圭、樊榭间。顷久卧病，属代求书一笺，以当枚生之发。谢君于先生向往甚切，志在必得，并恳切有所请，勿靳，特失云霓之望。文字应酬计先生能推爱兄惠，不以疏远为嫌也。下姻词刊登拙作，正中谱文字极冗，并求督诲一一。专此敬祷，专颂著安。并承 晚承焘顿首

释文：

孟劬先生道席：

承三日手教[2]，伏诵感愧，永嘉学术非驽劣所能任，偶发此妄想耳。

兹有启者：友人常州谢君玉岑（觐虞）治词功力极深，所作在稚圭、樊榭间，顷久卧病，属代求书一箑，以当枚生之发。谢君于先生向往綦切，志在必得，万弗有所谦靳，转失云霓之望。文字恋嫪，计先生能推爱见惠，不以疏远为嫌也。

下期《词刊》登拙作《正中谱》，文字极冗，并请督诲一一，无任感祷。

专恳。并承

著安

晚 承焘 顿首

注释：

1.《夏承焘集》，第五册，页379。

2.参见一九三五年四月六日日记：接张孟劬先生复，劝予提阐永嘉学派。（《夏承焘集》，第五册，页377）

记夏承焘先生的七十二封手札

钱璱之

被尊为“一代词宗”，受到中外学者景仰的夏承焘先生，今年在北京逝世了，这是我国词学研究和诗词创作方面的一大损失。

夏先生与本世纪同龄（1900–1986），毕生著述宏富，主要的有《唐宋词人年谱》、《唐宋词论丛》、《唐宋词欣赏》、《唐宋词选》、《姜白石词编年笺校》、《龙川词编年笺校》、《辛弃疾》、《苏轼诗选注》、《词源注》、《读词常识》、《月轮山词论集》等；创作有《天风阁诗集》、《夏承焘词集》、《瞿髯论词绝句》等；而其《天风阁学词日记》（以下简称《日记》）则是他治学和创作历程的记录，反映了这位学者和词人成长的情况。其未刊著作尚多，有待整理。

我不认识夏先生，但读过他的大部分作品；从小知道他是我大舅父谢玉岑的挚友，又与我祖父钱名山为“忘年交”。高山仰止，心仪其人。十年浩劫后，理家中旧物，发现夏先生的手札七十二封，感到十分珍贵。报载夏先生逝世消息后，又将这批手札重新翻阅。先哲云亡，益增怀想，并对照其学词日记，按年月日略加整理。正如《日记·前言》所说；“此十年（按：指1928–1937），正值予作《唐宋词人年谱》及《白石道人歌曲斠律》诸篇，在日记中，多有读书、撰述、游览、诗词创作、友好过从、函札磋商等等事迹。今日回顾，雪泥鸿爪，历历在目。”而这些手札，也恰好写于这个时期，因此互相参阅，是颇有价值的。

这七十二封手札（以下简称《手札》），可以分成三类：一类是致谢玉岑的，计六十二封（其中三十九封，对照《日记》，写的时间完全可以确定；另有二十三封，或《日记》有缺，或《日记》中未曾提及，或信末所注月日不详，写的时间仅能大致推算）；一类是致钱名山的，仅存三封（根据《日记》，远不止此，原因是我家经过日寇侵华和“文化革命”两次浩劫，庐舍文物一概荡然，而上述《手札》则系藏于舅家的一个破箱中，意外地得以保存）；再一类是致其他学者和艺术家的，共计七封，其中致顾颉刚的一封，容希白一封，刘子植一封，张孟劬一封，胡小石一封，郑曼青一封、钱仲联一封。（前五封是因我大舅卧病家居，渴思收集当代学人书扇，上述五人，由夏先生具函代求，谁知附来的信还未寄出而我大舅遽尔逝世，因此这些手札都留了下来。）

《手札》最早的约在1927年，最晚的在1935年。那时夏先生先后在建德（严州）“浙江省立第九中学”和杭州“私立之江文理学院”（即以后的“杭大”）任教，因此所用大都为这两校的信笺，少数用其他信笺或宣纸书写；大部分用毛笔，少数用钢笔，书法是颇为古朴、清逸的。

这些《手札》短的一页，长的数页。其中除有一封在纸角上注“缺一页”外，余均完整无缺，字迹清晰可辨。据《日记》（1935年4月28日）中提到“理玉岑遗札，共百余通”（按：未知现在尚存否。）则推想起来夏先生给我大舅的信，数字应该相当，即一倍于现存的，但恐怕再以找不到了。另外，夏先生在1937年，听到我祖父殉难常州（按：系道路讹传）。“检其十年来遗札”，赋《金缕曲》词寄悼（见《夏承焘词集》），可见我祖父与夏先生往来的手札也不少（《日记》中也多处提到），但现在也大都散失了，只是在《名山文集》中还有一篇《与夏瞿禅书》。

这批《手札》，不是寻常的通讯问候，而是有关治学与做人的。就其主要内容看，包含三方面：一是千方百计搜求资料，广泛而热切地寻访师友的；二是交流词学研究的意见，探讨诗词创作艺术的；三是突出表现珍视友谊、珍惜人才的。下面分别作些介绍。

一

夏先生自己常说：在“三十前后，始专攻词学”（《日记·前言》）。从大约是他1927左右的《手札》中可以看到：当时曾想编著《词林年表》（即后来出版的《唐宋词人年谱》）、《词话选》（信中说：“近拟尽翻各词话，汇编历代名家词评”）等，需要广泛搜集各种词集、词话、词人年谱……因此他在信中不断开列书单，要求代为搜罗、索取、购买或让他借阅、借抄。同时，为了广泛结识当代专家学者，他在信中反复打听他们的地址，要求代为介绍，以便取得联系、共同研讨。如对辽阳陈慈首（匪石），吴门毕寿颐（贞甫），《手札》中均多次提及。他还每以地处偏远，图书缺乏为恨；而一旦获得所需要资料，则欣喜之情溢于言表。如《手札》中说：“严州足山川之娱，唯求书甚难，殊厌居耳！”“居严州无书可读，望杭州、上海，如琅環石室也。”“月得百四十金，尚足敷衍，唯僻地买书不便，极苦痛耳！”为此，他对我大舅当时任教的上海南洋中学“藏书宏富”表示颇为羡慕，并在得知我大舅想辞去那里的教席时写道：“如未有替人，可介弟替代否？弟于贵校藏书健羡无已也。……弟在此月薪百四十金，但在沪可不拘，以正欲得较闲地，整理年来积稿也。”他还说：“今冬携眷返里，拟乘便弃此间教席，一因无师友典籍之益，二亦久居积厌，思于沪上谋一地就近从诸老辈问学，稍长见闻。吾兄幸亦时时为弟留意！”在《手札》中，他谈到当时经常“通信论词”的还有江西龙榆生（沐勋）、扬州任二北（中敏）等。“龙榆生得一郑叔问写本沈逊斋本《白石词校语》寄示，怡悦数日。”“任二北君寄示《花草粹编》十二巨册，又忙于校阅矣。”有一次，“赵叔雍（按：字尊岳，常州人）君慨以其《白石大全集》邮示，姜虬绿抄白石晚年重定本及张啸山校自度曲，弟梦寐存念者，皆赫然具在，为大喜累日。”

此外，《手札》中经常提到的学者还有朱彊村（祖谋）、金天翮（松岑）、张孟劬（尔田）、曹纕蘅（经沅）以及唐圭璋、吴白匋、邵潭秋、陆丹林等，说明在学术研究中，求师访友、质疑问难是何等的重要。

夏先生和我大舅谢玉岑在温州“浙江省立第十中学”（瓯海公学）同事，虽时间不长而交谊极深，不论是著述、创作，均相互切磋，相互鼓励。《手札》中多处写道：“年来欲尽搜清人词书、在徐釚《丛谈》之后者，汇为一编。见闻不广，求书又难，因循未就。朋辈师资，唯有阁下有异闻，乞不吝赐示！”“顷以考订白石旁谱搜讨甚苦，手边止有……（中略）数种，关系白石旁谱尚有何书？兄当有以教我。”那时，我大舅总是千方百计为他罗致书籍或介绍朋友；反过来也一样，他十分支持我大舅撰写《清词通论》，介绍北大刘毓盘（子庚）的《词史》，并代《词学季刊》约稿，促其完成。在一封信中说：“叶誉虎（按即叶恭绰）、龙榆生诸公，近欲集同志办一词学杂志，属弟代邀会员。吾兄论清词著作，肯寄惠否？……”对照《日记》（1928.10.19）“玉岑自谓欲作《清词史》，与予商派别；勉予作《词林年表》、《学术大事表》勿中懈。”（按：我大舅因体弱多病，早年谢世，《清词通论》未能完成；夏先生曾拟编《中国学术大事表》，分思想界、学术界、文学界、艺术界等目，后来大约因专攻词学，亦未完成，都是很可惜的）这类内容在《手札》中占极大比重。

二

《手札》中有不少是交流词学研究的意见和看法的。如在讨论宋词乐律书籍时，夏先生说：“旧斠（校）白石词，陈兰甫、张啸山、凌次仲诸家书外，宋人著作陈晹乐书，玉田词源、碧鸡漫志、梦溪笔谈诸种而已。近人之著，端推啸山；若郑叔问各书，皆野言妄语，似不必参。”又说：“《铜鼓书堂词话》及蒋剑人词话甚不足观”“《听秋馆词话》笔墨尘下，视《艺概》、‘介存’甚远，精华在校律诸作，亦不免疏漏。”在谈到他自己的《唐宋词人年谱》时，曾说：“冯正中谱，二三日内可写成，自谓各谱此最胜。……正中受诬各节，涤刷十九矣。近日于两种宋人笔记中考得李后主不姓李，（自注：李煜或是潘姓，湖州人）此亦新奇，可博一笑！二主谱极繁，近犹未成也。”

再一方面是对诗词创作的探讨与推敲（《手札》中常附有诗词创作）。夏先生的词一度学张炎（玉田）。“近颇喜玉田。”“此自谓规摹玉田者。”“此词自谓拟玉田者，兄以为何如？”……但在1928年11月13日的《日记》中却这样写道：“得玉岑上海复，谓予词逼真玉田；然玉田不足依傍，幸早舍去！玉岑之意，殆在五代、北宋乎？”此后他的词风有所改变，如1935年的信中便说：“弟词于白石、梦窗皆未用心，自视龙洲行辈耳。”（按：当时词坛风气特别推崇吴梦窗，但夏先生不愿走梦窗的路，他在晚年的《夏承焘词集·前言》中说：“早年妄意合稼轩、白石、遗山、碧山为一家，终仅差近蒋竹山而已。”于此可以略见他的词风变化过程。）对于我大舅谢玉岑的词，他是颇为赞赏的。信中谈到：“榆生今日函来，于兄悼亡诸作，叹为艳极、凄极。弟倾服甚至，无所献替。”“述哀之作，情文相生，叹为才子之笔，传诵杭州人士，无不倾折想见其人。”“大著芜湖荷花词极佳，每读兄作，低徊叹赏外，更无言说。”“昨夜读《国学论衡》诸大作，不胜‘李峤才子’之叹！”“松岑寄来《文艺捃华》，读兄三词，如藐姑仙子，可羡不可企。自视所作，真尘垢土苴矣。”“兄词当自写一册付印贻朋好。《金梁梦月》（按：清人周之琦词集名）以后不见此作矣。”他在致胡小石信中也说：“谢君玉岑（觐虞）于词学，所作在樊榭、稚圭间（按：樊榭指厉鹗、稚圭即周之琦）。”在致张孟劬信中说：“谢君玉岑（觐虞）治词功力极深，所作在稚圭、樊榭间。”但他也并非一味地赞扬，而坦率地指出不足之处，如在一封信中说：“‘赠卿绛蜡’之句是清词气息，……‘门巷仓桑，绿阴青子’句亦微嫌弱……”他们就是这样共同探讨创作艺术的。

夏先生和我祖父的交往是通过我大舅的中介。在《手札》中，他多次对老人表示崇敬之意。如“顷诵钱先生《谪星说诗》论词诸节，为之击节。”“得钱先生大著五本，如获瑰宝。前日闺人属弟教……一首，甚受感动，掩卷叹曰：‘钱先生真通人也。’请告钱先生以博一粲。”

有一次，夏先生在信中附寄了他的一首词：

齐天乐·再到杭州

战尘不到西湖路，里湖外湖春水。讴梦犹圆，歌声自稳，知换沧桑曾几？山川信美。莫告诉梅花，人间何世？留伴幽禽，共临寒碧照憔悴。

十年踪迹再到，只垂杨老了，未消佳丽。天与清狂，人惊朗咏，事业旗亭酒袂。伤春情味，又一度斜阳，一番花事。如此杭州，问予何不醉！

我祖父看了，十分激赏，广为揄扬。夏先生在《手札》中说：“在乡时晤符笑老（按：江西符璋，字笑拈），谓钱先生赏弟《再到杭州》‘湖山信美’数语，愧恧愧恧！此词颇疏于律。顷已改作，另纸呈教。”改作后的全篇，现在没有找到（未收入《夏承焘词集》中），但其中“人间何世”一句却改成了“甚人间世？”我祖父对此表示坚决反对，曾有《与夏瞿禅书》指出不必过分拘泥词律，“能作‘渭城朝雨’，自然可作阳关三迭；能作‘黄河远上’，自然可入旗亭之唱；能作《清平调》，自然可令李龟年按谱而歌。我辈但忧文字不逮古人，无忧其不合律也。……《齐天乐》‘人间何世’句慎勿可改！”（《名山文约、三编》）其后，夏先生在《手札》中再次提到：“拙作《重到西湖》词，钱先生亦谓‘人间何世’必不可改‘甚人间世’，拟再改之。”直到1936年12月11日的《日记》中还这样写：“接名山丈寄刻诗文集四本，其寄汪憬吾（按：指番禺汪兆镛）书，仍诵予十年前《齐天乐》‘湖山信美，莫告诉梅花，人间何世’

之句，叹为绝唱，此老强记足感！其诗文不假涂饰，自写胸臆，意气高迈，有壁立千仞之概。临睡翻一过，枕上自思：平生为学琐琐捋摭，无殊乞子积钱，志气不广，……此老所言，皆足令予发深省。”

我祖父与夏先生对作词是否必须严守词律，看法有所不同；但他们对艺术的严肃态度却是一致的。有时我祖父也将自己的诗词请夏先生提批评意见，夏先生也曾恳切地谈他的看法。如《日记》（1931.2.8）：“按名山先生函，示无锡观梅一词，自喜一结云：‘今日相逢花也笑，明朝风雪都休道。’即复一函，邀其与金松岑来西溪看梅，并指其词前结稍逊。以来书有‘勿欺我’之语也。”

三

珍重友情，珍惜人才，是这批《手札》中又一基本内容。

这里先谈一件“韵事”：清代顾贞观与吴兆骞不寻常的友谊，历来传为美谈；顾的两首《金缕曲》，更是脍炙人口、感人肺腑的绝唱。1930年，无锡著名画家胡汀鹭得到顾亲笔所写这两首词的真迹，特地影印出来，征集题咏。夏先生为此写了一首《金缕曲》（“胡汀鹭画家藏顾梁汾书寄吴汉槎《金缕曲》词笺，谢玉岑属题”）：

展卷寒芒立。有当年、河梁凄泪，扪之犹湿。比赎蛾眉艰难事，多此几行斜墨，便万古神喑鬼泣。何物人间情一点，长相望，旷劫通呼吸。携酒问，贯华石。

生还忍教秋笳拍。念苏卿、雁书不到，乌头难白。绝域头颅知多少，放汝玉关生入，天要与、词坛生色。渌水亭头行吟地，谢故人、轻屈平生膝。东阁酒，咽邻笛。（据《夏承焘词集》，文字上与《日记》所载稍有出入。）

这首词写得沉郁苍凉，情文兼至，是对友谊的一曲赞歌，非深于友情者是写不出来的。但夏先生很谦虚,在《手札》中说：“顾词词林球璧，入手惊叹，奉上题词一阕，知可用否？”“题梁汾遗墨一词，自嫌有犷气，不敢示人。旋得兄及榆生过誉，乃写奉古微丈（按指朱祖谋），心以为古丈好梦窗者，必不喜此。不谓覆书乃许此为弟词尤胜者，且有私庆吾调不孤之语。实则此词由兄促成，终不大自信也。汀鹭先生如不甚惜翰墨，兄能代丐一画幅，记此段因缘否？”

在一封信中，夏先生曾请我大舅为他刻一枚图章，用黄仲则的诗句：“我近中年惜友生。”他说：“兄我好友，不欲求他人也。”他们相互关心著述和创作，还相互关心身体健康。我大舅有肺病，夏先生在《手札》中说：“温州出肺形草，据医云治肺颇有效，价亦不昂。兄如常服此，可属舍下购奉。”“昨从医学报上见………载一中土治肺药方，写奉足下：……此语出自名西医，且云……西人亦曾用小蒜治肺，足下可试行之。”又说：“遵教服牛乳鸡蛋；戒看书静摄则始终做不到。年来沉溺书册中，作茧自缚，至以为苦，拟读佛经及儒家哲理书药之。”下面再抄《手札》中两段话，足见友情的深挚，也不啻绝妙的小品文：“欲于数年内成五、六部词集考证，亦足自娱，特贪多，又体弱，精力不继，恐无一成材耳。安得与兄及榆生在一处数晨夕，乃乐无艺矣。”“兄与榆生皆苦体弱，天寒幸珍重！今日与内子自湖上归，有兴捉笔，遂至三纸。窗前寒绿浮空，恨不与故人夷犹一叶，共诵白石词句也。”、

爱护青年，珍重人才，《手札》中也常有反映。在1927年到1928年间，屡次写到这样的话：“蔡雄以共产党嫌疑惨死。”“苏生被逮尚在杭狱。在甬时，弟曾为一书营救，卒不得当。比犹未定能否生

还。蔡生家境尤惨。在甬闻讯，为之累唏。”“苏中常未释”……参考张国瀛《词人谢玉岑》（1985.4.25、《文学报》）和郑逸梅《钵水斋头韵事多》（《文艺花絮》），可知此事颠末。原来“蔡生”指“蔡雄，字思牟，因参加学生运动，被反动政府残酷杀害。“苏生”指苏中常，字仲翔，号渊雷，是当代著名的教授、学者和诗人。那时他与蔡雄是同学，一起参加革命。被捕后办案者认为他姓“苏”名“中常”，必系“苏维埃中国共产党常务委员”的简称，因此由永嘉押赴杭州监狱，判十九年徒刑，在1927年囚禁于陆军监狱。结果是在狱七年，到1935年获释。蔡、苏两人均系夏先生和我大舅在温州时的学生。大舅曾有《病起忆永嘉旧游》的七绝组诗，其中一首云：

黉舍常传月下歌，清游前梦堕银河。

绛纱弟子才如海，槛凤吪鸾可奈何！

（自注：蔡生死后，苏生犹系狱。）

夏先生《手札》中一再提到的就是这件事，可见他们对进步青年的深切同情和衷心热爱。

对人才的爱惜还不限于上述。《日记》中多次提到浙大学生朱生豪，那就是后来著名的莎剧翻译家；《手札》中则屡屡提到一位陈君，当时在复旦大学肄业，夏先生殷殷为他谋事，说陈君醰醰好学，为敝乡后来之秀，而遭家多难，不能竟其学。贵校（按：指上海南洋中学）藏书极多，弟拟恳兄为觅一栖，止月入二、三十元即足敷衍。……俾得稍稍博览，期有所成。吾兄爱才，当与我相提携之（信中夹注：陈君写聚珍体字极工，但弟不欲其埋没为抄胥书生耳）。陈君为弟得意学生，以此奉浼，幸时时为我留意，切切！”我们虽不了解这位陈君后来的情况，但《手札》中的爱才热忱是深足令人感动的。

“人生到处知何似？应似飞鸿踏雪泥；

泥上偶然留指爪，鸿飞那复计东西……”

这是夏先生在诗词方面都非常服膺的苏轼的诗句。这批《手札》，也如《日记·前言》所说是“雪泥鸿爪”。上文提到的一些学者、诗人，也大都像长空雁影，一去不回了，但他们留下的著述和诗篇将长期流传，被后人所宝重，而即使是一些日记、手札，也将如吉光片羽，弥足珍贵。这七十二通《手札》，历过两次浩劫而仍保存下来，今天翻阅，深感“一代词宗”治学的精审严谨，创作的认真严肃，交友的热情以及对青年的关切……都对后人有着教育和启迪。那么我这粗疏的介绍，其意义也就不限于纪念而已了。

一九八六年七月卅一日于常州

（原载《镇江师专学报·社会科学版》1986年第4期）

永嘉佳日

——谢玉岑在温州的时光

沈 迦

常州谢伯子画廊编辑先人作品集，征鄙斋藏品《谢玉岑致沈迈士诗札》入编。今日天晴，从镜框中取出此页未经装裱的诗稿，拿到窗前拍照。这张谢玉岑亲笔写给画家沈迈士（字祖德）的诗札虽未署年份，但沧桑之感直奔眼前。

如果说谢玉岑比张大千更出名，今人一定笑我说梦话。但在民国画坛，这是张大千都认可的事实。不过，因谢玉岑去世得早，后人对他了解不多。他留下的作品很少，不论是诗词或书画。他的画集至今没有汇编成册，诗作也仅一部民国时编就的《玉岑遗稿》留存于世。

为了核对旧藏中的这两首诗，我曾至上海图书馆古籍部寻找《玉岑遗稿》。上图保存的这本线装书（1949年铅活字印本）是民国著名画家陆丹林的旧物，封二上还有他的手泽。遗稿共四卷，诗仅一卷。未收写给沈迈士的这两首诗。好不容易找到这部古籍，于是把卷在手，翻前翻后。不意在传略中发现一段与家乡温州有关的史实：“癸亥秋南游永嘉，尽识其地文学之士，暇日登谢客岩，拜康乐公之墓，见者以为异人。居一年，念祖母年高不敢远游，客沪上最久。”

谢玉岑竟然来过温州？我一下子睁大了眼睛。后来在其弟谢稚柳所撰的《先兄玉岑行状》中也找到类似的记录：“癸亥秋，兄南游永嘉。受浙江第十中学聘，讲授文学。弟子数百人，翕然悦服。尽识永嘉瑞安文学之士，唱酬甚乐。暇日登谢客岩，拜康乐公之墓。永之人以兄之文采，庶几追踪康乐，叹为盛事。居永嘉一年，念祖母年高，不敢远游，应王培孙先生聘，来海上主讲南洋中学文学。”

浙江第十中学就是今天温州中学的前身，也是我的母校。但我很清楚，母校校史中并无这一段记录。上世纪二、三十年代是温中百年校史中最辉煌的岁月，朱自清、夏承焘、马孟容、夏鼐、陈叔平等名师齐集籀园。母校是以这些名师为自豪的，但其中没有提到谢玉岑的名字。

谢玉岑是江苏常州人。明清以来，环太湖一带是中国文化最发达的地区，今天常州比之附近的苏锡，有些衰落，但在当时，其人文之盛并不在苏州之下。谢玉岑原名谢觐虞，玉岑是他的字。他生于1899年，算百年前的“跨世纪婴儿”。民国时，常州文坛扛旗人物是名列“江南三大儒”之一的钱名山，此人是谢玉岑的老师，后来还成为他的岳父。“兄稍长即令游名山先生门，先生逊清名进士，光绪末弃官自京师归，讲学寄园，从游者众。兄及门，三年尽通经史，为文章下笔瑰异，篆分书力追秦汉，不同凡近。名山先生甚奇之，妻以长女。”（谢稚柳《先兄玉岑行状》）名师出高徒，民国初年，谢玉岑就成为江南才俊，诗名与画名均享誉大江南北。

我有幸认识谢建新先生，他是谢玉岑的长孙，“大风堂”弟子谢伯子的长子。我向他了解谢玉岑执教温州这段历史。谢建新先生数十年来一直默默从事先辈史料的整理，对钱谢两门先人史实考订甚详。他告诉我，其祖父谢玉岑是经伍叔傥先生介绍于1925年秋去的温州。

我没想到他会说起伍叔傥，这也是个快要被今人遗忘了的名字。伍叔傥，瑞安人，“五四”时就读于蔡元培主政的北大，与罗家伦、傅斯年、顾颉刚是同班同学。伍先生民国时在学界很有名，还跟鲁迅在中山大学同过事。温州历史对伍先生的记录也很少。据他的学生华师大教授钱谷融老先生回忆，伍先生做过中央大学国文系主任，后去了台湾。

据谢建新先生考证，谢玉岑是1925年秋天去的温州，而非传略中写的癸亥（1923）年。1924年9月齐卢战争爆发，乱兵劫掠常州，为避战乱，谢玉岑暂居上海。“1925年秋，友人李孟楚执教广州中山大学，招之去，因祖母年老未赴。适温州十中著名教育家伍叔傥招去该校。温州离家较广州近，遂赴温州执教一年。”谢建新给我寄来了尚在整理中的《谢玉岑年表》。我后来在夏承焘所写的《玉岑词序》中也读到这句话：“予以丙寅春始识玉岑于永嘉。别十余年，书问往复无虚月。”丙寅即1926年，此可证谢玉岑来温州之准确时间。

我近来一直在寻找谢玉岑1925–1926年在温州的活动踪迹，可惜寥若晨星。按时间推算，后来成为文史大家的华师大著名教授苏渊雷及成为烈士的蔡雄应是他在温州教书时的学生。1927年“四·一二”事变后，蔡雄遇难，谢玉岑作《永嘉杂咏》一首：

黉舍常传月下歌，清游前梦堕银河。

绛纱弟子才如海，槛风叱鸾可奈何！

诗后他特别注道“蔡生死后，苏生犹系杭狱”。

苏渊雷教授后来在《钵水斋外集》专门著文，回忆先师及这段往事。苏渊雷号称诗书画三绝，被家乡人称为“平阳才子”。这个号称“常州佳人”的老师，可能爱惜的就是学生的这份才气。

在1949年版《玉岑遗稿》中，我还找到几首与温州有关的诗：

江心潮落渡船忙，桃柳拦街举国狂。

康乐祠前修禊约，吾家春草满池塘。

山田长物荐黄柑，墙外辛夷簇粉团。

更喜梅开先岑上，一枝乞傍鬓边看。

闲行休沐日初西，角饮高楼酒力微。
多谢解围施步障，寻常恩怨属蛾眉。

细雨芳园酒似潮，春裘寒倚此娇娆。
红桑早识能三变，多事花丛广绝交。

雁山仙府何曾到？空号看山住一年。
便数清游愧先德，慧根何敢望生天。

池塘春草，岭上红梅，这些浅白的诗句，让我们在半个多世纪后才领略到谢玉岑的诗才。

这组题为《永嘉杂咏》的组诗中，还有一首诗记录了他自己的书法在温州受人追捧的情况：

退笔如山墨似泷，白鹅临水燊成行。
阿婆三五耽涂抹，多事银笺贵洛阳。

谢玉岑擅书，尤以篆、隶为精，所书钟鼎金文，时人曾以为“可胜缶翁”。缶翁便是吴昌硕。小城温州因一个过客的偶然到来而出现洛阳纸贵的盛况，这应是小城的荣幸。夏承焘也有诗咏其盛：

常州佳人落江湖，磨墨送日助歌呼。
永嘉看山留一载，潢家彝鼎填街衢。
擎砚诸生尽英发，环看飞豪起争夺。
……

这首题为《寄玉岑上海，并题其青山草堂斸书图》的诗挺长，但夏承焘先生是一气呵成的。他在1931年1月29日的日记中这样记道：晨枕上读山谷诗，有兴作一七古，题玉岑青山斸书图，披衣起，点笔即成。

两个才子，用这样文雅的方式，在一个清新的早晨表达了相互的欣赏。

一个才情卓越的文人的到来，总要给一座城市留下点什么。谢玉岑在温州短短的一年，到底写了多少首与温州有关的诗？

民国版《玉岑遗稿》中，《永嘉杂咏》题下有六首小诗。1989年谢氏后人自费重编《谢玉岑诗词集》，其中补遗卷中又增加了三首《永嘉杂咏》。上文曾提到的感慨苏渊雷系狱的那首便是其中之一。

另外两首分别写道：

二月春风鼓瑟希，小西湖水与云齐。

藏书楼下盟心语，南海鱼天忆李颀。

这首诗是怀念老友李翘（字孟楚）的，当时李翘邀他赴广州中山大学执教，因路遥，他谢绝了。这才有了就近的丙寅永嘉行。

清奇三雁数东瓯，秀发青衿丽句搜。

才子敢随黔夏后，八声檀板播甘州。

谢氏诗后自注，“黔夏谓瞿禅，旧作《八声甘州》颇为浙生传诵。”

瞿禅就是夏承焘。夏黔谢皙，指的是两人的肤色。从流传下来的照片中，我们还可以看见两人不同的风姿。

结识比他小一岁当时同在浙江十中任教的夏承焘，应算谢玉岑在温州的最大收获。当时两人都是青春年少，英雄相惜，从此成为至交。前不久我从温州重新开张的古旧书店以打折价买到《夏承焘集》。在其中的《天风阁日记》中，读到不少关于两人交往酬唱的记录。

1928年11月14日，得玉岑上海复，谓予词逼真玉田，然玉田不足依傍，幸早舍去。玉岑之意，殆在五代北宋乎。

1929年1月23日，接玉岑函，属为鬻书图作长古。

1929年10月26日，灯下作玉岑书，告符丈作古……并告以小蒜大蒜治肺病法。

1930年10月27日，早接玉岑常州观子巷十九号信，已以病返常矣。

1930年12月23日，友人中有二人天资境地，可致力问学，玉岑困于病，冷生困于交游，殆天靳之。

……

目前已出版的《天风阁日记》开始于1928年，当时谢玉岑已返回上海，夏承焘也已转到建德执教。他们从1926年在温州相识起，把那份相互欣赏、相互鼓励、相互帮助的友谊延续到生命的终结。

那时的学校应该还没有"编制"一说，好的学校与好的老师双向自由选择。谢玉岑来了，又去了。1926年夏，应上海南洋中学校长王培孙邀请，谢玉岑离温赴沪。"上海离常州当然比温州更近，便于侍奉祖母等，因此离开温州至南洋中学任教。"谢建新代祖父向我这样解释。

谢玉岑当时作《南浦》词——"丙寅仲夏临发永嘉，赋示诸生。"

一雨落桐花，掩斜晖、心事顿成秋院。易急采菱歌，青嶂晚、云涌暝潮初转。啼鹃犹唤，江山未觉风流远。回首池塘青遍处，一夜离情都满。

何时社燕还逢，说赚人词赋，长卿应倦。鸥讯堕鱼天。梦痕在、旧谱茭洲东畔。鼓鼙不管，鹿车安顿眉颦暖。只恐明朝桃李艳，又惹看花肠断。

这是片更宽阔的天地，在上海他开始与张善子、张大千、汤定之、符铁年、谢公展、王师子、郑午昌、陆丹林等名士交往。那些与他集社、交往、唱和者的名字，今天连起来，就是一部中国近现代的文化史。在这份名单中，我看到温州人郑曼青、张红薇、方介堪等人的身影。

印人方介堪为谢玉岑刻印十余方。谢氏殁后，方介堪有长诗《梦哭玉岑》，其中有句：

念我客沪滨，穷愁人易老。
刻印聊自给，难免世人诮。
感君独见厚，每遇话情好。
当君卧病日，邮书屡来告。
印人类多寿，一一为我道。
买石甫镌寄，英灵去已渺。
展牍墨犹新，挥涕空悲悼。

而郑曼青因与谢氏同列钱名山门下，交情更深。他们一起读书，一起作诗，一起画画，一起远游。

谢玉岑曾与郑曼青、张大千合作《岁寒图》，画后余兴不减，于是又作一长诗寄给夏承焘：

三日不相见，古人以为言。
吾与瞿禅别，奄忽将十年。
湖水一苇航，欲往何迁延？
岂无尘事累，乃与病为缘。

欲恐一朝见，少日非华颠。

去年海上劫，性命幸苟全。

今年岁云暮，北望仍烽烟，

蹈海何足惜，失学祇自怜。

安得湖上尘，与君共简编。

竹叶斟美酝，梅花蹑飞仙。

邵清而唐豪，相惜皆夔蚿。

偃仰冰雪怀，揖让庠序贤。

作画寄此意，息壤从君传。

谢玉岑与张大千的交往更是成为近代画史上的一段佳话。据说他俩均赁居上海西门路西门里，比邻而居。那时张大千还未出道，而谢玉岑已名动江南。谢玉岑为提携张大千，在他的画上题句，大千之画随之更为有名。谢稚柳那时还是个十七八岁的孩子，只能用羡慕的眼光看着兄长及他的文友。

如果天假玉岑以年，他必将成为一代宗师。后来名播世界成为大画家的张大千认为，在非专业画家即文人画家中，“海内当推玉岑第一”。后人评玉岑一生业绩，认为其词名大于书名，书名又大于画名。我至今没见过他的画作真迹，据说多逸笔，水墨清淡，极疏简之致。

1935年3月18日，年仅三十七岁的谢玉岑因肺病在常州去世。

初稿于2007年5月

完稿于2007年7月28日晚

（原载《温州瞭望》2007年6月上半月刊）

参考文献

《夏承焘集》，夏承焘著，浙江教育出版社、浙江古籍出版社，1997年

《夏承焘教授纪念集》，吴无闻编，中国文联出版社，1988年

《书卷养寿室日记》（第六册），夏承焘著，未刊，温州图书馆藏

《天风阁学词日记》，夏承焘著，浙江古籍出版社，1984年

《天风阁词集》，夏承焘著，吴无闻注，百花文艺出版社，1984年

《天风阁诗集》，夏承焘著，吴无闻注，浙江人民出版社，1982年

《唐宋词人年谱》，夏承焘著，古典文学出版社，1955年

《月轮山词论集》，夏承焘著，中华书局，1979年

《一代词宗夏承焘轶闻》，吴思雷编撰，自印本，1998年

《钱名山研究资料集》，谢伯子画廊编，2003年

《玉岑遗稿》，谢玉岑著，1949年

《谢玉岑诗词集》，谢玉岑著，常州市文学工作者协会编印，1989年

《谢玉岑诗词书画集》，钱璱之编，作家出版社，2009年

《谢玉岑百年纪念集》，谢伯子画廊编，京华出版社，2001年

《温州文史资料》（各辑），温州市政协文史资料委员会编

《龙榆生先生年谱》，张晖著，学林出版社，2001年

《词话丛编》，唐圭璋著，中华书局，1986年

《词学季刊》（影印合订本），龙沐勋编，上海书店，1985年

《光宣诗坛点将录笺证》，汪辟疆撰、王培军笺证，中华书局，2008年

《近代书林品藻录》，王家葵著，山东画报出版社，2009年

《李笠诗文选集》，瑞安地方文化丛书，中国文史出版社，2008年

人名索引

后 记

发现这批信札是二〇〇七年的夏天，次年春天，开始着手整理。

我决定写木传教士苏慧廉（William Edward Soothill）的传记也开始于二〇〇七年。百年前来我家乡温州传教的苏慧廉是英格兰人，与他有关的资料多是英文的。英文，是我们这代人花了最多的精力，但收效最差的一门功课。现虽能读一二，但没有阅读的快感。读个把小时就要起身，从无手不释卷的经历。

自小爱好书画，对文人翰墨更是偏爱，于是这批精美的中文信札成为我读英文材料时的调味品。英文看烦了，就看几页中文的。汉语之美，书法之美，绝大多数老外也无感觉吧！

我可能有考据癖，读着读着就想把全文译出来，并搞清楚它的来龙去脉。夏承焘擅行草，并喜用古今字、异体字，因此要把信中的每个字都认出，也是件蛮挑战的事。有时为一个字，与爱好书法的朋友在QQ里聊半天；其间，也曾为几个字专程去常州，向钱璱之老先生讨教。

字算认出了，但句子读不通；句子读通了，用典还不明白。这是我第一次点校古籍，也是一次从头开始学的过程。这批手札计七十三封，平均每周释读一封，我前后花了一年半时间。事非经过不知难，我终于明白，笺释古文的难度并不亚于翻译英文。好在身边有良师，还有不少“好为人师”的益友，这些问题一一得到解决。

夏承焘、谢玉岑一定没想到，当年信笔而就的书信今天会成为一本如此精美的书。我开始整理时也无此奢望。二〇〇九年春，方兄韶毅看到我的整理稿，便怂恿结集出版。他的职业是编辑，乐为人作嫁，而我是女大当嫁，也就羞答答地答应了。（我的前一本书《普通人》也是方兄策划出版。）他将样章发给国家图书馆出版社，并介绍王燕来编辑与我认识。一定是夏承焘、谢玉岑打动了他，不出一月，出版合同就寄来了。

我第一时间将这好消息告诉谢建新。建新兄是谢玉岑的长孙，也是这批手札的持有人。近十年来，他孜孜于钱谢两家文化历史的挖掘，成果颇丰。书稿二〇〇九年夏交给出版社，此后有进展我都及时邮件他。他每次回复都说谢谢我，其实，我打心眼里感谢他，是他及其家人给了我这样一个机会。

因为这本书，因为建新，我与钱谢两家的后人常有往来。谢玉岑长子谢伯子先生、钱名山长孙钱璱之先生、谢稚柳幼子谢定琦先生，在此书的成书过程中都给了我很多的帮助。没有他们的支持及化私为公的胸襟，我这个外人，根本不会有这样的机会。

经正在编辑《夏承焘全集》的吴晶、吴蓓介绍，我还有幸认识了夏承焘的后人。吴常云先生作为夏氏家属代表，在寄来授权书的同时，还给了我这个乡晚辈不少鼓励。

到目前为止，夏谢两家的后人还没有见过面。我希望此书出版后，能找个机缘，让他们重续前辈的友谊。

要感谢的人还有很多。老友卢礼阳在我初稿出来后就抱病通读了全文，从他随手记于书眉的校读意见上，我知道他前后花了一个半月时间。他提供的意见，我逐一改进，有些建议，将受益终身。

金丹霞、陈发赐、程标都是《温州日报》的编辑，也是我当年的同事。此书定稿后，我烦请他们帮助校对。他们目光如炬，竟然在清样中还抓出好多错漏。

当然还要感谢家人与公司的伙伴，他们默许我这个生意人“不务正业”如此，就是对我最大的支持了。

今年适逢夏承焘诞辰一百十周年、谢玉岑辞世七十五周年，请允许我这个后学，并代表前面提到的众多师友，谨以此书向前辈学人致敬！

沈　迦

二〇一〇年九月十日于上海秋水云庐

国家图书馆出版社简介

国家图书馆出版社，原名书目文献出版社，一九七九年成立。一九九六年更名为北京图书馆出版社，二〇〇八年改为现名。

本社是文化部主管、国家图书馆主办的中央级出版社。二〇〇九年八月新闻出版总署首次经营性图书出版单位等级评估定为一级出版社，并授予“全国百佳图书出版单位”称号。

建社三十年来，通过与各图书馆密切合作，形成了两大专业出版特色：一是编辑出版图书馆学和信息管理科学著译作，出版各种书目索引等中文工具书；二是整理影印中文古籍等各种稀见历史文献。此外还编辑出版各种文史著作和传统文化普及读物。

本社设有社长总编办公室、财务部、历史文献影印编辑中心（下设文史编辑室、古籍影印编辑室、民国文献影印编辑室）、图书馆学情报学编辑室、中华再造善本编辑室、营销策划部、发行部、储运部等部门。

本社相关图书

谢辰生先生往来书札
胡适王重民先生往来书信集
冰庐锦笺——常任侠珍藏友朋书信选
沐雨楼来鸿集——杨仁恺先生友朋书札
周绍良友朋书札（观雪斋藏名人手札）
赵凤昌藏札（全十册）
笺素珍赏——国家图书馆藏近现代百位名人手札
周作人俞平伯往来书札影真
明代名人尺牍选萃（全十二册）